CB143574

O FIM DO PODER

ABRIL/2015

MOISÉS NAÍM

O FIM DO PODER

Nas salas de diretoria ou nos campos de batalha, em Igrejas ou Estados, por que estar no poder não é mais o que costumava ser?

"*O fim do poder* irá mudar a forma como você lê as notícias, como você pensa sobre política e como olha para o mundo." Bill Clinton

LeYa

1ª reimpressão

Copyright © 2013 Moisés Naím
Todos os direitos reservados.
Tradução para a língua portuguesa © Texto Editores Ltda., 2013

Título original: *The end of power: from boardrooms to battlefields and churches to states, why being in charge isn't what it used to be*

Diretor editorial Pascoal Soto
Editora executiva Tainã Bispo
Produção editorial Fernanda Ohosaku, Renata Alves e Maitê Zickuhr
Diretor de produção gráfica Marcos Rocha
Gerente de produção gráfica Fábio Menezes

Tradução Luis Reyes Gil
Preparação de texto Alexander Barutti Azevedo Siqueira
Revisão de texto Iraci Miyuki Kishi
Diagramação Estúdio Asterisco
Capa Thiago Lacaz

Dados Internacionais de Catalogação na Publicação (CIP)
Angélica Ilacqua CRB-8/7057

Naím, Moisés
O fim do poder: nas salas da diretoria ou nos campos de batalha, em Igrejas ou Estados, por que estar no poder não é mais o que costumava ser?/ Moisés Naím; tradução Luis Reyes Gil. – São Paulo: LeYa, 2013.
392 p.

Bibliografia
ISBN 978-85-8044-918-1
Título original: The end of power: from boardrooms to battlefields and churches to states, why being in charge isn't what it used to be

1. Economia 2. Poder (Ciências Sociais) 3. Política 4. Instituições globais I. Título II. Gil, Luis Reyes

13-0906 CDD 330

Índices para catálogo sistemático:
1. Economia

2013
TEXTO EDITORES LTDA.
[Uma editora do Grupo LeYa]
Rua Desembargador Paulo Passaláqua, 86
01248-010 – Pacaembu – São Paulo – SP – Brasil
www.leya.com.br

In

Para Susana, Adriana, Claudia, Andrés, Jonathan, Andrew e Emma.

Sumário

CAPÍTULO SETE

De quem será o mundo? Vetos, resistência e vazamentos – ou por que a geopolítica está sendo virada de cabeça para baixo 186

CAPÍTULO OITO

Gigantes assediados: por que o domínio das grandes empresas é hoje menos seguro? 228

CAPÍTULO NOVE

O poder e a luta para conquistar almas, trabalhadores e mentes 274

CAPÍTULO DEZ

A degradação do poder: o copo está meio cheio ou meio vazio? 308

PREFÁCIO

Como surgiu este livro

O poder pode parecer abstrato, mas para aqueles que têm maior sintonia com ele – ou seja, os poderosos – seus altos e baixos são sentidos de modo muito concreto. Afinal, as pessoas com poder são as que detectam melhor tanto suas possibilidades como os limites do que podem fazer com esse poder. Isso faz que muitas vezes se sintam frustradas com a distância existente entre o poder que os demais supõem que elas têm e o poder que de fato possuem. Vivi essa experiência intensamente nos idos de fevereiro de 1989, quando fui nomeado, aos 36 anos de idade, ministro do Desenvolvimento do governo então democrático da Venezuela, meu país natal. Logo após assumirmos o poder numa vitória eleitoral esmagadora, enfrentamos uma forte onda de saques e distúrbios de rua em Caracas – precipitados pela ansiedade despertada por nossos planos de cortar subsídios e elevar os preços dos combustíveis –, e vimos a cidade paralisada em meio a violência, medo e caos. De repente, e apesar da nossa vitória e evidente autoridade que os eleitores pareciam ter nos outorgado para realizar as mudanças, o programa de reforma econômica que havíamos proposto adquiriu um sentido muito diferente. Em vez de simbolizar um futuro mais próspero, justo e estável, passou a ser visto como a causa da violência de rua e do aumento da pobreza e das desigualdades.

Mas a lição mais profunda dessa experiência eu só iria compreender totalmente alguns anos mais tarde. Tratava-se, como já disse, da enorme distância entre a percepção e a realidade do meu poder. Em princípio, como um dos principais ministros da área econômica, eu detinha imenso poder. Na prática, porém, contava com uma capacidade muito limitada de empregar recursos, mobilizar pessoas e organizações e, em termos mais gerais, de fazer as coisas acontecerem. Meus colegas e até o presidente tinham a mesma sensação, embora não falássemos sobre isso e resistíssemos a reconhecer que nosso governo era um gigante lento, torpe e fraco. Qual seria a explicação? Naquela hora atribuí aquilo à legendária precariedade institucional da Venezuela. Minha sensação era que nossa impotência se devia à conhecida e profunda ineficiência, fraqueza e mau funcionamento dos nossos órgãos públicos. A impossibilidade de exercer o poder a partir do governo certamente não devia ser tão acentuada em outros países de igual nível de desenvolvimento, acreditava eu.

Estava equivocado. Mais tarde, vim a descobrir que minhas experiências no governo da Venezuela eram muito comuns e que, na realidade, eram a norma em muitos outros países. Fernando Henrique Cardoso – o respeitado ex-presidente do Brasil e pai da grande expansão do país – resumiu isso para mim. "Eu sempre ficava surpreso ao ver o poder que as pessoas me atribuíam", contou-me quando o entrevistei para a elaboração deste livro. "Mesmo pessoas bem informadas, com preparo político, vinham ao meu escritório e me pediam coisas que demonstravam o quanto me atribuíam muito mais poder do que eu tinha na verdade. Eu sempre pensava comigo: se soubessem como é limitado o poder de qualquer presidente hoje em dia... Quando encontro outros chefes de Estado, costumamos partilhar reminiscências muito similares a esse respeito. A distância entre nosso real poder e o que as pessoas esperam de nós é o que gera as pressões mais difíceis que qualquer chefe de Estado tem de suportar."

Ouvi algo similar de Joschka Fischer, um dos políticos mais populares da Alemanha e ex-vice-chanceler e ministro do Exterior. "Desde jovem eu era fascinado e atraído pelo poder", contou-me Fischer. "Um dos meus maiores choques foi descobrir que todos os imponentes palácios do governo e outros símbolos de autoridade eram na verdade uma cenografia bastante oca. A arquitetura imperial dos palácios oficiais mascara o quanto é limitado na prática o poder daqueles que ali trabalham."

Com o tempo, eu colheria observações semelhantes não só de chefes de Estado e ministros de governo mas também de líderes empresariais e de dirigentes de organizações dos mais variados âmbitos. Logo me dei conta de que havia algo mais em jogo – que não se tratava simplesmente de poderosos lamentando a distância entre o poder percebido e o poder real. O próprio poder estava sofrendo mutações muito profundas. Todo ano, desde 1990, tenho comparecido à reunião do Fórum Econômico Mundial em Davos, frequentado por muitas das pessoas mais poderosas do mundo – empresários, chefes de governo, líderes políticos, pessoal de mídia, de organizações não governamentais, da ciência, da religião e da cultura. Além disso, tive a sorte de estar presente e tomar a palavra em quase todas as reuniões de poder mais seletas do mundo, como a Conferência Bilderberg, o encontro anual de magnatas da mídia e do entretenimento em Sun Valley e as reuniões anuais do Fundo Monetário Internacional. Minhas conversas com os demais participantes confirmaram meu palpite: os poderosos têm cada vez mais limitações ao exercício do poder que sem dúvida detêm. As respostas às minhas perguntas sempre apontaram na mesma direção: o poder está cada vez mais fraco, transitório e restrito. Não estou afirmando de modo algum que não haja no mundo muitíssima gente e instituições com imenso poder. As coisas de fato são assim, é óbvio. No entanto, o que também é certo – embora menos óbvio – é que o poder está se tornando cada vez mais fraco e, portanto, mais efêmero.

Meu propósito neste livro é delinear as repercussões disso. Nas páginas seguintes, examino esse processo de degradação do poder – suas causas, manifestações e consequências – a partir do ponto de vista dos seus efeitos não só para a pequena minoria que mais tem e que mais manda. Meu interesse principal é explicar o que significam essas tendências para todos nós e esquadrinhar de que maneira o mundo em que vivemos está sendo reconfigurado.

MOISÉS NAÍM
Fevereiro de 2013

CAPÍTULO UM

A degradação do poder

ESTE É UM LIVRO SOBRE O PODER.

Concretamente, é sobre o fato de que o poder – a capacidade de conseguir que os outros façam ou deixem de fazer algo – está passando por uma transformação histórica e de extrema importância.

O poder está se dispersando cada vez mais e os grandes atores tradicionais (governos, exércitos, empresas, sindicatos etc.) estão cada vez mais sendo confrontados com novos e surpreendentes rivais – alguns muito menores em tamanho e recursos. Além disso, aqueles que controlam o poder deparam-se cada vez com mais restrições ao que podem fazer com ele.

Costumamos interpretar mal ou até ignorar completamente a magnitude, a natureza e as consequências da profunda transformação que o poder está sofrendo nos tempos atuais. É tentador ficar focado apenas no impacto da internet e das novas tecnologias da comunicação em geral, nos movimentos do poder em uma ou outra direção, ou na questão de se o poder *soft* da cultura está tomando o lugar do poder *hard* dos exércitos. Mas essas visões são incompletas. Na verdade, elas podem até obscurecer nosso entendimento das forças fundamentais que estão mudando a forma de adquirir, usar, conservar e perder o poder.

Sabemos que o poder está passando daqueles que têm mais força bruta para os que têm mais conhecimentos, dos países do norte para os do sul e do Ocidente para o Oriente, dos velhos gigantes corporativos para as empresas mais jovens e ágeis, dos ditadores aferrados ao poder para o povo que protesta nas praças e nas ruas, e em alguns países começamos a ver até como o poder passa dos homens para as mulheres e dos mais velhos para os mais jovens. Mas dizer que o poder está indo de um continente ou país para outro, ou que está se dispersando entre vários atores novos, não é suficiente. O poder está sofrendo uma mutação muito mais fundamental, que ainda não foi suficientemente reconhecida e compreendida. Enquanto Estados, empresas, partidos políticos, movimentos sociais e instituições ou líderes individuais rivais brigam pelo poder, como têm feito sempre, o poder em si – aquilo pelo qual lutam tão desesperadamente, que tanto desejam alcançar e conservar – está perdendo eficácia.

O poder está *em degradação.*

Em poucas palavras, o poder não é mais o que era. No século XXI, o poder é mais fácil de obter, mais difícil de utilizar e mais fácil de perder. Das salas de diretoria e zonas de combate ao ciberespaço, as lutas pelo poder são tão intensas quanto antes, mas estão produzindo cada vez menos resultados. A ferocidade dessas batalhas mascara o caráter cada vez mais evanescente do poder. Por isso, entender de que modo o poder está perdendo seu valor – e enfrentar os difíceis desafios que isso supõe – é a chave para assimilar uma das tendências mais importantes que vêm reformulando o mundo no século XXI.

Isso não quer dizer, repito, que o poder tenha desaparecido ou que não há mais quem o possua, e em abundância. Os presidentes dos Estados Unidos e da China, os CEOs da J. P. Morgan ou da Shell Oil ou da Microsoft, a diretora do *The New York Times*, a diretora do Fundo Monetário Internacional e o papa continuam detendo imenso poder. Mas bem menos do que tinham seus predecessores. As pessoas que ocuparam tais cargos antes não só precisaram enfrentar menos rivais e adversários mas também sofriam menos restrições – quer na forma de ativismo social, de mercados financeiros mundiais, do exame minucioso por parte da mídia ou da proliferação de rivais – na hora de utilizar esse poder. Como resultado, os poderosos de hoje costumam pagar um preço mais alto e mais imediato por seus erros do que seus antecessores. Por sua vez, sua reação diante dessa nova realidade está alterando o comportamento das pessoas sobre as quais exercem poder, pondo em movimento uma reação em cadeia que afeta todos os aspectos da interação humana.

A degradação do poder está mudando o mundo.

O objetivo deste livro é demonstrar essa afirmação.

Você já ouviu falar de James Black Jr.?

As forças que promovem a degradação do poder são múltiplas, estão interligadas e não têm precedentes. Para compreender por que, temos de parar de pensar em Clausewitz, no *ranking* das quinhentas maiores empresas do mundo ou no 1% mais rico da população dos Estados Unidos, que concentra uma parte desproporcional da riqueza da nação, e considerar o caso de James Black Jr., um jogador de xadrez de uma família da classe trabalhadora do bairro de Bedford-Stuyvesant, no Brooklyn, Nova York.

Quando tinha doze anos de idade, Black já era Mestre de xadrez, uma categoria alcançada por menos de 2% dos 77 mil membros da Federação Norte-Americana de Xadrez – e apenas treze desses mestres eram menores de catorze anos de idade na época.[1] Isso foi em 2011, e Black tinha uma boa probabilidade de conquistar o título de Grande Mestre – uma distinção concedida pela Federação Mundial de Xadrez com base no desempenho do jogador em torneios contra os melhores enxadristas do momento. O grau de Grande Mestre é o mais alto que um jogador de xadrez pode alcançar. Uma vez conseguido, o título é vitalício.*

* "O título de Grande Mestre tem sido usado desde 1838, mas ganhou uso mais corrente no início do século XX, quando os torneios às vezes passaram a ser designados como 'eventos de grandes mestres', como o de Ostend em 1907 e o de San Sebastián em 1912." A Federação Mundial de Xadrez (*Fédération Internationale des Échecs*, conhecida como FIDE, a partir de seu acrônimo francês) introduziu o título formal de *International Grandmaster* ["Grande Mestre Internacional"] em 1950. O sentido desse termo mudou durante a história do xadrez. No início do século XX, referia-se a alguém que "podia sensatamente ser considerado um desafiante do campeão mundial, mas, nos anos 1980, passou a designar alguém a quem o campeão do mundo deveria ceder vantagens" ("World Championship" – *Oxford Companion to Chess*, p. 450; Hooper and Whyld, *Oxford Companion to Chess*, p. 156).

Com seu título de Mestre, Black seguia os passos do mais jovem Grande Mestre que já havia surgido nos Estados Unidos: Ray Robson, da Flórida, que alcançou esse *status* em outubro de 2009, duas semanas antes de completar seu 15° aniversário.[2]

Black aprendeu a jogar sozinho, com peças de plástico e um tabuleiro de papelão, e logo passou a estudar em manuais de xadrez e programas de computador. Seu ídolo é Mikhail Tal, um campeão mundial russo da década de 1950. O que motiva Black, além do amor pelo jogo, é a sensação de poder que lhe oferece. Como contou a um repórter: "Gosto de ditar o que o outro jogador tem de fazer" – a afirmação mais clara do desejo inato de poder.[3]

Mas os feitos de James Black e Ray Robson deixaram de ser excepcionais. São parte de uma tendência global, um novo fenômeno que está transformando o mundo tradicionalmente fechado do xadrez de competição. Os jogadores estão aprendendo o jogo e alcançando o *status* de mestres em idades cada vez mais precoces. Existem hoje mais Grandes Mestres do que nunca: são mais de 1,2 mil, contra os 88 de 1972. E é cada vez mais frequente os recém-chegados derrotarem campeões consagrados, e com isso a duração média dos reinados dos grandes jogadores vem diminuindo. Além disso, os Grandes Mestres atuais têm origens muito mais diversificadas do que seus predecessores. Como observou o escritor D. T. Max: "Em 1991, ano em que a União Soviética se dissolveu, os nove melhores jogadores do mundo eram da URSS. Na realidade, os jogadores formados na URSS vinham sendo campeões mundiais nos últimos 43 anos, exceto em três".[4]

Não é mais assim. Hoje há bem mais concorrentes capazes de alcançar o topo dos campeonatos de xadrez, e eles vêm de uma grande variedade de países e ambientes. No entanto, quando alcançam o topo, têm grande dificuldade em se manter lá. Como observou Mig Greengard, um blogueiro de xadrez: "Você tem hoje uns duzentos caras pelo planeta que, com um pouco de vento a favor, podem jogar bem o suficiente para vencer o campeão mundial".[5] Em outras palavras, para os Grandes Mestres de hoje, o poder não é mais o que era.

O que explica essas mudanças na hierarquia do mundo do xadrez? Em parte (mas apenas em parte), a revolução digital.

Já há algum tempo, os jogadores de xadrez têm acesso a programas de computador que lhes permitem simular milhões de partidas com os melhores enxadristas do mundo. Também podem usar o *software* para calcular as implicações possíveis de cada jogada; por exemplo, podem jogar de novo qualquer partida, examinar os lances sob vários cenários e estudar as tendências de determinados jogadores. Portanto, a internet ampliou os horizontes dos enxadristas em todo o mundo e – como comprova a história de James Black – abriu novas possibilidades para jogadores de qualquer idade e perfil socioeconômico. São inúmeros os *sites* de xadrez que fornecem dados e oportunidades de jogar em nível competitivo com qualquer pessoa que tenha uma conexão com a rede.[6]

Mas as mudanças não se devem só à tecnologia. Pegue, por exemplo, o caso do jovem campeão norueguês Magnus Carlsen, outro fenômeno do xadrez, que em 2010, aos dezenove anos, tornou-se o número um do mundo. Segundo D. T. Max, o sucesso de Carlsen tinha mais a ver com suas estratégias pouco ortodoxas e surpreendentes (propiciadas em parte por sua prodigiosa memória) do que com um treino baseado em computador: "Como Carlsen gastou menos tempo que a maioria de seus colegas treinando com computadores, está menos inclinado a jogar do jeito que eles jogam. Confia mais em seu próprio julgamento. Isso o torna mais imprevisível para seus oponentes, que dependem mais dos conselhos de *softwares* e de bancos de dados".[7]

A demolição da estrutura tradicional de poder no mundo do xadrez também está relacionada com mudanças na economia global, na política, na demografia e nos padrões migratórios. A abertura de fronteiras e o barateamento das viagens deram a mais jogadores a oportunidade de disputar torneios em qualquer parte do mundo. A melhoria do nível educacional e da saúde infantil e a expansão da alfabetização e dos estudos matemáticos criaram um grupo maior de potenciais Grandes Mestres. E hoje, pela primeira vez na história, há mais pessoas morando em cidades do que no campo – um fenômeno que, junto com o prolongado período de crescimento econômico desfrutado por muitos países pobres desde os anos 1990, abriu novas possibilidades a milhões de famílias para as quais o xadrez era antes um luxo fora do seu alcance ou mesmo algo desconhecido. Mas não é fácil se tornar um enxadrista de alto nível se você mora numa fazenda isolada de um país pobre sem eletricidade, ou não dispõe de um computador, ou tem de dedicar várias horas do seu dia a conseguir comida ou a carregar água até sua casa. Para que a internet possa proporcionar sua magia e multiplicar as possibilidades, muitas outras condições precisam estar presentes.

Do tabuleiro de xadrez a... tudo mais à nossa volta

O xadrez é, sem dúvida, uma metáfora clássica do poder. Mas o que ocorreu no xadrez foi a erosão, e em certos casos o desaparecimento, das barreiras que antes mantinham o mundo dos campeões restrito, impenetrável e estável. Os obstáculos à compreensão das táticas e ao desenvolvimento da mestria, assim como todas as outras barreiras que limitavam o acesso ao topo, perderam o poder de impedir que novos rivais enfrentem quem reina nesse topo.

O que aconteceu com o xadrez está acontecendo também com o mundo em geral.

A queda das barreiras está transformando a política local e a geopolítica, a competição entre as empresas para conquistar consumidores ou entre as grandes religiões para atrair adeptos, assim como a rivalidade entre organizações não governamentais, instituições intelectuais, ideologias e escolas de pensamento filosófico e de ciência. Onde quer que o poder tenha relevância, ele também está em declínio e perdendo potência.

Alguns sinais dessa transformação são impressionantemente claros; outros vêm à luz graças a análises de especialistas e a pesquisas acadêmicas.

Vamos começar com a geopolítica. Estados soberanos têm quadruplicado de número desde a década de 1940; além disso, eles agora competem, brigam ou negociam não apenas entre si mas também com numerosas organizações transnacionais e não estatais. Um exemplo é o nascimento em 2011 do Sudão do Sul, a mais nova nação do mundo, que foi possível graças à intervenção de dezenas de organizações não governamentais. Grupos cristãos evangélicos como o Samaritan's Purse, dirigido por Franklin Graham, um dos filhos do megapregador americano Billy Graham, tiveram papel determinante em fomentar o apoio à criação desse novo país.

Na verdade, quando nações-estado vão à guerra atualmente, o grande poder militar conta menos do que antes. As guerras são cada vez mais assimétricas, com grandes forças militares enfrentando outras forças menores e não tradicionais – grupos rebeldes, movimentos separatistas, grupos insurgentes e milícias. Mas, além disso, é cada vez mais frequente que as guerras sejam vencidas pelo lado mais fraco militarmente. Segundo um notável estudo de Harvard, nas guerras assimétricas que eclodiram entre 1800 e 1849, o lado mais fraco (em termos de soldados e armas) alcançou suas metas estratégicas em 12% dos casos. Mas nas guerras que eclodiram entre 1950 e 1998, o lado mais fraco prevaleceu em 55% das oportunidades. Por razões diversas, o resultado dos conflitos assimétricos modernos tem maior probabilidade de ser decidido pelas estratégias políticas e militares de cada bando do que pela força militar pura e simples. Ou seja, um exército grande e moderno não garante mais por si só que um país irá alcançar suas metas estratégicas. Um fator importante que explica essa mudança é que o lado mais fraco tem cada vez maior capacidade de infligir baixas ao seu oponente a um custo menor. O uso de dispositivos explosivos caseiros (os IEDs, ou *Improvised Explosive Devices*), no Afeganistão e no Iraque, ilustra esse ponto. Um general do Marine Corps americano no Afeganistão avalia que os IEDs causaram 80% das baixas em sua unidade; e no Iraque, durante alguns anos, os IEDs foram responsáveis por quase dois terços das baixas sofridas pelas forças da coalizão internacional. Essa intensidade letal se mantém apesar do considerável investimento do Pentágono em contramedidas, incluindo os 17 bilhões de dólares que desembolsou para adquirir 50 mil inibidores de frequência de rádio, destinados a neutralizar os primitivos dispositivos de controle remoto (celulares, acionadores de portas de garagem) usados para detonar as bombas.[8]

Ditadores e chefes de partidos também estão vendo seu poder enfraquecer e seu número diminuir. Em 1977, havia 89 países governados por autocratas; por volta de 2011, esse número reduziu-se a 22.[9] Hoje, mais da metade da população mundial vive em democracias. As turbulências da Primavera Árabe fizeram-se sentir nos quatro cantos do mundo onde não são realizadas eleições livres regularmente e uma camarilha governante tenta manter-se no poder por tempo indefinido. Mesmo em países não democráticos, mas que permitem a existência de partidos políticos, os grupos minoritários têm hoje três vezes mais representação no parlamento do que na década de 1980. E, por toda parte, os chefes de partidos estão desconcertados, tendo de competir com candidatos e líderes que emergem de domínios que nada têm a ver com os tradicionais mecanismos mais personalistas e obscuros de seleção de líderes e candidatos. Nas democracias estabelecidas, cerca de metade dos principais partidos lança mão agora de eleições primárias ou de algum outro método representativo para dar mais voz e voto às suas bases na hora de escolher seus representantes. De Chicago a Milão e de Nova Délhi a Brasília, os chefes das máquinas políticas irão prontamente admitir que têm bem menor capacidade de tomar as decisões unilaterais que seus predecessores davam como certas.

O mundo dos negócios também está sendo afetado por essa tendência. Não há dúvida de que a renda e a riqueza estão cada vez mais concentradas, que os ricos estão acumulando capitais incríveis e que por toda parte há gente que não tem a menor dúvida em tentar converter seu dinheiro em poder político. Mas essa tendência, tão alarmante quanto inaceitável, não é a única força que molda o que está acontecendo com chefes de grandes empresas ou com os mais abastados donos do capital.

Até mesmo o tão mencionado 1% dos mais ricos dos Estados Unidos não está imune às repentinas mudanças de riqueza, poder e *status*. Apesar de ter aumentado muito a desigualdade de renda, a Grande Recessão também teve um efeito corretivo, pois afetou desproporcionalmente a renda dos ricos. Segundo Emmanuel Saez, professor de Economia de Berkeley, a crise provocou queda de 36,3% na renda desse 1%, em comparação com os 11,6% de queda sofrida pelos 99% restantes.[10] Steven Kaplan, da Universidade de Chicago, calculou que a proporção de renda do 1% mais rico caiu de seu pico de 23,5% da renda total em 2007 para 17,6%

em 2009 e, como mostram os dados de Saez, continuou em queda nos anos seguintes. Segundo relata Robert Frank no *The Wall Street Journal*, "os que têm renda superalta sofreram os maiores impactos. O número de americanos que ganharam 1 milhão de dólares ou mais caiu 40% entre 2007 e 2009, ou seja, para 236.883, enquanto sua renda em conjunto diminuiu cerca de 50% – uma queda bem maior do que aquela de menos de 2% na renda total dos que ganham 50 mil dólares ou menos, segundo dados da Receita Federal americana".[11] Sem dúvida, isso não significa que a concentração de renda e de riqueza em muitas democracias avançadas, e especialmente nos Estados Unidos, não tenha aumentado de modo espetacular. O crescimento das desigualdades tem sido brutal. Mas esse fato não deve nos impedir de ver que a crise econômica também atingiu algumas pessoas e famílias ricas que, consequentemente, tiveram um significativo declínio em suas fortunas e no seu poderio econômico.

Além disso, a renda e a riqueza pessoal não são as únicas fontes de poder. Os líderes de grandes corporações com frequência exercem mais poder do que aqueles que são "simplesmente" ricos. Hoje em dia os empresários ganham muito mais do que antes, mas sua posição no topo tornou-se também tão instável quanto a dos campeões de xadrez. Em 1992, um CEO que fizesse parte da lista das maiores empresas da revista *Fortune* tinha uma probabilidade de 36% de manter seu emprego durante cinco anos; em 1998, essa probabilidade tinha caído para 25%. Em 2005, o mandato médio de um CEO americano havia se reduzido a seis anos. E essa é uma tendência global. Em 2012, 15% dos CEOs das 2,5 mil maiores empresas do mundo com ações na bolsa haviam abandonado seus empregos. Mesmo no Japão, conhecido por sua relativa estabilidade corporativa, a sucessão forçada entre os chefes de grandes corporações quadruplicou em 2008.[12]

O mesmo acontece com as corporações. Em 1980, uma companhia americana que fizesse parte dos 5% superior de seu setor tinha apenas um risco de 10% de cair desse patamar em cinco anos. Duas décadas mais tarde, essa probabilidade havia subido para 25%. Hoje, uma simples relação das quinhentas maiores empresas americanas e globais que não existiam havia dez anos mostra que muitas empresas relativamente novatas estão substituindo os gigantes corporativos tradicionais. No setor financeiro, os bancos vêm perdendo poder e influência para os novos e ágeis fundos *hedge*, de investimento de alto risco: na segunda metade de 2010, em meio a uma terrível crise econômica, os dez maiores fundos *hedge* – a maioria deles desconhecida do grande público – ganharam mais do que os seis maiores bancos do mundo juntos. Mesmo o maior desses fundos, que gerencia quantias insondáveis e tem lucros imensos, opera com apenas umas poucas centenas de funcionários.

Ao mesmo tempo, as corporações se tornaram muito mais vulneráveis a "desastres de marca", capazes de atingir sua reputação, rendimentos e cotações na bolsa. Um estudo concluiu que o risco em cinco anos de ocorrer um desastre desse tipo para as companhias que detêm as marcas de maior prestígio global subiu nas últimas duas décadas de 20% para assustadores 82%. A BP, Tiger Woods e a News Corporation, de Rupert Murdoch, viram sua fortuna encolher praticamente da noite para o dia como resultado de acontecimentos que prejudicaram sua reputação.

Outra manifestação da diluição do poder nos negócios são os membros de uma nova espécie, as "multinacionais de países pobres" (isto é, procedentes de países menos desenvolvidos), que substituíram ou até incorporaram algumas das maiores companhias do mundo. Os investimentos procedentes de países em desenvolvimento saltaram de 12 bilhões de dólares em 1991 para 210 bilhões de dólares em 2010. A maior produtora de aço do mundo, a ArcelorMittal, é originária da Mittal Steel, uma companhia indiana relativamente recente, fundada em 1989.[13] Quando os americanos tomam sua tradicional Budweiser, estão na verdade curtindo uma cerveja produzida por uma companhia criada em 2004 por meio de uma fusão de uma cervejaria brasileira e outra belga, que em 2008 conseguiram o controle da Anheuser-Busch, formando assim a maior companhia fabricante de cerveja do mundo. Seu CEO, Carlos Brito, é brasileiro.

Essas tendências são observadas não só nas arenas tradicionais de luta pelo poder – a guerra, a política e os negócios – mas também adentram a filantropia, a religião, a cultura e o poder pessoal e individual. O número de novos bilionários alcançou um recorde sem precedentes em 2010, e a cada ano alguns nomes desaparecem da lista enquanto indivíduos antes desconhecidos, vindos dos quatro cantos do mundo, tomam seu lugar.

A filantropia, por sua parte, também deixou de ser o domínio exclusivo de umas poucas grandes fundações e organizações públicas e internacionais: explodiu numa constelação de pequenas fundações e novas modalidades de doação, que em muitos casos põem em contato direto os doadores e os beneficiários, tomando um atalho ao largo do modelo clássico das instituições beneficentes. Por exemplo, as doações internacionais feitas por indivíduos e instituições norte-americanos quadruplicaram na década de 1990 e dobraram de novo de 1998 a 2007, quando alcançaram 39,6 bilhões de dólares – uma soma mais de 50% maior que os compromissos anuais do Banco Mundial. Nos Estados Unidos, o número de fundações aumentou de 40 mil em 1975 para mais de 76 mil em 2012. Atores, atletas e outros famosos, como Oprah Winfrey, Bill Clinton, Angelina Jolie e Bono, aumentaram muito as doações de celebridades. E, é claro, as novas megafundações patrocinadas por Bill e Melinda Gates, Warren Buffet e George Soros estão acabando com as maneiras tradicionais de operar na esfera das grandes fundações, como a Fundação Ford. Milhares de magnatas das empresas de tecnologia e das finanças, com suas enormes fortunas recém-adquiridas, estão também entrando bem mais cedo no mundo das "doações" e disponibilizando quantias bem maiores. A "filantropia como investimento" acabou dando margem a um novo setor econômico, criado para assessorar, apoiar e canalizar esse dinheiro. A United States Agency for International Development (Usaid), o Banco Mundial e a Fundação Ford não só têm mais concorrentes, que dominam a internet e outras tecnologias, mas também enfrentam maior exposição pública de seus dados e a imposição de condições por parte de ativistas, de seus beneficiários e dos governos que os patrocinam. Até pouco tempo atrás, a China não existia como um doador importante. Hoje ela tem um papel de destaque na África, na América Latina e nos países mais pobres da Ásia. Suas agências e fundações competem agressivamente e, em alguns casos, substituíram doadores como o Banco Mundial.

De modo similar, o arraigado e histórico poder das grandes religiões organizadas está declinando num ritmo incrível. As igrejas pentecostais, por exemplo, mostram grande avanço em países que já foram fortalezas do Vaticano e das principais igrejas protestantes. No Brasil, os pentecostais e os carismáticos constituíam apenas 5% da população em 1960 – em 2006 já eram 49%. (Eles perfazem 11% na Coreia do Sul, 23% nos Estados Unidos, 26% na Nigéria, 30% no Chile, 34% na África do Sul, 44% nas Filipinas, 56% no Quênia e 60% na Guatemala.) As igrejas pentescostais geralmente são pequenas e se adaptam aos fiéis locais, mas algumas se expandiram e cruzaram fronteiras, como a brasileira Igreja Universal do Reino de Deus (IURD), com 4 milhões de membros, e a nigeriana *Redeemed Christian Church of God* (RCCG), ou Igreja Cristã Redimida do Reino de Deus. Há também um pastor nigeriano com uma igreja de 40 mil membros em Kiev, Ucrânia. Ao mesmo tempo, o que os especialistas chamam de "igrejas orgânicas" – ou seja, locais, de enfoque prático, não hierárquicas, que surgem em comunidades de base – está desafiando o catolicismo e a Igreja Anglicana. E o Islã, que já é por si não centralizado, continua a se dividir à medida que estudiosos e imãs oferecem interpretações conflitantes, com base em novas e poderosas plataformas televisivas e da internet.

Acrescentem-se a tudo isso as tendências similares que podem ser observadas no trabalho, educação, arte e ciência – até mesmo no esporte profissional – e o quadro fica completo. É o quadro de um poder fragmentado entre um número crescente de atores novos e menores, de origem diversificada e inesperada, mais ou menos como vemos no mundo do xadrez. E esses novos atores estão usando um roteiro muito diferente daquele que costumava servir de guia aos poderosos atores tradicionais.

Sei que afirmar que o poder está se tornando mais frágil e vulnerável contradiz a ideia mais generalizada, que é oposta: a percepção de que vivemos num tempo em que o poder se torna mais concentrado e que aqueles que o detêm são mais fortes e estão mais bem estabelecidos do que nunca. De fato, muitas pessoas pensam que o poder é como o dinheiro: quem tem, conta com maiores chances de ter ainda mais. Desse ponto de vista, pode-se considerar que o ciclo autoalimentado de concentração de poder e riqueza é um impulso central da história humana. E, sem dúvida, o mundo está cheio de pessoas e instituições que têm imenso poder e não estão em vias de perdê-lo. Mas as páginas a seguir vão mostrar que olhar para o mundo sob esse prisma esconde aspectos muito importantes da mudança que estamos vivendo.

Como veremos, não se trata apenas de um simples deslocamento de poder de um círculo de atores influentes para outro, de um país ou região a outra ou de uma empresa a outra. A transformação do poder é mais abrangente e complexa. O próprio poder tornou-se mais disponível – e, de fato, no mundo de hoje mais pessoas têm poder. No entanto, seus horizontes se contraíram e, uma vez alcançado, o poder tem se tornado mais difícil de usar. E há uma explicação para isso.

O que mudou?

O poder fica arraigado devido às barreiras que seus detentores erguem para se proteger dos rivais e aspirantes. Tais barreiras não só evitam que novos competidores cresçam e se transformem em ameaças significativas mas também ajudam a consolidar o domínio desses poderosos já estabelecidos. Essas barreiras são muitas, variadas e mudam de acordo com o setor: são as regras que governam as eleições, os arsenais dos exércitos e das forças policiais, o fato de se dispor de grande capital, ter acesso exclusivo a determinados recursos naturais, poder gastar mais que os outros em publicidade e saber fazê-lo melhor, ter tecnologia ou as marcas mais cobiçadas pelos consumidores, possuir uma fórmula secreta e até mesmo a autoridade moral de líderes religiosos ou o carisma pessoal de alguns políticos.

No entanto, no decorrer das últimas três décadas, as barreiras que protegem o poder foram se enfraquecendo num ritmo muito rápido. Agora ficou mais fácil vencê-las, passar por cima delas ou driblá-las. Como irei mostrar ao falar sobre política interna e internacional, economia, guerra, religião e outras áreas, as causas subjacentes a esse fenômeno estão relacionadas não apenas com transformações econômicas e demográficas e com disseminação das tecnologias de informação mas também com mudanças políticas e profundas alterações nas expectativas, valores e normas sociais. Essas tecnologias de informação (que incluem a internet, mas não se limitam a ela) desempenham papel significativo em moldar o acesso ao poder e o seu uso. Mas a explicação mais *fundamental* da fragilização das barreiras ao poder está relacionada com as transformações de fatores tão diversos como o rápido crescimento econômico de muitos países pobres, padrões migratórios, medicina e sistemas de saúde, educação e até mesmo atitudes e tradições culturais – em resumo, com mudanças no âmbito, nas condições e nas possibilidades da situação humana nos tempos atuais.

Afinal, o que mais distingue hoje nossas vidas das de nossos ancestrais não são as ferramentas que usamos ou as regras que governam nossas sociedades. É também o fato de sermos muito mais numerosos no planeta, vivermos mais tempo, termos uma saúde melhor, sermos mais letrados e instruídos. Hoje em dia o planeta tem muito mais gente do que antes que não sofre de necessidade desesperada de alimentos. Milhões de pessoas dispõem de mais tempo e dinheiro para dedicar-se a outras ocupações; e, quando não estamos satisfeitos com nossa situação, é mais fácil e barato do que era mudar e tentar a sorte em outro lugar. Com o aumento da nossa proximidade e da nossa densidade populacional, e também da duração e riqueza de nossas vidas, nossos contatos com os demais também se estenderam, e isso ampliou nossas aspirações e oportunidades. Sem dúvida, saúde, educação e prosperidade estão longe de ser universais hoje em dia. A pobreza, a desigualdade, a guerra, as doenças e o sofrimento social e econômico persistem. Mas as estatísticas gerais de expectativa de vida, alfabetização, mortalidade infantil, nutrição, nível de renda, nível de instrução e desenvolvimento humano mostram que o mundo mudou profundamente – junto com as percepções e atitudes –, e mudou de maneiras que afetam diretamente os termos em que o poder é conquistado, mantido e perdido.

Os três próximos capítulos irão desenvolver essa ideia em detalhes. O Capítulo 2 apresenta uma maneira clara e prática de pensar o poder, aplicável a todos os campos: da guerra aos negócios ou à política. Ele discute os diversos modos pelos quais o poder pode ser exercido, destaca as diferenças entre os diversos aspectos do poder – influência, persuasão, coerção e autoridade – e mostra como ele se protege atrás de barreiras que permitem sua expansão e concentração, até que essas mesmas barreiras sejam erodidas e não cumpram mais sua função protetora. O Capítulo 3 explica como o poder ficou grande em muitos domínios diferentes. Pergunto: por que o poder é equiparado, na prática, ao porte das grandes organizações que o sustentam? E por que grandes organizações, hierarquizadas e centralizadas, tornaram-se os veículos dominantes por meio dos quais o poder foi exercido – e ainda é em grande parte? Essa vinculação do poder ao porte da organização que o detém alcançou seu apogeu no século XX. E é uma visão que ainda domina os debates e conversas atuais, embora a realidade tenha mudado.

O Capítulo 4 mostra como as grandes mudanças que ocorreram em múltiplos âmbitos (demografia, tecnologia, economia e assim por diante) tornam mais difícil criar e defender as barreiras que mantêm os rivais dentro de certos limites. Agrupei todas essas mudanças em três categorias de transformações revolucionárias, que a meu ver definem nossa época: a revolução do *Mais*, que se caracteriza pelo aumento e abundância em tudo: no número de países, no tamanho das populações, em padrões de vida, índices de alfabetização, melhoria na saúde e na quantidade de produtos, partidos políticos e religiões; a segunda categoria é a revolução da *Mobilidade*: temos mais de tudo e, além disso, esse "mais" (gente, produtos, tecnologia, dinheiro) se movimenta com uma intensidade inédita e com um custo menor, chegando a todos os cantos do planeta, inclusive alguns que havia pouco eram inacessíveis; e a revolução da *Mentalidade*, que reflete as grandes mudanças nos modos de pensar, nas expectativas e nas aspirações, que vêm acompanhando essas transformações.

Alguns aspectos dessas três revoluções são muito conhecidos: o que não é tão familiar, e não tem sido examinado em detalhe, é como cada uma delas está deixando o poder mais fácil de alcançar, porém mais difícil de usar ou manter. O Capítulo 4 mostra de que modo essas revoluções profundas e simultâneas estão debilitando as barreiras e dificultando o exercício do poder. Uma das consequências, por exemplo, é o acentuado entorpecimento das grandes organizações modernas centralizadas, cujos enormes recursos não garantem mais sua supremacia e em alguns casos têm se tornado até desvantagens. De fato, as circunstâncias sob as quais se expressam as diferentes formas de poder – incluindo coerção, obrigação, persuasão e a utilização de incentivos – têm mudado de tal forma que reduzem e, em casos extremos, até anulam totalmente as vantagens do grande porte.

A degradação do poder: é algo novo? É algo verdadeiro? E então?

As mudanças que discutimos aqui têm beneficiado inovadores e novatos em muitas áreas – incluindo, infelizmente, piratas, terroristas, rebeldes, *hackers*, traficantes, falsificadores e os que se dedicam aos crimes pela internet.[14] Tais mudanças têm produzido oportunidades para ativistas pró-democracia – assim como para partidos políticos radicais com programas muito específicos ou extremistas – e criado caminhos alternativos de influência política que driblam ou rompem a estrutura interna formal e rígida do sistema político, tanto em países democráticos como nos autoritários. Poucos poderiam ter previsto que, quando um pequeno grupo de ativistas malásios decidiu, no verão de 2011, "ocupar" a praça Dataran em Kuala Lumpur – à imagem e semelhança dos *Indignados* que acamparam na Puerta del Sol em Madri –, isso iria originar um movimento similar para ocupar a Wall Street e desencadear iniciativas parecidas em 2,6 mil cidades ao redor do mundo.

Embora as mudanças políticas concretas engendradas pelos movimentos "Occupy" tenham sido até aqui bastante escassas, sua repercussão é sensível. Como observou o famoso cronista da década de 1960, Todd Gitlin, "aquela espécie de mar de mudanças nos diálogos públicos, que levou três anos para se desenvolver nos idos dos anos 1960 – sobre a brutalidade da guerra, a insatisfação com a distribuição da riqueza, a degradação da política e a supressão da promessa democrática –, em 2011 demorou apenas três semanas".[15] Em termos de velocidade, impacto e novas formas de organização horizontal, os movimentos Occupy também revelaram a erosão do monopólio que os partidos políticos tradicionais tinham antes sobre os canais por onde a sociedade podia expressar suas insatisfações, esperanças e reivindicações. No Oriente Médio, a Primavera Árabe iniciada em 2010 não dá sinais de que vai arrefecer. Ao contrário, continua a se espalhar – e sua onda expansiva faz-se sentir em regimes autoritários do mundo inteiro.

E, como observado antes, mais ou menos a mesma coisa está acontecendo no mundo dos negócios. Companhias pequenas e obscuras de países com mercados ainda incipientes têm sido capazes de superar e às vezes de assumir o controle de empresas globais de grande porte e de marcas de prestígio, construídas ao longo de séculos pelos mais importantes empresários.

Em geopolítica, pequenos atores – sejam países "menores" ou entidades não estatais – ganharam novas oportunidades de vetar, interferir, redirecionar e causar entraves gerais aos esforços conjuntos de "grandes potências" e organizações multilaterais como o Fundo Monetário Internacional (FMI). Para citar apenas alguns exemplos: o veto da Polônia às políticas de baixa emissão de carbono da UE, as tentativas da Turquia e do Brasil de sabotar as negociações das grandes potências com o Irã a respeito do seu programa nuclear, a revelação de segredos diplomáticos dos Estados Unidos feita pelo WikiLeaks ou por Edward Snowden, a contestação pela Gates Foundation da liderança da Organização Mundial da Saúde na luta contra a malária e a multiplicidade de novos participantes de diversos tamanhos, origens e natureza nas negociações globais sobre comércio, mudança climática, além de numerosas outras questões.

Esses "pequenos atores", novos e cada vez mais importantes, são muito diferentes uns dos outros, como são também as áreas onde competem. Mas têm em comum o fato de não dependerem mais de porte, geografia, história ou de uma tradição arraigada para deixar sua marca. Organizações pequenas e incipientes conseguem rapidamente operar no plano internacional e ter repercussão global. Representam a ascensão de um novo tipo de poder – vamos chamá-lo de *micropoder* –, que antes tinha pouca chance de sucesso. Hoje em dia, o que está mudando o mundo tem menos a ver com a rivalidade entre mega-atores do que com a ascensão de *micropoderes* e sua capacidade de desafiar com sucesso os *mega-atores*.

A degradação do poder não significa a extinção dos mega-atores. As grandes burocracias dos estados, os grandes exércitos, os grandes negócios e grandes universidades serão coagidos e confinados como nunca, mas certamente continuarão relevantes e suas ações e decisões terão grande peso. Mas não tanto quanto antes. Cada vez mais os atores tradicionais terão dificuldades em exercer todo o poder a que aspiram ou inclusive o que sempre tiveram. E embora possa parecer inequivocamente positivo que os poderosos se tornem menos poderosos do que antes (afinal, o poder corrompe, não é?), seu rebaixamento de posto pode também gerar instabilidade, desordem e paralisia diante de problemas complexos.

Os capítulos a seguir também irão mostrar como a degradação do poder se acelerou apesar da existência de tendências aparentemente tão contrárias, como a consolidação de enormes empresas ou os resgates, feitos com dinheiro público, de instituições "grandes demais para quebrar", ou o constante aumento dos orçamentos militares dos Estados Unidos e da China, ou ainda as crescentes disparidades de renda e riqueza em todo o mundo. Na verdade, a degradação do poder é uma questão muito mais importante e profunda que as tendências e acontecimentos superficiais que dominam os debates entre políticos e analistas.

Concretamente, este livro questiona dois dos principais temas habituais nas discussões sobre o poder na presente época. Um deles é a obsessão pela internet como explicação para as mudanças no poder, especialmente na política e nos negócios. O outro é a obsessão pela troca de guarda na geopolítica, que coloca o declínio de algumas nações (particularmente os Estados Unidos) e a ascensão de outras (notadamente a China) como a principal tendência de transformação do mundo atual.

A degradação do poder não se deve à internet nem à tecnologia da informação em geral. É inegável que a internet, as redes sociais e outras ferramentas estão transformando a política, o ativismo, os negócios e, é claro, também o poder. Mas com excessiva frequência esse papel fundamental é supervalorizado e malcompreendido. As novas tecnologias de informação são ferramentas – e para terem impacto, tais ferramentas precisam de usuários, que por sua vez têm metas, direção e motivação. Facebook, Twitter e mensagens de texto foram fundamentais para fortalecer os manifestantes na Primavera Árabe. Mas os manifestantes e as circunstâncias que os motivaram a ir às ruas são movidos por fatores dentro e fora de seus países que não têm nada a ver com Twitter ou Facebook. Milhões de pessoas participaram das manifestações que derrubaram Hosni Mubarak no Egito – mas a página do Facebook creditada como a que ajudou a incitar os protestos contava no seu auge com apenas 350 mil membros. Mais ainda: um estudo recente do volume de tráfego no Twitter durante os levantes egípcio e líbio descobriu que mais de 75% das pessoas que clicaram em *links* do Twitter relacionados com esses conflitos eram usuários de fora do mundo árabe.[16] Outro estudo, do Instituto da Paz dos Estados Unidos, que também examinou padrões de uso do Twitter durante a Primavera Árabe, concluiu que as novas mídias "... não pareceram ter um papel significativo nem na ação coletiva dentro dos países nem na difusão regional" do levante.[17]

O primeiro e mais importante motor dos protestos foi a realidade demográfica de jovens em países como Tunísia, Egito e Síria – pessoas mais saudáveis e instruídas do que seus predecessores, mas que também estão desempregadas e profundamente frustradas. Além do mais, as mesmas tecnologias de informação que dão maior poder ao cidadão comum também abriram novas vias para a vigilância, repressão e controle governamental – por exemplo, ajudaram o Irã a identificar e prender os participantes da sua abortada "Revolução Verde". Negar o papel crucial das tecnologias de informação, especialmente das mídias sociais, nas mudanças que estamos assistindo seria tão equivocado quanto explicar essas mudanças apenas como o resultado da adoção disseminada dessas tecnologias.

A degradação do poder tampouco pode ser confundida com as mudanças de poder "na moda", que analistas e comentaristas têm dissecado desde que o declínio dos Estados Unidos e a ascensão da China se tornaram axiomáticos como a transformação geopolítica crucial da nossa era – celebrada, criticada ou vista com prevenção, com vários graus de nuance, dependendo do ponto de vista do autor. Avaliar o declínio da Europa e a concomitante ascensão do bloco Brics (Brasil, Rússia, Índia, China e África do Sul) tornou-se o grande tema de debate da geopolítica atual. Mas, embora as rivalidades entre as nações sejam cambiantes (sempre foram), a obsessão em saber quem está em declínio e quem está em ascensão é uma dispersão arriscada. E é uma dispersão porque cada nova leva de vencedores está fazendo uma descoberta desagradável: que aqueles que irão deter o poder no futuro encontrarão opções muito limitadas e verão sua capacidade de ação reduzida em aspectos que eles com certeza não previram e com os quais seus predecessores não tiveram de lidar.

Além disso, o efeito cumulativo dessas mudanças acentuou a corrosão da autoridade e moral e da legitimidade dos poderosos em geral. Todas as pesquisas de opinião revelam que uma importante tendência mundial é a perda de confiança nos líderes políticos, nos "especialistas", nas instituições públicas, nos empresários e nos meios de comunicação. Para grande parte das pessoas, os líderes da sociedade têm menor credibilidade e são menos dignos de confiança. Os cidadãos estão mais bem informados, têm outros valores e são mais conscientes das muitas outras opções ao seu dispor. As atitudes em relação ao poder e aos poderosos estão mudando rapidamente.

É preciso olhar além das batalhas do momento para perceber os efeitos da degradação do poder. Caso contrário, iremos apenas criar mais confusão e impedir o avanço na solução de questões-chave e complexas que demandam de forma urgente respostas eficazes. Os problemas persistem e tendem a se agravar, sejam as crises financeiras que viajam de um lugar a outro, o desemprego crônico, a desigualdade e a pobreza profunda, as matanças indiscriminadas de inocentes em países em conflito ou o aquecimento global. Nesta época em que vivemos, por paradoxal que seja, conhecemos e compreendemos esses problemas melhor do que nunca, mas mesmo assim parecemos incapazes de lidar com eles de maneira decisiva e eficaz. Da perspectiva destas páginas, a razão dessa frustrante e perigosa realidade é com frequência muito clara: ninguém tem poder suficiente para fazer o que sabe que é preciso fazer.

Mas o que é o poder?

Um livro sobre o poder requer uma definição de poder.

Desde o começo da história, a busca e a conservação do poder têm moldado a interação entre indivíduos, grupos e sociedades inteiras.

Segundo Aristóteles, o poder, a riqueza e as amizades são os três componentes que constituem a felicidade de uma pessoa. A premissa de que os humanos naturalmente buscam o poder e os governantes procuram consolidar e expandir seu domínio é quase consensual na filosofia. No século XVI, Nicolau Maquiavel escreveu em *O príncipe*, seu manual sobre como conduzir o Estado, que a aquisição de território e de controle político "é na verdade muito natural e comum, e os homens fazem assim sempre que podem".[18]

No século XVII, o filósofo inglês Thomas Hobbes levou a questão um passo adiante no *Leviatã*, seu tratado clássico sobre a natureza humana e a sociedade. "Considero como inclinação geral de toda a humanidade um desejo perpétuo e irrequieto de poder e mais poder, que cessa apenas com a morte", escreveu Hobbes.[19] Dois séculos e meio depois, em 1885, Friedrich Nietzsche afirmaria, na voz do heroico personagem-título de *Assim falou Zaratustra*: "Onde encontrei vida, ali encontrei vontade de poder; e até mesmo na vontade do servo encontrei a vontade de ser senhor".[20]

Isso não quer dizer que a vida humana se reduza apenas ao poder. Com certeza o amor, o sexo, a fé e outros desejos e emoções também são motivações humanas fundamentais. Mas, com a mesma certeza, o poder é um desafio que sempre motivou as pessoas. E como sempre tem feito, o poder estrutura a sociedade e ajuda a regulamentar os relacionamentos e a orquestrar as interações entre as pessoas dentro de cada comunidade e entre as comunidades e nações. O poder é um fator em todos os campos em que tenhamos de lutar, competir ou organizar: política internacional e guerra, política nacional, negócios, investigação científica, religião, filantropia e ativismo social, e nas relações sociais e culturais de todo tipo. O poder também tem um papel nas relações amorosas e familiares mais íntimas, assim como em nossa linguagem e até mesmo em nossos sonhos. Essas últimas dimensões fogem ao âmbito deste livro, mas isso não significa que não se observem nelas também as mudanças e tendências que procuro explicar aqui.

Meu enfoque é prático. Tem como objetivo compreender o que é necessário para se obter poder, mantê-lo e perdê-lo. Isso requer uma definição de trabalho, e aqui vai uma: *Poder é a capacidade de dirigir ou evitar ações atuais ou futuras de outros grupos e indivíduos*. Ou, dito de outra forma, poder é aquilo que exercemos sobre os outros para que tenham condutas que, de outro modo, não adotariam.

Esse ponto de vista prático sobre o poder não é novo nem controverso. Embora o poder seja um assunto inerentemente complexo, muitas das definições práticas que os cientistas sociais têm utilizado são similares a essa que foi exposta aqui. Por exemplo, minha abordagem faz eco a um ensaio clássico e muito citado de 1957, escrito pelo cientista político Robert Dahl, *O conceito do poder*. No dizer de Dahl: "A tem poder sobre B na medida em que pode levar B a fazer algo que B de outro modo não faria". De acordo com essa perspectiva, surgem diferentes maneiras de impor a vontade do poderoso – a influência, a persuasão, a coerção –, das quais trataremos no próximo capítulo. Mas todas perseguem a mesma coisa: que os outros façam ou deixem de fazer algo.*

Embora não haja dúvida de que o poder é uma motivação humana muito básica, também é inegável que se trata de uma força "relacional", no sentido de que implica inevitavelmente uma relação entre dois ou mais protagonistas. Portanto, não basta medir o poder usando indicadores indiretos, como quem tem o maior exército, as maiores fortunas, a maior população ou o maior número de eleitores ou fiéis. Ninguém circula por aí com uma quantidade fixa e quantificável de poder, porque na realidade o poder de qualquer pessoa ou instituição varia conforme a situação. Para que o poder seja exercido, é necessária uma interação ou um intercâmbio entre duas ou mais partes: senhor e escravo, governante e cidadão, chefe e empregado, pai e filho, professor e aluno, ou uma complexa combinação de indivíduos, partidos, exércitos, empresas, instituições, até mesmo nações. Conforme as partes implicadas passam de uma situação a outra, a capacidade que cada um tem de dirigir ou evitar as ações dos outros – em outras palavras, o seu poder – também varia.

* Dahl, "The concept of power"; ver também Zimmerling, "The concept of power", capítulo 1. Outra definição, mais acadêmica, foi oferecida em 2005 por dois destacados estudiosos, Michael Barnett e Raymond Duvall: "O poder é a produção, nas e por meio das relações sociais, de efeitos que moldam as capacidades dos atores de determinar suas circunstâncias e destino". Com base nessa definição, eles propõem uma taxonomia do poder: compulsório, institucional, estrutural e produtivo. Ver Barnett e Duvall, "Power in international politics".

Quanto menos mudarem os atores e seus atributos, mais estável será aquela distribuição particular de poder. Mas quando o número, identidade, motivações, capacidades e atributos dos atores mudam, a distribuição de poder muda também.

Não se trata de uma questão meramente abstrata. O que quero dizer é que o poder tem uma função social. Seu papel não é só garantir a dominação ou estabelecer uma relação de vencedores e perdedores: ele também organiza comunidades, sociedades, mercados e o mundo. Hobbes explicou isso muito bem. Pelo fato de o desejo de poder ser primal, argumenta ele, os humanos são inerentemente conflituosos e competitivos. Se fossem deixados à vontade para expressar essa natureza sem a presença do poder para inibi-los ou direcioná-los, iriam lutar até que não sobrasse mais nada para disputar. Mas quando obedecem a um "poder comum", podem colocar seus esforços para construir uma sociedade, e não para destruí-la. "Durante o tempo em que os homens vivem sem um 'poder comum' que os intimide e organize, eles ficam naquela condição que chamamos de guerra", escreveu Hobbes, "e trata-se de uma guerra de todos contra todos."[21]

A degradação do poder: o que está em jogo?

O debilitamento das barreiras que defendem os poderosos está abrindo as portas a novos atores, como os que transformaram o mundo do xadrez e aqueles que, como veremos nos capítulos seguintes, estão agora transformando outras áreas importantes da atividade humana. Esses novos atores são os micropoderes mencionados antes. Seu poder tem outra característica: não é mais o poder massivo, esmagador e com frequência coercitivo das grandes organizações com muitos recursos e longa história, mas sim o poder de vetar, contrapor, combater e limitar a margem de manobra dos grandes atores. É negar "aos grandes de sempre" espaços de ação e influência que sempre foram dados como certos.

É um poder que nasce da inovação e da iniciativa, sem dúvida, mas também do fato de que há cada vez mais espaço para os micropoderes empregarem técnicas como o veto, a interferência, o desvio de atenção, o adiamento das decisões ou a surpresa. As táticas clássicas dos rebeldes em tempos de guerra estão agora disponíveis e mostram eficácia em muitos outros campos. Isso significa que podem abrir novos horizontes não só para inovadores e forças progressistas mas também para extremistas, fanáticos, separatistas e pessoas e grupos cujo objetivo não é o bem comum e sim seu próprio bem ou do seu grupo. E essa acelerada proliferação de todo tipo de novos atores – uma tendência que hoje já é facilmente observável – deveria suscitar sérias preocupações a respeito do que pode acontecer caso a degradação do poder continue avançando de maneira ignorada e descontrolada.

Todos sabemos que a excessiva concentração de poder resulta em dano social. Os ditadores, os monopólios e os demais núcleos onde o poder se concentra são obviamente indesejáveis. Mas o outro extremo – as situações nas quais o poder está fragmentado demais – é igualmente indesejável.

E o que acontece quando o poder está completamente disperso, disseminado e decomposto? Os filósofos já conhecem a resposta: caos e anarquia. A guerra de todos contra todos que Hobbes previa é a antítese do bem-estar e do progresso social. E a degradação do poder implica o risco de gerar uma situação assim. E um mundo no qual todos têm poder suficiente para impedir as iniciativas de todos os demais, mas ninguém tem poder para impor uma linha de atuação, é um mundo no qual as decisões não são tomadas, ou são tomadas tarde demais ou se diluem ao ponto da ineficácia.

Sem a previsibilidade e a estabilidade que vêm das regras e autoridades legítimas e amplamente aceitas pela sociedade, reinaria um caos que seria fonte de imenso sofrimento humano. Séculos de conhecimento e experiência acumulados por governos, partidos, corporações, igrejas, exércitos e instituições culturais podem se perder à medida que essas instituições se tornem inviáveis e caiam. Em alguns casos, trata-se de organismos nefastos, e seu desaparecimento não deve ser lamentado. Mas também há organizações e instituições muito valiosas e indispensáveis para o sustento do indiscutível progresso que a humanidade alcançou.

Além disso, quanto mais esquivo o poder, mais nossas vidas passam a ser regidas por incentivos e medos imediatos, e menos possibilidades temos de marcar o curso de nossas ações e traçar um plano para o futuro.

A combinação desses riscos pode levar à alienação. Convivemos há tanto tempo com instituições poderosas, e as barreiras que defendem o poder têm sido tradicionalmente tão altas, que acabamos moldando o sentido de nossas vidas – nossas escolhas sobre o que fazer, o que aceitar, o que recusar – dentro dos seus parâmetros. Se nos afastarmos demais disso, a decomposição do poder pode ter efeitos muito negativos.

Precisamos urgentemente compreender e abordar o caráter e as consequências dessa decomposição. Embora os perigos mencionados ainda não cheguem a ser anarquia, é evidente que já estão interferindo em nossa capacidade de lidar com algumas das grandes questões do nosso tempo. O mundo enfrenta a mudança climática, a proliferação nuclear, crises econômicas, o esgotamento dos recursos, pandemias, a persistente pobreza do "bilhão de baixo", terrorismo, tráfico, crimes cibernéticos e tudo mais: desafios cada vez mais complexos, que exigem a participação de grupos e agentes dos mais variados.

A degradação do poder é uma tendência estimulante no sentido de que tem aberto maravilhosos espaços para novas aventuras, novos empreendimentos e, pelo mundo todo, novas vozes e mais oportunidades. Mas suas consequências para a estabilidade são cheias de perigos. Como podemos manter os promissores avanços da pluralidade de vozes e opiniões, dessas múltiplas iniciativas e inovações, sem ao mesmo tempo cair numa paralisia incapacitante, que pode anular esse progresso num piscar de olhos?

Compreender a degradação do poder é o primeiro passo para encontrar um caminho de avanço num mundo que está renascendo.

CAPÍTULO DOIS

Entender o poder: como funciona e como mantê-lo

SEU DESPERTADOR TOCA ÀS 6H45 DA MANHÃ, meia hora antes do normal, porque seu chefe insistiu para você ir a uma reunião que, na sua opinião, não tem a menor importância. Você teria argumentado com ele, mas não quer colocar em risco sua provável promoção. No seu rádio você ouve um anúncio de um novo carro. "Consome muito menos que os demais." É tentador, pois você anda preocupado com o custo de encher o tanque do seu carro. Seu vizinho do lado tem um carro desses; por que você não compra um também? Só que você não tem dinheiro para dar a parcela inicial. Você senta para tomar o café da manhã com sua filha e vê que ela – apesar de você ter dito na semana passada que só a deixaria ouvir música com fone de ouvido no café da manhã se ela comesse granola em vez de sucrilhos de chocolate – está na sua frente agora ouvindo música no fone de ouvido e comendo o quê?... Sucrilhos de chocolate. Você e sua mulher decidem quem é que vai sair mais cedo do trabalho para pegá-la na escola. Você ganha. Mas sente-se culpado e concorda em levar o cachorro para passear como um gesto conciliatório. Então sai com o cachorro. Está chovendo. Ele se recusa a sair do lugar. E não há o que convença o bichinho a sair.

Ao tomar numerosas decisões, pequenas e grandes, do nosso dia a dia, como cidadãos, empregados, consumidores, investidores ou membros de um lar ou família, ou até mesmo de um grupo de amigos que se reúne regularmente, sempre calibramos – de modo consciente ou inconsciente – o alcance, e sobretudo os limites, do nosso poder.

Não importa se a questão é conseguir um aumento de salário ou uma promoção, fazer nosso trabalho de determinada maneira, convencer um cliente a comprar pelo preço que nos convém, planejar férias com o cônjuge ou conseguir fazer que um filho coma direito, estamos sempre, de modo consciente ou não, medindo nosso poder – ou seja, avaliando até que ponto podemos conseguir que os outros façam o que queremos ou evitar que nos imponham determinada conduta. Ficamos incomodados com o poder dos outros e suas consequências irritantes e inconvenientes: aceitar a maneira como nosso chefe, o governo, a polícia, o banco ou a companhia de telefone ou de tevê a cabo nos induz a comportar-nos de determinado modo, a fazer certas coisas ou deixar de fazer outras. E, no entanto, estamos sempre buscando esse poder; às vezes de maneira consciente e deliberada, outras vezes de modo mais sutil e indireto.

Às vezes, o poder é exercido de maneira tão brutal e definitiva que seus efeitos persistem, mesmo quando isso não se justifica mais. Embora Saddam Hussein e Muamar Kadafi estejam mortos, muitas de suas vítimas ainda tremem à menção de seus nomes – uma experiência comum a sobreviventes de crimes brutais, muito tempo depois que seus perpetradores já foram presos ou já não são mais uma ameaça.

O ponto central é que o poder é *sentido*; temos múltiplos sensores que nos permitem detectá-lo e calcular seus efeitos sobre nós, seja no presente, no futuro ou como uma lembrança das consequências que teve no passado. Mesmo quando exercido de maneira sutil, ou apenas exibido, sabemos que está ali, que estamos na presença do poder.

No entanto, seja qual for a importância do poder na nossa vida diária ou na nossa mente, sempre é difícil ajustá-lo com precisão. Exceto em casos extremos, quando alguma conduta nos é imposta de forma brutal, por meio de ameaças, multas, prisão, rebaixamento de posto, situações vexaminosas, ameaças físicas ou outros castigos, tendemos a experimentar o poder mais como uma coerção moral – ou econômica – do que como uma força física. Justamente por ser o poder tão primordial e elementar em nossa vida diária, é raro pararmos para analisá-lo – para identificar exatamente onde reside, como funciona, até que ponto pode chegar e o que o impede de ir além.

Isso tem uma boa explicação: o poder é difícil de medir. De fato, em rigor é impossível medir o poder. Só é possível identificar seus agentes, suas fontes e suas manifestações. Quem tem mais dinheiro no banco? Que companhia é capaz de comprar outra, ou qual delas tem mais ativos em seu balanço geral? Que exército tem maior número de soldados, tanques ou aviões? Que partido político obteve mais votos na última eleição ou tem mais cadeiras no parlamento?

Todas essas coisas podem ser medidas e registradas. Mas não medem o poder. Não são mais do que suas representações indiretas. Como variáveis para calibrar o poder são pouco confiáveis, e não podem expressar, nem mesmo quando tomadas em conjunto, o quanto um indivíduo, grupo ou instituição são poderosos.

Não obstante, o poder está presente em tudo, do sistema das nações aos mercados e à política – na verdade, permeia qualquer situação em que exista rivalidade ou interação entre pessoas ou organizações. Toda vez que há competição, produz-se uma distribuição de poder, que é sempre relevante para a experiência humana. Porque a busca do poder, embora não seja a única motivação por trás dessa experiência, é certamente uma das mais importantes.

Em suma, como podemos falar sobre o poder de uma maneira útil? Se queremos entender como o poder é obtido, usado ou perdido, precisamos achar uma maneira de discuti-lo que não seja vaga, grandiloquente ou confusa. Infelizmente, a maioria das nossas conversas costuma cair nessas armadilhas. E muitas vezes não conseguem sair delas.

Como falar sobre o poder

Existe uma maneira produtiva de falar sobre o poder. Sem dúvida, o poder tem um componente material e outro psicológico, uma parte tangível e uma parte que existe na nossa mente. Como força, o poder é difícil de classificar e quantificar. Mas como uma *dinâmica* que molda uma situação específica, pode ser avaliado, do mesmo modo que seus limites e seu alcance.

Vamos pensar, por exemplo, naquela foto já ritual do grupo de chefes de Estado e de governo reunidos no G8, o Grupo dos Oito países mais industrializados do mundo. Nela vemos o presidente dos Estados Unidos, a chanceler da Alemanha, o presidente da França, o primeiro-ministro do Japão, o primeiro-ministro do Canadá, e outros do seu nível. Cada um deles está "no poder". Quanto a isso, são pares. E, de fato, cada um deles tem um bocado de poder. Será que esse poder deriva do prestígio do seu cargo, de sua história e dos rituais que o acompanham? Ou vem mais de terem vencido as últimas eleições? Do fato de comandarem uma grande administração civil e militar? De sua capacidade de autorizar, com uma simples assinatura, o gasto de bilhões de dólares arrecadados por impostos pagos por seus cidadãos e pelas empresas de seu país? De onde deriva o poder dos chefes de Estado desses oito importantes países? Obviamente, é uma combinação de todos esses fatores e de outros também. Isso é o poder como força – palpável, mas difícil de decompor e quantificar.

Agora, com a mesma foto em mente, imagine a liberdade que têm ou as limitações que esses líderes enfrentam para usar seu poder em diferentes situações. O que terá acontecido durante a própria reunião de cúpula? Que problemas foram discutidos, que acordos negociados e, em cada caso, quem conseguiu seus objetivos? Será que o presidente americano, rotulado com frequência como "o homem mais poderoso do mundo", saiu vencedor todas as vezes? Que coalizões foram formadas e quem fez quais concessões?

Depois imagine cada líder voltando ao seu país e lidando com os problemas domésticos do momento: cortes no orçamento, iniciativas da oposição para enfraquecê-lo politicamente, conflitos trabalhistas, delinquência, imigração, escândalos de corrupção, conflitos armados, a queda dos mercados financeiros ou qualquer outro problema que exija a intervenção do chefe de Estado. Alguns desses líderes comandam fortes maiorias parlamentares; outros dependem de frágeis coalizões. Alguns, em função do seu cargo, têm grande margem para governar por meio de medidas provisórias ou decretos; outros não. Alguns desfrutam de grande prestígio pessoal ou de altos índices de aprovação; outros vivem acossados por escândalos ou são politicamente vulneráveis. Seu poder efetivo – a tradução do poder de seu cargo em ações práticas – depende de todas essas circunstâncias e varia segundo os problemas... *e o poder relativo de seus rivais e adversários*.

Mesmo não tendo como quantificar o poder, podemos saber como *funciona*. O poder nunca existe de maneira isolada; sempre envolve outros atores e é exercido em relação a eles. O poder de uma pessoa, empresa ou país é sempre relativo ao poder detido por outra pessoa, outra empresa ou outro país. Quanto mais precisa for nossa definição dos atores e do que está em jogo, maior a clareza com que veremos o poder; ele deixará de ser uma força pouco definida para originar todo um cardápio de ações e possibilidades de moldar e mudar determinada situação. E se compreendemos como o poder funciona, então podemos saber o que o faz funcionar bem, sustentar-se por si só e aumentar; e também o que o faz fracassar, dispersar-se, deteriorar ou mesmo evaporar. Em dada situação, até que ponto o poder está limitado ou restrito? Qual é a capacidade que cada ator tem de mudar a situação? Ao examinar as rivalidades e os conflitos sob essa perspectiva, é possível delinear com maior clareza o que está acontecendo com o poder nos tempos atuais.

Como veremos nestas páginas, o que está acontecendo é que as maneiras de obtê-lo, usá-lo e perdê-lo já não são mais as que eram.

Como funciona o poder

No Capítulo 1, apresentei uma definição prática: *o poder é a capacidade de impor ou impedir as ações atuais ou futuras de outras pessoas ou grupos*. Essa definição tem a vantagem de ser clara e, melhor ainda, evita indicadores enganosos como o porte, os recursos, as armas ou o número de partidários. Mas precisa ser mais bem elaborada, já que as ações dos outros podem ser dirigidas ou impedidas de muitas maneiras. Na prática, o poder é expresso por quatro diferentes meios. Podemos chamá-los de *canais por meio dos quais o poder é exercido*.

- **A força**: este é o canal mais óbvio e conhecido. A força – ou a ameaça de recorrer à força – é o instrumento contundente por meio do qual o poder é exercido em certas situações extremas. A força pode ser um exército invasor, um policial com suas armas e sua capacidade de prender e encarcerar, um valentão no pátio da escola, uma faca no pescoço, um arsenal nuclear para dissuadir o adversário ou a capacidade que algum grupo econômico tem de levar seus competidores à falência, ou a de um chefe de demitir seu funcionário ou a de uma autoridade eclesiástica de excomungar um pecador. Pode também consistir no controle exclusivo de um recurso essencial e na capacidade de oferecê-lo ou negá-lo (seja dinheiro, petróleo, água ou votos). A presença desse tipo de poder nem sempre é ruim. Todos nós gostamos de contar com uma polícia que prenda delinquentes, mesmo que para isso tenha de empregar às vezes a violência. O uso legítimo da violência é um direito que os cidadãos concedem ao Estado em troca de proteção, ordem pública e estabilidade. Mas, em todo caso, o uso da força para obrigar outros a fazer ou deixar de fazer algo depende da capacidade de coerção, seja de um tirano, seja de um benevolente governo democrático. Na hora da verdade, a força, esteja ela a serviço de tiranos ou de líderes progressistas, baseia-se na coerção. Você obedece porque sabe que, se não o fizer, pagará as consequências.
- **O código**: por que os católicos vão à missa, os judeus observam o sábado e os muçulmanos rezam cinco vezes por dia? Por que tantas sociedades pedem aos mais velhos que mediem os conflitos e consideram justas e sábias suas decisões? O que faz as pessoas se absterem de causar dano a outras inclusive quando não há nenhum castigo nem lei que as impeça? As respostas encontram-se na moral, tradição, normas culturais, expectativas sociais, crenças religiosas e valores transmitidos ao longo de gerações ou ensinados às crianças na escola. Vivemos num universo de códigos, que às vezes seguimos, outras vezes não. E permitimos que outras pessoas dirijam nosso comportamento quando elas invocam tais códigos. Esse canal de poder não emprega a coerção; em vez disso, ativa nosso sentido de dever moral. Talvez o melhor exemplo sejam os Dez Mandamentos: por meio deles, um poder superior e inquestionado nos diz de modo inequívoco como devemos nos comportar.

• **A mensagem**: todos conhecemos o poder da publicidade. É a ela que se atribui o mérito de fazer alguém escolher o McDonald's e não o Burger King ou que as vendas da Apple disparem mais que as da IBM ou da Dell. Gastam-se bilhões de dólares anunciando em programas de televisão e rádio, em cartazes e *sites* da internet, revistas, *videogames* e qualquer outro veículo, com o propósito expresso de levar as pessoas a fazerem algo que de outro modo não fariam: comprar determinado produto. A mensagem não requer nem força nem código moral. O que ela consegue é nos fazer mudar de ideia, de percepção; ela nos convence de que um produto ou serviço é uma opção melhor que as outras. O poder canalizado pela mensagem é a capacidade de persuadir os outros a verem a situação de uma maneira tal que se sintam motivados a promover os objetivos ou interesses do persuasor. Os agentes imobiliários que induzem os potenciais compradores a valorizar as vantagens de morar num determinado bairro (a qualidade das escolas, a proximidade de transporte público, a segurança) não estão empregando a força, nem utilizando argumentos morais ou mudando a estrutura da situação (por exemplo, baixando o preço). O que fazem é transformar o comportamento dos clientes alterando sua *percepção* da situação. Conseguem que as pessoas se comportem de certa maneira ao levá-las a ver de forma diferente uma situação que na prática não mudou (o preço da casa é o mesmo, mas seu valor na mente do possível comprador aumentou).

• **A recompensa**: quantas vezes você já ouviu alguém dizer "eu não faria isso nem que me pagassem"? Mas o normal é bem o contrário: as pessoas aceitam uma recompensa em troca de fazer coisas que de outro modo não fariam. Qualquer pessoa com a capacidade de oferecer recompensas materiais conta com uma grande vantagem em levar os outros a se comportar de uma maneira que corresponda aos interesses dela. Ela é capaz de mudar a estrutura da situação. Pode ser uma oferta milionária para contratar um jogador de futebol, a redução do preço de uma casa a fim de incentivar um cliente a comprá-la, doação de milhões de dólares em armas a outro país para contar com seu apoio ou travar uma guerra de lances para conseguir contratar um grande executivo, cantor, professor ou cirurgião: a oferta de benefícios materiais para induzir comportamentos é talvez o mais comum dos canais por meio dos quais se exerce o poder.

Esses quatro canais – *força*, *código*, *mensagem* e *recompensa* – são o que os cientistas sociais chamam de tipos puros: são amostras analiticamente claras e extremas da categoria que eles procuram representar. Mas na prática – ou, mais precisamente, no exercício do poder em situações concretas – eles tendem a se fundir e combinar entre si, e raramente aparecem tão bem definidos ou separados; o usual é que se combinem de maneiras muito complexas. Consideremos, por exemplo, o poder da religião, que utiliza vários canais. O dogma ou código moral, seja ele santificado em escrituras antigas, seja proposto por um pregador ou guru moderno, contribui de forma muito significativa para que uma igreja consiga atrair fiéis e obtenha deles dedicação de tempo, compromisso de fé, presença nos cultos, pagamento de dízimos e trabalho voluntário. Mas quando igrejas, templos e mesquitas competem por fiéis, com frequência fazem uso de algum tipo de mensagem persuasiva – como ocorre na publicidade. Na verdade, nos Estados Unidos, por exemplo, muitas instituições religiosas organizam complexas campanhas dirigidas por empresas de publicidade altamente especializadas. E oferecem também recompensas – não só a recompensa imaterial da prometida salvação mas também benefícios tangíveis aqui e agora, como acesso à bolsa de empregos da congregação, creche, noites sociais ou participação numa rede de membros que funciona como um sistema de apoio mútuo. Em algumas sociedades, a participação religiosa é imposta pela força; um exemplo são as leis de certos países, que exigem algumas formas de comportamento e punem outras, que definem o comprimento das túnicas usadas pelas mulheres ou da barba dos homens, ou excomungam os médicos que praticam abortos.

Não obstante, cada um dos quatro canais – força, código, mensagem e recompensa – opera de maneira diferente. E compreender essas diferenças oferece um vislumbre da estrutura atômica do poder.

Ao falar desses quatro canais, atenho-me ao útil esquema apresentado pelo professor Ian MacMillan, da Universidade da Pensilvânia (ver Tabela 2.1). Em *Strategy formulation: political concepts* [Formulação de estratégias: conceitos políticos], publicado em 1978, MacMillan propôs um modelo conceitual para esclarecer as complexidades do poder e da negociação. Ele observou que, em qualquer interação de poder, uma das partes manipula a situação de uma maneira que afeta as ações da outra parte.[1] Mas essa manipulação pode assumir diferentes formas, dependendo das respostas a estas duas questões:

- Primeira: a manipulação muda a *estrutura* da situação atual ou, ao contrário, muda a *avaliação* que a outra parte faz da situação?
- Segunda: a manipulação oferece à outra parte uma *melhora* ou, ao contrário, pressiona a outra parte a aceitar um resultado que não é uma melhora?

O papel relativo desempenhado pela *força* (coerção), *código* (compromisso), *mensagem* (persuasão) e *recompensa* (incentivo) determina as respostas a essas questões em qualquer situação real.

Tabela 2.1 A taxonomia do poder segundo MacMillan

	Resultado visto como melhora	Resultado visto como não melhora
Incentivos à mudança	Indução via recompensa: aumentar o salário, baixar o preço para fechar o acordo	Coerção pela força: aplicação da lei, repressão, uso da violência
Preferências de mudança	Persuasão mediante mensagem: publicidade, campanhas, *slogans*	Obrigação empregando um código: dever religioso ou tradicional, persuasão moral

Fonte: Adaptado de Ian MacMillan. *Strategy formulation: political concepts*, 1978.

O enfoque do professor MacMillan tem três grandes vantagens. Primeiro, vai direto ao lado prático do poder – seu efeito em situações, decisões e comportamentos reais. Em sua avaliação do poder, MacMillan não se deixa enganar pela imagem dos dirigentes que posam para a fotografia no tapete vermelho e projetam a pompa de seu cargo. Ao contrário, ele pergunta: (a) que ferramentas estão à disposição de cada líder – e à disposição de seus oponentes e aliados – para influenciar uma situação em particular?; e (b) que alcance e que limites existem para mudar a situação?

Segundo, como seu enfoque é estratégico e centrado no poder enquanto dinâmica, pode ser aplicado a qualquer âmbito – não só a geopolítica, análise militar ou rivalidade corporativa. Como acadêmico de negócios, MacMillan concebeu seu esquema no contexto da sua área – negócios e gestão – e, portanto, examina a dinâmica do poder no interior de companhias e entre elas. Mas não há impedimentos conceituais para se aplicar seu método a outras áreas – que é o que faço neste livro.

Uma terceira vantagem importante dessa visão é que nos permite fazer uma distinção entre conceitos como poder, poderio, força, autoridade e influência. Por exemplo, é comum as pessoas confundirem poder e influência. Nesse aspecto, a estrutura conceitual de MacMillan é muito útil. Tanto o poder quanto a influência podem mudar o comportamento dos outros ou, mais especificamente, podem levá-los a fazer algo ou deixar de fazê-lo. Mas a *influência* procura mudar a *percepção* da situação, não a própria situação.* Portanto, a estrutura de MacMillan ajuda a mostrar que a influência é uma subcategoria do poder, no sentido de que o poder inclui não apenas ações que mudam a situação, mas também ações que alteram a forma de *perceber* a situação. A influência é uma modalidade de poder, mas é evidente que o poder pode ser exercido por outros meios, além da influência.

Cabe aqui um exemplo: exaltar as qualidades de um bairro a fim de mudar a percepção do comprador a respeito do valor de um imóvel, e com isso levá-lo a fechar o negócio, é diferente de baixar o preço da casa para alcançar esse objetivo. Enquanto um agente imobiliário que muda a percepção do comprador recorre à *influência* para isso, um proprietário que baixa o preço para vender a casa tem o *poder* de mudar a estrutura do acordo.

* Os dois outros canais de poder – coerção e recompensa – na verdade alteram a situação.

Por que o poder muda – ou por que permanece estável?

Pense no poder como a capacidade que diferentes atores têm de afetar o resultado de uma negociação. Qualquer competição ou conflito – uma guerra, uma disputa de uma cota de mercado, negociações entre governos, recrutamento de fiéis entre igrejas rivais, até mesmo uma discussão sobre quem vai lavar os pratos depois do jantar – depende de como o poder se distribui. Essa distribuição reflete a capacidade das partes que competem de se apoiar em alguma combinação de força, código, mensagem e recompensa para conseguir que a outra parte atue da maneira que convém a quem tem mais poder. Às vezes, uma distribuição de poder permanece estável, até mesmo por longo tempo. O clássico "equilíbrio de poder" do século XIX na Europa ilustra bem isso: o continente evitou uma guerra total, e as fronteiras das nações e impérios mudaram pouco ou apenas mediante acordos. O mesmo ocorreu no auge da Guerra Fria: os Estados Unidos e a União Soviética, usando muito a força e numerosas recompensas, construíram e mantiveram as respectivas esferas de influência – ou seja, grupos de países aliados a cada uma das superpotências. Apesar de conflitos locais aqui e ali, essas esferas mantiveram uma surpreendente consistência ao longo do tempo.

A estrutura dos mercados de refrigerantes à base de cola (Coca-Cola e Pepsi), sistemas operacionais (PC e Mac) e aviões de longa distância para transporte comercial de passageiros (Boeing e Airbus), cada um com um par de atores dominantes e uns poucos competidores adicionais, é outro exemplo de distribuição de poder relativamente estável – ou pelo menos pouco volátil. Mas tão logo um terceiro ganha a capacidade de projetar sua força mais efetivamente, invoca a tradição ou o código moral de uma maneira mais atraente, apresenta uma mensagem mais convincente ou oferece uma recompensa maior, o poder muda, perde-se o equilíbrio entre todas as partes e produz-se uma recomposição da situação, que em certos casos pode chegar a ser muito radical. A ascensão econômica e militar da China e a debilidade da Europa nesses mesmos âmbitos são um bom exemplo dessas radicais recomposições do poder.

Mas o que leva a distribuição do poder a se alterar? Pode acontecer quando aparece alguém novo, rebelde e com talento, como Alexandre, o Grande, ou Steve Jobs, ou quando se produz uma inovação importante como o estribo, a imprensa, o circuito integrado ou o YouTube. Pode dever-se a uma guerra, é claro. E um desastre natural pode muito bem ser outra causa. Tampouco se pode desconsiderar o papel da sorte ou do azar: alguém que ocupa um cargo e que até esse momento parecia inamovível pode cometer um erro estratégico ou uma falha pessoal estúpida que precipite sua queda. Às vezes, a idade e a doença simplesmente cobram seu preço e alteram a distribuição de poder nas altas instâncias de uma empresa, de um governo, exército ou universidade.

Por outro lado, nem toda inovação inteligente se impõe. Não é todo novo negócio bem dirigido, com um bom produto e um cuidadoso planejamento, que consegue o financiamento necessário ou as vendas que precisa para dar certo. Algumas grandes corporações ou instituições mostram-se vulneráveis à agilidade de seus rivais; outras parecem despachá-los como moscas. Nunca será possível prever todas as mudanças de poder. O colapso da União Soviética, a eclosão da Primavera Árabe, o declínio de antigos gigantes de imprensa como o *The Washington Post* e o repentino surgimento do Twitter como fonte de informação atestam a impossibilidade de saber que mudanças de poder estão espreitando logo ao dobrar a esquina.

A importância das barreiras que protegem os poderosos

Embora prever mudanças específicas na distribuição de poder seja uma tarefa impossível, vale a pena tentar entender as tendências que alteram tanto a distribuição de poder como sua própria natureza. A chave está em compreender as barreiras ao poder num terreno específico. Qual é a tecnologia, lei, armas, fortuna ou ativo exclusivo que torna mais difícil a outros atores o acesso ao poder desfrutado por aqueles que o detêm? Quando essas barreiras que protegem os poderosos das incursões e desafios de seus rivais são erguidas e consolidadas, os donos do poder também se firmam e consolidam seu controle. Quando as barreiras caem ou se enfraquecem, e se tornam mais fáceis de penetrar ou derrubar por novos aspirantes, os poderosos, como é natural, ficam mais vulneráveis e seu poder míngua, ou até podem perdê-lo de vez. Quanto mais drástica a erosão de qualquer das barreiras que defendem os poderosos de seus rivais, mais peculiares ou inesperados serão os novos atores, e mais rápida sua ascensão. *Quem identificar as barreiras que protegem os poderosos e averiguar se estão subindo ou descendo terá valiosas pistas para prever até onde o poder se moverá.*

Monopólios, sistemas políticos de partido único, ditaduras militares, sociedades que oficialmente favorecem uma raça ou fé religiosa em particular, mercados invadidos pela propaganda de um produto dominante, cartéis como a Opep, sistemas políticos como o americano – nos quais dois partidos efetivamente controlam o processo eleitoral e os menores não conseguem se consolidar –, todas essas são situações em que as barreiras ao poder são altas, pelo menos por enquanto. Mas algumas fortalezas podem ser franqueadas – seja porque suas defesas não são tão fortes quanto parecem, seja porque não estão preparadas para novos tipos de agressores, ou, ainda, porque os tesouros que elas protegem perderam valor. Em tais situações, as rotas de comércio passarão ao largo delas, e elas já não serão mais objeto de interesse dos exércitos saqueadores.

Por exemplo, os fundadores do Google não se estabeleceram com a intenção de minar a hegemonia do *The New York Times* ou de outras poderosas empresas de mídia no terreno da publicidade impressa, mas na verdade foi o que conseguiram. Os rebeldes que empregam explosivos caseiros no Afeganistão, ou os bandos de piratas somalis que usam barcos precários e fuzis AK-47 para sequestrar grandes navios no golfo de Aden, estão burlando as barreiras que asseguravam a hegemonia naval de marinhas de guerra dotadas dos navios tecnologicamente mais avançados.

Entender as barreiras ao poder pode nos ajudar a diferenciar situações que à primeira vista parecem similares. Um pequeno grupo de empresas pode controlar a maior parte do mercado em determinado setor. Mas as razões pelas quais são dominantes em seu setor podem ser muito diferentes. Tão diferentes como o tipo de barreiras que as protegem das incursões em seu mercado de rivais atuais ou potenciais. Algumas empresas são dominantes porque são as únicas que possuem os recursos necessários, um produto atraente ou uma tecnologia exclusiva. Mas a razão de seu êxito pode ser também um bem-sucedido *lobby* junto ao governo que tenha lhes proporcionado privilégios e vantagens especiais, ou o fato de terem subornado políticos e funcionários para que o Estado adote normas e regulamentações que tornem mais difícil, ou impossível, aos rivais a entrada naquele mercado específico. Dispor de uma tecnologia única protegida por patentes, contar com acesso a recursos que os outros não têm, operar dentro de uma moldura legal e regulatória que torne a vida mais difícil a possíveis novos competidores ou desfrutar de uma relação privilegiada e corrupta com políticos e governantes são quatro tipos de vantagens muitos diferentes, e cada uma delas dá lugar a um tipo diferente de poder. É evidente que cada uma dessas barreiras pode ser facilmente penetrada ou derrubada: quando alguns concorrentes encontram substitutos que tornam seus obstáculos menores ou quando uma nova tecnologia facilita a entrada de numerosos competidores novos no mercado, a mudança na distribuição do poder é inevitável.

Embora as revolucionárias transformações que alteram a distribuição do poder sejam fenômenos muito estudados pelos especialistas em economia e empresas, esse enfoque tem sido aplicado de maneira menos sistemática a âmbitos como a política e as rivalidades entre nações-estados, igrejas, exércitos ou grupos filantrópicos. Vamos considerar, por exemplo, um sistema parlamentar no qual vários partidos pequenos tenham cadeiras e possam participar na formação de um governo de coalizão. Pergunta: existe, como ocorre na Alemanha, um percentual mínimo de votos que obrigue um partido a obter 5% do total nacional de votos para poder estar representado no parlamento? Ou: existe uma regra que estabeleça que um partido deva alcançar uma porcentagem mínima de votos em várias regiões diferentes? Ou então vamos pensar na competição entre as melhores universidades. Quais são as barreiras que mantêm seus rivais a distância? Laboratórios caros e instalações físicas difíceis de reproduzir? Uma história de vários séculos? O número de professores com Prêmio Nobel? O apoio do governo? As doações de seus antigos alunos? E o que acontece se uma nova tecnologia – como os cursos livres pela internet – muda radicalmente o modelo tradicional das universidades e as empurra para o caminho da perda de poder, como já vem ocorrendo com os jornais impressos?

As barreiras em torno do poder podem assumir a forma de normas e regulamentações que se mostram fáceis ou difíceis de reformular ou de contornar. Podem ser custos – de ativos-chave, recursos, mão de obra, *marketing* – que sobem ou descem. Podem ainda assumir a forma de acesso a oportunidades de crescimento – novos clientes, trabalhadores, fontes de capital, número de fiéis religiosos ou de ativistas. Os detalhes variam conforme o setor. Mas, como regra, quanto mais numerosas e severas forem as regras para entrar, mais elevados serão os custos envolvidos em replicar as vantagens daqueles que ocupam o poder; e quanto mais escassos forem os ativos fundamentais que dão vantagens únicas aos poderosos, mais difíceis de transpor serão as barreiras que limitam o acesso de novos atores e muito menor a possibilidade de eles conseguirem uma posição avantajada e estável.

O que é o poder de mercado

O conceito de barreiras de proteção a quem exerce o poder procede da economia. Especificamente, adaptei a ideia das *barreiras de acesso* – um conceito analítico que os economistas usam para compreender a distribuição, o comportamento e as perspectivas de empresas em determinado setor industrial – e apliquei-o ao que está acontecendo com o poder nos mais diversos setores. Faz sentido expandir o conceito dessa forma: afinal, a ideia de barreiras de acesso é usada em economia para explicar um tipo particular de poder – o *poder de mercado*.

Como se sabe, a condição ideal em economia é a concorrência perfeita. Nessa situação, muitas empresas diferentes fabricam produtos parecidos e portanto perfeitamente intercambiáveis, e os clientes têm interesse em comprar todos os produtos que elas fazem. Não há custos de transação, apenas os custos de produção, e todas as empresas têm acesso à mesma informação. A concorrência perfeita descreve um ambiente no qual nenhuma empresa isolada é capaz de influenciar por si só o preço dos produtos que vende no mercado "perfeito". Se fixar seu preço acima do de seus concorrentes, ninguém irá comprar e ela irá à falência. E se vender abaixo do preço de mercado, não conseguirá cobrir seus custos e também irá falir. Para sobreviver ela deve ser capaz de ter os mesmos custos das demais empresas nesse mercado e vender ao preço "de equilíbrio".

A realidade, é claro, difere bastante disso. Duas companhias, Airbus e Boeing, dominam o mercado de grandes aeronaves de longa distância, e uns quantos fabricantes de menor porte fazem jatos médios e que cobrem rotas regionais mais curtas. Em compensação, são inúmeras as empresas que fabricam camisas ou meias. É muito difícil para um novo fabricante de aeronaves entrar no mercado. No entanto, basta juntar algumas costureiras numa oficina e você consegue começar a produzir camisas. Uma nova camisaria pequena e talentosa pode ser capaz de competir com os grandes nomes, ou pelo menos encontrar um nicho dentro do qual possa prosperar. Um fabricante novo de aeronaves terá perspectivas muito menos atraentes. Em setores que têm estruturas estáveis e fechadas, onde as companhias dominantes mantêm seu controle e os novos concorrentes têm dificuldades, o poder de mercado desempenha um papel muito importante. Em linguagem simples, ele significa a capacidade de ignorar a concorrência e ainda assim obter lucro. Num mercado perfeitamente competitivo, nenhuma empresa tem poder de mercado, ou seja, o poder de fixar unilateralmente os preços. Mas nos mercados mais "normais", onde a concorrência não é "perfeita", o poder de mercado existe e, quanto mais as empresas estiverem aparelhadas para a concorrência, maior poder terão de fixar seus preços unilateralmente e não como passivos receptores do que o mercado disser e das decisões de todos os seus rivais. Na realidade, em mercados muito imperfeitos, a tendência das empresas é coordenar suas decisões de preços, produtos, promoções e investimentos, de maneira tácita ou explícita. Quanto mais intenso for o poder de mercado das empresas que atuam em determinado mercado ou setor, mais estável e permanente será a ordem hierárquica entre elas, isto é, a maneira com que o poder irá se distribuir. Um exemplo que ilustra isso muito bem são as diferenças fáceis de observar em dois setores como o de cuidados pessoais e higiene e o de tecnologias da informação. No primeiro, que tem companhias como a Procter and Gamble, Colgate-Palmolive e outro punhado de grandes empresas que dominam o setor, o *ranking* dos primeiros lugares é praticamente o mesmo há décadas. Em contrapartida, no setor de tecnologia da informação, a importância relativa das empresas líderes muda sem cessar. O líder costumava ser a IBM, depois passou a ser a Microsoft e mais tarde a Apple ou o Google. Podem-se entender melhor as diferenças entre esses dois setores analisando quais são as respectivas barreiras à entrada que eles colocam (no primeiro, principalmente *marketing* e publicidade, e no segundo, principalmente a inovação tecnológica), a intensidade e tipo de concorrência que estimulam essas barreiras em cada um deles e o poder de mercado de que desfrutam as empresas dominantes em cada setor.

O poder de mercado é, em última análise, excludente e, portanto, anticompetitivo, isto é, inibe a concorrência. Mas mesmo as companhias que já desfrutam de uma posição dentro da fortaleza, protegidas por barreiras que limitam o acesso de novos rivais, estão longe de ter garantia de vida fácil ou mesmo de sobrevivência. Os rivais existentes podem ganhar poder de mercado e voltar-se contra elas, aproveitando sua posição dominante no mercado para incorporá-las ou levá-las à falência. Conluios e exclusões são habituais entre companhias que operam em setores ou nações em que se reprime a livre concorrência e impera o poder de mercado. Os empreendedores gostam de exaltar a concorrência, mas um executivo-chefe de uma empresa dominante está muito mais preocupado em preservar seu poder de mercado do que em incentivar a concorrência.

Essas considerações com frequência também se aplicam muito bem à dinâmica do poder entre concorrentes em outras áreas – isto é, atores que não sejam negócios em busca de lucro máximo. Mais adiante aplicaremos esse conjunto de ideias para ilustrar o que está acontecendo com os equivalentes do "poder de mercado" nos conflitos militares, nos partidos políticos ou na filantropia global.

Barreiras de acesso: uma chave para o poder de mercado

Quais são as origens do poder de mercado? O que faz certas empresas conseguirem uma posição dominante indiscutível e manterem-na por longo tempo? Por que alguns setores dão origem a monopólios, duopólios ou a um pequeno número de empresas que se tornam capazes de coordenar suas políticas de preços ou suas estratégias, enquanto outros setores acolhem sem problemas uma miríade de pequenas companhias que competem furiosamente entre si? Por que a configuração de empresas em alguns setores fica relativamente congelada ao longo do tempo, enquanto em outros muda sempre?

Segundo os especialistas em organização industrial, que buscam entender de que modo certas companhias obtêm vantagens sobre suas rivais, para competir de modo bem-sucedido é crucial definir os fatores que dificultam a entrada de um novo ator em determinado setor. E, para os propósitos deste livro, esses fatores podem esclarecer de que modo o poder é obtido, mantido, usado e perdido, tanto no mundo das empresas como em outros âmbitos.

Algumas barreiras de acesso derivam de condições básicas do setor. Dependem das características técnicas de uma indústria: a manufatura de alumínio, por exemplo, requer imensos fornos (*smelters*), que são caros de construir e consomem muita energia. Outras condições podem refletir o quanto o setor está preso a uma localização geográfica particular. Por exemplo, determinado setor pode requerer recursos naturais que só são encontrados em alguns poucos lugares. Ou então o produto precisa ser processado ou embalado perto de onde será vendido, como é o caso do cimento, ou tem de ser congelado, como ocorre com o camarão da China ou o cordeiro da Nova Zelândia ou o salmão do Chile, para depois ser despachado para o resto do mundo. Ou requer conhecimentos humanos muito especializados, como um doutorado em informática ou o domínio de uma linguagem de programação específica. Todos esses pontos indicam requisitos que explicam por que é mais fácil abrir, digamos, um restaurante, uma fábrica de cortadores de grama ou uma empresa de limpeza de escritórios do que entrar no negócio do aço, onde você precisa não só de capital, equipamento de alto custo, uma grande fábrica e insumos caros e específicos mas também pode ter de arcar com grandes custos de transporte.

Outras barreiras de acesso podem resultar de leis, licenças e marcas registradas; exemplos disso são a necessidade de advogados e médicos estarem filiados a determinadas associações, ou questões como zoneamento urbano, inspeção de instalações e higiene, licença para venda de bebida alcoólica e outros obstáculos que precisam ser superados quando se trata, por exemplo, de abrir um restaurante. Tais barreiras – quer elas derivem de porte, de acesso a recursos-chave ou a tecnologia especializada ou de questões legais ou de regulamentação – são *barreiras estruturais* com as quais qualquer empresa que deseje competir no mercado tem de se defrontar. Mesmo para empresas que já operam nesse mercado particular, tais barreiras são difíceis de mudar – embora empresas que se tornaram grandes e poderosas muitas vezes sejam capazes de influenciar seu ambiente regulatório de maneira significativa.

Junto com essas barreiras estruturais há *obstáculos estratégicos* ao acesso. Aqueles que ocupam as posições de domínio criam essas barreiras para impedir o surgimento de novos rivais e evitar que os existentes cresçam. Bons exemplos são os acordos exclusivos de *marketing* (como o que foi fechado entre a AT&T e a Apple quando os primeiros iPhones foram lançados), contratos de longo prazo vinculando fornecedores a vendedores (como os existentes entre produtores de petróleo e refinarias), cartéis e acordos de fixação de preços (como o tristemente famoso acordo da Archer Daniels Midland e outras empresas na década de 1990 para fixar o preço dos aditivos usados na ração animal) e o *lobby* exercido junto a políticos para obter vantagens governamentais exclusivas (como uma licença a determinada área para operar um cassino em caráter de monopólio ou a possibilidade de ter um tratamento fiscal especial). Também é preciso incluir publicidade, promoções especiais, publicidade indireta, descontos para usuários mais frequentes e ferramentas de *marketing* similares, que dificultam a entrada de possíveis concorrentes. Na realidade, é difícil abrir brechas, mesmo com um produto muito promissor, pois você precisa de um orçamento gigantesco em publicidade para que os potenciais clientes tomem conhecimento do seu produto, e de outro orçamento ainda maior para convencê-los a experimentá-lo.*

Das barreiras de acesso às barreiras ao poder

Assim, não é surpresa que se dedique uma parcela razoável do esforço competitivo, não apenas nos negócios mas em outras áreas também, à construção ou quebra de barreiras em torno do poder – ou seja, para mudar as normas e requisitos e alterar a situação. É uma realidade observada principalmente na política, em que nos Estados Unidos, por exemplo, é frequente ver partidos e candidatos gastando tremenda energia em disputas pelo traçado dos distritos eleitorais (a prática conhecida como *gerrymandering*), ou para exigir paridade de gênero no parlamento ou nas chapas eleitorais, como na Argentina e em Bangladesh, onde uma cota das cadeiras no parlamento é reservada às mulheres. Na Índia, onde os Dalits (antes conhecidos como a casta dos "intocáveis") têm um número de cadeiras reservadas no parlamento e em assembleias regionais, foram travadas intensas batalhas políticas e legais sobre a conveniência ou não de ampliar esses benefícios às chamadas *Other Backward Classes* (OBCs, ou "outras classes atrasadas"). Em muitos países, líderes com tendências ditatoriais vêm tentando excluir rivais políticos, sem comprometer a aparência de democracia, fazendo passar emendas à lei eleitoral cujo único objetivo é desqualificar esses rivais com base em tecnicalidades. As dis-

* No nível teórico, encontrar uma definição precisa de barreiras de acesso levou os economistas a discussões bastante meticulosas. Uma das abordagens define as barreiras de entrada como fatores que permitem às empresas que já estão no mercado impor preços mais altos do que os que seriam gerados por uma concorrência irrestrita, mas sem induzir a entrada de novos concorrentes. Outra abordagem identifica as barreiras de acesso como quaisquer custos que um novo concorrente enfrente antes de entrar no mercado, mas que as empresas que já estão no mercado não enfrentam. Em outras palavras, a distinção é entre uma *vantagem de preço protegido* para empresas já no mercado e um *custo suplementar*, como uma espécie de taxa de entrada para futuros concorrentes. Outros economistas têm definições ainda mais complexas, mas não há nada nesses debates que se afaste da visão de que as barreiras de acesso são essenciais à compreensão da dinâmica de um mercado e que o uso de poder de mercado maximiza os lucros a longo prazo (para discussões adicionais a respeito desse assunto, ver Demsetz, "Barriers to entry").

cussões sobre as doações que as empresas fazem aos políticos, sobre a propaganda, a transparência e o acesso à mídia costumam ser muito mais virulentas do que os debates por questões de conteúdo. Partidos que discordam com veemência em aspectos políticos importantes às vezes se unem para defender regras que possam garantir-lhes, juntos, a parte do leão na distribuição das cadeiras, com a exclusão de outros aspirantes. Afinal, pode-se perder uma eleição e ganhar a próxima, mas uma mudança nas regras cria uma situação inteiramente nova.[2]

Em última instância, as barreiras ao poder são os obstáculos que impedem os novos atores de aplicar a suficiente força, código, mensagem e recompensa, separadamente ou combinados, que lhes daria um perfil competitivo; e, inversamente, tais barreiras permitem que aqueles que já estão estabelecidos em posição dominante enquanto partidos, companhias, exércitos, igrejas, fundações, universidades, jornais e sindicatos (ou qualquer outro tipo de organização) conservem esse domínio.

Por muitas décadas, até mesmo séculos, as barreiras ao poder protegeram grandes exércitos, corporações, governos e instituições sociais e culturais. Agora, essas barreiras estão desabando, sofrendo erosão, fazendo água ou tornando-se irrelevantes. Para apreciar o quanto essa transformação é profunda, e até que ponto ela altera o curso da história, devemos começar examinando como e por que o poder cresceu. O capítulo seguinte mostra que, ao chegar o século XX, o mundo havia se convertido num lugar onde – de acordo com a sabedoria convencional – o poder precisava de tamanho, e que a maneira melhor, mais eficaz e mais sustentável de exercê-lo foi por meio de organizações grandes, centralizadas e hierárquicas.

CAPÍTULO TRÊS

Como o poder ficou grande: a ascensão inquestionada de uma hipótese

Dê o seu palpite sobre quando essa história começou. Será que foi em 1648, quando a Paz de Vestfália prenunciou o moderno Estado-nação, que viria ocupar o lugar da ordem pós-medieval de cidades-estado e principados sobrepostos? Ou será que foi em 1745, quando, segundo dizem, um aristocrata francês, administrador comercial, chamado Vincent de Gournay cunhou o termo *burocracia*? Ou talvez tenha sido em 1882? Nesse ano, uma constelação de pequenas empresas de petróleo nos Estados Unidos se uniu para criar a gigantesca Standard Oil – como prelúdio da grande onda de fusões que ocorreria uma década mais tarde e poria fim à idade de ouro do capitalismo pequeno, local, de empresas familiares, instalando em seu lugar uma nova ordem baseada em grandes corporações.

Seja como for, por volta do início do século XX, essas e outras grandes transformações contribuíram para o surgimento de ideias compartilhadas por muitas pessoas a respeito de como se obtém, acumula, conserva e se exerce poder. E mais ou menos na metade do século, *o grande* havia triunfado; os indivíduos, artesãos, empresas familiares, cidades-estado ou grupos pouco coesos de pessoas com interesses similares haviam perdido a capacidade de resistir diante das vantagens esmagadoras das grandes organizações. O poder agora requeria porte, escala e uma organização forte, centralizada e hierárquica.

Não importa se essa organização era a General Motors, a Igreja Católica ou o Exército Vermelho, a resposta à pergunta sobre como adquirir e reter o máximo de poder possível era evidente: tornar-se grande.

Para compreender de que modo a ideia do grande se consolidou, precisamos começar com uma rapidíssima revisão histórica. Em especial, vamos dedicar algum tempo a conhecer o decano americano da história dos negócios, o alemão pai da moderna sociologia e o economista britânico que ganhou o Prêmio Nobel ao explicar por que, nos negócios, ser maior com frequência significava ser melhor. As respectivas obras, vistas em conjunto, esclarecem não só como a criação da moderna burocracia permitiu o exercício eficaz do poder mas também como as corporações mais bem-sucedidas do mundo – e as organizações filantrópicas, igrejas, exércitos, partidos políticos e universidades – têm usado o exercício burocrático do poder para neutralizar os rivais e promover seus próprios interesses.

Os historiadores identificam o germe da moderna burocracia em sistemas de governo que remontam à Antiguidade, mais especificamente à China, Egito e Roma. Tanto em suas tradições militares como em sua prática administrativa, os romanos investiram muito na criação de uma organização em grande escala, complexa e centralizada. Mais tarde, Napoleão Bonaparte e outros na Europa, absorvendo as lições do Iluminismo, criaram uma administração centralizada e profissionalizada como forma progressista e racional de conduzir um governo. Inspirada nesse modelo e adaptando os exemplos americano e europeu, a era Meiji no Japão montou uma burocracia profissional – principalmente com seu Ministério da Indústria, criado em 1870 – para remodelar sua sociedade e acertar o passo com o Ocidente. Na época da Primeira Guerra Mundial, o Estado-nação com um governo centralizado, unitário, e uma administração civil formada por funcionários públicos de carreira converteu-se no modelo seguido em todo o mundo, inclusive nas colônias. Na Índia, por exemplo, os colonizadores britânicos implantaram o Serviço Público Indiano, que seria mantido após a independência como o prestigioso Serviço Administrativo Indiano, muito procurado como via de carreira pela elite mais instruída. No século XX, as nações do mundo todo, fossem de livre mercado ou socialistas, governadas por um partido único ou com democracias mais sólidas, tiveram em comum sua fé e compromisso com uma grande administração central – ou seja, com uma burocracia.

A mesma coisa ocorreu na vida econômica. Com o impulso das novas tecnologias, capazes de produzir com alta velocidade grandes volumes de unidades (tecidos, garrafas, carros, cigarros, aço etc.), as indústrias que podiam contar com essas tecnologias alcançaram em pouco tempo um porte jamais visto. Assim, as empresas menores deram lugar a enormes companhias, divididas em múltiplas unidades, geridas de modo hierárquico e coordenadas por meio de múltiplos mecanismos administrativos (relatórios, manuais, normas, comitês etc.), uma espécie organizacional que não existia antes de 1840. Durante o período que os estudiosos chamam de primeiro grande movimento de fusões americano – a década de 1895 a 1904 –, nada menos do que 1,8 mil pequenas empresas desapareceram numa onda de fusões. Os nomes de muitas marcas conhecidas datam desse período. A General Electric foi criada a partir de uma fusão em 1892. A Coca-Cola foi fundada no mesmo ano, e a Pepsi em 1902. A American Telephone and Telegraph Company (ancestral da AT&T) nasceu em 1885; a Westinghouse, em 1886; a General Motors, em 1908; e assim por diante. Em 1904, 78 corporações controlavam mais de metade da produção nos respectivos setores, e 28 delas controlavam mais de quatro quintos.[1] Comentando a reviravolta que essas novas organizações representavam, Henry Adams, furioso, observou que "os oligopólios e cartéis respondem pela maior parte do novo poder que vem sendo criado a partir de 1840, e tornaram-se odiosos por sua imensa e inescrupulosa energia".[2]

Essa "revolução da gestão", como foi chamada pelo grande historiador dos negócios Alfred Chandler, estava também saindo dos limites do que ele chamou de "sementeira" americana e espalhando-se para o resto do mundo capitalista. A indústria alemã era cada vez mais dominada por grandes empresas como AEG, Bayer, BASF, Siemens e Krupp – muitas delas nascidas em meados do século XIX –, que iam se combinando por sua vez em grandes oligopólios, formais e informais. No Japão, com a ajuda do governo, os nascentes *zaibatsu* expandiam-se para novos setores, como o têxtil, de siderurgia, de construção naval e o setor ferroviário.

Chandler argumentou de modo convincente que o uso mais elaborado da máquina de vapor na indústria durante o século XIX, assim como a popularização da eletricidade e de inovações na administração, levou a uma segunda revolução industrial, que deu ensejo a companhias maiores que aquelas surgidas durante a revolução industrial do século anterior. Essas novas instalações industriais usavam muito mais capital, trabalhadores e gestores. Como resultado, o crescimento em escala tornou-se o requisito indispensável para se ter sucesso nos negócios, e o grande virou sinônimo de poder corporativo. Em sua obra fundamental (com o adequado título de *The visible hand*, "A mão visível"), Chandler defende que a mão visível de gestores com enorme poder substituiu a mão invisível das forças de mercado como principal motor dos negócios modernos.[3] O poder e as decisões desses gestores profissionais que lideravam companhias gigantes, ou enormes divisões dentro de companhias, moldaram as atividades e os resultados econômicos, tanto ou mais que os preços determinados pelas relações de mercado.

A ascensão e predomínio dessas grandes companhias industriais levou Chandler a identificar três modelos distintos de capitalismo, cada um associado a um dos três principais bastiões do capitalismo na época dessa segunda revolução industrial: (a) o "capitalismo pessoal" existente na Grã-Bretanha, (b) o competitivo (ou de gestão), comum nos Estados Unidos, e (c) o "capitalismo cooperativo" da Alemanha.[4] Na visão de Chandler, até mesmo as grandes empresas bem-sucedidas da Inglaterra viam-se prejudicadas pelo caráter familiar das grandes dinastias empresariais que eram suas proprietárias e gestoras; faltava-lhes o impulso, a agilidade e a ambição de suas equivalentes americanas. Em contrapartida, a separação entre a propriedade e a gestão, que Chandler chamou de "capitalismo de gestão", permitiu às companhias americanas adotarem novas formas organizacionais – especialmente a estrutura de múltiplas divisões ou estrutura em "M" (*M-form*) – que eram muito mais eficazes em levantar e alocar capital, atrair gente capacitada, e inovar e investir em produção e *marketing*.

A forma M, que levou à criação de uma confederação de grupos semi-independentes, de produto ou geográficos, coordenados por uma sede central, que permitia uma condução mais eficiente das operações em grande escala e dava lugar a empresas de crescimento mais rápido. Por sua vez, a propensão das companhias alemãs em colaborar com os sindicatos levou a um sistema que Chandler rotulou de "capitalismo cooperativo", que acabou ficando conhecido como "codeterminação". As empresas alemãs esforçaram-se para incluir outras partes interessadas na estrutura de governança das empresas, além dos acionistas e dos altos gestores.

Apesar de esses três sistemas diferirem de muitas maneiras, eles tinham uma similaridade fundamental: em cada um deles, o poder corporativo residia nas companhias de grande porte. O tamanho levava ao poder e vice-versa.

Esse triunfo das organizações empresariais grandes e centralizadas validou e reforçou a suposição cada vez mais difundida de que o grande era melhor, e que alcançar poder em qualquer domínio relevante requeria contar com uma organização moderna e racional, que se mostrava mais eficaz quando era grande e centralizada. E se essa ideia acabou virando uma crença popular, foi entre outras coisas porque contou com um sólido apoio intelectual na economia, sociologia e na ciência política. Esse apoio procedeu, fundamentalmente, de uma influente obra de um notável cientista social: Max Weber.

Max Weber e o tamanho como requisito do poder

Max Weber foi um sociólogo alemão. Mas não só isso. Foi um dos mais notáveis intelectuais do seu tempo, um estudioso prodigioso de economia, história, religião, cultura e de outras áreas. Escreveu sobre a história da economia e do direito no Ocidente; publicou estudos sobre religiões indianas, chinesas e judaicas; administração pública; sobre a vida da cidade; e, finalmente, produziu um volume imenso, *Economia e sociedade*, publicado em 1922, dois anos após sua morte. Foi também, como observou o cientista político e sociólogo Alan Wolfe, "o principal estudioso de questões de poder e autoridade no século XX"[5] e é nessa condição que o trazemos aqui. Na realidade, Weber e suas teorias sobre burocracia são cruciais para entender como o poder pode ser de fato usado.

Nascido em 1864, Weber cresceu quando a Alemanha estava sendo unificada a partir de uma junção de principados regionais, sob a batuta do chanceler prussiano Otto von Bismarck, e também transformando-se numa moderna nação industrializada. Apesar de ser um intelectual, Weber desempenhou múltiplos papéis nessa modernização – não só como teórico mas também como assessor da Bolsa de Berlim, consultor de grupos de reforma política e como oficial da reserva do exército do Kaiser.[6] Ele começou a chamar a atenção do público com seu controvertido estudo sobre a questão dos trabalhadores agrícolas alemães, que vinham sendo deslocados por imigrantes poloneses; nesse estudo, propunha que as grandes propriedades alemãs deviam ser divididas em pequenos lotes e entregues aos camponeses, para estimulá-los a permanecer na área. Subsequentemente, depois de aceitar um cargo na Universidade de Freiburg, gerou mais polêmica com suas propostas de que a Alemanha seguisse o caminho de "imperialismo liberal", a fim construir as estruturas políticas e institucionais necessárias a um estado moderno.[7]

Em 1898, após uma inflamada discussão familiar que precipitou a morte do seu pai, Weber teve uma crise e desenvolveu uma espécie de fadiga nervosa, que muitas vezes o impedia de lecionar. Foi durante sua recuperação de uma dessas crises, em 1903, que recebeu o convite de Hugo Münsterberg, um catedrático de psicologia aplicada de Harvard, para participar de um conclave internacional de estudiosos em St. Louis, Missouri. Weber aceitou, seduzido pela possibilidade de conhecer os Estados Unidos, suas formas políticas e econômicas que ele considerava relativamente subdesenvolvidas, e pela oportunidade de se aprofundar no puritanismo (sua obra mais influente, *A ética protestante e o espírito do capitalismo*, seria lançada logo depois), além do apelo dos polpudos honorários. Segundo o historiador alemão Wolfgang Mommsen, essa viagem iria revelar-se "essencial para o seu pensamento social e político".[8]

Durante sua viagem em 1904 aos Estados Unidos, Weber transformou o convite para uma palestra em uma grande viagem de observação e coleta de dados por boa parte do país; ele iria passar mais de 180 horas em trens num período de quase três meses, visitando Nova York, St. Louis, Chicago, Muskogee, Oklahoma (para ver os territórios indígenas), Mt.

Airy, na Carolina do Norte (onde tinha parentes), e muitos outros lugares (por exemplo, encontrou-se com William James, em Cambridge, Massachusetts). Weber vinha de um país moderno para outro mais moderno ainda. Para ele, os Estados Unidos representavam "a última vez na longa história da humanidade em que existirão condições tão favoráveis para um desenvolvimento livre e grandioso".[9] Os Estados Unidos eram a sociedade mais intensamente capitalista que Weber havia visto, e ele reconheceu que ela pressagiava o futuro. Os arranha-céus de Nova York e Chicago pareciam-lhe "fortalezas do capital" e ele ficou admirado com a Ponte do Brooklyn e com os trens, bondes e elevadores que via nas cidades.

Contudo, Weber também descobriu muitas coisas deploráveis nos Estados Unidos. Ficou chocado com as condições dos trabalhadores, a falta de segurança nos locais de trabalho, a corrupção endêmica das autoridades municipais e líderes sindicais, e a insuficiente capacidade dos funcionários públicos para regular aquele caos todo e ficar à altura do dinamismo da economia. Em Chicago, que ele chamou de "uma das cidades mais inacreditáveis", percorreu matadouros, cortiços e ruas, vendo seus moradores trabalharem e se divertirem, catalogou a hierarquia social étnica (alemães eram garçons, italianos abriam estradas e irlandeses dedicavam-se à política) e observou os costumes locais. A cidade era, comentou, "como um ser humano com a pele levantada e seus intestinos à mostra, em pleno funcionamento".[10] O desenvolvimento capitalista era acelerado, ele notou; tudo "o que se opõe à cultura do capitalismo será demolido com força irresistível".[11]

O que Weber viu nos Estados Unidos confirmou e fortaleceu suas ideias sobre organização, poder e autoridade – e ele seguiria em frente para produzir uma imensa obra, que lhe renderia a reputação de "pai da moderna ciência social". A teoria do poder de Weber, que ele expôs em *Economia e sociedade*, começou com a autoridade – a base sobre a qual a "dominação" era justificada e exercida. Apoiado em seu domínio enciclopédico da história global, Weber defendia que, no passado, boa parte da autoridade havia sido "tradicional" – ou seja, herdada por seus detentores e aceita pelos súditos desses detentores. Uma segunda fonte de autoridade era a "carismática", na qual um líder individual era visto por seus seguidores como alguém que possuía um dom especial. Mas a terceira forma de autoridade – e a adequada aos tempos modernos – era a autoridade "burocrática" e "racional", baseada em leis e exercida por uma estrutura administrativa capaz de fazer respeitar regras claras e consistentes. Esse tipo de autoridade se sustenta, escreveu Weber, numa "crença na validade das regras aplicáveis a todos por igual e na competência baseada em normas racionais".

E, portanto, acreditava Weber, a chave para exercer poder na sociedade moderna era a organização burocrática. Para Weber, o termo burocracia não tinha nem de longe o sentido negativo que assumiu hoje. Descrevia a forma mais avançada de organização que os humanos já haviam alcançado e a mais adequada ao progresso dentro de uma sociedade capitalista. Weber enumerou as características fundamentais das organizações burocráticas: postos de trabalho específicos com direitos, obrigações, responsabilidades e âmbito de autoridade bem detalhados e bem conhecidos, assim como um sistema claro de supervisão, subordinação e unidade de comando. Tais organizações também dependiam muito de comunicações e documentos escritos, e do treinamento de pessoal com vistas às exigências e aptidões necessárias para desempenhar adequadamente cada cargo. Fato importante, o funcionamento interno das organizações burocráticas baseava-se na aplicação de normas coerentes e exaustivas, aplicáveis a todos os empregados, não importando seu *status* socioeconômico ou seus vínculos familiares, religiosos ou políticos. Portanto, as contratações, responsabilidades e promoções baseavam-se na competência – no mérito individual e na experiência – e não mais, como até então, em relações familiares ou pessoais.[12]

A Alemanha tinha encabeçado os esforços europeus para criar um serviço público moderno, a começar pela experiência da Prússia nos séculos XVII e XVIII. Nos dias de Weber, esse processo intensificou-se, com desenvolvimentos paralelos em outros países; e, consequentemente, o clientelismo tribal como critério dominante nas organizações começava a perder terreno. A Comissão do Serviço Público estabelecida no Reino Unido em 1855 é um exemplo disso; outro é a comissão homóloga criada nos Estados Unidos em 1883 para controlar a entrada na administração federal. E em 1874 se deu o primeiro passo em direção a um serviço público internacional, com a formação da União Postal Universal.

Em sua viagem pelos Estados Unidos, Weber também testemunhou uma revolução similar nos métodos e na organização burocrática entre os novos pioneiros do mundo empresarial. Nos matadouros de Chicago, cujas seções de embalagem estavam na vanguarda da mecanização da linha de montagem e da especialização de tarefas, que permitiam à administração substituir mão de obra não especializada por trabalhadores capacitados, Weber ficou impressionado com a "tremenda intensidade do trabalho".[13] No entanto, mesmo no meio da "carnificina por atacado e oceanos de sangue", sua mente observadora continuava atenta:

> Na hora em que o inocente bovino entra na área de abate, ele recebe uma marretada e desaba, após o que é imediatamente preso num grampo de ferro, içado e inicia sua jornada, em movimento ininterrupto – passando por trabalhadores sempre novos que o evisceram, removem sua pele etc., mas que estão sempre ligados (dentro do ritmo do trabalho) à máquina que arrasta o animal diante deles. [...] Ali é possível acompanhar um porco desde o chiqueiro até a linguiça e a lata.[14]

Para os gestores, a produção industrial em larga escala num mercado cada vez mais internacional exigia aproveitar as vantagens da especialização e da hierarquia burocrática, que, nas palavras de Weber, eram: "precisão, rapidez, não ambiguidade, conhecimento das operações, continuidade, prudência, estrita subordinação, redução do atrito e dos custos materiais e de pessoal".[15] O que era bom para os governos modernos era bom também para o comércio mais avançado. "Normalmente", escreveu Weber, "as grandes empresas capitalistas modernas são modelos inigualáveis de organização burocrática rigorosa."[16]

Empregando uma série de exemplos, Weber acabaria demonstrando que as estruturas racionais, profissionalizadas, hierárquicas e centralizadas estavam em alta em todos os domínios, dos partidos políticos bem-sucedidos aos sindicatos, às "estruturas eclesiásticas" e às grandes universidades. "Na hora de estabelecer o caráter da burocracia, não importa se sua autoridade é chamada de 'pública' ou 'privada'", escreveu Weber.

"Quando a burocratização da administração é levada a efeito completamente", conclui ele, "estabelece-se uma forma de relação de poder que é praticamente indestrutível."[17]

Como o mundo se tornou weberiano

Um dos catalisadores da difusão da burocratização foi a eclosão da Primeira Guerra Mundial, um conflito que Weber de início apoiou, mas depois veio a lamentar profundamente. A mobilização massiva de milhões de homens e milhões de toneladas de material exigiu inovações nas formas de gerir essas ações tanto no campo de batalha como na retaguarda. Por exemplo, devido à natureza estacionária da guerra de trincheiras, o fornecimento de munição era uma das restrições mais cruciais às operações. Para termos uma ideia do desafio organizacional que isso representava, basta considerar a produção francesa de cartuchos de artilharia de 75 milímetros. Antes da guerra, os planejadores haviam definido uma meta de produção de 12 mil cartuchos por dia. Logo após o início das hostilidades, perceberam que precisavam de mais munição e aumentaram a produção para 100 mil cartuchos por dia. Mesmo assim, esse volume foi apenas metade do que se veriam obrigados a produzir para atender à demanda. Em 1918, havia mais de 1,7 milhão de homens, mulheres e crianças (incluindo prisioneiros de guerra, veteranos mutilados e estrangeiros recrutados) trabalhando só nas fábricas de munição francesas. Como observou o historiador William McNeill, "inúmeras estruturas burocráticas que haviam antes atuado, de maneira mais ou menos independente umas das outras, num contexto de relações de mercado, fundiram-se no equivalente a uma grande empresa nacional para a realização da guerra" – um processo que teve lugar em todos os países combatentes.[18]

Weber morreu de infecção pulmonar dois anos depois do fim da guerra. Mas tudo o que aconteceu nas décadas posteriores à sua morte só veio confirmar sua análise sobre a superioridade fundamental das organizações burocráticas de grande porte. Weber quis mostrar a eficácia de tais sistemas em outras organizações, além das militares e de negócios, e isso se confirmou. O modelo gerencial logo foi adotado em filantropia, por exemplo, à medida que os mesmos grandes industriais que haviam sido pioneiros dos negócios modernos criavam as fundações que dominaram as obras de caridade durante um século. Por volta de 1916, havia mais de 40 mil milionários nos Estados Unidos, em comparação com a centena que havia na década de 1870. Magnatas como John D. Rockefeller e Andrew Carnegie associaram-se a reformadores sociais para patrocinar universidades e criar institutos independentes, como o Rockefeller Institute for Medical Research, que se tornou modelo de instituições similares. Em 1915, os Estados Unidos tinham 27 fundações beneficentes de propósito geral – uma inovação exclusiva do país norte-americano –, que abriam postos de trabalho para especialistas internos encarregados de conduzir pesquisas independentes sobre uma variedade de problemas sociais e implantar programas para procurar aliviá-los. Em 1930, elas já eram mais de duzentas. O crescimento dessas fundações independentes foi acompanhado pelo advento da filantropia de massa, especialmente em áreas como saúde pública, onde os reformadores aproveitaram doações da comunidade para metas sociais mais amplas. Em 1905, por exemplo, nada menos do que 5 mil americanos doavam seu tempo e dinheiro para uma luta contra a tuberculose, um flagelo responsável por até 11% de todas as mortes no país. Por volta de 1915, lideradas por organizações como a Associação Nacional para o Estudo e Prevenção da Tuberculose (criada em 1904), havia nada menos do que 500 mil contribuintes.[19]

O que isso tem a ver com poder? Tudo. Não basta controlar grandes recursos como dinheiro, armas ou seguidores. Tais recursos são uma precondição necessária do poder; mas, sem uma maneira eficaz de administrá-los, o poder que eles criam é menos eficaz, mais transitório, ou ambas as coisas. A mensagem central de Weber era que, sem uma organização confiável e competente, ou, para usar seu termo, sem uma burocracia, era impossível exercer verdadeiramente o poder.

Se Weber nos ajudou a entender os fundamentos lógicos e os mecanismos da burocracia no exercício do poder, o economista britânico Ronald Coase nos permitiu compreender as vantagens econômicas que ela confere às companhias. Em 1937, Coase introduziu uma inovação conceitual, mostrando que as organizações de grande porte não eram simplesmente impulsionadas a crescer para poder desse modo maximizar seus rendimentos e lucro, mas que as margens de lucros aumentavam em parte porque o porte das empresas ajudava a torná-las mais eficientes. Não foi coincidência Coase ter levado adiante em 1931-1932 a pesquisa para o seu influente estudo "A natureza da empresa" enquanto era ainda formando nos Estados Unidos. Tempos antes ele havia flertado com o socialismo e ficara intrigado com as similaridades de organização entre as empresas americanas e soviéticas – e, particularmente, com o fato de terem surgido organizações industriais tão similares dos dois lados, apesar das grandes diferenças ideológicas entre seus sistemas.*

A explicação de Coase – que o ajudaria a ganhar o Prêmio Nobel de Economia décadas mais tarde – era ao mesmo tempo simples e revolucionária. Ele destacava que as empresas modernas realizavam inúmeras tarefas muito diversificadas e que em alguns casos era mais barato fazê-las elas mesmas do que contratar outras empresas independentes para isso. Um desses custos identificados por Coase era o de redigir e fazer cumprir os complexos contratos que regiam a relação entre uma empresa que compra serviços e outra que os fornece – por exemplo, os contratos entre a empresa que manufatura o produto e a que os distribui e vende a outros clientes. Inicialmente, Coase chamou-os de "custos de comercialização" e depois os identificou como "custos de transação". Quando tais custos de transação chegam a ser substanciais, é mais conveniente para a empresa fazer essas tarefas ela mesma, "internalizando-as". Ao incorporar essas novas tarefas dentro de sua organização – por exemplo, uma frota de veículos para a distribuição dos produtos –, obviamente a empresa fica maior. Portanto, os custos de transação ajudavam a explicar por que algumas firmas cresciam integrando-se de modo vertical – isto é, comprando (ou substituindo) seus fornecedores de insumos e serviços ou assumindo elas mesmas tais tarefas – enquanto ou-

* Coase, "The nature of the firm". O autor descreve sua motivação para essa pesquisa em seu discurso na entrega do Prêmio Nobel. Disponível em: *www.nobelprize.org/nobel_prizes/economics/laureates/1991/coase-lecture.html*.

tras, não. Os grandes produtores de petróleo, por exemplo, preferem ser donos das refinarias nas quais se processa o óleo cru, e isso costuma ser para eles menos arriscado e mais rentável do que depender de uma relação comercial com refinarias independentes, cujas decisões as petroleiras não podem controlar. Ao contrário, um grande fabricante de roupas como a Zara ou empresas de informática como a Apple e a Dell têm menos motivos para serem donos das fábricas de onde saem seus produtos. Eles terceirizam ("externalizam") a produção para outra empresa e concentram seus esforços na tecnologia, *design*, distribuição, publicidade, *marketing* e vendas. A propensão de uma empresa a integrar-se verticalmente depende do número de empresas que existem no mercado para o qual ela vende ou do qual ela compra, e da intensidade da concorrência entre elas. Comprar insumos (ou vender produtos) a uns poucos fornecedores (ou distribuidores) que não competem muito entre si é mau negócio e cria muitos incentivos para que, assim que possam, as outras empresas tentem fazer também essas tarefas elas mesmas. Naturalmente, o volume de investimento necessário para substituir com atividades próprias os fornecedores ou distribuidores independentes ou a tecnologia exclusiva que estes possam ter também determina a capacidade de uma empresa para se integrar verticalmente. Isto é, os custos de transação determinam as fronteiras do que é a empresa, suas alternativas de crescimento e, em resumo, o porte e o próprio caráter dela enquanto tal.* Embora a análise de Coase tenha se convertido em um importante princípio da economia em geral, sua primeira repercussão se deu no terreno da organização industrial, um ramo da economia que estuda os fatores que estimulam ou criam obstáculos à concorrência entre companhias.

A ideia de que os custos de transação determinam o tamanho e até a natureza de uma organização pode ser aplicada a vários outros campos além da indústria para explicar por que não apenas as corporações modernas mas também órgãos governamentais, exércitos e igrejas se tornaram tão grandes e centralizados. Em todos esses casos, foi racional e efi-

* Uma versão mais moderna da abordagem sobre o custo de transação foi oferecida por um aluno de Coase, Oliver Williamson, em seu importante livro *Markets and hierarchies: analysis and antitrust implications*. Williamson ganhou o Prêmio Nobel de Economia em 2009.

ciente fazer isso. Altos custos de transação criam fortes incentivos para buscar maior autonomia e controle, o que leva a aumentar o porte da organização. E, ao mesmo tempo, quanto mais altos forem os custos de transação e, portanto, maior o porte das empresas que buscam diminuir esses custos, mais altas e intimidantes se tornam as barreiras que terão de ser vencidas por qualquer novo rival que queira entrar para competir com as empresas verticalmente integradas. Para um recém-chegado, é mais difícil desafiar uma companhia existente que controle, digamos, a principal fonte de matéria-prima, ou que incorporou os principais canais de distribuição ou redes de varejo. O mesmo se aplica a situações nas quais um exército tem o controle exclusivo sobre a aquisição de suas armas e tecnologia enquanto o exército rival se vê obrigado a depender da indústria de armas de outro país. Em outras palavras, os custos de transação que algumas organizações conseguem minimizar ao "incorporar" ou controlar fornecedores ou distribuidores constituem uma barreira a mais para os possíveis novos rivais e um obstáculo mais geral à obtenção de poder – e o grande porte alcançado graças à integração vertical cria uma enorme barreira protetora em torno das organizações estabelecidas, já que os novos rivais, menores, ficam com menos chances de competir com sucesso.

Vale a pena notar que, até bem entrada a década de 1980, muitos governos foram tentados a "integrar-se" verticalmente e a possuir e operar empresas aéreas, companhias siderúrgicas, fábricas de cimento ou bancos. Na realidade, a busca de eficácia e autonomia por parte dos governos muitas vezes mascarava outras motivações, como a de criar empregos no setor público ou abrir oportunidades para o clientelismo, a corrupção, o desenvolvimento regional e assim por diante.

Embora não costumem ser vistos dessa forma, os custos de transação são fatores determinantes do poder de uma organização. Veremos que, pelo fato de a natureza dos custos de transação estar mudando e seu impacto ser cada vez menor, as barreiras que costumavam proteger os poderosos de seus desafiantes estão caindo. E não apenas no domínio das empresas privadas.

O mito da elite do poder

A Segunda Guerra Mundial reforçou a equiparação entre tamanho e poder. O "arsenal da democracia" dos Estados Unidos, isto é, as indústrias que alimentaram a vitória aliada, quase duplicou o tamanho da economia americana no decorrer da guerra e deu enorme impulso a gigantes corporativos na produção em massa. E não podemos esquecer que os maiores vencedores desse conflito foram justamente os Estados Unidos e a União Soviética – países que abrangiam continentes inteiros, e não nações-ilhas como o Japão ou mesmo a Grã-Bretanha, empobrecidos pelos custos da luta e que viram muito diminuída sua capacidade de projetar seu poder imperial ao redor do mundo. No fim da guerra, a demanda reprimida de consumo americana, apoiada por poupanças feitas em tempos de guerra e por novos e generosos programas governamentais, permitiu às grandes empresas crescerem ainda mais.

Em pouco tempo, esse simbolismo de porte e escala – a ideia de que os empreendimentos mais monumentais eram os que tinham mais chances de dar certo e durar – ficou impresso no imaginário popular em toda parte. O Pentágono, construído durante a Segunda Guerra Mundial, de 1941 a 1943, era o maior edifício de escritórios do mundo (pelo critério de área de piso) e converteu-se no símbolo perfeito desse princípio ao longo das décadas de 1950 e 1960. O mesmo valia para a famosa cultura corporativa conservadora da IBM, cujos atributos de hierarquia e ideias convencionais foram colocados a serviço da engenharia de ponta. Em 1955, a General Motors, uma das primeiras a adotar a estutura de administração de forma M (divisões semiautônomas controladas por uma eficiente entidade central) e um de seus exemplos paradigmáticos, tornou-se a primeira corporação americana a ter um lucro líquido de mais de 1 bilhão de dólares num ano e a maior corporação dos Estados Unidos em termos de rendimento comparado ao PIB (cerca de 3%); ela empregava mais de 500 mil trabalhadores só nos Estados Unidos, oferecia aos consumidores 85 modelos diferentes e vendeu cerca de 5 milhões de automóveis e caminhões.[20] Os princípios de produção em massa também estavam sendo expandidos para setores como o da construção civil por empresários como Bill Levitt, um ex-trabalhador em construção civil na Marinha que foi pioneiro no desenvolvimento de áreas residenciais nos subúrbios, construindo milhares de casas a preço acessível para a classe média – as famosas *Levittowns*.

Mas o triunfo das organizações gigantescas durante a Guerra Fria, devido a essa cornucópia de bens e serviços, também despertava preocupações. Críticos de arquitetura como Lewis Mumford queixavam-se de que as novas *Levittowns* eram monótonas e que as casas ficavam afastadas demais umas das outras para criar uma autêntica comunidade. Irving Howe, crítico literário e social, censurava os anos pós-guerra como a "Era do Conformismo", e em 1950 o sociólogo David Riesman lamentava a perda do individualismo sob as pressões institucionais em seu influente livro *A multidão solitária*.[21]

E essas não foram as únicas preocupações despertadas. Conforme as organizações de grande porte se consolidavam em todas as áreas e pareciam assegurar seu controle de diversos aspectos da vida humana, os críticos da sociedade preocupavam-se com a possibilidade de que as hierarquias que essas mudanças estabeleciam viessem a se tornar permanentes, separando uma elite que controlava a política e os negócios do resto, e concentrando o poder nas mãos de uma elite. Para alguns, a expansão dos programas governamentais – da esfera militar para os gastos sociais – e o crescimento das burocracias encarregadas de administrá-los eram também uma tendência preocupante. Outros encaravam a concentração do poder principalmente como um resultado inevitável da economia capitalista.

De um modo ou de outro, esses medos evocavam as opiniões de Karl Marx e Friedrich Engels, que em seu *Manifesto comunista* (1848) afirmavam que os governos na sociedade capitalista eram extensões políticas dos interesses dos donos do capital – os empresários. "O executivo do Estado moderno", escreveram eles, "nada mais é do que um comitê encarregado de administrar os assuntos da burguesia."[22] Nas décadas seguintes, muitos autores e políticos propuseram diversas ideias baseadas nessa visão. Os marxistas argumentavam que a expansão do capitalismo havia contribuído para reforçar as divisões de classes e, por meio do imperialismo e da difusão do capital financeiro pelo mundo, a reprodução dessas divisões tanto dentro dos países como entre eles.

Mas o auge das grandes organizações hierárquicas originou uma análise muito particular, que era devedora tanto de Weber, por seu foco de atenção, como de Marx, por sua tese central. Em 1951, o sociólogo da Universidade Colúmbia, C. Wright Mills, publicou um estudo intitulado *Colarinhos brancos: a nova classe média americana.*[23] Assim como Ronald Coase, Mills estava fascinado com a proliferação das grandes corporações administrativas. Afirmava que essas empresas, em sua busca de escala, eficiência e lucro, haviam criado uma imensa classe de trabalhadores dedicados a tarefas repetitivas e mecânicas, que embotavam sua imaginação e sua capacidade de participar plenamente da sociedade. Em resumo, segundo Mills, o trabalhador típico de uma corporação estava alienado.

Em 1956, Mills desenvolveu mais esse argumento em sua obra mais famosa, *A elite no poder*. Nela, identifica as maneiras pelas quais, segundo ele, o poder nos Estados Unidos aglutinou-se nas mãos de uma "casta" dominante que controlava os assuntos econômicos, a indústria e a política. Mills defendia que a vida política americana era de fato democrática e pluralista; mas, apesar disso, a concentração de poder político e econômico colocava a elite numa posição mais forte do que nunca para preservar sua supremacia.[24] Essas ideias faziam de Mills um crítico da sociedade, mas não eram de forma alguma radicais para a sua época. O presidente Dwight Eisenhower iria expressar algo similar apenas cinco anos mais tarde, em seu discurso de despedida à nação, no qual fez uma advertência contra o poder irrestrito e a "influência excessiva" do "complexo industrial-militar".[25]

Durante a década de 1960, a suspeita de que as organizações econômicas modernas produziam não só desigualdades de modo inerente mas também uma elite permanente espalhou-se entre sociólogos e psicólogos. Em 1967, um pesquisador da Universidade da Califórnia em Santa Cruz, G. William Domhoff, publicou um livro intitulado *Quem governa a América?*. Nele, Domhoff apresentava o que chamou de teoria das "Quatro Redes", para mostrar que a vida americana era controlada pelos donos e pelos altos executivos das grandes corporações. Domhoff continuou a atualizar o livro nas edições posteriores, fazendo considerações a respeito de tudo, desde a Guerra do Vietnã à eleição de Barack Obama, para reforçar seus argumentos.[26]

A alegoria de uma elite ou classe dirigente acomodada e entrincheirada converteu-se num grito de luta para aqueles que aspiram acabar com essa situação ou para aqueles que, mais hipocritamente, utilizam essa palavra de ordem para ganhar adeptos, tomar o poder e virar a nova elite. Tanto os políticos que esbravejam contra as elites no poder como as empresas novas que tentam destronar um rival maior e mais poderoso levantam a bandeira do pequeno e nobre que enfrenta o grande, mau e fraco (ou corrupto). Um bom exemplo desse último aspecto remonta a 1984, quando a Apple fez história na propaganda com seu célebre comercial de apresentação do computador pessoal Macintosh: numa cena inspirada na distópica novela de George Orwell, uma mulher perseguida por uma falange de policiais violentos arremessa uma marreta numa grande tela que, ao se romper, desperta uma série de fileiras de autômatos entorpecidos, libertando-os. O anúncio era dirigido sem muita sutileza à IBM, na época principal concorrente da Apple no mercado de computadores pessoais. É claro que hoje a IBM está fora do mercado de PCs e seu valor de capitalização em bolsa é bem menor que o da Apple, que, por sua vez, recebe muitas críticas por manter também um controle orwelliano sobre seu sistema operacional, seu *hardware*, lojas e sobre a experiência de seus consumidores. O Google, incorporado em 1998 com seu espírito informal de *hackers* e o *slogan* corporativo "Não seja mau", é hoje uma das maiores corporações mundiais (em termos de capitalização de mercado), com produtos dominantes nos mercados em que compete. Talvez inevitavelmente seus críticos considerem que o Google é uma espécie de Anticristo, que destrói jornais, esmaga rivais e viola a privacidade dos consumidores.

O aumento da riqueza e da desigualdade de renda nos Estados Unidos nos últimos vinte anos, junto com a tendência global de oferecer grandes pacotes de remunerações aos CEOs e exuberantes bônus a banqueiros, têm reforçado a percepção de que aqueles que chegam ao topo permanecem lá, distantes e indiferentes às preocupações que afligem os meros mortais. A "revolta das elites": foi essa a expressão que o teórico Christopher Lasch usou para se referir a essas políticas e comportamentos do Ocidente que tornavam possíveis tendências como a falta de regulamentação e a adoção de escolhas sociais como colocar filhos em escolas particulares, contratar segurança privada e assim por diante. Ele descreveu esse fenômeno como uma espécie de desvinculação do sistema social por parte daqueles que eram ricos o suficiente para poder fazer isso. "Será que eles abriram mão de sua lealdade aos Estados Unidos?", Lasch se perguntava.[27]

A ideia de uma "revolta das elites" teve repercussão. Embora seja nebuloso o que define exatamente a elite (riqueza? Outros critérios que definam *status*? Determinadas profissões, como a de banqueiro, empresário, artista, líder político, esportista?), a noção de uma elite revivida que fortalece ainda mais seu poder sobre o governo está bastante em voga. Em 2008, dias após o anúncio do grande resgate financeiro dos bancos nos Estados Unidos e poucas semanas após o colapso do Lehman Brothers e a operação de salvamento do gigante dos seguros American International Group (AIG), a jornalista e crítica Naomi Klein descreveu a era como "uma revolta das elites... e uma revolta incrivelmente bem-sucedida". Ela defendia que tanto a longa negligência em adotar uma regulamentação financeira como o repentino e massivo resgate financeiro refletiam o controle das classes dominantes sobre a política. E sugeriu que havia uma tendência comum de concentração do poder que unia os principais países, mesmo com sistemas políticos e econômicos aparentemente opostos. "Vejo uma mudança para um capitalismo autoritário que é compartilhada por [Estados Unidos,] Rússia e China", afirmou ela para uma plateia de Nova York. "Não digo que estejamos todos no mesmo estágio – mas vejo uma tendência para uma combinação muito perturbadora entre o poder de grandes corporações e o grande poder do Estado, cooperando em defesa dos interesses das elites."[28] Ao mesmo tempo existe em certos círculos a opinião de que a globalização só serviu para aumentar a concentração de poder em cada setor industrial e econômico e para que os líderes de mercado consolidem sua posição no topo.

Os acontecimentos dos últimos anos reavivaram a preocupação de que o poder, em muitos ou na maioria dos países, esteja em última análise sendo controlado por uma oligarquia – um pequeno número de atores privilegiados que detêm um controle desproporcional da riqueza e dos recursos e cujos interesses estão intimamente interligados, seja de maneira muito óbvia, seja de modo mais sutil, com as políticas governamentais. Simon Johnson, professor do MIT e ex-economista-chefe do Fundo Monetário Internacional, apoiou-se em sua experiência para defender que, em todos os lugares onde o fundo havia sido chamado a intervir, ele encontrara oligarquias que buscavam proteger seus interesses e transferir os fardos e custos dos ajustes e reformas econômicas a outros grupos sociais. As oligarquias são um aspecto habitual dos mercados emergentes, afirmou Johnson, mas não só deles. Na realidade, argumenta, os Estados Unidos estão na dianteira nisso também: "Do mesmo modo que temos a economia, o exército e a tecnologia mais avançados do mundo, temos também a oligarquia mais avançada". A influência dos *lobbies*, a falta de regulamentação financeira e o constante ir e vir de profissionais entre importantes cargos em Wall Street e em Washington são alguns dos exemplos que Johnson usa para ilustrar seu argumento e apoiar sua proposta de "romper a velha elite".[29]

Tais análises inspiram uma opinião mais geral, que ficou tão disseminada a ponto de se tornar quase um instinto coletivo: "O poder e a riqueza tendem a se concentrar. Os ricos irão ficar cada vez mais ricos e os pobres continuarão pobres". Essa forma de expressar a ideia é uma caricatura, mas é essa a hipótese que serve de base às conversas em parlamentos, em milhões de lares na hora do jantar, em corredores de universidades e nas reuniões de amigos após o trabalho, em livros acadêmicos e em séries de tevê populares. Mesmo entre defensores do livre mercado, é comum vermos repercussões da ideia marxista de que o poder e a riqueza tendem a se concentrar. Nos últimos dez ou vinte anos, foram veiculadas muitas informações sobre a extravagante riqueza de oligarcas russos, *sheiks* do petróleo, bilionários chineses e financistas que operam a partir de fundos *hedge*, e de empresários da internet nos Estados Unidos. E cada vez que um desses magnatas intervém na política – Silvio Berlusconi na Itália, Thaksin Shinawatra na Tailândia ou Rupert Murdoch em escala mundial –, ou quando Bill Gates, George Soros e outros tentam influir nas políticas públicas nos Estados Unidos e ao redor do mundo, o público é mais uma vez lembrado que dinheiro e poder reforçam-se mutuamente, criando uma barreira quase impenetrável aos rivais.

A noção convencional de que a desigualdade econômica está fadada a perdurar e até a se acentuar nos torna a todos, de certo modo, marxistas. Mas e se o modelo de organização que Weber e seus herdeiros em economia e sociologia julgaram ser o mais adequado à concorrência e à administração na vida moderna tiver se tornado obsoleto? E se o poder estiver se dispersando, assumindo novas formas e passando, por meio de novos mecanismos, para uma série de pequenos atores antes marginais, ao mesmo tempo que decresce a vantagem de poder dos grandes participantes, estabelecidos e mais burocráticos? A ascensão de micropoderes nos obriga a levantar essas questões, pela primeira vez. E abre a perspectiva de que o poder tenha se desvinculado do grande porte e da escala.

Não há dúvida de que o poder altamente concentrado existe, de que a riqueza veio se concentrando, de que muitos daqueles que têm dinheiro se aliam – ou compram políticos e governantes. Não questiono nenhuma dessas afirmações. Mas, como demonstro mais adiante, aqueles que têm poder hoje em dia podem fazer menos com ele. Entre outras razões, porque há muitos outros com o mesmo poder, que limitam seu âmbito de ação, ou porque, cada vez mais, os poderosos – nos negócios, na política, no governo, nos meios de comunicação ou na guerra – veem surgir novos e inusitados rivais que lhes reduzem o poder, ou até o subtraem completamente.

CAPÍTULO QUATRO

Por que o poder está perdendo força?

As revoluções do Mais, da Mobilidade e da Mentalidade

Javier Solana, ministro do Exterior espanhol que em meados da década de 1990 se tornou secretário-geral da Otan e depois chefe de política externa da União Europeia, comentou comigo: "No último quarto deste século [século XX] – um período que incluiu as guerras dos Bálcãs e do Iraque e as negociações com o Irã, a questão Israel-Palestina e muitas outras crises –, tenho visto como múltiplas forças e fatores novos limitavam até mesmo as potências mais ricas e tecnologicamente avançadas. Elas – e com isso quero dizer nós – raramente conseguem fazer mais aquilo que querem".[1]

Solana está certo. Insurgentes, novos partidos políticos com propostas alternativas, jovens empresas inovadoras, *hackers*, ativistas sociais, novas mídias, massas sem líderes ou organização aparente que de repente tomam praças e avenidas para protestar contra seu governo ou contra personagens, carismáticos que parecem ter "surgido do nada" e conseguem entusiasmar milhões de seguidores ou crentes são apenas alguns dos exemplos dos muitos novos atores que estão fazendo tremer a velha ordem. Nem todos eles são respeitáveis ou dignos de elogios; mas cada um está contribuindo para a degradação do poder daqueles que até agora o detinham de maneira mais ou menos assegurada: os grandes exércitos, partidos políticos, sindicatos, conglomerados empresariais, igrejas ou canais de televisão.

São os micropoderes: atores pequenos, desconhecidos ou até então insignificantes, que encontraram modos de minar, encurralar ou frustrar as megapotências, essas grandes organizações burocráticas que antes controlavam seus âmbitos de ação. Examinados pelos princípios do passado, os micropoderes deveriam ser apenas irritantes fenômenos transitórios sem maiores consequências. O fato de lhes faltar escala, coordenação, recursos ou um prestígio prévio leva a crer que não deveriam nem poder participar, ou pelo menos que só poderiam fazê-lo por pouco tempo, antes de terminarem esmagados ou absorvidos por algum dos rivais dominantes. Mas não é assim. Na realidade, em muitos casos está acontecendo o oposto. Os micropoderes estão negando aos atores estabelecidos muitas opções que eles antes davam como certas. Às vezes, os micropoderes chegam até a ganhar a concorrência com atores estabelecidos há muito tempo.

Mas será que fazem isso arrasando os concorrentes e expulsando os grandes poderes estabelecidos? Raramente é assim. Os micropoderes não costumam ter os recursos – ou a necessidade – de enfrentar frontalmente as grandes organizações dominantes. Sua vantagem está justamente no fato de não carregarem o fardo do porte, da escala, do histórico portfólio de ativos e recursos, da centralização ou das rígidas hierarquias que os mega-atores desenvolveram e dedicaram tanto tempo a cultivar e gerenciar. Quanto mais os micropoderes assumirem esses traços, mais irão se transformar no tipo de organização que outros micropoderes atacarão com a mesma eficácia. Ao contrário, para triunfar, os micropoderes recorrem a novas vantagens e técnicas. Desgastam, põem obstáculos, minam, sabotam e são mais ágeis e velozes que os mega-atores, de tal forma que esses últimos, apesar de seus vastos recursos, com frequência estão mal equipados e malpreparados para resistir. E a eficácia que essas técnicas têm de desestabilizar e deslocar gigantes estabelecidos significa que o poder está ficando mais fácil de confrontar e mais difícil de consolidar.

As implicações são assustadoras. Representam o esgotamento da burocracia weberiana, o sistema de organização que produziu os benefícios e também as tragédias do século XX.

A desvinculação entre o poder e tamanho e, portanto a desconexão entre a capacidade de usar poder eficazmente e o controle de uma grande burocracia we-

beriana, está transformando o mundo. E essa separação suscita um pensamento inquietante: se o futuro do poder está na perturbação e na interferência, não na gestão nem na consolidação, será que podemos confiar que teremos estabilidade algum dia?

Mas o que mudou?

É difícil precisar em que momento teve início a dispersão e a degradação do poder, e o declínio do ideal burocrático weberiano. Mas talvez o dia 9 de novembro de 1989 – data da queda do Muro de Berlim – não seja um mau ponto de partida. Ao liberar meio continente do controle de uma tirania, franquear fronteiras e abrir novos mercados, o fim da Guerra Fria e de sua ativa batalha ideológica e existencial diminuiu a necessidade de manter um vasto aparato militar e de segurança nacional, que consumia enormes recursos econômicos. Populações inteiras que viviam obrigadas a guardar silêncio e aceitar as arbitrariedades da autoridade de repente se viram livres para perseguir seus próprios desejos e derrubar a ordem existente. Esses desejos encontraram sua expressão visceral em eventos como a execução no Natal de 1989 do casal Ceausescu, que governou a Romênia com mão de ferro por décadas, e a invasão em janeiro de 1990 do quartel-general da Stasi – o serviço secreto da Alemanha comunista e que era um dos pináculos mais sinistros das conquistas burocráticas do pós-guerra.

Economias presas a um sistema quase fechado foram abertas ao investimento estrangeiro e ao comércio, e atraíram o interesse de novos investidores e empresários do mundo todo. Como observou o general William Odom, diretor da Agência Nacional de Segurança no governo Ronald Reagan: "Ao criarem um guarda-chuva de segurança sobre a Europa e a Ásia, os americanos reduziram os custos de transação dos negócios em todas essas regiões: graças a isso, a América do Norte, a Europa ocidental e o nordeste da Ásia enriqueceram".[2] Agora, esses custos de transação mais baixos podiam ser estendidos, e com eles também a promessa de maior liberdade econômica.

Pouco mais de um ano depois que milhares de alemães derrubaram o Muro de Berlim a marretadas, em dezembro de 1990, Tim Berners-Lee, um cientista de computação britânico da Organização Europeia de Pesquisa Nuclear, enviou de seu escritório na fronteira franco-suíça a primeira comunicação bem-sucedida entre um Protocolo de Transferência de Hipertexto e um servidor via internet, criando assim a World Wide Web, a rede. Como sabemos, isso mudou o mundo.

O fim da Guerra Fria e o surgimento da internet foram com certeza fatores que contribuíram para o surgimento e a ascensão dos micropoderes, mas não foram de modo algum as únicas mudanças, nem as mais importantes. Costuma ser difícil resistir à tentação de atribuir uma única causa a um período de grandes mudanças. Um exemplo: o papel das mensagens de texto e de mídias sociais como Facebook e Twitter nas revoltas que vêm ocorrendo ao redor do mundo. Produziu-se um debate acirrado, mas em última análise estéril, entre aqueles que afirmam que as redes sociais desencadearam novos movimentos e os que consideram que sua influência foi superestimada. Como elementos numa luta por poder, as redes sociais têm ajudado a coordenar manifestações e a informar o mundo exterior sobre as violações de direitos humanos. Mas alguns regimes repressivos astutos como os do Irã e da China também têm usado essas ferramentas para vigiar e reprimir. E, na dúvida, um governo sempre pode bloquear o acesso nacional à internet (pelo menos em grande medida, como fizeram Egito e Síria quando seus ditadores se sentiram ameaçados) ou implantar um elaborado sistema de filtros e controles que reduz o fluxo pela rede de mensagens não aprovadas (como fez a China com o seu "Grande Firewall"). Há inúmeros casos a favor dessas duas teses. Eles ilustram, de um lado, os argumentos dos que se mostram otimistas com a internet ou de tecnofuturistas como Clay Shirky e, de outro lado, os contra-argumentos de céticos como Evgeny Morozov e Malcolm Gladwell. Portanto, para entender por que as barreiras ao poder se tornaram mais frágeis e porosas, precisamos examinar transformações mais profundas – mudanças que começaram a se acumular e acelerar mesmo antes do fim da Guerra Fria e do advento da web. Os maiores desafios ao poder na nossa época procedem de mudanças essenciais experimentadas pela grande maioria dos habitantes do planeta – em como vivemos, onde vivemos, e por quanto tempo e com que grau de bem-estar.

Isso implica prestar atenção às mudanças demográficas, padrões de vida, níveis de nutrição, saúde e educação, padrões migratórios e à estrutura das famílias, comunidades e da política. Mas, além disso, para entender as forças que estão transformando o poder é necessário também incluir na análise as profundas mudanças na *maneira de pensar* de bilhões de pessoas ao redor do mundo. Refiro-me a mudanças evidentes que vemos refletidas em condutas, padrões de consumo, decisões sobre estilos de vida, e atitudes políticas, sociais e religiosas. As mudanças em valores, aspirações e expectativas podem ter maior ou menor intensidade em diferentes países, mas não resta dúvida de que estão presentes em toda parte.

O poder está degradando-se devido à ocorrência de uma multiplicidade de mudanças em todos esses âmbitos. Para analisar essas mudanças em detalhe e compreender o que elas pressupõem para o poder, sintetizei-as em três grandes categorias que chamo de "revoluções": a revolução do *Mais*, a revolução da *Mobilidade* e a revolução da *Mentalidade*.

A primeira inclui as mudanças que estão sendo produzidas em relação ao aumento de tudo: do número de habitantes ao número de países existentes no planeta ou ao crescimento acelerado de todos os indicadores que estão relacionados com a condição humana – expectativa de vida, nutrição, educação, renda e muito mais. Temos mais de tudo. Além disso, esse "tudo" se move cada vez mais e daí a revolução da *Mobilidade.* E a terceira revolução reflete as mudanças na mentalidade. Cada uma dessas revoluções faz que as barreiras que permitem aos poderosos se protegerem de novos rivais e preservar o poder já não os protejam tanto quanto antes. As barreiras estão ficando cada vez mais fáceis de derrubar, contornar e sabotar.

A revolução do Mais: sobrepujando as barreiras ao poder

Vivemos numa época de abundância. Simplesmente temos mais de tudo agora. Mais pessoas, países, cidades, partidos políticos, exércitos; mais bens e serviços, e mais companhias para vendê-los; mais armas e mais remédios; mais estudantes e mais computadores; mais pregadores e mais delinquentes. A produção econômica mundial aumentou cinco vezes desde 1950. A renda *per capita* é três vezes e meia superior à de então. Mais importante de tudo, há mais pessoas – 2 bilhões a mais do que havia a apenas duas décadas atrás. Por volta de 2050, a população mundial será quatro vezes maior do que era em 1950. Esse aumento populacional, assim como sua estrutura etária, distribuição geográfica, longevidade, saúde, seus maiores níveis de informação e educação e consumo, tem amplas repercussões na obtenção e no uso do poder.

A revolução do Mais não se limita a um quadrante do globo ou a um segmento da humanidade. Ela se desenvolveu apesar de todos os eventos negativos que ocupam as manchetes do dia a dia: recessão econômica, terrorismo, terremotos, repressão, guerras civis, catástrofes naturais, ameaças ambientais. Sem tirar importância do custo humano e planetário dessas crises, podemos afirmar que a primeira década do século XXI foi talvez a mais bem-sucedida da humanidade: como colocou o analista Charles Kenny, entre o ano 2000 e o de 2010, a humanidade teve a "Melhor Década de Todas".[3]

Os dados corroboram a afirmação. Segundo o Banco Mundial, entre 2005 e 2008, da África Subsaariana à América Latina e da Ásia à Europa do Leste, a proporção de pessoas que vivem em extrema pobreza (aquelas com renda inferior a 1,25 dólar por dia) caiu pela primeira vez desde que existem estatísticas sobre pobreza global. Considerando que a década incluiu a crise econômica que começou em 2008, a mais profunda desde a Grande Depressão de 1929, esse avanço é ainda mais surpreendente. Em plena crise, Robert Zoellick, então presidente do Banco Mundial, expressou sérias preocupações a respeito do impacto desse colapso financeiro sobre a pobreza: os especialistas, disse ele, haviam-lhe dito que o número de pobres no mundo iria aumentar substancialmente. Ainda bem que estavam equivocados. Na verdade, espera-se que o mundo alcance as Metas de Desenvolvimento para o Milênio fixadas em 2000 pelas Nações Unidas muito antes do que se esperava; uma delas era reduzir à metade a extrema pobreza do mundo até 2015, e essa meta foi alcançada cinco anos antes.

A explicação é que, apesar da crise, as economias dos países mais pobres continuaram se expandindo e criando empregos. E trata-se de uma tendência que teve início há três décadas: desde 1981, por exemplo, 660 milhões de chineses já escaparam da pobreza. Na Ásia, a porcentagem dos que vivem na extrema pobreza caiu de 77% da população na década de 1980 para 14% em 1998. Isso está acontecendo não só na China, Índia, no Brasil e em outros mercados emergentes mas também nos países mais pobres da África. Os economistas Maxim Pinkovskiy e Xavier Sala-i-Martin mostraram que entre 1970 e 2006 a pobreza na África declinou muito mais depressa do que se costuma pensar. Sua conclusão, baseada numa rigorosa análise estatística, é que na África "a redução da pobreza é notavelmente generalizada: não pode ser explicada como algo que ocorreu apenas nos países grandes, ou num conjunto de países que possuam alguma característica geográfica ou histórica que os beneficie. Países de todo tipo, incluindo aqueles com inconvenientes históricos e desvantagens geográficas, experimentaram reduções na pobreza. Em particular, a pobreza diminuiu na mesma proporção tanto nos países sem saída para o mar quanto nos litorâneos; nos países ricos em minério e nos que não o são; nos países com agricultura favorável e em outros com más condições agrícolas; independentemente de qual tenha sido sua origem colonial; e em países com um número de exportação de escravos *per capita* acima ou abaixo da média no período de comércio escravagista africano. Em 1998, pela primeira vez desde que se dispõe de dados, há mais africanos vivendo acima da linha da pobreza do que abaixo dela".[4] E o mesmo está acontecendo em outras regiões de menor renda. Na América Latina, em 2013, e pela primeira vez, o número de pessoas pertencentes à classe média ultrapassou a população pobre.

É claro que bilhões de pessoas ainda vivem em condições intoleráveis. E ter uma renda de três ou cinco dólares por dia, em vez de 1,25 dólar que o Banco Mundial assume como a linha de extrema pobreza, ainda significa ter uma vida de luta e privação. Mas também é inegável que a qualidade de vida aumentou mesmo para os mais pobres e vulneráveis. Desde 2000, a mortalidade infantil diminuiu em mais de 17%, e as mortes infantis por sarampo caíram 60% entre 1999 e 2005. Nos países em desenvolvimento, o número de pessoas na categoria "subnutridos" decresceu de 34% em 1970 para 17% em 2008.

O rápido crescimento econômico de muitos países pobres e o consequente declínio na pobreza também alimentaram a expansão de uma "classe média global". O Banco Mundial calcula que, desde 2006, 28 países antes considerados de "baixa renda" entraram na faixa daqueles que a instituição chama de "renda média". Essas novas classes médias podem não ser tão prósperas quanto suas equivalentes dos países desenvolvidos, mas seus membros agora desfrutam de um padrão de vida sem precedentes. E essa é a categoria demográfica com crescimento mais rápido no mundo. Como me contou Homi Kharas, da Brookings Institution e um dos mais respeitados pesquisadores da nova classe média global: "O tamanho da classe média global dobrou de cerca de 1 bilhão em 1980 para 2 bilhões em 2012. Esse segmento da sociedade ainda está crescendo muito aceleradamente e pode chegar aos 3 bilhões até 2020. Minha estimativa é que por volta de 2017 a classe média da Ásia será mais numerosa que as da América do Norte e da Europa juntas. Em 2021, pelas tendências atuais, poderá haver mais de 2 bilhões de asiáticos em lares de classe média. Só na China, talvez haja mais de 670 milhões de consumidores de classe média".[5]

E Kharas se apressa em destacar que isso está ocorrendo não só na Ásia: "Em todo o mundo, nações pobres cujas economias crescem com bom ritmo têm feito suas classes médias aumentarem em número de membros. Não vejo nenhuma indicação de que isso não possa continuar nos próximos anos, apesar de eventuais percalços no caminho que possam desacelerar o crescimento da classe média em alguns países por certo tempo. Mas, globalmente, a tendência é essa, e está clara".

O cenário socioeconômico do mundo alterou-se drasticamente nas últimas três décadas. A lista de mudanças – na verdade, de realizações – é tão longa quanto surpreendente: 84% da população mundial é hoje alfabetizada, em comparação com os 75% de 1990. A formação universitária está crescendo, e até a pontuação média em testes de inteligência em todo o mundo é agora mais alta. Enquanto isso, as mortes em combate caíram – em mais de 40% desde 2000. A expectativa de vida nos países mais duramente atingidos pela pandemia HIV/AIDS está começando a subir de novo. E somos mais capazes do que nunca de atender às nossas necessidades de alimentos: a partir de 2000, a produção de cereais no mundo em desenvolvimento aumentou duas vezes mais rápido do que a população. Mesmo as "terras raras" – os dezessete elementos escassos usados na fabricação de celulares e no refinamento de petróleo – não são mais tão raras desde que novas fontes e produtores entraram no mercado.

Talvez uma das razões de todo esse progresso seja a rápida expansão da comunidade de cientistas: nos países abrangidos por uma pesquisa da Organização para Cooperação e Desenvolvimento Econômico (OCDE), o número de cientistas em atividade cresceu de 4,3 milhões em 1999 para 6,3 milhões em 2009.[6] E o cômputo não inclui vários países com grandes e crescentes comunidades científicas, como a Índia.

Os seres humanos desfrutam agora de vidas mais longas e saudáveis do que seus antepassados – mesmo dos seus antepassados mais recentes. Segundo o Índice de Desenvolvimento Humano (IDH) das Nações Unidas, que combina indicadores de saúde, educação e renda para dar uma medida global do bem-estar, os padrões de vida têm aumentado por toda parte no mundo desde 1970. Podemos contar nos dedos de apenas uma mão os países nos quais ele foi mais baixo em 2010 do que em 1970. E entre 2000 e 2010 apenas um país no mundo – o Zimbábue – viu seu IDH cair. As cifras fundamentais, da pobreza à mortalidade infantil e até o desempenho escolar e a ingestão de calorias, eram melhores no fim de 2012 do que em 2000. Ou seja, bilhões de pessoas que até recentemente viviam com quase nada agora têm mais alimentos, mais oportunidades e vida mais próspera, saudável e longa do que já tiveram um dia.

Tudo isso não é mero otimismo ingênuo. Sem dúvida, cada uma das tendências positivas mencionadas também inclui notórios problemas e exceções que costumam ter consequências trágicas. O progresso dos países pobres contrasta claramente com a recente situação da Europa e dos Estados Unidos, onde uma classe média que desfrutou durante décadas de crescimento e prosperidade está perdendo seus alicerces econômicos e contraindo-se em consequência da crise financeira. O desemprego crônico que está se arraigando em muitos países europeus e nos Estados

Unidos é um problema grave. Não obstante, o quadro geral de uma humanidade vivendo agora vidas mais longas e saudáveis, com as necessidades básicas muito mais bem atendidas do que nunca, é crucial para entender as mudanças e redistribuições de poder que ocorrem hoje – e para poder ver com objetividade as explicações mais em moda sobre o que está acontecendo.

Sem dúvida, as turbulências no mundo árabe e outros movimentos sociais recentes com frequência fizeram um uso espetacular das modernas tecnologias. Mas essas manifestações se devem ainda mais ao rápido crescimento da expectativa de vida no Oriente Médio e no norte da África a partir da década de 1980. O "bolsão de juventude", composto de milhões de pessoas com menos de trinta anos, instruídas e saudáveis, com uma longa vida pela frente, mas que não dispõem de empregos nem de boas perspectivas, é uma fonte importante de instabilidade política, do mesmo modo que o crescimento de uma classe média que é, por natureza, mais politicamente inquieta.

Não é por acaso que a Primavera Árabe começou na Tunísia, o país do norte da África com o melhor desempenho econômico e o mais bem-sucedido em fazer ascender seus pobres para a classe média. Na realidade, o motor que move muitas das transformações políticas desses tempos é uma classe média impaciente e mais bem informada, que quer um progresso mais rápido que aquele que o governo é capaz de oferecer, e cuja intolerância a respeito da corrupção tornou-se uma poderosa oposição.

Por si só, o crescimento populacional e da renda não é suficiente para transformar o exercício do poder, que talvez continue concentrado em poucas mãos. Mas a revolução do Mais não consiste apenas em quantidade mas também em melhoras qualitativas na vida das pessoas. Quando uma pessoa está mais bem alimentada, e é mais saudável, instruída, bem informada e se relaciona mais com os outros, muitos dos fatores que mantinham o poder em seu lugar deixam de ser tão eficazes. A chave é esta: *quando as pessoas são mais numerosas e vivem vidas mais plenas, tornam-se mais difíceis de regular, dominar e controlar.*

O exercício do poder em qualquer domínio envolve, fundamentalmente, a capacidade de impor e manter o controle sobre um país, um mercado, uma população, um grupo de adeptos, uma rede de rotas comerciais e assim por diante. Quando as pessoas nesse território – sejam potenciais soldados, eleitores, clientes, trabalhadores, concorrentes ou fiéis – são mais numerosas, têm total posse de seus recursos e estão cada vez mais capacitadas, tornam-se mais difíceis de coordenar e controlar. O ex-consultor de segurança nacional dos Estados Unidos, Zbigniew Brzezinski, ao refletir sobre as radicais mudanças na ordem mundial desde que entrou na vida pública, comentou sem meias-palavras: "É infinitamente mais fácil hoje matar um milhão de pessoas do que as controlar".[7]

Para aqueles que estão no poder, a revolução do Mais produz dilemas espinhosos: como exercer uma coerção eficaz quando o uso da força se torna mais custoso politicamente e mais arriscado? Como reafirmar a autoridade quando a vida das pessoas é mais plena e elas se sentem menos dependentes e vulneráveis? Como influenciar pessoas e recompensá-las por sua lealdade num universo em que elas têm mais escolhas? A tarefa de governar, organizar, mobilizar, influenciar, persuadir, disciplinar ou reprimir um grande número de pessoas com um padrão de vida melhor requer outros métodos, diferentes daqueles que funcionaram com comunidades menores, estancadas e com menos recursos individuais e coletivos à sua disposição.

A revolução da Mobilidade: o fim da audiência cativa

Hoje não só há mais gente, e mais pessoas vivendo de maneira mais plena e saudável, como além disso elas se movimentam muito mais. Isso as torna mais difíceis de controlar. E também altera a distribuição de poder tanto dentro de cada comunidade como entre os diferentes grupos sociais. O aumento das diásporas e seus agrupamentos étnicos, religiosos e profissionais transformou-os em correias de transmissão internacional entre seu país de adoção e seu país de origem. Os africanos que vivem na Europa ou os latino-americanos que estão nos Estados Unidos não só transferem dinheiro a seus familiares que ainda vivem no país do qual emigraram. Também transferem, às vezes sem se dar conta, ideias, aspirações, técnicas ou até movimentos políticos e religiosos, que minam o poder e a ordem estabelecida em seu país de origem.

As Nações Unidas calculam que há 214 milhões de migrantes no planeta, um aumento de 37% nas últimas duas décadas. No mesmo período, o número de migrantes cresceu 41% na Europa e 80% na América do Norte. Se os emigrados fossem um país, ele seria o quinto mais populoso do planeta.

Estamos experimentando uma revolução da Mobilidade, com mais pessoas se deslocando do que já ocorreu em qualquer outra época da história.

Consideremos, por exemplo, o efeito que a aceleração da mobilidade global teve no movimento trabalhista americano. Em 2005, meia dúzia de sindicatos se retiraram da AFL-CIO, a maior federação sindical, para formar uma federação rival chamada *Change to Win* [Mudar para Vencer]. Entre os sindicatos dissidentes estão o SEIU (*Service Employees International Union*, ou Sindicato Internacional de Empregados em Serviços) e o sindicato da indústria do vestuário UniteHere; ambos contam em suas fileiras com uma maior proporção de trabalhadores imigrantes com baixos salários, cujos interesses e prioridades são diferentes daqueles dos velhos sindicatos de indústrias, como os Teamsters. As consequências dessa divisão fizeram-se sentir na política nacional. Como escreveu Jason DeParle, repórter do *The New York Times*: "Os sindicatos da *Change to Win* tiveram um papel importante (segundo alguns, decisivo) nos primeiros estágios da primeira campanha presidencial de Obama".[8] E em sua candidatura à reeleição em 2012, os eleitores hispânicos foram determinantes. Ou seja, dessa maneira inesperada, a mobilidade internacional moldou a realidade política dos Estados Unidos, coisa que também está ocorrendo em muitas outras partes.

Segundo os termos da Lei do Referendo Sudanês, aprovada por seu parlamento em 2009, os eleitores da diáspora sudanesa, incluindo os cerca de 150 mil nos Estados Unidos, puderam votar no referendo de 2011 sobre a decisão do Sudão do Sul de se tornar uma nação independente. Vários membros do senado da Colômbia são eleitos por colombianos que vivem no exterior. Candidatos ao governo do estado ou à presidência de países com grandes populações de emigrantes – por exemplo, para governador de estado no México ou para presidente no Senegal – costumam viajar até Chicago, Nova York, Londres, ou para qualquer lugar onde seus compatriotas tenham criado raízes, para conseguir votos e arrecadar dinheiro.

Do mesmo modo, os imigrantes estão transformando as empresas, as religiões e as culturas dos países em que se estabelecem. Nos Estados Unidos, a população hispânica cresceu de 22 milhões em 1990 para 51 milhões em 2011, e agora um de cada seis americanos é hispânico; eles responderam por mais da metade do crescimento populacional dos Estados Unidos na década passada. E em Dearborn, Michigan, o quartel-general da Ford Motor Company, 40% da população é árabe-americana; lá se encontra a maior mesquita da América do Norte.

Tais enclaves estão fadados a transformar as coalizões e os resultados de eleições locais ou até nacionais. Os partidos políticos tradicionais, as empresas estabelecidas e outras instituições enfrentam cada vez mais novos concorrentes, que têm raízes mais profundas e uma compreensão melhor desses novos grupos de eleitores, consumidores ou fiéis, cujas condutas e preferências são diferentes das da população em geral. O mesmo vem ocorrendo na Europa, onde os governos têm se mostrado incapazes de deter a onda de imigrantes da África, Ásia e até de outros países menos ricos da Europa. Um caso interessante: em 2007, um homem nascido na Nigéria foi eleito prefeito em Portlaoise, Irlanda, tornando-se o primeiro prefeito negro daquele país. Há exemplos similares em todas as partes do mundo onde os imigrantes ocupam cada vez mais espaços econômicos, sociais e políticos que antes estavam reservados a pessoas com fortes raízes nessas comunidades.

É interessante notar que as tentativas de restringir a ascensão política e social dos imigrantes podem ter consequências inesperadas e de grande impacto. Jorge G. Castañeda, ex-secretário mexicano de Assuntos Exteriores, e Douglas S. Massey, um sociólogo de Princeton, explicam que, como reação a um tratamento mais duro e a uma acolhida hostil que os imigrantes experimentam em algumas partes dos Estados Unidos, "muitos mexicanos com residência permanente tomaram uma decisão surpreendente: em vez de irem embora dos Estados Unidos por não se sentirem acolhidos, tornaram-se cidadãos – uma prática conhecida como 'naturalização defensiva'. Nos dez anos anteriores a 1996, em média 29 mil mexicanos se naturalizavam a cada ano; a partir de 1996, a média tem sido de 125 mil por ano, o que produziu dois milhões de novos cidadãos que puderam então trazer seus parentes próximos. Atualmente, quase dois terços dos mexicanos que possuem residência permanente legal entram como parentes de cidadãos americanos".[9] Esses novos cidadãos também são, é claro, eleitores – um fato que está reformulando o panorama eleitoral.

Imigrantes também são responsáveis por bilhões de dólares em remessas de valores para seus países de origem, o que naturalmente tem imenso efeito positivo na economia de seus familiares e do seu país em geral. Em 2012, mandaram por transferência eletrônica, correio ou carregaram pessoalmente para seus países mais de 400 bilhões de dólares no mundo inteiro. (Em 1980 as remessas totalizavam apenas 37 bilhões.)[10] Hoje em dia, as remessas são mais do que cinco vezes maiores que o total de auxílio estrangeiro mundial e maiores do que o fluxo total anual de investimento estrangeiro nos países pobres. Em suma, os trabalhadores que vivem fora de seu país de origem – e que com frequência são muito pobres – enviam mais dinheiro ao seu país do que o aplicado por investidores estrangeiros, e mais do que os países ricos enviam como auxílio financeiro.[11] De fato, para muitos países, as remessas se tornaram a maior fonte de moeda forte e, com efeito, o maior setor da economia, transformando com isso as tradicionais estruturas econômicas e sociais, assim como o cenário de negócios.

Mas talvez o aspecto da revolução da Mobilidade que mais esteja transformando o poder seja a urbanização. O processo de urbanização, que já era o mais rápido da história, está se acelerando ainda mais, especialmente na Ásia. Mais pessoas do que nunca se mudaram do campo para a cidade, e continuam mudando. Em 2007, pela primeira vez na história, há mais gente morando nas cidades do que nas áreas rurais. Richard Dobbs descreve do seguinte modo a imensa escala dessa transformação: "A megacidade será o lar das classes médias em expansão da China e da Índia, e criará mercados consumidores maiores que os de todo o Japão ou toda a Espanha, respectivamente".[12] O Conselho Nacional de Inteligência dos Estados Unidos avalia que "todo ano, 65 milhões de pessoas são acrescentadas à população urbana mundial, o equivalente anual a sete cidades do porte de Chicago ou cinco do tamanho de Londres".[13] As migrações internas e especialmente a urbanização alteram a distribuição do poder dentro do país tanto ou mais do que as migrações entre países.

Existe outra nova forma de mobilidade que, embora não envolva população tão numerosa quanto a migração de trabalhadores de menor nível de instrução e não seja tão revolucionária como um acelerado processo de urbanização, está também remodelando o cenário do poder: a circulação de cérebros. As nações pobres tendem a perder muitos de seus cidadãos mais capacitados e instruídos para os países mais ricos, atraídos pelas perspectivas de uma vida melhor. Essa bem conhecida "drenagem de cérebros" priva esses países de enfermeiras, engenheiras, cientistas, empresários e outros profissionais que custaram caro para se formar e, como é natural, reduz seu capital humano. Nos últimos anos, porém, é cada vez maior o números desses profissionais que voltam a seus países de origem e alteram a situação local na indústria, universidade, na mídia e na política.

AnnaLee Saxenian, diretora da Faculdade de Informação da Universidade da Califórnia, Berkeley, descobriu que muitos imigrantes de Taiwan, Índia, Israel e China que trabalhavam no Vale do Silício, na Califórnia, muitas vezes se tornavam "anjos investidores" e "capitalistas de risco" em seus países de origem, iniciando novas empresas e às vezes voltando a viver lá ou fazendo viagens frequentes entre seu velho país e o novo (por isso Saxenian usa a expressão *circulação de cérebros*). Com isso, transferem para lá a cultura, estratégias e técnicas que aprenderam nos Estados Unidos. É inevitável, no caso dos empresários, que a cultura de negócios dinâmica, competitiva e transformadora que predomina nos grandes centros de inovação empresarial do mundo entre em choque com os modos monopolizadores e tradicionais de trabalhar que vemos muitas vezes nos países em desenvolvimento, onde prevalecem empresas de propriedade do Estado ou conglomerados de negócios largamente hegemônicos e de propriedade familiar. Essa é outra das surpreendentes maneiras pelas quais a revolução da Mobilidade está alterando a aquisição e o exercício do poder em sociedades tradicionais, mas em rápida mudança.[14]

Essa movimentação de gente se produz num contexto de crescimento explosivo na circulação de bens, serviços, dinheiro, informação e ideias. As viagens de curta duração quadruplicaram: em 1980, o número de chegadas de turistas internacionais equivalia a apenas 3,5% da população mundial, em comparação com quase 14% em 2010.[15] Calcula-se que todo ano cerca de 320 milhões de pessoas voam para comparecer a reuniões profissionais, convenções e encontros internacionais – e esse número não para de crescer.[16]

Em 1990, as exportações e importações totais do mundo chegavam a 39% da economia global; em 2010, já eram 56%. E entre 2000 e 2009, o valor total de mercadorias comercializadas entre os países quase duplicou, de 6,5 bilhões para 12,5 bilhões (em dólares atuais), segundo as Nações Unidas; as exportações totais de bens e serviços nesse período saltaram de 7,9 bilhões para 18,7 bilhões de dólares, segundo o FMI. E esse crescimento ocorreu apesar da grave crise que sacudiu a Europa e os Estados Unidos em 2008 e que ainda continua restringindo a atividade econômica mundial.

O dinheiro também adquiriu uma mobilidade sem precedentes. O volume de investimento estrangeiro direto medido como porcentagem da economia mundial cresceu de 6,5% em 1980 para colossais 30% em 2010, enquanto o volume de moeda que circula em outros países *cada dia* cresceu sete vezes entre 1995 e 2010. Nesse último ano, mais de 4 bilhões de dólares mudaram de mãos pelas fronteiras internacionais todos os dias.[17]

A capacidade de enviar informações de um lugar a outro também se expandiu enormemente. Quantas pessoas você conhece que não têm celular? Muito poucas. E essa resposta vale até para os países mais pobres e desorganizados. "As empresas somalis de telefonia móvel prosperam apesar do caos" era a manchete de um despacho da Reuters em 2009, enviada daquele país devastado.[18] A Somália é o epítome do conceito de "Estado falido", uma sociedade em que os cidadãos não têm acesso aos serviços básicos que a maioria de nós dá como certos. No entanto, mesmo ali a telefonia móvel do século XXI é amplamente disponível. A expansão da telefonia móvel é tão assombrosa por sua rapidez quanto por sua novidade. Em 1990, o número de assinaturas de celulares por cem pessoas no mundo era de 0,2. Em 2010, cresceu para mais de 78 assinantes para cada 100 pessoas.[19] A União Internacional de Telecomunicações informa que em 2010 as assinaturas de telefonia celular superaram a marca dos 6 bilhões – nada menos do que 87% da população mundial.[20]

E depois temos, é claro, a internet. Sua expansão e surpreendentes novas formas de uso (e mau uso) não requerem muita explicação. Em 1990, o número de usuários da internet era insignificante – apenas 0,1% da população mundial. Esse número subiu para 30% da população mundial em 2010 (e para mais de 73% em países desenvolvidos).[21] Em 2012, em seu oitavo ano de vida o Facebook estava a caminho de ter mais de 1 bilhão de usuários (mais da metade deles acessando-o por meio de celulares e *tablets*), o Twitter (lançado em 2006) tinha 140 milhões de usuários ativos e o Skype – o serviço de voz pela internet criado em 2003 – contava com quase 700 milhões de usuários regulares.[22]

Fala-se muito sobre as revoluções do Twitter e do Facebook no Oriente Médio e sobre o impacto das mídias sociais na política, e já examinamos seu papel na degradação do poder. Mas, nos termos desta discussão inicial sobre a revolução da Mobilidade, devemos considerar também o impacto de outra ferramenta à qual não se dá o devido reconhecimento por tudo o que tem contribuído para mudar o mundo: o cartão de telefone pré-pago. Os internautas precisam de eletricidade, um computador e um provedor de internet, coisas que a maioria de nós dá como certas, mas que são caras demais para a maioria da população mundial. Os usuários de cartão telefônico precisam apenas de alguns centavos e de um telefone público para se conectar com o resto do mundo, por mais isolada ou remota que seja sua localização. O impacto do uso do cartão telefônico e de sua expansão mundial está no mesmo nível da internet – embora seja muito menos reconhecido e celebrado. Os cartões telefônicos pré-pagos foram inventados na Itália em 1976 como resposta à escassez de moedas de metal e para coibir furtos e vandalização de telefones públicos. O novo produto fez sucesso e em 1977 foi lançado também na Áustria, França, Suécia e no Reino Unido, e, cinco anos mais tarde, no Japão (também em virtude de uma escassez de moedas). Mas o crescimento verdadeiramente explosivo teve lugar depois que os cartões telefônicos pré-pagos se tornaram populares entre os pobres do mundo. Impulsionado por ganhos nos países mais pobres, o rendimento do setor disparou de 25 milhões de dólares em 1993 para mais de 3 bilhões de dólares em 2000.[23] Hoje os cartões telefônicos pré-pagos estão cedendo terreno aos celulares pré-pagos. Na verdade, os celulares pré-pagos superaram aqueles que vinculam o usário a um provedor de serviço por meio de um elaborado contrato de longa duração.[24] Os pobres que decidem sair de seu país em busca de um trabalho melhor, ou simplesmente de algum trabalho, já não precisam enfrentar uma escolha tão difícil entre permanecer em contato com suas famílias e comunidades e melhorar sua sorte.

Duas características compartilhadas por todas essas tecnologias que facilitam a mobilidade são a velocidade e o grau de redução de custos para movimentar bens, dinheiro, pessoas e informação. As passagens aéreas, que antes eram proibitivas para a maioria, agora são muito mais acessíveis, e seu preço é muito inferior em relação ao que era há vinte ou trinta anos. O custo por quilômetro para transportar uma tonelada de carga é hoje dez vezes menor do que na década de 1950. Transferir dinheiro da Califórnia para o México no fim da década de 1990 custava cerca de 15% da soma a transferir; hoje está abaixo de 6%. As plataformas de telefone celular que permitem transferir dinheiro de um celular a outro vão tornar essas remessas quase gratuitas.

E o que exatamente significam para o poder todas essas mudanças revolucionárias na mobilidade e na comunicação? A revolução da Mobilidade tem profundas consequências, que são tão fáceis de intuir quanto as da revolução do Mais. Exercer o poder significa não só manter controle e coordenação de um território real ou figurado mas também policiar suas fronteiras. Isso vale para uma nação-estado, mas também para uma empresa que domina determinado mercado, um partido político que depende de determinada circunscrição geográfica ou um pai que quer manter os filhos por perto. O poder precisa de uma audiência cativa. Em situações onde cidadãos, eleitores, investidores, trabalhadores, paroquianos ou clientes contam com reduzidas saídas alternativas ou com nenhuma, eles não têm outro remédio a não ser aceitar as condições das instituições que têm pela frente – ou por cima... Mas quando as fronteiras se tornam porosas e a população governada – ou controlada – é mais móvel, fica mais complicado para as organizações estabelecidas manterem seu domínio.

Inevitavelmente, a maior facilidade das viagens e do transporte, e os meios mais rápidos e baratos de mandar informação, dinheiro ou objetos de valor facilitam as coisas para os aspirantes e as tornam mais complicadas para quem já tem o poder.

A revolução da Mentalidade: não dar mais nada como certo

No fim da década de 1960, o cientista político de Harvard Samuel Huntington fez a célebre afirmação de que a causa fundamental da instabilidade social e política nos países em desenvolvimento – que ele preferia chamar de "sociedades em rápida mudança" – era que as expectativas das pessoas cresciam com maior velocidade do que a capacidade de qualquer governo em atendê-las.[25]

As revoluções do Mais e da Mobilidade criaram uma nova classe média, grande e em rápido crescimento, cujos membros estão bem cientes de que há outras pessoas que desfrutam de mais prosperidade, liberdade ou satisfação pessoal do que elas. E essa informação nutre sua esperança de que não é impossível algum dia alcançá-las. Essa "revolução nas expectativas" e a instabilidade política gerada pela distância entre o que as pessoas esperam e o que o seu governo pode dar-lhes em termos de mais oportunidades ou melhores serviços são agora globais. Elas afetam igualmente países ricos e pobres; de fato, a esmagadora maioria da população mundial vive no que se poderia chamar agora de "sociedades em rápida transformação".

A diferença, sem dúvida, é que, enquanto nos países em desenvolvimento a classe média está se expandindo, na maioria dos países ricos ela vem encolhendo. E tanto as classes médias que crescem como as que encolhem alimentam a turbulência política. As classes médias acossadas tomam as ruas e lutam para proteger seu padrão de vida, enquanto as classes médias em expansão protestam para obter mais e melhores bens e serviços. No Chile, por exemplo, os estudantes têm se manifestado quase rotineiramente desde 2009, reivindicando ensino superior melhor e mais barato. Não importa se há algumas décadas o acesso à educação superior nesse país era um privilégio reservado a uma reduzida elite e hoje as universidades estão inundadas de filhos e filhas da nova classe média. Para os estudantes e seus pais, o simples acesso ao ensino superior não é mais suficiente. Querem educação melhor e mais barata. E querem já. O mesmo acontece na China, onde os protestos pela baixa qualidade dos novos edifícios de apartamentos, hospitais e escolas são agora comuns. Lá, também, o argumento de que há alguns anos esses apartamentos, hospitais e escolas nem sequer existiam não aplaca a ira daqueles que querem melhoras na qualidade dos serviços médicos e de educação oferecidos. E vemos a mesma coisa em países que tiveram grande sucesso econômico, como Brasil ou Turquia, onde as pessoas, em vez de sair para celebrar sua nova prosperidade, saem para protestar e apresentar queixas muito justificadas ao seu governo. É uma nova maneira de ver as coisas – uma mudança de mentalidade –, que tem profundas consequências para o poder.

Está em curso uma profunda mudança nas expectativas e nos critérios, e não apenas em sociedades liberais, mas até nas mais rígidas. A maioria das pessoas contempla o mundo, seus vizinhos, empregadores, sacerdotes, políticos e governos com olhos diferentes dos de seus pais. Até certo ponto, sempre foi assim. Mas o efeito das revoluções do Mais e da Mobilidade foi ampliar muito o impacto cognitivo, até mesmo emocional, do maior acesso a recursos e da capacidade de se movimentar, aprender, conectar-se e comunicar-se num âmbito maior e de forma mais barata do que jamais foi possível. É inevitável que isso acentue a diferença de mentalidade e de visão de mundo entre as gerações.

Como funciona a mudança de mentalidade?

Vamos considerar o divórcio, um anátema em muitas sociedades tradicionais, mas hoje mais comum em toda parte. Um estudo conduzido em 2010 mostra que as taxas de divórcio têm crescido mesmo nos estados conservadores do Golfo Pérsico, alcançando 20% na Arábia Saudita, 26% nos Emirados Árabes e 37% no Kuwait. Além disso, essas taxas de divórcio mais altas foram relacionadas com o nível de instrução. Especificamente, o maior número de mulheres instruídas coloca pressão nos casamentos conservadores, levando a conflitos conjugais e a divórcios sumários requeridos por maridos que se sentem ameaçados. No Kuwait, a taxa de divórcio subiu para 47% entre casais cujos membros tinham nível universitário. "Antes, as mulheres costumavam aceitar sacrifícios sociais", afirmou a socióloga saudita, autora do relatório, Mona al-Munajjed, ao comparar a sociedade do Golfo de trinta anos atrás com a atual. "Hoje elas não aceitam mais isso."[26]

O mundo muçulmano é apenas uma das ricas fontes de exemplos de como a revolução da Mentalidade está transformando tradições longamente sustentadas, seja pelo surgimento de uma indústria de moda e beleza dirigida a mulheres com *hijab* (cobertas ou com véus), seja pela difusão de sistemas bancários sem juros em países ocidentais com forte presença de comunidades de imigrantes muçulmanos. Enquanto isso, na Índia, a transformação das atitudes está sendo transmitida dos jovens para as gerações mais velhas: um país onde antes o divórcio era considerado uma vergonha – e as mulheres, em particular, eram desencorajadas a se casar de novo – tem agora um setor de anúncios matrimoniais cada vez mais sólido, dedicado aos cidadãos idosos divorciados, alguns já na casa de seus oitenta ou noventa anos, que procuram amor nessa fase tardia da vida e sem quaisquer constrangimentos. Adultos maduros estão abandonando os casamentos arranjados por seus pais, aos quais foram induzidos quando eram adolescentes ou jovens. Agora, na terceira idade, estão por fim sendo capazes de se rebelar contra os poderes codificados da família, comunidade, sociedade e religião. Eles mudaram sua mentalidade.

Também estão ocorrendo mudanças de mentalidade e de atitude em relação ao poder e à autoridade entre os jovens – um segmento da população hoje mais numeroso do que nunca. Segundo o Conselho de Inteligência dos Estados Unidos, "hoje, mais de oitenta países têm populações com idade média de 25 anos ou menos. Como grupo, esses países têm um impacto de grandes proporções nos assuntos mundiais – desde a década de 1970, cerca de 80% de todos os conflitos armados civis e étnicos [...] originaram-se em estados com populações jovens. Esse 'arco demográfico de instabilidade' descrito por essas populações jovens compreende núcleos na América Central e nos Andes, cobre toda a África Subsaariana e estende-se pelo Oriente Médio até a Ásia central e meridional".[27]

A propensão dos jovens a questionar a autoridade e desafiar o poder foi agora reforçada pelas revoluções do Mais e da Mobilidade. Não só há hoje mais pessoas do que nunca com menos de trinta anos, mas elas *têm* mais de tudo – cartões telefônicos pré-pagos, rádios, tevês, celulares, computadores e acesso à internet, além da possibilidade de viajar e se comunicar com outras iguais a elas em seus países e pelo mundo afora. Elas também têm maior mobilidade do que já tiveram algum dia. Talvez os membros da geração dos *baby boomers*, já idosos, sejam um aspecto comum de várias sociedades industrializadas, mas em outros lugares são os jovens – irreverentes, ávidos de mudança, desafiadores, mais bem informados, com maior mobilidade e conectados – que constituem a maioria da população. E como temos visto no norte da África e no Oriente Médio, os jovens derrubam governos.

Esse quadro se complica em algumas sociedades avançadas pela alteração das tendências demográficas promovida pela imigração. O Censo americano de 2010 revela que a população americana com menos de dezoito anos teria diminuído durante toda uma década não fosse o influxo de milhões de jovens imigrantes hispânicos e asiáticos. Esses jovens imigrantes são um importante fator que explica uma transição sem precedentes: em 2012, os bebês brancos foram minoria nos nascimentos ocorridos nos Estados Unidos.[28] Segundo William Frey, demógrafo da Brookings Institution, no período em que a parcela de imigrantes na população americana alcançou seu nível mais baixo no século XX (entre 1946 e 1964):

> a geração dos *baby boomers* teve muito pouca relação com gente de outros países. Hoje, os imigrantes constituem 13% da população e são bem mais diversificados. Isso criou um isolamento que persiste ainda hoje. Entre americanos com mais de cinquenta anos, 76% são brancos, e a população negra, de 10%, é a minoria mais numerosa. Entre os que têm menos de trinta anos, 55% são brancos, enquanto his-

pânicos, asiáticos e outras minorias chegam a 31%. Assim, os jovens americanos de hoje são predominantemente filhos ou netos de antepassados não europeus e, além de falar inglês, com frequência dominam também outras línguas.[29]

Ou seja, segundo essa análise, os americanos de uma certa idade não só não tiveram experiência de interagir com pessoas de outras nacionalidades, como acham mais difícil compreender seus compatriotas mais jovens, cujos ancestrais e raízes estão em outros continentes. Mas para aqueles que hoje pretendem adquirir, exercer ou manter poder nos Estados Unidos e na Europa, será fundamental compreender as mentalidades e expectativas desses novos eleitorados cujas origens não são as tradicionais.

Uma série de pesquisas de opinião pública globais estão fornecendo um quadro mais claro do profundo alcance e da enorme velocidade dessas mudanças de atitude. Desde 1990, a World Values Survey (WVS) tem acompanhado as mudanças de atitude das pessoas em cerca de oitenta países onde residem 85% da população mundial. Em particular, Ronald Inglehart, diretor da WVS, e vários de seus coautores, em especial Pippa Norris e Christian Welzel, têm documentado profundas mudanças de atitude com relação a diferenças de gênero, religião, governo e globalização. Uma de suas conclusões a respeito dessas mudanças na mentalidade das pessoas é que existe um crescente consenso global sobre a importância da autonomia individual e da igualdade de gêneros, assim como uma correspondente intolerância popular diante do autoritarismo.[30]

Por outro lado, existe ampla evidência de pesquisa que aponta uma tendência igualmente profunda, mas mais preocupante: nas democracias maduras (Europa, Estados Unidos, Japão), a confiança pública nos líderes e instituições da governança democrática, como parlamentos, partidos políticos e o aparato judiciário, não só é baixa como mostra um declínio prolongado.[31]

Refletindo sobre essa tendência, Jessica Mathews, presidente da Carnegie Endowment for International Peace, observou que:

desde 1958 e a cada dois anos, o grupo American National Election Studies tem feito aos americanos a mesma pergunta: 'Você acha que o governo em Washington está fazendo o que é certo o tempo todo ou pelo menos a maior parte do tempo?'. Até meados dos anos 1960, 75% dos americanos respondiam que sim. Começou então uma queda, que continuou acentuada durante quinze anos, de modo que por volta de 1980 apenas 25% disseram sim. Nesse ínterim, é claro, houve a Guerra do Vietnã, dois assassinatos de presidentes, o Watergate e o quase *impeachment* do presidente e o embargo árabe do petróleo. Portanto, houve muitas razões para que as pessoas se sentissem alijadas do governo, até antagônicas a ele. Mas o que mais importa é que a confiança não foi recuperada. Pelas últimas três décadas, o nível de aprovação tem ficado em torno de 20% a 35%. A porcentagem de confiança caiu para menos da metade por volta de 1972. Isso significa que qualquer americano com menos de quarenta anos de idade passou a vida inteira num país onde a maioria dos cidadãos não confia que seu governo nacional esteja fazendo o que eles acham certo. Ao longo de quatro décadas, nenhuma das grandes mudanças em que os americanos votaram, seja em liderança, seja em ideologia, conseguiu mudar isso. Pense no que representa para o funcionamento saudável de uma democracia que entre dois terços e três quartos dos seus cidadãos não acreditem que seu governo esteja fazendo o que é certo a maior parte do tempo.[32]

Essa mudança drástica de atitude é corroborada pelo Gallup, que acompanha a opinião pública desde 1936. Por exemplo, uma das descobertas desse instituto é que nos Estados Unidos a aprovação pública dos sindicatos e a confiança no Congresso, nos partidos políticos, grandes empresas, bancos, jornais, noticiários de televisão e muitas outras instituições fundamentais tem declinado verticalmente. (A instituição militar é uma das poucas que conta ainda com a confiança e apoio dos americanos.)[33] Até mesmo a Suprema Corte dos Estados Unidos, uma instituição que os americanos sempre valorizaram muito, perdeu grande parte do apoio público – de quase 70% de aprovação entre os entrevistados em 1986 para 40% em 2012.[34]

Não deve surpreender que, como confirmam os dados coletados pela Pew Global Attitudes Project, esse declínio de confiança no governo e outras instituições seja um fenômeno que não se restringe aos Estados Unidos.[35] Em *Critical citizens*, a pesquisadora de Harvard, Pippa Norris, e uma rede internacional de especialistas concluíram que a insatisfação com o sistema político e as principais instituições do governo é um fenômeno crescente e global.[36] A crise econômica que eclodiu em 2008 também alimentou fortes sentimentos contra os poderosos atores que o público culpa pela crise: o governo, os políticos, os bancos e assim por diante.[37]

A revolução da Mentalidade abrange profundas mudanças de valores, padrões e normas. Ela reflete a crescente importância atribuída à transparência, aos direitos de propriedade e à equidade, seja no tratamento dado às mulheres na sociedade, às minorias étnicas e de outro tipo (homossexuais, por exemplo) até aos dispensados a acionistas minoritários das corporações. Muitas dessas normas e critérios têm profundas raízes filosóficas. Mas sua difusão e generalização atual – embora ainda muito desigual e imperfeita – é espetacular. Essas mudanças de mentalidade têm sido impulsionadas por mudanças demográficas e reformas políticas, pela expansão da democracia e da prosperidade, por dramáticos aumentos na alfabetização e no acesso à educação – e pela explosão nas comunicações e nas mídias.

Globalização, urbanização, mudanças na estrutura familiar, surgimento de novos setores e oportunidades, difusão do inglês como *língua franca* global – todas essas coisas têm tido consequências em todas as esferas, mas seu efeito mostrou-se mais fundamental no nível das atitudes. De fato, a mensagem que essas mudanças transmitem é o destaque cada vez maior das *aspirações* como um motivador de nossas ações e comportamentos. Desejar ter uma vida melhor é um traço humano normal, mas o que leva as pessoas a empreender ações é a aspiração, que se volta para exemplos e relatos concretos de como a vida pode ser melhor, e não para alguma noção abstrata de melhora.

Os economistas mostraram que é isso que ocorre, por exemplo, no caso da emigração: as pessoas emigram não porque sofrem uma privação absoluta, mas devido a uma privação relativa; não porque sejam pobres, mas porque têm consciência de que podem viver melhor. Quanto mais contato temos uns com os outros, mais aspirações esse contato cria.

Os efeitos da revolução da Mentalidade sobre o poder têm sido variados e complexos. A combinação de novos valores globais com a expansão de comportamentos movidos por aspirações coloca o maior desafio de todos às bases morais do poder. Ela ajuda a disseminar a ideia de que as coisas não precisam ser do jeito que têm sido – de que há sempre, em algum lugar e de algum modo, algo melhor. Ela fomenta o ceticismo e a desconfiança em relação a qualquer autoridade, e uma resistência a considerar qualquer distribuição de poder como definitiva.

Um dos melhores exemplos do desenvolvimento simultâneo das três revoluções é o setor de terceirização na Índia. Indianos jovens e instruídos das florescentes classes médias do país têm vindo em massa trabalhar em centrais de atendimento telefônico dos centros urbanos e em outras empresas do tipo BPO (*Business Process Outsourcing* ou Terceirização de Processos Empresariais), que em 2011 geraram 59 bilhões de dólares de receita e criaram quase 10 milhões de empregos diretos e indiretos na Índia.[38] Como Shehzad Nadeem observou em *Dead ringers*, seu estudo sobre o impacto das centrais de atendimento indianas sobre seus trabalhadores, "as identidades e aspirações dos trabalhadores nos ICT [*Information and Communications Technology* ou Tecnologia de Informação e Comunicações] estão sendo cada vez mais definidas tendo como referência o Ocidente. [...] Os trabalhadores, radicais em sua rejeição aos antigos valores, ávidos em seu consumo, constroem uma imagem do Ocidente que serve de modelo para medir o progresso da Índia em direção à modernidade".[39] Embora os empregos paguem relativamente bem, eles mergulham os jovens indianos num emaranhado de contradições e de aspirações conflitantes – ou seja, eles alimentam aspirações de sucesso num contexto social e econômico indiano e ao mesmo tempo têm de sublimar sua identidade cultural com falsos nomes e sotaques e lidar com os abusos e a exploração nas mãos de seus ricos e às vezes abusivos clientes em outro continente.

No caso das jovens mulheres indianas urbanas, particularmente, esses empregos têm oferecido oportunidades e benefícios econômicos que elas de outro modo não alcançariam, o que promove mudanças duradouras de comportamento que estão derrubando normas culturais. Não se deve fazer muito caso do artigo de jornal sensacionalista que descrevia as centrais de atendimento telefônico como "uma parte da Índia onde a liberdade não tem limites, o amor é um passatempo favorito e o sexo é diversão". Uma visão mais precisa seria o recente estudo realizado pelas Câmaras de Comércio Associadas da Índia, mostrando que as jovens trabalhadoras casadas das cidades indianas estão cada vez mais optando por adiar a decisão de ter filhos, a fim de desenvolver primeiro suas carreiras.[40]

Consequências revolucionárias: minar as barreiras ao poder

Numerosos fatos parecem sugerir que as coisas não mudaram tanto assim, que os micropoderes são uma anomalia e, em última instância, que o grande poder tem condições de dar as cartas e que continuará a fazê-lo. Podem ter caído alguns tiranos individuais em lugares como o Egito e a Tunísia, mas o poder estabelecido por trás deles ainda tem mão forte. Afinal, por acaso os revides repressivos dos governos chinês, iraniano ou russo, a concentração de ativos nas mãos de alguns poucos bancos e o aumento da inerência econômica do setor público na esteira do *crash* de 2008 e sua tomada de controle de grandes empresas à beira do colapso, tudo isso não parece mostrar que no fim o poder ainda segue as mesmas regras de sempre? A Casa Branca, o Kremlin e o Vaticano, assim como Goldman Sachs, Google, o Partido Comunista Chinês ou o Pentágono, não desapareceram. Ainda impõem sua vontade de incontáveis formas.

E embora alguns gigantes tenham caído, aqueles que surgiram em seu lugar parecem seguir os mesmos princípios de organização e mostram o mesmo afã de se expandir, consolidar e controlar cada vez mais seu entorno. Afinal, será que importa tanto assim que a maior companhia de aço do mundo não seja mais a U.S. Steel e sim o desdobramento de uma empresa indiana antes secundária, quando vemos que ela acabou adquirindo muitos dos ativos, pessoal e clientes das mesmas siderúrgicas de sempre? Será que é cabível defender que a emergência de novos gigantes que trabalham de forma muito similar aos gigantes de antes, sobretudo no mundo dos negócios, não é mais do que uma manifestação dos mecanismos normais do capitalismo?

A resposta a essas duas questões é sim e não. As tendências que observamos atualmente podem ser interpretadas – ou simplesmente descartadas – como a manifestação daquilo que o economista Joseph Schumpeter (e antes dele Karl Marx) apelidou de "destruição criativa". Nas palavras de Schumpeter:

> A abertura de novos mercados, nacionais ou internacionais, e a evolução da pequena oficina artesanal e depois da fábrica, até chegar a empresas gigantes como a U.S. Steel, ilustram o mesmo processo de mutação industrial [...] que revoluciona de modo incessante a estrutura econômica a partir de dentro, com a destruição constante da estrutura anterior e a criação de uma nova. Esse processo de Destruição Criativa é a realidade fundamental do capitalismo. É nisso que o capitalismo consiste e é dentro disso que todo empreendimento capitalista tem que viver.[41]

Essas alterações no poder que vemos à nossa volta – e que incluem e transcendem o surgimento e desaparecimento de empresas – com certeza são consistentes com as previsões de Schumpeter. Elas também coincidem com as análises de Clayton Christensen, catedrático da Harvard Business School que cunhou o termo *inovação disruptiva*, ou seja, uma mudança brusca – em tecnologia, serviço ou produto – que cria um novo mercado ao se basear numa abordagem inteiramente nova. Os efeitos de uma inovação disruptiva repercutem em outros mercados relacionados ou similares e acabam minando-os. O iPad é um bom exemplo. Outro é usar seu celular para pagar a compra ou mandar dinheiro à sua filha que está viajando em outro continente.

Mas, enquanto Schumpeter põe foco nas forças de mudança dentro do sistema capitalista em geral e Christensen disseca mercados específicos, o argumento deste livro é que isso está acontecendo em outros âmbitos da atividade humana que não estão relacionados com as empresas ou a economia e nos quais há forças similares que também estão provocando mudanças disruptivas. Como este capítulo tenta deixar claro, as revoluções do Mais, da Mobilidade e da Mentalidade não só afetam o mundo dos negócios mas representam mudanças em todas as esferas, e são de uma escala que está mudando radicalmente o uso e a distribuição do poder no mundo.

Cada uma dessas revoluções coloca um desafio específico ao modelo tradicional de poder. Nesse modelo, organizações modernas, de grande porte, centralizadas e coordenadas, que mobilizam recursos impressionantes, ativos especiais ou uma força esmagadora, eram a via mais indiscutível para obter e manter poder. Durante séculos, esse modelo mostrou ser o mais adequado não só para coagir pessoas mas também para exercer o poder em suas dimensões mais sutis.

Como vimos no Capítulo 2, o poder opera por meio de quatro canais distintos: a *força*, ou coerção pura e simples, que obriga as pessoas a fazer coisas que de outro modo elas escolheriam não fazer; o *código*, isto é, o poder que se origina da obrigação moral; a *mensagem*, que é o poder da persuasão; e a *recompensa*, o poder do estímulo. Dois deles – força e recompensa – alteram os incentivos e remodelam a situação para levar as pessoas a agir de determinada maneira, enquanto os outros dois – mensagem e código – alteram as *percepções* que as pessoas têm de uma situação, mas sem mudá-la. Para que a força, o código, a mensagem e a recompensa sejam eficazes, devem existir barreiras atrás das quais se escudam aqueles que têm poder. E o efeito das revoluções do Mais, da Mobilidade e da Mentalidade é justamente reduzir a eficácia dessas barreiras. A Tabela 4.1 mais adiante oferece um resumo disso.

Como essa tabela deixa claro, as três revoluções atacam os quatro canais que dão poder – força, código, mensagem e recompensa. A coerção, sem dúvida, é o exercício de poder mais direto – seja ela exercida por leis, exércitos, governos ou monopólios. Mas, conforme as três revoluções progridem, o poder baseado na coerção implica custos cada vez maiores para quem o usa.

A incapacidade dos Estados Unidos ou da União Europeia de coibir a imigração ilegal ou o tráfico ilícito é um exemplo de como o uso do poder via coerção e força não dá bons resultados. Muros, cercas, controles de fronteira, documentos de identificação biométrica, centros de detenção, batidas policiais, audiências para obtenção de asilo, deportações – tudo isso é apenas parte de um aparato de prevenção e repressão que até agora mostrou ser extremamente caro, e muitas vezes inútil. Basta ver o fracasso dos Estados Unidos em coibir a entrada de drogas provenientes da América Latina apesar da sua custosíssima e prolongada "guerra contra as drogas".

Tabela 4.1 O poder e as três revoluções

	Revolução do Mais Derruba as barreiras: "mais difícil de controlar e coordenar"	**Revolução da Mobilidade** Dribla as barreiras: "não há mais audiência cativa"	**Revolução da Mentalidade** Mina as barreiras: "não tome mais nada como certo"
Força (uso de coerção, efetiva ou como ameaça)	As leis e os exércitos serão capazes de manter o controle com um número bem maior de pessoas, mais saudáveis e mais bem informadas?	As jurisdições e os limites de mercado são porosos e esquivos; as fronteiras são mais difíceis de vigiar.	O respeito automático à autoridade deixa de existir.
Código (obrigação moral e ligada à tradição)	As afirmações morais conseguem estar à altura das realidades materiais mutantes e do aumento da informação?	A aspiração toma de assalto todas as certezas.	Os valores universais são mais importantes que o dogma.
Mensagem (persuasão, apelo às preferências)	É uma vantagem ter um grande mercado quando há tantos nichos promissores?	Há consciência de que as alternativas são quase infinitas, e dispõe-se de uma crescente capacidade de alcançá-las.	O ceticismo e as mentalidades estão mais abertos à mudança, e existe cada vez maior propensão a mudar de preferências.
Recompensa (incentivo em troca de concordância)	Como adaptar os incentivos a um mundo com tantas possibilidades de escolha?	Como adaptar os incentivos quando as pessoas, o dinheiro e as ideias não param de mudar?	O custo da lealdade é cada vez mais alto, e existem menos incentivos para aceitar o *status quo*.

Além disso, a combinação de maior bem-estar e valores cada vez mais globais está dando às pessoas espaço, desejo e ferramentas para desafiar as autoridades repressivas. Liberdades civis, direitos humanos e transparência econômica são valores cada vez mais apreciados, e há cada vez mais ativistas, especialistas, seguidores e plataformas disponíveis para promovê-los. Meu ponto de vista aqui não é que a coerção não seja mais possível – basta lembrar dos massacres na Síria –, mas sim que ela se tornou mais custosa e mais difícil de sustentar a longo prazo.

O poder exercido por meio de um código, ou da obrigação moral, também enfrenta novos desafios conforme as três revoluções avançam. Há muito tempo a tradição e a religião servem para prover ordem moral e explicar o mundo. De fato, para pessoas que vivem uma vida curta, marcada por doença e pobreza, as tradições arraigadas nas famílias ou comunidades muito fechadas podem ajudá-las a tolerar melhor a situação, compartilhar apoio e aceitar sua dura realidade. Mas, conforme seu conforto material aumenta e elas passam a ter acesso a mais alternativas, tornam-se menos dependentes de seu sistema de crenças herdado e mais abertas a experimentar novos sistemas. A prosperidade oferece um colchão que amortece o dano de possíveis quedas, o que aumenta a disposição de correr riscos.

Em tempos de intensas mudanças materiais e comportamentais, os apelos à tradição e à obrigação moral têm menos probabilidade de sucesso, a não ser que reflitam essas condições mutantes. Como exemplo, considere a crise da Igreja Católica, cuja dificuldade em recrutar padres que aceitem os votos de celibato – ou para competir com as pequenas igrejas evangélicas capazes de adaptar suas mensagens à cultura e às necessidades concretas de comunidades específicas – é um bom exemplo de como tradições milenares já não conferem tanto poder como antes.

O poder também opera por meio da persuasão – por exemplo, a mensagem de uma campanha de publicidade ou de uma grande imobiliária – e por meio do incentivo – recompensando os eleitores, ou os empregados, com benefícios que assegurem sua participação e concordância. As três revoluções também estão mudando esses dois canais usados pelo poder: a mensagem e a recompensa.

Imagine um candidato ou partido político tentando arregimentar votos para uma eleição por meio de uma combinação de mensagens, propaganda e promessas de recompensa na forma de serviços e empregos aos eleitores. A revolução do Mais está criando redutos eleitorais mais bem formados e instruídos, que têm menor probabilidade de aceitar passivamente as decisões governamentais, são mais dispostos a vigiar de perto o comportamento das autoridades, e mais ativos em procurar a mudança e defender seus direitos. A revolução da Mobilidade torna a demografia do eleitorado mais diversificada, fragmentada e volátil. Em alguns casos pode até criar atores mais ativos e capazes de influenciar o debate e de recrutar e motivar eleitores de localizações afastadas – até mesmo de outro país. A revolução da Mentalidade gera um ceticismo crescente no sistema político em geral.

Um dilema similar é o que enfrentam os empresários, anunciantes e qualquer outra pessoa que tente conseguir apoio ou vender seus produtos em comunidades onde os interesses e preferências estejam mudando, fragmentando-se e ficando mais diversificados. Quanto mais diminui a vantagem do tamanho e da escala, mais o *marketing* de nicho e a campanha política focada numa única questão, por exemplo, se mostram mais vantajosos. Como resultado, cada vez mais as grandes corporações estão sendo obrigadas pelas forças do mercado e pelas ações de outros rivais menores a se comportar como empresas de nicho – algo que não é natural para organizações há muito tempo acostumadas a confiar no poder esmagador da sua grande escala.

Abaixo as barreiras: a oportunidade para os micropoderes

Nas páginas seguintes, levaremos esses conceitos para o mundo real. Uma das razões pelas quais pode ser difícil falar sobre poder fora dos termos filosóficos mais gerais é que estamos acostumados a pensar nas dinâmicas do poder de maneiras bem diferentes, conforme o foco se situe no conflito militar, na concorrência dos negócios, na diplomacia internacional, nas relações entre marido e mulher, pai e filho ou em alguma outra área. No entanto, as mudanças evidenciadas por essas três revoluções afetam todos esses campos e vão além de qualquer tendência transitória do momento. Na verdade, estão mais profundamente entretecidas nos padrões e expectativas da sociedade humana hoje do que estavam há apenas alguns anos ou décadas, e vêm desafiando as ideias tradicionais a respeito do que é necessário para obter, usar e manter o poder. O resto deste livro será ocupado pela questão de como esse desafio está se desenvolvendo, e como os atores dominantes herdados do século XX estão reagindo a ele.

O grande poder não está morto, muito pelo contrário: os grandes atores tradicionais estão reagindo e, em muitos casos, ainda ditam as regras. Ditadores, plutocratas, gigantes corporativos e líderes de grandes religiões irão continuar sendo um aspecto importante do cenário global e o fator definidor da vida de bilhões de pessoas. Mas, como temos dito, esses mega-atores estão agora mais limitados que antes naquilo que podem fazer, e seu domínio do poder está cada vez menos assegurado. Os capítulos a seguir irão mostrar de que modo os micropoderes estão limitando as escolhas disponíveis aos mega-atores e, em alguns casos, obrigando-os a retroceder ou, como ocorreu durante a Primavera Árabe, até a perder de vez o poder.

As revoluções do Mais, da Mobilidade e da Mentalidade estão atacando o modelo de organização defendido de maneira tão persuasiva por Max Weber e seus seguidores em sociologia, economia e outras áreas, e atacando-o justamente nos pontos de onde ele extraía sua força. As grandes organizações eram mais eficientes porque operavam com custos mais baixos, graças a economias de escala; hoje, porém, recursos como matérias-primas, informação, talento humano e clientes são mais fáceis de fornecer e de atender, e a distância e a geografia já não são fatores de peso como antes.

As grandes organizações beneficiavam-se de uma aura de autoridade, modernidade e sofisticação; mas hoje as manchetes são ocupadas por atores pequenos, recém-chegados, que estão desafiando os grandes poderes. E conforme diminuem as vantagens do modelo de organização de larga escala, racional, coordenado e centralizado, aumentam as oportunidades para os micropoderes deixarem sua marca usando um modelo de sucesso muito distinto.

Mas até que ponto o poder está declinando? E com que consequências? No resto deste livro, veremos os detalhes desse processo que está se desenrolando na política doméstica, na guerra, na geopolítica, nos negócios e em outros campos.

Quais são exatamente as barreiras ao poder que estão sendo derrubadas? Que novos atores estão surgindo e de que maneira os poderes já estabelecidos têm se defendido? A reorganização do poder, conforme as barreiras vão caindo, está apenas começando e ainda estamos longe de sentir todos os seus impactos ou perceber todas as suas consequências. Mas está produzindo desde já mudanças fundamentais.

CAPÍTULO CINCO

Por que as vitórias esmagadoras, as maiorias políticas e os mandatos claros são cada vez menos frequentes? A degradação do poder na política nacional

A essência da política é o poder; a essência do poder é a política. E, desde os tempos antigos, o caminho clássico para o poder tem sido a dedicação à política. Na realidade, o poder é para os políticos o que a luz do Sol é para as plantas: ambos tendem naturalmente a procurá-lo. O que os políticos fazem com seu poder varia; mas a aspiração pelo poder é seu traço essencial comum. Como afirmou Max Weber há quase um século: "Quem é ativo em política luta para obter poder, seja como um meio para outros fins, idealistas ou egoístas, seja para obter 'poder pelo poder', ou seja, para desfrutar da sensação de prestígio que o poder oferece".*

Mas essa "sensação de prestígio" é uma emoção fugaz. E, nos dias de hoje, é cada vez mais efêmera. Um bom exemplo dessa nova transitoriedade do poder político é o que ocorreu na última década nos Estados Unidos, um período que os analistas têm chamado de "a Era da Volatilidade". Os eleitores deram ao Partido Republicano o controle tanto do Congresso quanto da Casa Branca em 2002 e 2004, e depois o retiraram em 2006 e 2008 – mas voltaram a dar a Câmara dos Deputados aos republicanos em 2010 e 2012. Antes, nas cinco eleições realizadas de 1996 a

* Essa passagem era originalmente parte de um discurso proferido na Universidade de Munique em 1918. Ver Weber, *Essays in sociology*, p. 78.

2004, o maior número de vagas adicionais na Câmara que qualquer um dos dois partidos havia obtido era nove; em 2006, os republicanos perderam trinta cadeiras, em 2008 os democratas ganharam 21, e em 2010 os democratas perderam 63. O número de eleitores americanos inscritos como independentes excede hoje regularmente o número dos que se alinham aos republicanos ou aos democratas.[1] Em 2012, ficou evidente a importância dos hispânicos – uma nova massa de eleitores muito *sui generis*, cuja conduta eleitoral ainda não foi bem compreendida pelos políticos tradicionais.

Essa transitoriedade do poder político não é um fenômeno apenas americano. Por toda parte, as bases do poder político tornam-se cada vez mais frágeis, e muitos países (Itália, Venezuela etc.) não tiveram força suficiente para sustentar os partidos tradicionais. Do mesmo modo, com frequência cada vez maior, obter uma maioria de votos não garante a capacidade de fazer avançar um programa de governo ou de tomar decisões fundamentais. Agora, uma multiplicidade de "micropoderes" pode vetá-las, atrasá-las ou diluir seu impacto.

O poder aos poucos vai escorrendo das mãos dos autocratas e dos regimes políticos onde reina um partido único. E também daqueles que governam nas democracias mais maduras e institucionalizadas. Está escapando dos partidos políticos grandes e tradicionais e fluindo em direção a outros menores, com nichos mais focalizados e agendas bem específicas (os ecologistas, os independentistas, os anticorrupção, os anti-imigração etc.). Mesmo dentro dos partidos, os caciques políticos que tomam decisões, que escolhem candidatos e elaboram os programas a portas fechadas estão dando lugar a rebeldes e recém-chegados, a novos políticos que não ascenderam dentro da máquina partidária nem se deram ao trabalho de fazer parte do círculos de protegidos dos líderes de sempre. Essas pessoas, que estão na periferia ou até totalmente fora da estrutura partidária – indivíduos carismáticos, alguns apoiados por gente rica que não faz parte da classe política, outros simplesmente aproveitando a onda de apoios graças a novas formas de transmitir mensagens e a ferramentas de mobilização que prescindem dos partidos –, estão forjando uma nova via de acesso ao poder político.

Seja qual for o caminho que tenham seguido para chegar a governar seu país, estado ou cidade, os políticos que ganham eleições descobrem logo as enormes limitações existentes para transformar os votos que obtiveram em poder de tomar decisões.

A política sempre foi a arte dos compromissos, mas hoje cada vez mais parece ter se convertido na arte de impedir que se fechem acordos. O obstrucionismo e a paralisação são traços cada vez mais habituais no sistema político, em todos os níveis de tomada de decisões, em todas as áreas do governo e na maioria dos países. As coalizões fracassam, são convocadas eleições com maior frequência e os "mandatos" que os eleitores outorgam a quem vence as eleições mostram-se cada vez mais enganosos.

Em muitos países, a descentralização e a delegação de competências dos governos centrais a governos estaduais, prefeituras e outros organismos locais estão criando uma nova realidade política, em que as decisões são tomadas cada vez mais em nível local e não pelo governo nacional. E dessas prefeituras, assembleias e governos regionais mais fortes surgem novos políticos e funcionários eleitos ou nomeados, que se destacam e erodem o poder dos máximos responsáveis pela política assentados nas capitais nacionais. Até o ramo judicial se soma a essa tendência: em nível mundial, observa-se um novo ativismo judicial, que leva tribunais, juízes e magistrados a intervir em conflitos políticos que no passado eram da alçada apenas do poder legislativo ou do executivo. Dos Estados Unidos ao Paquistão e da Itália à Tailândia, vemos juízes cada vez mais dispostos a investigar governantes e dirigentes políticos, a bloquear ou revogar suas ações e até a arrastá-los a processos legais que acabam impedindo-os de aprovar leis e fazer política.

Ganhar uma eleição talvez ainda seja uma das grandes emoções da vida, mas o brilho dessas vitórias agora se extingue mais depressa, abrindo caminho à frustração. Mesmo ocupar o topo de um governo autoritário não é mais algo tão seguro e poderoso como já foi. Segundo o professor Minxin Pei, um dos maiores especialistas sobre China do mundo: "Os membros do Politburo agora conversam abertamente sobre os bons velhos tempos, quando seus predecessores na cúpula do Partido Comunista Chinês não precisavam se preocupar com blogueiros, *hackers*, criminosos transnacionais, líderes provinciais rebeldes ou ativistas, que organizam mais de 180 mil atos públicos de protesto por ano. Quando surgia algum desafiante, os velhos líderes tinham maior poder de lidar com eles. Os atuais ainda são muito poderosos, mas não tanto quanto os de algumas décadas atrás, e seus poderes vêm declinando ainda mais".[2]

Afirmações fortes, essas. Por outro lado, para entender melhor o que está acontecendo com o poder político é preciso reconhecer a enorme e complexa variedade dos sistemas políticos existentes no mundo. Há sistemas altamente descentralizados e outros muito concentrados num governo federal, e, sem dúvida, numerosas variantes entre esses dois extremos. Alguns países fazem parte de sistemas políticos supranacionais como a União Europeia. As ditaduras podem ser de partido único, pluripartidárias em tese mas não na prática, ou sem partidos; podem ser regimes militares ou hereditários, apoiados por grupos étnicos ou religiosos majoritários ou minoritários, e assim por diante. As democracias são mais diversificadas ainda. Sistemas presidencialistas e parlamentaristas fragmentam-se em numerosas subdivisões que realizam eleições obedecendo a diferentes calendários, permitem um número maior ou menor de partidos e têm normas complexas sobre a participação, representação, financiamento de campanha, pesos e contrapesos entre os distintos poderes, e tudo mais. Os costumes e tradições da vida política variam conforme a região; mesmo o respeito concedido a líderes eleitos e a atração que suas carreiras políticas exercem dependem de numerosos e mutáveis fatores. Então, como é possível generalizar e afirmar que a política está se fragmentando e que, por toda parte, o poder político enfrenta mais restrições e se torna cada vez mais efêmero?

Considere, em primeiro lugar, a resposta dos próprios políticos. Todo líder político ou chefe de Estado com quem falei tem de cor uma longa lista das forças que interferem e limitam sua capacidade de governar: não são só facções dentro de seus partidos e das coalizões governamentais, ou parlamentares obstrucionistas e juízes cada vez mais intervencionistas, mas também as empresas financeiras internacionais e outros agentes dos mercados de capitais globais, reguladores internacionais, instituições multilaterais, jornalistas investigativos e pessoas que usam as redes sociais para realizar campanhas, além do círculo cada vez mais amplo de grupos ativistas. Como me contou Lena Hjelm-Wallén, ex-vice-primeira-ministra da Suécia, ministra de Assuntos Exteriores, ministra da Educação e, por muitos anos, uma das figuras políticas mais destacadas do seu país: "Nunca deixo de ficar assombrada com o grau e a rapidez com que o poder político vem mudando. Eu agora olho em retrospecto e fico maravilhada com as muitas coisas que podíamos fazer nas décadas de 1970 e 1980 e que agora são quase inimagináveis devido aos múltiplos fatores novos que reduzem e emperram a capacidade de ação dos governos e dos políticos".[3]

A imagem de Gulliver, amarrado no chão por milhares de minúsculos liliputianos, capta bem a imagem dos governos destes tempos: gigantes paralisados por uma multiplicidade de micropoderes.

Os políticos estabelecidos também estão trombando pelos corredores do legislativo com um novo elenco de personagens. Em 2010, nas eleições parlamentares do Brasil, por exemplo, o candidato que obteve maior votação (e o segundo congressista mais votado na história do país) foi um humorista – um palhaço conhecido pelo nome artístico de Tiririca e que usou sua roupa de cena durante a campanha. Sua plataforma era dirigida contra os políticos. "O que é que faz um deputado federal?", perguntava ele aos eleitores num filminho do YouTube visto por milhões de pessoas. "Eu também não sei, mas vote em mim que eu te conto." Ele também explicava que sua meta era "ajudar as pessoas necessitadas do país, mas especialmente minha família".[4]

A política, na sóbria visão de Max Weber, era uma "vocação" – uma habilidade que os políticos aspiravam dominar e que exigia disciplina, um conjunto de traços de caráter e considerável esforço. Mas conforme a "classe política" padrão na maioria dos países perde credibilidade popular, intrusos como Tiririca obtêm cada vez mais sucesso. Na Itália, o comediante Beppe Grillo, que se especializou em esculhambar todo tipo de político, escreve o blogue mais popular do país e lota qualquer estádio onde se apresente. "Comediante, palhaço ou *showman*, como queiram chamá-lo, Beppe Grillo é a novidade política italiana mais interessante do momento", escreveu Beppe Severgnini no *Financial Times* em 2012. Nas eleições locais desse ano, o movimento de Grillo chegou a obter 20% nas pesquisas e ganhou várias prefeituras.[5] E nas eleições gerais de 2013, seu recém-criado movimento "Cinco Estrelas" obteve mais votos do que qualquer outro partido. No Canadá, Rob Ford – cujas transgressões passadas deram munição aos seus opositores para atacá-lo com cartazes em que se lia "o candidato a prefeito bêbado, racista e que bate na mulher" – foi eleito prefeito de Toronto em 2010. Em 2013, foi acusado de estar fumando *crack*, numa cena captada em vídeo – coisa que Ford nega.

Nos Estados Unidos, a ascensão do movimento Tea Party – que não é desorganizado, mas também está muito distante de qualquer organização política tradicional – apoiou candidatos como O'Donnell, que flertava com a feitiçaria e fez da condenação da masturbação um ponto-chave de seu programa. O'Donnell e sua colega do Tea Party, a republicana de Nevada Sharron Angle (que a certa altura chegou a insinuar como opção para dar um jeito no Congresso que os americanos recorressem às "soluções previstas na Segunda Emenda", isto é, a insurreição armada[6]), embora não conseguissem vencer as respectivas disputas, obtiveram vitórias nas primárias do Partido Republicano de 2010 que deixaram clara a capacidade cada vez menor dos líderes tradicionais do partido em controlar o processo de indicação. A direção do Partido Republicano não apenas mostrou que carecia do poder necessário para conter a feroz rivalidade entre os aspirantes à indicação do partido para concorrer à presidência, como não conseguiu evitar que vários senadores eleitos (especialmente o velho senador por Indiana, Richard Lugar) e candidatos ao Senado com boas credenciais (como o vice-governador do Texas, David Dewhurst) fossem desbancados nas primárias de 2012 por novatos do Tea Party.

Cada vez mais, e em todas as partes, novos e improváveis líderes irrompem de repente na política, ignorando as normas, procedimentos e até os costumes nos quais os partidos tradicionalmente têm se baseado para selecionar seus candidatos ou definir suas estratégias. Nos regimes mais autoritários, esses novos líderes não buscam o poder político necessariamente para obter um cargo, mas para promover sua causa e atrair atenção para o seu movimento. São gente como Alexey Navalny, o advogado e blogueiro russo que virou um modelo para a oposição a Putin;

Tawakkol Karman, a mãe de três filhos que ganhou o Prêmio Nobel da Paz por seus esforços em promover a liberdade e a democracia no Iêmen; ou Wael Ghonim, um dos líderes fundamentais da revolução do Egito (e, portanto, do mesmo modo que Karman, uma figura emblemática da Primavera Árabe), que era antes um executivo de nível médio do escritório local do Google.

Sem dúvida, por mais interessantes que essas histórias possam ser, são apenas isso – histórias individuais. Para calibrar as mudanças e mutações, e mais especificamente a degradação do poder político em nível mundial, é necessário examinar dados e estatísticas que representem uma amostra mais ampla. Este capítulo busca oferecer as evidências de que, cada vez em mais países, os centros de poder político concentrado e claramente delineado, que foram a norma em outros tempos, estão radicalmente transformados, e muitos já não existem mais. Foram substituídos por uma "nuvem" de atores, cada um com algum poder de moldar os resultados políticos ou governamentais, mas nenhum deles com poder suficiente para determiná-los de modo dominante e unilateral. Isso pode soar como uma democracia saudável e desejável, com um sistema de pesos e contrapesos que impede os abusos de poder e regula a conduta daqueles que o detêm. De certo modo é assim. Mas em muitos países a fragmentação do sistema político está criando uma situação na qual a obstrução sistemática, a paralisação ou a demora na tomada de decisões – e a propensão a adotar políticas públicas que refletem o mínimo denominador comum, que torna possível o apoio de todas as partes interessadas, mas que dilui ou anula o impacto dessa política – são realidades cada vez mais comuns em todo o mundo. Isso cria uma grave erosão na qualidade das políticas públicas e na capacidade de os governos atenderem às expectativas dos eleitores ou resolverem problemas urgentes.

Dos impérios aos estados: a revolução do Mais e a proliferação de países

Será que uma data, um momento, é capaz de mudar a história? Jawaharlal Nehru, primeiro-ministro da Índia, chamava esses momentos de um "encontro com o destino". E, de fato, as batidas da meia-noite que anunciavam o dia 15 de agosto de 1947 fizeram mais do que apenas assinalar a liberdade política da Índia e do Paquistão. Colocaram em marcha a onda de descolonização que transformou a ordem mundial, encerrando o domínio dos impérios e abrindo caminho para a ordem atual, com quase duas centenas de nações independentes e soberanas. Com isso, definiu-se o novo contexto no qual o poder político passaria a operar – um contexto desconhecido desde a era medieval dos principados e cidades-Estado, e certamente nunca antes visto em escala mundial. Se a política atual está fragmentando-se é porque, antes de mais nada, existem muito mais países do que jamais houve, cada um com uma certa cota de poder.

A dispersão dos impérios em nações separadas, cuja existência hoje admitimos como natural, representa o primeiro nível na tendência para a fragmentação política. Até esse instante de 1947, o mundo tinha 67 Estados soberanos.[7] Dois anos antes, deu-se a criação das Nações Unidas, com uma lista inicial de 51 membros (ver Figura 5.1 adiante). Depois da Índia, a descolonização espalhou-se pela Ásia, alcançando Birmânia, Indonésia e Malásia. Em seguida, chegou à África com força total. Num prazo de cinco anos, após a independência de Gana em 1957, outras duas dúzias de países africanos haviam conquistado sua liberdade, à medida que os impérios coloniais francês e britânico se desfaziam. Quase uma vez por ano até o início da década de 1980, pelo menos um novo país na África, no Caribe ou no Pacífico conquistava sua independência.

Não havia mais impérios coloniais, mas o império soviético – tanto a estrutura formal da União Soviética quanto o império de fato do Bloco do Leste – resistiu. Isso, porém, também iria mudar, graças a outro "encontro com o destino". No dia 9 de novembro de 1989, a derrubada do Muro de Berlim desencadeou a dissolução da União Soviética, da Tchecoslováquia e da Iugoslávia. Em apenas quatro anos, de 1990 a 1994, as Nações Unidas ganharam 25 novos países-membros. Desde então, a criação de novos países decresceu, mas não parou completamente. O Timor Leste juntou-se às Nações Unidas em 2002; Montenegro, em 2006. Em 9 de julho de 2011, o Sudão do Sul tornou-se a mais nova nação soberana do mundo.

Figura 5.1 O número de nações soberanas quadruplicou desde 1945

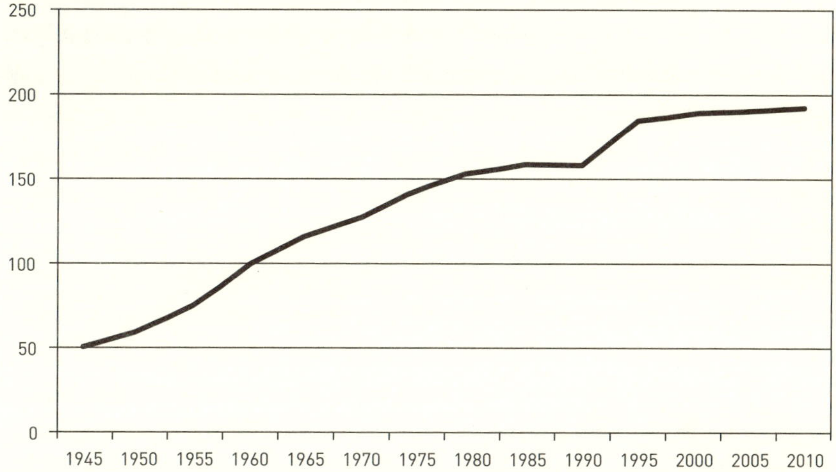

Fonte: *Growth in United Nations Membership, 1945-Present*. Disponível em: www.un.org/en/members/growth.shtml.

Da perspectiva do século XXI, essa cadeia de eventos pode soar conhecida. Mas a dimensão e a velocidade da mudança vivida pela humanidade em apenas duas ou três gerações não têm precedentes. A revolução do Mais que examinamos no capítulo anterior é claramente visível na proliferação de novos Estados, com suas capitais, governos, moedas, exércitos, parlamentos e outras instituições. Essa proliferação, por sua vez, tem reduzido a distância geográfica entre o povo e o palácio de onde ele é governado. Os indianos voltam-se para Nova Délhi, não mais para Londres, para conhecer as decisões que os afetam. O centro do poder da Polônia agora é Varsóvia, não mais Moscou.

Essa transformação é simples, mas profunda. As capitais estão mais perto do alcance, e a revolução da Mobilidade, com suas viagens mais fáceis e baratas e sua transmissão mais rápida da informação, facilita o contato entre os governados e seu governo. Mas isso também faz com que haja muitas outras funções políticas a serem desempenhadas, e por isso muitos outros organismos públicos, cargos eletivos e empregos públicos. A prática da política é uma possibilidade muito menos distante agora; o círculo de líderes é um clube muito menos fechado. Com a quadruplicação dos Estados soberanos em pouco mais de meio século, muitas das barreiras de acesso ao verdadeiro poder tornaram-se menos intimidadoras. Não devemos tirar importância dessas mudanças provocadas por essa primeira onda de fragmentação do poder só porque nos parecem tão conhecidas. E a onda seguinte – a maior fragmentação e diluição da política *dentro* de todos esses países soberanos – contém outras surpresas.

Dos déspotas aos democratas

Naquela que foi mais tarde chamada de Revolução dos Cravos, os soldados que encheram as ruas de Lisboa, Portugal, colocaram flores nos canos de suas armas para demonstrar à população suas intenções pacíficas. Não iriam disparar contra o seu povo para defender a ditadura. E os oficiais que depuseram o presidente Antônio Salazar em 25 de abril de 1974 foram fiéis à sua promessa. Depois de pôr um fim a meio século de governo repressivo, realizaram eleições no ano seguinte e restauraram a democracia em que Portugal vive até hoje.

Mas o impacto foi além. Após a Revolução dos Cravos, a democracia floresceu em países-chave do Mediterrâneo, cujas ditaduras os impediam de alcançar muito do progresso social e econômico desfrutado pelo resto da Europa Ocidental a partir do pós-guerra. Três meses após o levante de Lisboa, caiu a junta de coronéis que governava a Grécia. Em novembro de 1975, Francisco Franco morreu e a Espanha também se tornou uma democracia. Entre 1981 e 1986, esses três países foram incorporados à União Europeia.

A onda se espalhou. Argentina em 1983, Brasil em 1985, Chile em 1989 – todos saíram de longas e traumáticas ditaduras militares. Na época em que a União Soviética caiu, Coreia do Sul, Filipinas, Taiwan e África do Sul estavam a meio caminho de suas transições democráticas. Por toda a África, a partir da década de 1990, regimes de partido único deram lugar a eleições pluralistas.

A Revolução dos Cravos foi o início do que o acadêmico Samuel Huntington batizou de Terceira Onda de democratização. A Primeira Onda começou no século XIX, com a ampliação do sufrágio universal e o surgimento de modernas democracias nos Estados Unidos e na Europa Ocidental, mas sofreu vários reveses a caminho da Segunda Guerra Mundial com a ascensão das ideologias totalitárias. A Segunda Onda, que veio após a guerra com a restauração da democracia na Europa, teve vida curta. E o comunismo e os regimes monopartidários implantaram-se por toda a Europa Oriental e em muitos estados recém-independentes. A Terceira Onda vem se mostrando duradoura e de maior alcance geográfico. O número atual de democracias no mundo é sem precedentes. E, fato notável, mesmo nos países autocráticos remanescentes existem tendências evidentes que os levam a ser menos autoritários do que já foram, com sistemas eleitorais cada mais fortes e o povo mais seguro de si graças a novas formas de oposição, que os governantes repressores estão mal equipados para sufocar. Sem dúvida, a Coreia do Norte ou o Turcomenistão continuam sendo tiranias férreas e regularmente ocorrem crises e retrocessos num país ou em outro. Mas a tendência global é clara: mesmo nos regimes mais autoritários, o poder se afasta dos governantes e se torna mais fragmentado, disperso, difícil de usar e mais fugaz (ver Figura 5.2 adiante).

Os dados que confirmam essas transformações são abundantes e persuasivos: 1977 foi o auge dos governos autoritários, com noventa países dominados pelo autoritarismo. Segundo o Polity Project, em 2008 o mundo era composto de 95 democracias, apenas 23 autocracias e 45 casos que ocupavam algum lugar nesse espectro.[8] Outra fonte respeitável, a Freedom House, cuida de avaliar se os países são democracias eleitorais, com base no fato de realizarem eleições regulares, segundo um calendário, livres e justas, mesmo que em alguns casos outras liberdades civis e políticas possam estar ausentes ou ser mais limitadas (ver Figura 5.3). Em 2011, a Freedom House contou 117 democracias eleitorais entre os 193 países pesquisados. Compare-se isso com 1989, quando apenas 69 de 167 países observados conseguiram essa condição. Em outras palavras, o número de democracias no mundo aumentou 70% em apenas duas décadas.

O que causou essa transformação global? Obviamente havia fatores locais em ação, mas Samuel Huntington assinalou também algumas po-

Figura 5.2 A proliferação de democracias e o declínio das autocracias: 1950-2011

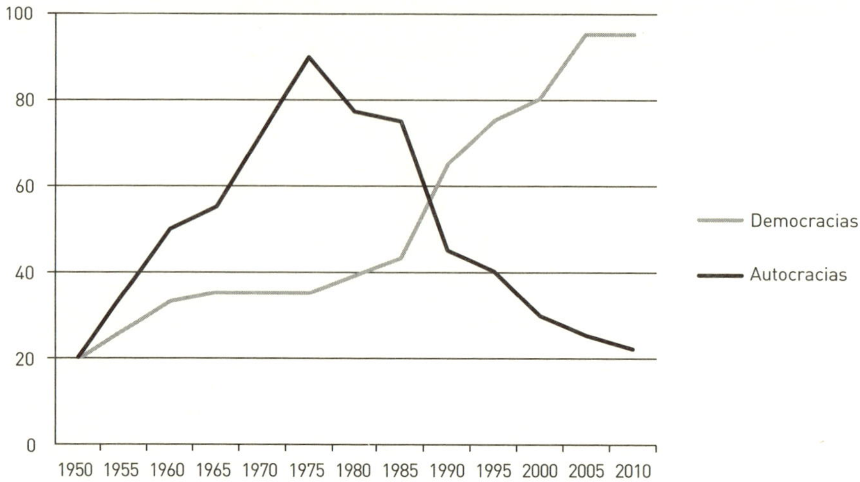

Fonte: Monty G. Marshall; Keith Jaggers; Ted Robert Gurr. Polity IV Project. *Political regime characteristics and transitions, 1800-2010*. Disponível em: www.systemicpeace.org/polity/polity4.htm.

tentes forças atuantes. A má administração econômica da parte de muitos governos autoritários erodiu seu apoio popular. Uma classe média em ascensão passou a pedir melhores serviços públicos, maior participação e, inevitavelmente, maior liberdade política. Governos e ativistas ocidentais fomentaram a dissidência e ofereceram incentivos e apoios aos governos reformistas. A incorporação à Otan ou à União Europeia ou o acesso a fundos de instituições financeiras internacionais eram parte dos prêmios oferecidos aos países que iniciassem transições para a democracia. Uma Igreja Católica recém-voltada para o ativismo político sob o papado de João Paulo II fortaleceu a oposição na Polônia, El Salvador e Filipinas. Acima de tudo, experiências bem-sucedidas puxavam outras experiências, num processo que foi acelerado pelo novo alcance e velocidade dos meios de comunicação de massa. Conforme as notícias de triunfos democráticos eram difundidas de um país a outro, o maior acesso à mídia por parte de populações cada vez mais instruídas estimulou a imitação. Na cultura digital de hoje, a força desse fator explodiu. Alfabe-

Figura 5.3 Tendências regionais

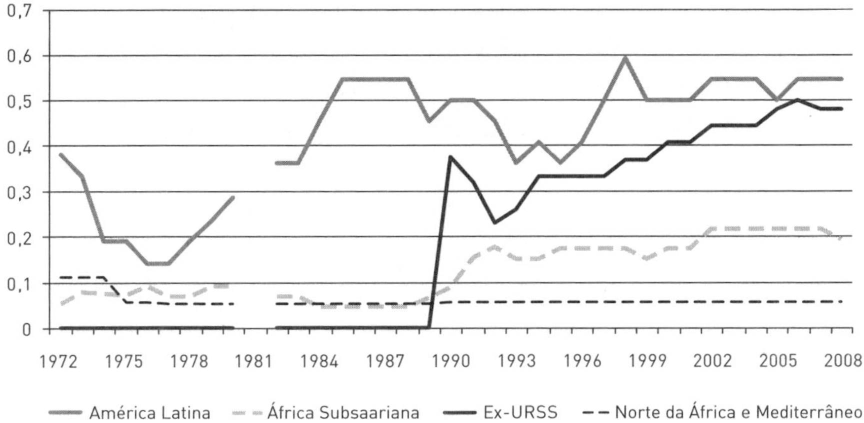

Fonte: Freedom House. *Freedom in the world: political rights and civil liberties 1970-2008*. Nova York: Freedom House, 2010.

tização e instrução, parte importante da revolução do Mais, facilitaram muito o "contágio político" e a comunicação e o apoio mútuo entre ativistas de diferentes países. Por sua vez, a revolução da Mentalidade alimenta as inquietações políticas e a intolerância em relação ao autoritarismo ou a aceitar as decisões do poder sem desafiá-las, sem oferecer resistência ou questioná-las.

Tem havido exceções, é claro – não só países onde a democracia ainda não chegou, mas outros onde ela experimentou retrocessos. Larry Diamond, um dos principais acadêmicos nessa área, cunhou uma expressão para os recentes entraves em países como Rússia, Venezuela ou Bangladesh: "recessão democrática". Mas existem também, por outro lado, provas cada vez mais numerosas de que as atitudes da população mudaram. Na América Latina, por exemplo, apesar da persistente pobreza e desigualdade e dos constantes escândalos de corrupção, as pesquisas de opinião mostram maior confiança em governos civis do que em militares.[9]

Mesmo as autocracias são menos autocráticas hoje. Segundo um estudo sobre os sistemas eleitorais democráticos existentes no mundo, Brunei talvez seja o único país onde "a política eleitoral não conseguiu criar quaisquer raízes significativas".* Diante desse número muito menor de regimes repressivos no mundo, poderíamos ser levados a achar que os países retardatários são lugares onde a liberdade e o pluralismo político estão sendo cada vez mais suprimidos. Mas acontece justamente o oposto. Como é possível? As eleições são essenciais para a democracia, mas não são o único indicador de abertura política. Liberdade de imprensa, liberdades civis, pesos e contrapesos que limitam o poder de qualquer instituição em particular (incluindo a chefia de Estado e a independência do poder judiciário) e outras condições definem o grau de controle e centralização que o governo tem sobre a sociedade. E os dados mostram que não só o número de regimes autoritários no mundo se reduziu, mas que houve uma melhora nos indicadores que medem as liberdades políticas e o grau de democracia nos processos governamentais em regimes que ainda são autoritários. As ditaduras de hoje viram-se forçadas a uma maior abertura política. O aumento mais acentuado nesses indicadores ocorreu no início dos anos 1990, o que indica que as mesmas forças que empurraram tantos países para a democracia naqueles anos também tiveram profundos efeitos liberalizadores nos países que permaneceram politicamente fechados.

Com certeza, esse é um magro consolo para um ativista ou dissidente encarcerado nas masmorras de algum desses regimes autoritários. Além disso, para cada passo à frente na democratização do mundo há também retrocessos e frustrações. Do Cairo a Moscou e de Caracas a Teerã, não faltam exemplos que nos lembrem que o processo de abertura política e aprofundamento da democracia não é linear nem universal. Sempre haverá exceções e contraexemplos.

A reação de poderosos governos autoritários contra as novas ferramentas e técnicas que promovem a democracia é um assunto que ocupa as manchetes dos jornais com frequência; não deve surpreender a ninguém que os megapoderes resistam às tendências que vêm sabotando

* Golder, "Democratic electoral systems around the world, 1946-2000". A partir de 2004, Golder identificou o Brunei e os Emirados Árabes Unidos – ambos haviam realizado eleições parlamentares em 2011. O *site* da Election Guide dirigido pela IFES não registra eleições no Brunei.

seu poder. Mesmo assim, o que se pode afirmar com certeza é que as democracias vêm se expandindo e, portanto, as tendências que vemos dentro delas servem para nos fazer ver com antecipação o tipo de mudanças na política e no manejo do Estado que, cedo ou tarde, tenderão a aparecer em países que ainda não são completamente democráticos. Além disso, os números e fatos sugerem que no interior das democracias – na intrincada mecânica de seus padrões de votação, negociações parlamentares, coalizões governamentais, descentralizações e assembleias regionais – os fatores que estão exaurindo as forças do poder encontraram um terreno muito fértil.

De maiorias a minorias

Estamos votando com maior frequência. Muito mais. Essa é uma grande tendência da vida dos cidadãos no último meio século, pelo menos para as pessoas que vivem nas democracias ocidentais estabelecidas. Num grupo de dezoito países, que vêm sendo consistentemente democráticos desde 1960, e que inclui Estados Unidos, Canadá, Japão, Austrália, Nova Zelândia e a maior parte dos países da Europa Ocidental, a frequência com que entre 1960 e 2000 seus cidadãos foram chamados às urnas cresceu na grande maioria dos casos. Portanto, os cidadãos nesses países têm tido mais oportunidades de escolher e rejeitar as pessoas que os representam e de expressar por meio de referendos suas preferências em questões de políticas públicas ou prioridades nacionais. A frequência das eleições não significa que os eleitores tenham maior probabilidade de participar: em muitos países ocidentais, as taxas de abstenção têm subido nos últimos anos. Mas aqueles que optam por votar tiveram mais oportunidades de fazer valer sua opinião – e isso significa que os políticos precisaram reconquistar a aprovação dos eleitores muito mais vezes. Esse escrutínio constante e o fardo de disputas eleitorais recorrentes não só encurtam os prazos que os políticos eleitos têm para tomar suas decisões ou selecionar as iniciativas nas quais irão investir seu tempo e capital político mas também limita muito sua autonomia.

Quanto mais estamos votando? Um estudo de Russell Dalton e Mark Gray tratou dessa questão. Num período de cinco anos, de 1960 a 1964, os países que ambos examinaram fizeram 62 eleições de âmbito nacional (ver Figura 5.4 adiante). No período de cinco anos entre 1995 e 1999, o número de eleições aumentou um terço. A que se deve o aumento? A causa pode estar relacionada com mudanças nas normas eleitorais, o crescente uso de referendos ou a convocação de eleições para as novas assembleias regionais criadas por alguns países. Membros da União Europeia têm realizado eleições regulares para o Parlamento Europeu. Os pesquisadores ressaltam que os dados quantificam os dias em que as eleições são realizadas, não a quantidade de eleições separadas realizadas em cada dia de eleição. Na realidade, é possível que a tendência seja até mais forte do que os números sugerem, porque vários países reúnem num mesmo dia de votação múltiplas eleições (isto é, presidenciais e para deputado, ou para deputado e prefeito). Os Estados Unidos, com sua sólida tradição de dias fixos para eleições nacionais em novembro, a cada

Figura 5.4 Número total de eleições por ano numa amostra de países do mundo todo: 1960-2001

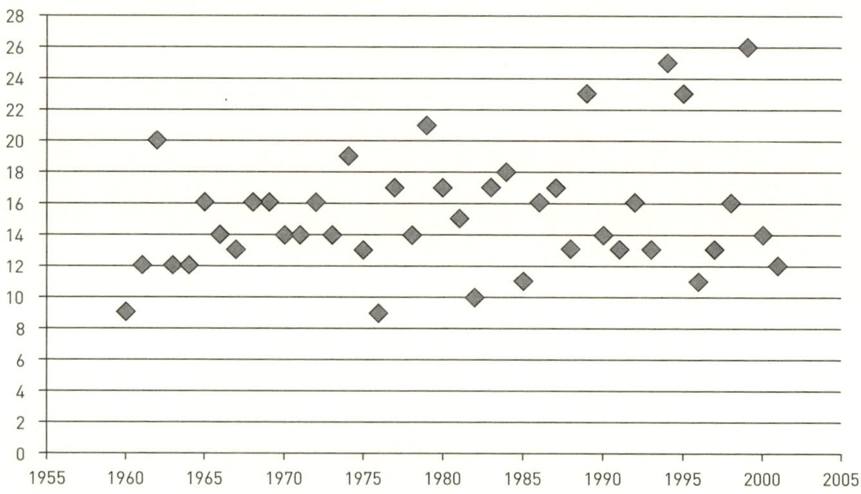

Fonte: Russell Dalton; Mark Gray. "Expanding the electoral marketplace". *In*: Bruce E. Cain *et al.* (eds.). *Democracy transformed? Expanding political opportunities in advanced industrial democracies*. Nova York: Oxford University Press, 2003.

dois anos, são uma exceção a essa tendência – mas não por que os americanos estejam votando com menor frequência. Na verdade, o ciclo de dois anos de renovação da Câmara dos Deputados dos Estados Unidos é o mais curto de todas as democracias estabelecidas, o que faz dos americanos um dos povos do mundo mais frequentemente solicitados a votar.[10]

Essa tendência de realizar eleições mais frequentes em todos os níveis do governo se espalhou. Matt Golder, professor da Pennsylvania State University, tem acompanhado as eleições democráticas legislativas e presidenciais em 199 países entre 1946 (ou a partir do ano em que alguns desses países se tornaram independentes) e 2000.[11] Ele constata que nesse período as 199 nações realizaram 867 eleições legislativas e 294 eleições presidenciais. Em outras palavras, durante esses 54 anos (que incluíram mais de uma década na qual a democracia não havia se tornado tão predominante quanto seria mais tarde), em algum lugar do mundo havia, em média, duas eleições importantes *todo mês*.

Como me contou Bill Sweeney, presidente da International Foundation for Electoral Systems, organização não governamental sem fins lucrativos que é a principal entidade mundial provedora de assistência técnica a autoridades encarregadas de realizar eleições: "A demanda por nossos serviços está em grande expansão. Em quase toda parte, as eleições estão se tornando mais frequentes e podemos sentir a necessidade de sistemas e técnicas para garantir que as eleições sejam mais transparentes e isentas de fraudes".[12]

Eleições mais frequentes são apenas uma das manifestações da proliferação dos limites que restringem a margem de atuação dos líderes políticos. A outra é o impressionante declínio da maioria eleitoral. Hoje em dia, as minorias mandam. Em 2012, entre os 34 membros do "clube das nações ricas" (a Organização para a Cooperação e Desenvolvimento Econômico), apenas quatro tinham um governo com maioria absoluta no Parlamento.*

Na Índia, nas eleições de 2009, 35 partidos repartiram as cadeiras; nenhum partido obtém maioria absoluta desde 1984. Na realidade, maio-

* Esse número é baseado em meus próprios cálculos.

rias absolutas estão em queda no mundo inteiro. Desde meados da década de 1940 até hoje, nas democracias eleitorais, os partidos minoritários têm conquistado em média mais de 50% das cadeiras do parlamento; em 2008, os partidos minoritários controlavam 55% das cadeiras em média. Mas, mesmo em países que não são considerados democracias, os partidos minoritários vêm tendo maior influência. Há três décadas, esses partidos pequenos ocupavam menos de 10% das cadeiras; agora sua presença aumentou em média cerca de 30%.*

Portanto, quando os políticos asseguram ter um "mandato" hoje em dia, o mais provável é que estejam se iludindo. O tipo de vitória eleitoral indiscutível que poderia justificar o uso desse termo simplesmente ficou rara demais. Os cientistas políticos destacam que mesmo nos Estados Unidos, onde o sistema de dois partidos poderia dar a impressão de produzir claramente vencedores e perdedores, apenas uma eleição presidencial recente – a reeleição de Ronald Reagan em 1984, derrotando Walter Mondale – pode ser considerada uma vitória esmagadora. Reagan não só ganhou os votos eleitorais de todos os estados, exceto um, como também recebeu 59% do voto popular – uma margem enorme, que nenhum outro candidato americano desde então igualou ou superou.** Esse tipo de vitória é ainda menos provável em sistemas com três, quatro, cinco ou mais partidos principais e muitos outros menores, entre os quais os apoios se distribuem.

Como consequência, a nobre arte de governar depende hoje com maior intensidade de um talento manipulativo e pragmático: formar e manter coalizões. E as barganhas exigidas por essas coalizões dão aos partidos menores maior poder de exigir concessões políticas, cargos ministeriais e outras vantagens, em troca de seu apoio. Num ambiente eleitoral disperso e fragmentado, não é ruim ser um partido pequeno: as possibilidades de atuar como fiel da balança entre os grandes partidos ficam maiores, o que confere maior poder do que justificaria seu número de

* Para uma análise estatística e mais detalhes, ver o apêndice a este capítulo, no fim do livro.

** Em eleições anteriores, Richard Nixon, Lyndon Johnson, Franklyn D. Roosevelt e Warren Harding chegaram à presidência com uma margem de votos maior que a de Ronald Reagan em 1984.

votos. Na realidade, os partidos mais marginais – aqueles com visões radicais ou foco único, ou que atendem a uma base regional – podem exercer mais poder sem ter de fazer concessões a fim de atrair os eleitores de centro. A Liga do Norte na Itália, com seu programa xenófobo e libertário, os pequenos partidos religiosos de Israel, os separatistas do Partido Popular Flamengo na Bélgica e os diversos partidos comunistas no parlamento nacional e assembleias regionais da Índia, todos desfrutam de influência desproporcional em coalizões com outros parceiros, que, embora abominem sua mensagem, não têm outra opção a não ser pactuar com eles para poder governar. Em dezembro de 2011, por exemplo, a firme oposição de dois partidos na coalizão liderada pelo Partido do Congresso indiano forçou o primeiro-ministro Manmohan Singh a adiar seus planos de permitir que os supermercados estrangeiros detivessem 51% de empresas indianas – uma humilhante concessão.

O empenho em formar coalizões revela as concessões que um "vencedor" de eleições tem de aceitar desde o início. Em maio de 2010, as eleições do Reino Unido produziram um parlamento sem maioria absoluta, levando à formação de uma coalizão entre o Partido Conservador de David Cameron e o Partido Democrata Liberal de Nicholas Clegg – dois grupos políticos com agudas diferenças sobre a questão da imigração e da integração europeia, entre outras questões. Como consequência, ambos se viram obrigados a fazer concessões importantes.

As coalizões nem sempre são possíveis. A Holanda passou quatro meses sem governo em 2010. Na Bélgica foi pior ainda. Em 1988, seus políticos conseguiram um recorde nacional ao demorar 150 dias para formar uma coalizão capaz de governar. Como se não bastasse, em 2007-2008, sob o assédio de tensões crescentes entre as regiões dos flamengos, de fala holandesa, e dos valões, de fala francesa, o país ficou nove meses e meio sem governo, enquanto facções extremistas pediam a separação pura e simples das regiões flamengas. Esse governo renunciou em abril de 2010, o que empurrou o país para outro prolongado impasse. Em fevereiro de 2011, a Bélgica superou o Camboja ao estabelecer o recorde mundial de permanência de um país sem governo; por fim, em 6 de dezembro de 2011, após 541 dias de paralisia, foi empossado um novo primeiro-ministro. Fato revelador da diminuição do poder dos políticos é que, apesar dessa crise de governo absurda e em tese devastadora, a economia e a sociedade continuaram seguindo em frente e tiveram desempenho tão bom quanto o de seus vizinhos europeus; na verdade, a única coisa que pressionou os partidos de oposição a encontrar uma solução foi um rebaixamento na classificação de crédito da Bélgica pela Standard & Poor's.[13]

Pesquisas recentes sobre outros aspectos da formação, duração e término de um governo forneceram mais provas ainda da degradação do poder. Uma fonte fascinante sobre esse assunto é oferecida por pesquisadores escandinavos, que compilaram informação detalhada sobre os governos de dezessete democracias europeias, remontando até a Segunda Guerra Mundial ou, em alguns casos, ao tempo em que vários dos países incluídos na pesquisa (como Grécia, Espanha e Portugal) se tornaram democráticos. Os dados incluem Alemanha, França, Reino Unido e as demais grandes democracias europeias. Embora suas conclusões não possam ser extrapoladas, por exemplo, à Índia, Brasil ou África do Sul, ainda assim dão uma interessante visão de como a política nas democracias está sofrendo fraturas atualmente. Seguem-se alguns exemplos.

A vantagem decorrente de estar no poder vem diminuindo

Os políticos, partidos e coalizões que já estão no poder desfrutam de vantagens, como o clientelismo, maior visibilidade de seus líderes e de suas promessas nos meios de comunicação e, em alguns casos, o acesso a recursos públicos (o avião presidencial para viajar nas campanhas, o uso de funcionários do Estado). No entanto, aqueles que estão no poder também enfrentam ventos eleitorais contrários – eleitores desiludidos pelo não cumprimento das promessas, a fadiga gerada pelas mesmas caras no poder e o desgaste natural de governar, sem contar que os adversários contam com um histórico de decisões e de resultados concretos para poder criticar. Nos últimos anos, a intensidade desse fenômeno aumentou: uma análise de dezessete democracias estabelecidas na Europa mostrou que, em cada década desde a de 1940, a perda média de votos dos governantes que se apresentam à reeleição tem sido maior. Na década de 1950, os ocupantes do cargo perderam em média 1,08% dos votos obtidos na eleição anterior; na década de 1980, a perda média foi de 3,44%; e na de 1990, quase duplicou de novo, alcançando 6,28%. Na década de 1950, nesses países, 35 governos conseguiram a reeleição enquanto 37 perderam; em contrapartida, na década de 1990, apenas onze obtiveram a reeleição, enquanto 46 a perderam. Hanne Marthe Narud e Henry Valen, os cientistas políticos que realizaram essa análise, apontaram também que a tendência era tão forte em democracias estabelecidas, como o Reino Unido ou a Holanda, como em democracias novas, como Grécia e Portugal; em outras palavras, ela não era alterada pelo grau de experiência e tradição democráticas dos países.[14]

Os governos estão caindo mais rapidamente

Desde a Segunda Guerra Mundial as coalizões governamentais e ministérios têm maior tendência de terminar seu mandato antes do tempo, devido a lutas políticas internas. Cientistas políticos fazem distinção entre dois tipos de finalização prematura de um governo. Um é técnico – ou seja, produzido por razões legais que obrigam a convocar eleições (por exemplo, o falecimento do presidente). O outro tipo é discricional, e ocorre quando a turbulência política leva à demissão ou quando, num sistema parlamentar, o executivo perde uma moção de confiança. Os dados das dezessete democracias parlamentares europeias compilados desde 1945 mostram que nos anos 1970 e 1980 houve significativo aumento da frequência com que os governos terminavam prematuramente seu período devido à volatilidade política, em comparação com décadas anteriores.[15]

Como seria de esperar, na primeira década do século XXI ficou mais acentuada a tendência de colapsos nos governos como resultado da turbulência política. Desde a eclosão da crise de 2008, aumentou o número de governos derrubados, gabinetes desfeitos, coalizões desgarradas, ministros demitidos e chefes de partido antes intocáveis que de repente viram-se forçados a renunciar. Conforme os problemas econômicos assolavam toda a Europa, a incapacidade dos poderosos de domar a crise tornou-se patente.

Mesmo fora dos sistemas parlamentares, há muitas evidências que comprovam que a vitória eleitoral deixou de conferir uma significativa autonomia ao governo que a obtém. Nos Estados Unidos, por exemplo, um dos motivos de frustração crescente para cada nova administração é o tempo que o Senado demora para confirmar os candidatos a cargos públicos de alto nível. Segundo Paul Light, especialista no assunto, "um processo de nomeação e confirmação que se estendesse por mais de seis meses era algo de que praticamente não se tinha notícia entre 1964 e 1984". Nesse período, apenas 5% dos indicados aguardavam mais de seis meses entre o dia em que eram notificados de sua candidatura e o momento da confirmação. Ao contrário, entre 1984 e 1999, 30% dos indicados precisaram aguardar mais de seis meses para serem confirmados. Por outro lado, entre 1964 e 1984, houve em 50% dos casos confirmações rápidas – com prazo inferior a dois meses –, mas entre 1984 e 1999 isso se deu em apenas 15% dos casos. Na década seguinte, conforme a polarização política se acentuou, essa tendência só iria piorar. E esse é apenas um exemplo concreto que ilustra como a dinâmica parlamentar pode impedir que um partido político vitorioso nas urnas eleitorais se mostre muito menos bem-sucedido na hora de governar devido à crescente capacidade dos micropoderes de restringir sua atuação.

De partidos a facções

Chefões de um partido, reunidos a portas fechadas em salas cheias de fumaça de cigarro, trocando favores e apoios enquanto entram em acordo quanto a programas e candidatos – essa é uma imagem assentada na mitologia política, mas cada vez mais afastada da realidade. As novas circunstâncias do poder político já não são as de antes: os chefes de sempre, os hábeis negociadores que controlam a máquina, as finanças e a base do partido já não mandam tanto. Eles também estão vendo o poder indo embora de suas mãos. O caso dos líderes tradicionais do Partido Republicano dos Estados Unidos é muito instrutivo. Esses poderosos barões da política conservadora definiam com mão de ferro e de maneira muito centralizada as posições de seu grupo em relação aos grandes debates nacionais e tinham uma influência determinante em decidir quem ascendia ou não, quem era candidato ou não, ou quem chegaria a ocupar altos cargos no congresso, ou até mesmo as candidaturas presidenciais.

De repente, eles viram-se às voltas com o Tea Party. Desde sua criação em 2009, o Tea Party precisou apenas de alguns meses para transformar a política republicana e americana em geral. Essa novíssima agremiação política consegue impor candidatos que não desfrutam do apoio ou da simpatia dos chefes do partido, e estes não podem fazer nada ao ver seus próprios candidatos serem deslocados e derrotados pelos novatos que surgem das fileiras do Tea Party. Nas eleições de 2008, o Tea Party não existia; quatro anos depois, ficou praticamente impossível chegar a ser candidato presidencial do Partido Republicano sem seu aval.

O Tea Party é um fenômeno muito específico, seja como reflexo da obsessão americana pela democracia direta, ou como recurso para injetar dinheiro na política e ganhar influência, seja como receptor do fervor antipolítico e antigoverno nutrido pela crise econômica. Mas é interessante notar que, embora o Tea Party seja um fenômeno muito americano, em outros países também surgiram movimentos políticos que têm surpreendido as elites políticas tradicionais. Na Europa, o movimento do Partido Pirata, inspirado no espírito dos *hackers* da liberdade de informação e da defesa de maiores liberdades civis, expandiu-se de suas origens na Suécia em 2006 para a Áustria, Dinamarca, Finlândia, Alemanha, Irlanda, Holanda, Polônia e Espanha. Sua plataforma, a chamada Declaração de Uppsala, promulgada em 2009, tem foco na liberalização das leis de patentes e propriedade intelectual, em promover a transparência e a liberdade de expressão, e na mobilização do voto dos jovens. Ele não só obteve 7,1% dos votos e duas cadeiras nas eleições suecas para o Parlamento Europeu como em setembro de 2011 ganhou representação num parlamento estatal, ao obter 9% dos votos em Berlim. Entre os partidos que superou estava um parceiro-chave da coalizão governante de Angela Merkel, o histórico Partido Democrático Liberal – que nem sequer chegou aos 5% mínimos necessários para obter representação estatal.[16] Em 2012, o Partido Pirata conseguiu outra façanha, quando um membro de sua filial suíça ganhou a eleição para a prefeitura da cidade de Eichberg.[17] A ideologia do Partido Pirata e do Tea Party não poderiam ser mais diferentes. Mas muitos dos sentimentos que animam seus ativistas, assim como as circunstâncias que lhes permitiram obter poder, são muito parecidos.

Isso também se deu no caso da campanha rebelde levada a cabo por Ségolène Royal na eleição presidencial francesa de 2007. Concorrendo para liderar o Partido Socialista contra Nicolas Sarkozy, Royal enfrentou todos os tradicionais "barões" do partido e suas fortes redes de apoio entre quadros do partido e detentores de altos cargos.

Mas como Royal conseguiu se tornar candidata? Por meio de um movimento similar ao do Tea Party – e, como nos Estados Unidos, usando as primárias para a definição do candidato. As primárias são um instrumento recente nas democracias: nos Estados Unidos, onde são mais conhecidas, só vieram a se generalizar no fim da década de 1960, enquanto em outros países são mais recentes ainda. E vêm se tornando também cada vez mais comuns. Para a eleição de 2007 na França, o Partido Socialista realizou umas primárias abertas a todos os membros do partido – e o grupo de Royal lançou uma grande campanha para registrar novos membros a tempo de participar. Por meio desse recurso, junto com um *site* com mensagens políticas que tornava Royal independente do aparato tradicional, ela venceu com esmagadores 61% dos votos nas primárias – embora na eleição geral tenha perdido.

Os socialistas franceses, não contentes com essa inovação, decidiram levá-la um passo adiante em 2011, durante os preparativos para as eleições de 2012. Dessa vez, realizaram primárias abertas a quem quisesse votar, não só aos membros do partido. Para participar, a pessoa precisava apenas assinar uma declaração básica de concordância com os valores da esquerda – o que dificilmente poderia ser considerado algo que gerasse muito compromisso ou obrigação. E houve pelo menos um candidato que nem sequer era militante do partido. Assim, esse método de seleção do candidato presidencial deixava num papel muito secundário o próprio partido e seus chefes.

O Tea Party, de um lado do espectro político, e os socialistas franceses, do outro, são apenas dois exemplos de uma tendência internacional: nas democracias avançadas, os grandes partidos estão sentindo a distância que muitas vezes existe entre os candidatos selecionados a dedo, a portas fechadas, por aqueles que controlam a máquina partidária e os candidatos que mais entusiasmam as bases do partido e a grande maioria dos eleitores. Antes, os chefes da máquina política costumavam impor os candidatos do partido para as eleições, mas agora cada vez mais e em todas as partes esses chefes se veem obrigados a aceitar candidatos que, sem recorrer diretamente às bases e aos eleitores em geral, conseguem seu apoio. São muitos os países nos quais os partidos têm aberto e democratizado sua maneira de escolher candidatos a cargos de importância. Usando um método ou outro, expande-se o poder daquilo que foi chamado de "seleitorado" – um termo que designa o reduzido grupo de pessoas que têm voz ativa na seleção dos líderes e candidatos de um partido.*

A disseminação das primárias é um sinal revelador dessa mudança. Em 2009, depois de examinar cinquenta grandes partidos de dezoito democracias parlamentares, o pesquisador Ofer Kenig observou que em 24 deles seus membros de base tinham "um papel significativo" na escolha de dirigentes e candidatos. Os outros partidos dividiam-se entre os que escolhiam por meio de seus membros do parlamento e os que escolhiam por meio de algum comitê designado.[18]

As eleições primárias estão estendendo-se também a outras partes do mundo,[19] e na América Latina, por exemplo, estima-se que 40% das eleições presidenciais realizadas desde as transições políticas que acabaram com as ditaduras militares na década de 1980 contaram com pelo menos um candidato importante selecionado por meio de primárias. Uma análise sobre os partidos políticos na América Latina em 2000 descobriu que mais da metade havia usado algum tipo de eleição interna, primária ou similar. Outro estudo concluiu que os níveis mais baixos de confiança nos partidos políticos na América Latina foram registrados em países como Bolívia e Equador, onde nenhum candidato jamais havia sido selecionado por meio de primárias.

* O conceito de "seleitorado" é discutido em Bueno de Mesquita *et al.*, *The logic of political survival*.

Embora as primárias abertas, que convocam uma massiva participação para eleger candidatos, não sejam ainda a norma mundial, os dados indicam uma clara tendência internacional nessa direção. E a Califórnia, há muito tempo uma sinalizadora das tendências nacionais nos Estados Unidos, tem feito a balança pender para o lado dos votantes em detrimento dos líderes dos partidos: num referendo popular de 2011, o estado decidiu incluir todos os candidatos às primárias numa cédula única, com os dois mais votados passando para a eleição geral independentemente do partido a que pertençam.

Como se os chefes de partido americanos já não tivessem problemas suficientes para manter seu poder e impor disciplina, surgiram também os Super-PACs ("Supercomitês de Ação Política"), um novo veículo engendrado em 2010 pela Suprema Corte por meio de sua decisão "Citizens United", que eliminou os limites às contribuições de campanha e deu maior poder às corporações privadas como atores políticos. Esses *Super-Political Action Committees* não têm permissão para fazer acertos individuais com os candidatos que apoiam, mas na campanha de 2012 ficou óbvio que cada um dos candidatos presidenciais (até mesmo cada um dos concorrentes do Partido Republicano à indicação) tinha um ou mais Super-PACs dando forte financiamento às iniciativas voltadas para promovê-los ou que atacassem seus rivais. Os Super-PACs, além de constituírem uma nova forma de poder político baseada no acesso a grandes quantias, são também um exemplo de mais uma forma de fragmentação do poder. Para seus defensores, são apenas uma adição saudável ao arsenal de quem quer introduzir mais competição na política. Joel M. Gora, catedrático de direito que ajudou grupos ativistas a resistir por via legal às exigências de revelar a identidade dos doadores, diz que muitas das normas que permitem acesso aos Super-PACs não são nada mais do que parte de um "esquema dos poderosos para se protegerem". Segundo ele, "essas leis estão restringindo a chegada de novos concorrentes, sejam liberais ou de esquerda, conservadores ou de direita".[20] De fato, o empresário Leo Linbeck III lançou um Super-PAC em 2012 cujo único objetivo era desalojar políticos que já estavam no poder e usavam as vantagens do cargo para serem reeleitos. Como relatou Paul Kane, do *The Washing-*

ton Post, "enquanto a maioria dos PACs busca aumentar as possibilidades de seu candidato preferido ou derrotar um adversário ideológico, o Super-PAC tem uma meta decididamente diferente: derrotar os candidatos que já estão no poder. Sejam de que partido forem. E por que não? [...] [O Super-PAC de Linbeck] ajudou a derrotar nas eleições dois veteranos republicanos e dois democratas históricos, destruindo com um só golpe quase 65 anos somados de experiência parlamentar".[21] E embora os fundos de Linbeck fossem limitados e o dinheiro de seu Super-Pac estivesse no fim, seu porta-voz proclamou em tom de vitória que "demonstramos que nosso conceito funciona".[22]

Os Super-PACs podem ser um fenômeno tipicamente americano, mas no mundo todo o dinheiro está claramente se tornando um instrumento tão poderoso para obter poder político quanto foi a ideologia tempos atrás. Não obstante, como mostram os casos de Silvio Berlusconi na Itália, Thaksin Shinawatra na Tailândia, Ben Ali na Tunísia e muitos outros, o dinheiro sozinho já não é mais suficiente hoje em dia para vedar os muitos buracos pelos quais o poder escorre.

De capitais a regiões

Mais países. Mais democracias. Mais pressão para dividir o poder até mesmo em nações com regimes autoritários, ao mesmo tempo que as democracias oferecem mais opções tanto dentro como fora dos partidos políticos. Eleições mais frequentes, mais referendos, maior vigilância, mais contendores. Todas essas tendências apontam na mesma direção: a redistribuição e fragmentação do poder dos atores estabelecidos em favor de novos competidores.

Acrescente-se uma tendência global a todas essas: o poder também está passando das capitais e do ramo executivo para governos estaduais e locais.[23]

Vejamos o Reino Unido, por exemplo. É famosa a estabilidade de seu sistema político, no qual os conservadores e os trabalhistas alternam-se no poder, com os democratas liberais ocupando uma faixa no centro. Quando nenhum dos partidos principais tem maioria – o que eles chamam de *hung parliament* ou "parlamento empatado" –, como ocorreu em 2010, fazer uma coalizão com os democratas liberais dá maioria a um dos dois partidos principais. Essa negociação, embora complicada, é bem menos do que seria caso fosse necessário um pacto entre cinco ou seis partidos para formar uma maioria parlamentar.

Na Grã-Bretanha, esses três partidos controlam a maior parte da Câmara dos Comuns, e as regras eleitorais tornam difícil a qualquer outro ator participar. Então, como explicar a presença dos múltiplos novos partidos dos quais temos ouvido falar nos últimos anos? O Partido da Independência do Reino Unido, o Partido Nacional Britânico, o Partido Nacional Escocês, o Sinn Fein, os Unionistas do Ulster, o Plaid Cymru – a cena política britânica é muito mais variada do que o quadro tradicional poderia sugerir. Nas últimas décadas, esses partidos, alguns regionais, outros radicais, outros monotemáticos, conseguiram vencer eleições locais e parlamentares e com isso ganharam atenção e maior visibilidade na mídia do que seria justificável pelo número de votos que conseguem.

Isso se deve em grande medida a uma ambiciosa reforma política em 1998, que, sob o rótulo de *descentralização*, transferiu alguns poderes legais do parlamento britânico para as assembleias da Escócia, País de Gales e Irlanda do Norte. Além disso, a filiação à União Europeia permitiu que essas entidades participassem das eleições para o Parlamento Europeu, em que a representação proporcional abriu as portas para partidos pequenos obterem cadeiras. O Partido da Independência do Reino Unido, que se opõe à participação do Reino Unido na União Europeia, deve sua ascensão ao sucesso obtido nessas eleições. E o Partido Nacional Britânico, xenófobo e de extrema direita, conseguiu duas cadeiras no Parlamento Europeu em 2009 – uma pequena vitória em termos numéricos, mas um grande avanço em credibilidade para um grupo que os grandes partidos consideravam um pária.

O Reino Unido não é o único caso. Na Espanha, os dois principais partidos, o Partido Popular (PP) e o Partido Socialista Obrero Español (PSOE), vêm se alternando no poder desde a instalação da democracia, em 1978. Mas, como a Grã-Bretanha, a Espanha também tem importantes partidos regionais, e os governos autonômicos (Catalunha e País Basco, entre outros) conseguiram enorme autonomia à custa do poder do governo nacional instalado em Madri. Na Itália, o mesmo ocorre com a Lega del Nord e outros grupos políticos regionais.

O parlamento da UE abriu vias de participação para os pequenos partidos em todos os seus 27 Estados-membros. Se o parlamento tem ou não reais poderes, isso não importa tanto quanto a via que ele oferece para tornar esses partidos legítimos e viáveis em seus próprios países. O ponto a ser destacado é que a descentralização é outra das tendências que estão alterando o poder político em todas as partes. A Itália montou conselhos regionais eleitos já em 1970. A França veio em seguida, com assembleias regionais em 1982. A Bélgica tornou-se um sistema federativo com assembleias regionais em 1993. Finlândia, Irlanda, Nova Zelândia e Noruega introduziram algum tipo de novo organismo com cargos eletivos em nível subnacional entre as décadas de 1970 e 1990. Em alguns países, o número de municípios com funcionários eleitos aumentou: a Bolívia duplicou suas municipalidades em 1994 e expandiu-lhes seu âmbito de autoridade.

Também nesse caso, as democracias cada vez mais estabelecidas da América Latina estão contribuindo para acelerar a descentralização. O número de países da América Latina nos quais as autoridades executivas dos governos locais (prefeitos) estão sendo diretamente eleitas pela população, em vez de serem nomeadas por autoridades centrais, aumentou de três em 1980 para dezessete em 1995.[24] Um estudo do Banco Interamericano de Desenvolvimento concluiu que os governos subnacionais na região aumentaram seu controle do gasto público de 8% para 15% num período de quinze anos a partir de 1990. Nos países mais descentralizados, a proporção foi bem mais alta: cerca de 40% da despesa total do Estado na Argentina, Brasil e Colômbia já não são mais controlados diretamente pela presidência. Além disso, grandes programas de descentralização estão sendo implantados em países como Filipinas, Indonésia e Estônia.[25]

Por outro lado, vários sistemas federais dividiram alguns de seus Estados em dois, criando novos organismos locais executivos e legislativos. Desde 2000, a Índia acrescentou os estados de Chhattisgarh, Uttarakhand e Jharkand e propôs outro, Telangan. Na Nigéria, o número de estados passou de 19 em 1976 para 36 atualmente. Até o Canadá dividiu os Territórios do Noroeste, criando a província de Nunavut.

Esses novos centros de poder abrem novas oportunidades para políticos que não encontram lugar nos partidos dominantes. Como vimos, em toda a Europa surgiram partidos de esquerda, direita, ecologistas, regionalistas, monotemáticos e, em alguns casos, partidos um pouco excêntricos, como o Partido Pirata Internacional. Todos eles estão aproveitando as novas tribunas para ganhar respeitabilidade e tirar votos dos participantes tradicionais. Confiar um voto a eles não é mais desperdício; seu pequeno tamanho ou suas posições atípicas não são mais um obstáculo para que adquiram importância. Esses partidos "alternativos" podem deturpar, dispersar, retardar e até vetar decisões de partidos maiores e suas coalizões. Esses pequenos partidos "piratas" sempre existiram, mas hoje estão em maior número, e sua capacidade de limitar as escolhas dos mega-atores se faz sentir na maioria das democracias do mundo.

O maior poder dessas autoridades locais e regionais também mudou as perspectivas e a imagem pública de prefeitos e governadores regionais, às vezes levando-os a carreiras políticas nacionais e outras vezes criando alternativas que prescindem totalmente da capital. A política externa pragmática que algumas cidades e regiões agora realizam vai bem além do envio de delegações convencionais para fomentar o comércio e das cerimônias de cidades-irmãs. Alguns estudiosos defendem que muitas cidades e regiões estão agora desvinculadas do governo central de maneira tão bem-sucedida que começa a existir uma versão moderna da ordem medieval de cidades-estado.[26]

De governadores a advogados

O modelo e os atores eram familiares. Por mais de setenta anos, uma elite civil e militar dirigiu a Tailândia. Primeiro, por meio de governo militar e, a partir de 1970, aproveitando um frágil contexto eleitoral subvertido periodicamente por golpes de Estado e regimes militares de duração variada. Apesar da instabilidade, a Tailândia conseguiu um rápido desenvolvimento econômico nas décadas de 1980 e 1990. Fábricas e bancos de propriedade dos militares e empresários civis prosperaram em meio a esses golpes e constituições. Thaksin Shinawatra, ex-policial que virou um rico empresário, tornou-se primeiro-ministro em 2001 graças às suas promessas populistas e conseguiu ser reeleito em 2005. Não demoraram a aparecer acusações de irregularidades e corrupção. Seguiu-se uma crise política que durou dois anos. Ela deu lugar a eleições frustradas, um golpe e eleições em 2007, que resultaram na posse da irmã de Thaksin como primeira-ministra.

Em meio a essa turbulência, um novo ator político afirmou-se: o judiciário. A partir de 2006, cada vez mais as sentenças das altas cortes tailandesas passaram a ditar os rumos da política nacional. Esses tribunais dissolveram o partido de Thaksin e vários outros, baniram diversos líderes da política e a certa altura desqualificaram um primeiro-ministro por ter recebido pagamento pela participação num programa de culinária na tevê. Em dezembro de 2008, o Tribunal Constitucional dissolveu o partido governante pela razão bem mais grave de fraude eleitoral, encerrando três meses de agitação popular e abrindo caminho para um novo governo de coalizão.

Esses tribunais tailandeses tinham cobertura. A intervenção inicial de 2006 veio de um tribunal que havia sido montado pelos militares. E não muito antes disso, o rei da Tailândia – uma figura com considerável autoridade moral – havia pronunciado um discurso no qual recomendava às cortes que agissem de maneira sensata. Mesmo assim, a entrada dos tribunais na vida política alterou tradições há muito estabelecidas e deu aos manifestantes e ativistas um novo fórum para apresentar seus argumentos. Na Índia, a Suprema Corte aproveitou o vácuo criado pela ineficaz coalizão do primeiro-ministro Manmohan Singh e investigou a mineração ilegal e a revogação de nomeações, e chegou a determinar a idade de aposentadoria do chefe do exército. Um comentarista indiano descreveu a situação assim: a "Índia virou uma república das bananas, na qual a banana é descascada pela suprema corte".[27]

Uma coisa é um judiciário operante e outra, muito diferente, são tribunais que decidem as disputas políticas ou intervêm para depor governos, legitimar outros ou decidir qual dos candidatos ganhou a eleição presidencial. No ano 2000, por exemplo, os tribunais da Flórida e a Suprema Corte dos Estados Unidos decidiram que George W. Bush, e não Al Gore, seria o próximo presidente. Na Itália, nos anos 1990, a investigação Mani Pulite ("Mãos Limpas"), ordenada por um grupo de juízes italianos liderados por Antonio di Pietro, revelou um sistema de corrupção muito estendido, que ficou conhecido como *tangentopoli*, ou "cidade da propina". Em poucos meses, a investigação incriminou chefes de partido, ex-ministros e autoridades regionais, além de vários empresários.

No fim, a operação implicou tantas figuras dos partidos italianos tradicionalmente dominantes, incluindo os democratas-cristãos e os socialistas, que nas eleições seguintes esses partidos desapareceram na irrelevância. Em 1994, o Partido Democrata-Cristão, que havia suprido a Itália com a maioria de seus primeiros-ministros desde a Segunda Guerra Mundial, foi dissolvido de vez, fragmentando-se em outros partidos menores. No mesmo ano, o Partido Socialista – cujo líder, Bettino Craxi, havia sido primeiro-ministro na década de 1980, mas virou um dos principais alvos da investigação – também foi dissolvido, depois de 102 anos de existência. Obviamente, a Mani Pulite não livrou a Itália da corrupção. Mas transformou completamente o cenário político italiano, fazendo implodir o antigo sistema partidário e preparando o palco para novos grupos de direita (como o Forza Italia, de Silvio Berlusconi), esquerda (os Democratas) e regionais, além de outros partidos. Os juízes de novo viraram importantes protagonistas durante o longo reinado de Silvio Berlusconi na política italiana, que se viu envolvido num escândalo após outro e foi alvo frequente de inquéritos judiciais.

Tais investigações transformaram alguns dos juízes em astros da mídia e em novos atores da vida política. Antonio di Pietro, o juíz mais visível da Mani Pulite, acabou demitindo-se do judiciário e entrando na política à frente de um pequeno partido. Baltasar Garzón, o juiz espanhol que comandou várias causas de impacto na mídia no seu país e no exterior, investigou políticos e banqueiros espanhóis, a organização terrorista basca ETA, além de políticos americanos, a Al Qaeda e ex-membros da junta militar argentina. Seu caso mais famoso foi o pedido de extradição do ex-ditador chileno Augusto Pinochet, que resultou na longa detenção domiciliar de Pinochet na Grã-Bretanha em 1998-1999. (Posteriormene, o próprio Garzón seria indiciado e depois suspenso por exceder suas atribuições na investigação das atrocidades cometidas pelo regime de Francisco Franco.) A criação da Corte Penal Internacional em Haia e o estabelecimento de tribunais internacionais sobre crimes de guerra fez que magistrados como o sul-africano Richard Goldstone e a canadense Louise Arbour se tornassem figuras públicas conhecidas internacionalmente. Seu nível de proeminência e poder no palco mundial facilmente sobrepujou o obtido por alguns de seus predecessores durante os dois tribunais aliados de crimes de guerra realizados após a Segunda Guerra Mundial.

No cenário da política nacional, o crescente poder dos juízes varia enormemente de um país para outro, mas em geral tem imposto novas restrições ao exercício do poder por líderes de governo e partidos políticos. Sem dúvida, muitos sistemas judiciários têm uma independência duvidosa e, consequentemente, o fato de haver maior intervenção do poder judiciário em decisões de alto conteúdo político não é nenhuma garantia de uma supervisão sensata. No Paquistão, por exemplo, muitos suspeitam que os militares do país tenham usado a Suprema Corte para manter uma forte dose de controle sobre o governo civil. Venezuela, Equador e Argentina são exemplos de países da América Latina onde o poder judiciário se transformou num beligerante ator político.

Em resumo: em todas as partes do mundo é fácil obervar um renovado ativismo político do poder judiciário. Isso não implica necessariamente um progresso democrático, e o papel dos juízes varia muito conforme o país. O inegável é que nas últimas três décadas os juízes se converteram numa força política que com crescente frequência degrada o poder do presidente e às vezes também o do parlamento.

De líderes a gente comum

Quem são nossos líderes? Houve um tempo em que os líderes estavam inextricavelmente ligados à máquina de governos e partidos. Mesmo revolucionários aspiravam a ocupar altos cargos na burocracia pública. Ultimamente, porém, muitos dos heróis atuais chegaram à fama por meio do mundo digital – usando tecnologia para divulgar mensagens e influenciar resultados de maneiras que tempos atrás teriam exigido as infraestruturas de partidos, organizações não governamentais (Ongs) ou da imprensa tradicional. O escritor e ativista de Pequim Liu Xiaobo organizou pela internet o manifesto *Charter 08*, pedindo que o governo da China incorporasse os valores democráticos universais e os direitos humanos nas suas modernizações e reformas. Foi sumariamente detido e encarcerado, e no ano seguinte, enquanto ainda estava na prisão por suas atividades "subversivas", ganhou o Prêmio Nobel da Paz.

No Egito, Wael Ghonim, ao concluir que os partidos egípcios de oposição ao ditador Hosni Mubarak eram fracos e pouco confiáveis, organizou em 2011 um movimento pelo Facebook pedindo ao governo que prestasse contas de seus atos. Na Colômbia, o engenheiro Óscar Morales iniciou em 2008 um grupo no Facebook chamado "Um Milhão de Vozes contra as Farc" para protestar contra a disseminação dos ataques do grupo rebelde a civis, e conseguiu convocar grandes manifestações e exercer pressões que resultaram na libertação de reféns. Os ativistas da Moldávia ajudaram a desencadear via Twitter a transição política do país. O advogado queniano Ory Okolloh e um blogueiro chamado "M" lançaram em 2006 um *site* para vigiar e controlar a corrupção política no Quênia.[28] A americana de origem iraniana Kelly Golnoush Niknejad criou a *Tehran-Bureau.com* para colher e divulgar notícias diretamente de amigos iranianos durante o levante popular que sucedeu as eleições presidenciais de 2009, nas quais os jornalistas estrangeiros foram banidos do país.[29] Sami Ben Gharbia, um blogueiro e ativista na sociedade civil, ajudou a incitar manifestações antirregime na Tunísia usando o blogue de seu grupo para divulgar as terríveis histórias de corrupção contidas nas comunicações diplomáticas americanas tornadas públicas pelo WikiLeaks.

Esses são apenas alguns dos exemplos pioneiros de uma tendência que hoje já é muito conhecida e faz parte inevitável da dinâmica política num número crescente de países: o uso de redes sociais para mobilizar e coordenar grandes grupos de ativistas em torno de uma causa, sem necessidade de depender ou até mesmo de envolver os agrupamentos políticos de sempre. Esses novos atores estão enriquecendo o âmbito do discurso político ao redor do mundo e mudando a maneira de obter, usar e perder esse poder. Operam fora dos canais convencionais e fogem ao controle dos governos e das organizações políticas tradicionais. Estão por toda parte e, ao enfrentar repressão, podem mostrar-se alvos esquivos. Mas a tecnologia é apenas a ferramenta. O importante é a difusão que ocorre no poder, que tem colocado os indivíduos numa posição sem precedentes, não só para passar por cima das instituições políticas desenvolvidas ao longo de décadas mas também para influenciar, convencer ou coagir políticos "reais" de modo mais direto e eficaz do que qualquer teórico clássico da política poderia ter imaginado.

Fundos *hedge* e hacktivistas

John Paulson e Julian Assange não poderiam ser pessoas mais diferentes. Paulson dirige a Paulson & Co., um dos maiores fundos *hedge*, de investimento de risco, do mundo. E, como se sabe, Assange é o fundador da WikiLeaks, a organização com base na internet que se especializou em divulgar informação secreta de governos e corporações. No entanto, ambos têm uma coisa em comum muito significativa: simbolizam uma nova espécie de atores que estão transformando a política nacional ao limitar o poder dos governos.

Com sua capacidade de movimentar bilhões de dólares à velocidade da luz e tirá-los de um país em cuja política econômica não confiem, os fundos *hedge* são apenas uma das muitas instituições financeiras cujas decisões limitam o poder dos governos. O escritor e colunista do *The New York Times*, Thomas Friedman, chama as limitações impostas por esses atores de "Camisa de Força Dourada":

> Para caber nela, um país precisa adotar – ou dar a impressão de que pretende adotar – as seguintes regras de ouro: fazer do setor privado o motor principal do seu crescimento econômico, manter uma taxa de inflação baixa e preços estáveis, encolher o tamanho de sua administração pública, manter um orçamento o mais equilibrado possível ou com superávit, eliminar e baixar tarifas sobre produtos importados, remover as restrições ao investimento estrangeiro, livrar-se de cotas e monopólios domésticos, aumentar as exportações, privatizar indústrias e serviços de

propriedade do Estado, desregulamentar os mercados de capitais, tornar sua moeda conversível, abrir seus setores, bolsas e mercados de dívida ao investimento estrangeiro, desregulamentar a economia para promover ao máximo a concorrência, eliminar o quanto possível a corrupção do governo, os subsídios e as comissões, abrir seu sistema bancário e de telecomunicações à propriedade e concorrência privada e permitir que seus cidadãos escolham entre uma série de opções de aposentadoria que incluam fundos mútuos de pensões estrangeiros. Quando costura todas essas peças juntas, você tem a Camisa de Força Dourada. [...] E quando um país veste a Camisa de Força Dourada, costumam acontecer duas coisas: sua economia cresce e sua política encolhe. Ou seja, no *front* econômico, a Camisa de Força Dourada geralmente fomenta mais crescimento, mais emprego e maior renda para a população, graças ao aumento do comércio, maior investimento estrangeiro, privatização e uso mais eficiente dos recursos sob a pressão da concorrência global. Mas no *front* político, a Camisa de Força Dourada reduz as opções políticas e de estratégia econômica de quem está no poder a parâmetros relativamente estreitos. Os governos – liderados por democratas ou republicanos, conservadores ou trabalhistas, gaullistas ou socialistas, democratas-cristãos ou social-democratas – que se desviam muito das regras essenciais veem seus investidores debandar, as taxas de juro aumentarem e os valores na bolsa caírem.[30]

Os estragos da crise financeira na Europa são um exemplo extremo do poder que os mercados finaceiros globais têm de impor condições aos governos e, como no caso da Grécia, até de ajudar a derrubá-los quando eles resistem em levar adiante as reformas econômicas exigidas por esses mercados.

Mas, como vimos antes, uma nova classe política desvinculada de partidos políticos e de outras organizações políticas tradicionais tornou-se também um pesadelo para os governos. Hoje esses ativistas são conhecidos como *hacktivists* ou "ciberativistas" (um termo cunhado em 1996 por Omega, um membro de um grupo de *hackers* da internet que se autodenominavam *The Cult of the Dead Cow*, "O Culto da Vaca Morta"). O hacktivismo, definido como "o uso de ferramentas digitais legais ou ilegais com fins políticos",[31] força os governos a entrar num infindável jogo *hi-tech* de gato e rato – um jogo que inclui penetrar e deixar vulneráveis as redes de computadores. Também envolve o uso de uma ampla variedade de tecnologias de informação e comunicação (ICTs ou TICs), que o catedrático de Stanford Larry Diamond chama de "Tecnologias de Libertação". Como Diamond aponta em seu livro de mesmo nome:

> Vários anos atrás, enquanto eu concluía uma investigação sobre a luta mundial pela democracia, fiquei impressionado com o crescente uso da internet, da blogosfera, das mídias sociais e dos celulares para: denunciar e contestar os abusos dos regimes autoritários; oferecer canais alternativos para divulgar informação e o uso de meios de comunicação mais imunes à censura e aos controles impostos pelas ditaduras.
>
> Em 2007 – o que agora parece quase uma geração atrás devido à velocidade com que essas tecnologias têm se desenvolvido – essas tecnologias digitais já haviam registrado alguns feitos impressionantes. Haviam permitido à sociedade civil filipina encher as ruas para derrubar um presidente corrupto (Joseph Estrada); possibilitaram as rápidas mobilizações contra o autoritarismo encenadas pela Revolução Laranja na Ucrânia e pela Revolução do Cedro no Líbano; documentaram a fraude das eleições de 2007 na Nigéria; expuseram (via fotos de satélite) a chocante desigualdade corporificada nos imensos complexos palacianos da família real do Bahrein; e forçaram a suspensão das atividades nas instalações químicas de Xiamen, China, que eram uma ameaça ao meio ambiente, por meio da difusão viral de centenas de milhares de comoventes mensagens de texto via celular. Chamei as TICs que esses cidadãos estavam usando de "tecnologias da libertação", pela capacidade que demonstraram de permitir aos cidadãos confrontar, conter e pedir satisfações aos regimes autoritários – e até de libertar sociedades inteiras de uma autocracia.[32]

A centrífuga política

Se você é um político de carreira, forjado na mentalidade clássica dessa atividade, irá sentir o efeito somado dessas seis décadas de fragmentação na vida política nacional como algo devastador. A "sensação de prestígio", que Max Weber identificou como o desejo profundo de um político, está desaparecendo, pela simples razão de que o poder subjacente ao cargo político vem se esvaindo.

Nunca como agora houve tantas nações, governos, instituições políticas e organizações para refletir e inspirar nossas opiniões, decisões e ações. As migrações e a urbanização criaram novas redes políticas, sociais, culturais e profissionais, e concentraram essas redes em núcleos urbanos investidos de um poder novo e crescente. As normas globais têm maior alcance, e as aspirações e expectativas individuais intensificaram-se e distribuíram-se graças às redes sociais, fibras ópticas, antenas parabólicas e *smartphones*. É como se uma centrífuga política tivesse tomado os elementos que constituem a política como a conhecemos e tivesse espalhado todos eles por um cenário novo e mais amplo. A seguir, algumas das principais repercussões dessa centrífuga.

Desintermediação dos partidos

Uma das funções primordiais da política é identificar, articular e transformar em ações de governo os interesses das pessoas. Em tese, os partidos políticos (ou os grupos organizados dentro de um sistema que tenha um partido único, como na China, ou então sindicatos e associações cívicas) representam as pessoas comuns e transmitem suas opiniões e desejos àqueles dentro do governo que têm o dever e o poder de satisfazer os desejos do povo. Em outras palavras, os partidos políticos servem (ou deveriam servir) de intermediários entre as pessoas e seu governo. Sua função é conectar os desejos e necessidades dos eleitores com as atividades e decisões do governo.

Os partidos têm cada vez maior dificuldade em desempenhar com eficácia esse papel crucial. Por quê? Porque os canais que ligam as pessoas ao governo são agora muito mais curtos e mais diretos do que antes e surgem cada vez mais atores capazes de intervir nesse processo e competir com os partidos no desempenho desse papel. Cada vez mais, as pessoas podem fazer sentir seus desejos e defender seus interesses sem necessidade da intermediação dos partidos políticos.

Como me contou Lena Hjelm-Wallén, a ex-vice-primeira-ministra sueca e ministra das Relações Exteriores, com uma mistura de exasperação e resignação na voz: "As pessoas se mobilizam mais por questões específicas que afetam sua vida diária do que pelas ideologias abstratas, abrangentes, representadas pelos partidos".[33] Os novos grupos, fóruns e plataformas orientam o apoio da população até os líderes políticos que oferecem benefícios e assumem sua responsabilidade sem necessidade de contar com um partido político que lhes sirva de intermediário.

Num cenário em que os resultados das eleições e, portanto, os parlamentos estão fragmentados, os partidos políticos dominantes perderam muito de seu poder e de sua capacidade de servir seus eleitores. Portanto, filiar-se a um novo partido pequeno, votar nele ou mesmo criar outro partido tem agora um custo muito menor do que antes. Um fator crucial é que apoiar um desses novos partidos envolve também menos custo de oportunidade; em outras palavras, estamos agora abrindo mão de menos coisas quando votamos num partido pequeno e não num grande, ou quando participamos do processo político por métodos totalmente diversos. Os partidos políticos grandes, bem estabelecidos, continuam sendo o principal veículo para obter o controle do governo numa democracia. Mas estão sendo cada vez mais minados e superados por novas formas de organização e participação política.

Governos de mãos e pés atados

O que este capítulo tem demonstrado é que a degradação do poder limitou a autonomia de ação do poder executivo. Mesmo em sistemas presidencialistas, a crescente divisão da política em facções rivais muitas vezes dificulta aprovar uma lei no parlamento. Mas as limitações que o governo sofre vêm também de fora do sistema político convencional. A lista de atores com capacidade de fazer denúncias, retirar apoios essenciais ou apresentar um relato prejudicial que impeça o governo de agir abrange desde os detentores de títulos da dívida e ativistas internacionais a blogueiros e celebridades. Como me contou Ricardo Lagos, ex-presidente do Chile:

> Quanto mais as Ongs têm poder de perseguir seus objetivos unidimensionais, menor é o poder do governo para governar. Muitas Ongs são grupos de interesses

com um só objetivo, com maior agilidade política, melhor domínio da mídia e maior flexibilidade no plano internacional do que a maioria dos governos. Sua proliferação deixa de mãos e pés atados a máquina governamental e limita muito seu leque de opções. Tive uma experiência pessoal disso quando fui presidente e vejo-o agora em minhas viagens quando falo com outros chefes de Estado e ministros. No geral, as Ongs são benéficas à sociedade, mas sua visão bitolada e as pressões que têm de exercer para mostrar resultados às suas bases e doadores podem torná-las muito rígidas.[34]

No passado, os governos podiam tentar transformar o cenário político – tanto para satisfazer reivindicações populares como, ao contrário, para reprimi-las – e podiam fazê-lo alterando as regras eleitorais, aprovando emendas constitucionais ou impondo planos de emergência. Eles ainda podem tentar medidas como essas, mas cada vez mais precisam enfrentar o escrutínio e as ações que vêm de fora da política convencional.

A hiperconcorrência chegou à política

A dispersão do poder político tornou difusos os limites entre as diversas categorias de atores: partidos políticos (grandes e pequenos, dominantes e marginais, revolucionários ou conservadores), grupos ativistas, imprensa, eleitores etc. Hoje em dia, é natural e espera-se que os funcionários em cargos eletivos, assim como as diferentes agências do Estado, tenham sua própria estratégia de comunicação, contem com equipes profissionais para elaborar seu próprio material informativo para a mídia e tentem se comunicar diretamente com os eleitores pela internet e outros canais. Os grupos de interesse que têm um só objetivo (os ecologistas, os anti-imigrantes etc.) hoje já não só tentam influenciar as decisões de quem chegou ao governo pela via dos votos, mas com frequência cada vez maior tentam eles mesmos obter esses votos e ser eleitos para cargos de influência. Como as barreiras à participação são mais baixas do que nunca, o número de candidatos e grupos que competem entre si por votos, doações, cargos, orçamentos, atenção da mídia e apoio dos eleitores aumentou bastante. A concorrência sempre existiu na política, mas agora, além de ser mais intensa, mudaram os competidores e as normas pelas quais essa concorrência se rege são outras.

Mais poder aos indivíduos

A expansão do papel dos indivíduos – não políticos, não profissionais – talvez seja o efeito mais estimulante e desafiador da centrífuga política. Essa expansão resulta da queda das barreiras que separavam os profissionais da política do cidadão comum – barreiras financeiras, legais, organizacionais e culturais.

O declínio dos grandes partidos políticos e a proliferação de métodos diretos e imediatos de entrar na arena política fizeram essas barreiras perder força. Essa evolução abre mais possibilidades para variações e adaptações da democracia direta, segundo o modelo da ágora ateniense ou dos cantões suíços, trasladados à era digital. Mas essa evolução também abre possibilidades menos desejáveis: candidatos carismáticos ou bem financiados (ou ambas as coisas) têm agora mais possibilidades de driblar o escrutínio e os processos de seleção dos partidos políticos e irromper na concorrência por votos com promessas atraentes para a população, uma personalidade sedutora e bastante dinheiro para financiar sua campanha eleitoral (muitas vezes, sem que importe muito a origem dos fundos).

Portanto, as preocupações do ex-presidente do Brasil, Fernando Henrique Cardoso, do vice-primeiro-ministro alemão Joschka Fischer, da sueca Lena Hjelm-Wallén e do ex-presidente chileno Ricardo Lagos não são gratuitas nem se originam da nostalgia de um passado em que cada um deles teve muito poder. Suas preocupações se baseiam na óbvia observação de que as democracias começam a perder eficácia à medida que as decisões necessárias – e até as mais urgentes – que os governos devem tomar são impedidas, diluídas ou adiadas como resultado da fragmentação do poder e da proliferação de grupos e indivíduos com o poder de bloquear processos e decisões, mas sem o poder de impor um programa ou uma estratégia.

A centrífuga política desafia igualmente os regimes autoritários, porque faz que seus inimigos se tornem mais fugidios e facilita a entrada de novos rivais e contendores. Mas sobretudo porque não há nada que ameace mais um regime autoritário do que ter nas ruas e praças centenas de milhares de pessoas que perderam o medo e que, sem líderes nem cadeias de comando claras, organizam-se espontaneamente para exigir as mudanças que o governo teme fazer ou que não sabe nem quer fazer.

Não obstante, seus efeitos também são um desafio às democracias. Para muitos que a defendem, a democracia é uma meta, e a degradação do poder dos governos autoritários tem ajudado muitos países a se aproximar do caminho democrático. Mas os efeitos do declínio não param aqui. As profundas forças econômicas, tecnológicas e culturais por trás dele empoderam uma ampla gama de ideias e sentimentos, nem todos eles de espírito democrático. O separatismo regional, a xenofobia, as campanhas anti-imigração e os fundamentalismos religiosos, todos eles tendem a se beneficiar da degradação do poder. O único efeito comum da centrífuga política em todos os lugares é complicar o cenário político e erodir os velhos padrões e hábitos.

E a única certeza é que ela continuará a fazer isso.

CAPÍTULO SEIS

Pentágonos *versus* piratas: o poder minguante dos grandes exércitos

A Al Qaeda gastou cerca de 500 mil dólares para produzir os ataques de 11 de setembro; já as perdas com a destruição daquele dia mais os custos da reação americana aos atentados foram de 3,3 trilhões de dólares. Em outras palavras, para cada dólar que a Al Qaeda gastou em planejar e executar os ataques, os Estados Unidos gastaram 7 milhões.[1] Os custos do 11 de setembro equivalem a um quinto da dívida nacional dos Estados Unidos. Em 2006, durante a Guerra do Líbano, o Hezbollah disparou um míssil de cruzeiro teleguiado contra um navio israelense. O míssil atingiu e quase afundou o *Hanit* ("Lança"), uma corveta da marinha israelense equipada com sistema de defesa antimísseis. O custo do navio era de 260 milhões de dólares; o preço do míssil, de apenas 60 mil dólares.[2] Em 2011, piratas somalis impuseram ao mundo custos entre 6,6 bilhões e 6,9 bilhões de dólares. Eles desferiram um recorde de 237 ataques – depois de 212 ataques no ano anterior –, apesar das patrulhas permanentes de uma frota multinacional, que incluía alguns dos navios de guerra de tecnologia mais avançada do mundo.[3]

Terroristas, rebeldes, piratas, guerrilhas e delinquentes não são novidade. Mas, adaptando uma célebre frase de efeito de Churchill: nunca no terreno do conflito humano tão poucos tiveram o potencial de fazer tanto dano a tantos por um custo tão baixo. Assim, também no domínio dos conflitos armados, os micropoderes, embora raramente vençam, estão tornando mais difícil a vida das grandes e custosas forças armadas do mundo.

A crescente capacidade de grupos combatentes pequenos e ágeis de promover seus interesses e infligir danos significativos a adversários militares muito maiores e mais bem estabelecidos é uma das maneiras pelas quais o exercício do poder por meio da força tem mudado; a outra é que houve uma diminuição na capacidade e disposição dos Estados com exércitos tradicionais de fazer pleno uso do seu imenso poder de destruição. Embora seja claro que os micropoderes atuais não têm como enfrentar frontalmente as potências militares, eles estão sendo cada vez mais capazes de "negar" a vitória aos atores maiores, mais avançados em tecnologia, dentro de um conflito assimétrico – e isso indica uma mudança fundamental no poder militar.

John Arquilla é um dos mais respeitados estudiosos na área da guerra moderna. Ele acredita que o mundo entrou numa "era de guerra irregular perpétua". Segundo Arquilla,

> os líderes militares tradicionais não têm muito a dizer ou a contribuir a respeito das guerras de hoje. Os princípios clássicos da guerra tampouco podem ser de muita ajuda, particularmente a noção de que para ir à guerra é preciso ir "com tudo" e fazer uso massivo de soldados, armas e equipamentos. Essa é a doutrina defendida por Colin Powell, que ele chamou de 'uso de força esmagadora', e de outros conceitos como o do *shock and awe* ('choque e espanto'). Tais ideias já fraquejavam na época da Guerra do Vietnã; hoje está claro que as tentativas de reformatá-las para usá-las contra redes de rebeldes e terroristas irão revelar-se igualmente problemáticas.[4]

Quando se trata de ostentar e de usar o poder, a força militar representa o recurso por excelência. Enquanto a política tenta persuadir, a guerra – ou a ameaça de guerra – visa coagir. O poder militar, medido pelo tamanho de um exército e por seu equipamento e perícia técnica, é a expressão mais extrema do poder. A força armada é o fato bruto que permanece quando são postas de lado as sutilezas da diplomacia, a persuasão da publicidade ou o *soft power* [poder suave]. E sabe-se bem que, quando há confrontações entre países, o equilíbrio de poder costuma inclinar-se para a nação com o maior arsenal. Ou como na célebre réplica de Josef Stálin quando o aconselharam a ajudar os católicos na Rússia a fim de adular o papa: "O papa? Quantas divisões ele tem?" (ao ficar sabendo dessa declaração de Stálin, o papa Pio XII rebateu sério: "Podem dizer ao meu filho Josef que ele irá se encontrar com as minhas divisões no céu").[5]

Embora a Segunda Guerra Mundial já esteja quase sete décadas distante de nós, e a corrida armamentista da Guerra Fria duas décadas, os planejadores militares ainda apostam na doutrina do poder de fogo superior. Continuam a supor que um poderio militar grande e tecnologicamente avançado é essencial para a segurança e o poder.

O primeiro exemplo de que não é assim são os Estados Unidos. Em 2012, seu orçamento de defesa era superior a 700 bilhões de dólares,[6] quase metade do gasto militar mundial. Despesas relacionadas de outros órgãos americanos elevaram o total a cerca de 1 trilhão de dólares. Os maiores rivais militares dos Estados Unidos, a China e a Rússia, respondem por apenas 8% e 5% do gasto militar mundial, respectivamente – embora seu gasto (especialmente o da China) esteja em rápido crescimento. Em relação ao PIB, apenas cerca de 25 países, a maioria deles do Oriente Médio, gastaram uma proporção maior com seus exércitos. Mesmo com os cortes nos gastos da defesa que os Estados Unidos planejam fazer na próxima década, as despesas serão enormes. Por volta de 2017, quando os cortes planejados tiverem pleno efeito, o orçamento de defesa dos Estados Unidos ainda será seis vezes maior que o atual da China e maior que o dos dez países seguintes juntos.[7] Com esse orçamento levemente reduzido, por exemplo, os Estados Unidos ainda terão onze porta-aviões e manterão intactos os três pilares de sua tríade nuclear (bombardeiros de longa distância, mísseis balísticos intercontinentais e submarinos lançadores de mísseis).*

Nas duas últimas décadas, toda vez que os Estados Unidos se envolveram em guerra convencional, suas forças venceram com facilidade.

* Todos os investimentos feitos em equipamento militar sob a administração Reagan ficarão defasados ao longo das décadas de 2010 e 2020. Na Marinha, alguns são contrários aos porta-aviões; se essa posição vencer o debate, os Estados Unidos poderão ter menos do que onze porta-aviões dentro de uma década ou duas.

Mas essas guerras convencionais têm sido poucas: apenas a primeira Guerra do Golfo, em 1991, e certamente a segunda, embora o exército iraquiano não tenha oposto maior resistência. Em 2008, o secretário de defesa dos Estados Unidos, Robert Gates, observou que de todas as muitas mobilizações de tropas americanas ao longo de mais de quatro décadas, apenas uma – a primeira Guerra do Golfo – era "um conflito mais ou menos tradicional". As demais, de Granada, Líbano, Somália, Kosovo, Iraque e Afeganistão, envolveram contrainsurgência, antiterrorismo ou intervenção política ou humanitária mais do que um duelo sustentado de dois exércitos com estrutura tradicional de comando e controle. Essa tendência é válida para o mundo em geral. Na década de 1950, havia em média seis conflitos internacionais em andamento por ano, em comparação com uma média de menos de um por ano na primeira década deste milênio.[8] E, nos últimos sessenta anos, não houve uma única guerra entre as grandes potências.[9]

Isso não quer dizer que não haja guerras. Embora ao redor do mundo o número de conflitos armados com a participação de Estados tenha caído 40% entre 1992 e 2003 (isso inclui não só guerras entre Estados, mas guerras movidas por estados contra grupos sem vínculo estatal), esse número desde então cresceu.[10] E, após um declínio a partir de 2003, os conflitos armados não estatais – definidos pelo *Human Security Report Project* como "o uso de forças armadas entre dois grupos organizados, em que nenhum dos dois é o governo de um Estado" – subiram acentuadamente a partir de 2008.

A guerra hoje assumiu diferentes formas, com as quais os grandes aparatos militares convencionais estão tendo dificuldades de lidar. Vamos relembrar os seguintes instantâneos da última década:

- Juz Ghoray, Afeganistão, outubro de 2011: Um fuzileiro dos Estados Unidos em patrulha encontra um artefato explosivo improvisado enterrado perto de um pico chamado Montanha Feia. Enquanto trabalha para desativá-lo, localiza outro, e nesse processo acaba se movimentando e pisando num terceiro, que despedaça sua perna direita – fazendo dele um dos 240 integrantes das forças armadas americanas que perderam um membro em 2011.[11] Ele teve sorte: 250 soldados da coalizão perderam a vida por causa de artefatos explosivos improvisados nesse mesmo ano.

- Mumbai, Índia, 26 a 29 de novembro de 2008: Depois de sequestrar um pesqueiro indiano, dez homens paquistaneses armados chegam por mar à cidade de Mumbai e começam a praticar atos terroristas, matando 168 pessoas e ferindo mais de trezentas, antes de serem eles mesmos mortos ou aprisionados.
- Monterrey, México, 25 de agosto de 2011: Homens armados de Los Zetas, o mais violento cartel de drogas mexicano, atacam um cassino, atirando nos clientes e depois ateando fogo ao local. Mais de cinquenta pessoas morreram na carnificina.
- Nordeste da Ilha de Socotra, Iêmen, 7 de fevereiro de 2012: Piratas somalis atacam e tomam um navio cargueiro de bandeira liberiana e propriedade grega, e o levam de volta à costa somali – é um de 37 ataques, e o 11º navio a ser feito refém com sua tripulação, desde o início desse ano.[12]
- Washington, DC, maio de 2010: A Câmara de Comércio dos Estados Unidos descobre que *hackers* chineses tiveram acesso à sua rede de computadores ao longo do ano anterior, furtaram informações de seus membros e alguns históricos de *e-mail* de seus funcionários e até controlaram os termostatos do edifício.[13] Esse é apenas um das centenas de ataques desse tipo a escritórios do governo, forças armadas e corporações americanas e de outros países desferidos por *hackers* da China, Rússia e de outras nações, muitos deles vinculados a governos.

Como ilustram esses exemplos, o desafio para os poderes militares tradicionais como os Estados Unidos não é só como reagir a um novo conjunto de inimigos, mas como reagir à transformação da própria guerra, impulsionada em boa medida pelo lado mais escuro das revoluções do Mais, da Mobilidade e da Mentalidade.

Os "artefatos explosivos improvisados" (IEDs, de *improvised explosive devices*) tornaram-se a arma preferencial no Afeganistão, Iraque, Síria e em inúmeros outros locais de conflito. Os IEDs não precisam de plutônio, de sofisticados explosivos nem de ligas complexas, mas de ingredientes agrícolas ou domésticos e bens de consumo manipulados e montados com a finalidade de permitir a construção de bombas, projetadas por aqueles que se beneficiaram da enorme expansão das oportunidades de educação em todo o mundo (um estudo sobre o perfil dos terroristas descobriu que uma porcentagem desproporcional deles eram engenheiros ou tinham feito cursos de engenharia. Tanto a ampla disponibilidade de materiais para a produção das bombas "domésticas" como de "técnicos" capazes de montá-las são frutos da revolução do Mais. Como os piratas somalis, que usam barcos de fibra de vidro, rifles AK-47 baratos e granadas propelidas por foguetes para sequestrar imensos navios de carga, os terroristas que atacaram Mumbai também aproveitaram a pronta disponibilidade de armas e tecnologias de comunicação – ou seja, subprodutos das revoluções do Mais e da Mobilidade como o GPS, que lhes permitiu navegar pelas águas indianas, e os telefones por satélite, assim como os celulares que usaram nos ataques para coordenarem-se entre si, monitorar os movimentos da polícia e transmitir mensagens de seus feitos criminosos para o mundo exterior.

Graças à facilidade das viagens e da comunicação, até mesmo um terrorista sozinho pode montar esse tipo de ataque de alto impacto num alvo distante, que antes exigiria jatos bombardeiros ou mísseis e muito dinheiro – pense em Richard Reid, o homem do "sapato-bomba", e no homem da "cueca-bomba", Umar Abdulmutallab, ambos quase bem-sucedidos em derrubar os aviões em que viajavam.

Por sua vez, a revolução da Mentalidade despertou aspirações e expectativas que com frequência são frustradas de maneira cruel ou facilmente distorcidas, e com isso ajudou a mobilizar um bando de insatisfeitos fanáticos, criminosos e pretensos revolucionários, que hoje, além disso, desfrutam de grande mobilidade. E, talvez igualmente importante, essa lição de que um terrorista solitário ou um pequeno bando de combatentes podem infligir severos danos a uma grande potência ficou gravada na mente de milhões de pessoas, que não irão esquecê-la.

Essas novas aptidões não requerem a hierarquia e coordenação das quais se orgulham as grandes forças armadas do mundo. À medida que caíram as barreiras para participar de um conflito, as vantagens que antes constituíam o poderio de grandes exércitos e garantiam sua capacidade de repelir quaisquer ataques perderam parte de sua relevância. A última vez em que houve mobilização massiva de efetivos militares e forças de terra, mar e ar foi no início da invasão do Iraque; depois disso, não vimos mais esse padrão nos conflitos do século XXI. Não há grandes descargas de artilharia, assaltos com carros de combate e ataques aéreos supersônicos, muito menos a fria lógica e as escaladas calculadas da doutrina nuclear. Ao mesmo tempo, as forças da Otan também tiveram de aprender a lutar num ambiente de mídia diferente – no qual seus adversários têm sido capazes de divulgar sua mensagem com maior facilidade graças às mídias sociais, e no qual repórteres, blogueiros e ativistas comentam cada baixa aliada e cada trágico episódio de danos colaterais para apresentá-lo a um público plugado e justificadamente ansioso.

A transformação do conflito estimulou uma intensa reflexão em ministérios da defesa e escolas de guerra, e estimulou tentativas de adaptar a organização e a doutrina às novas realidades. Tanto a edição de 2010 da *Quadriennial Defense Review* ("Revisão Quadrienal de Defesa"), principal documento-guia da estratégia e do orçamento das forças armadas americanas, quanto o *Defense Strategic Guidance* ("Guia de Defesa Estratégica"), publicado em janeiro de 2012, enfatizam a crescente importância dos conflitos pequenos e assimétricos com uma série eclética de antagonistas;[14] esse último documento coloca o "Contraterrorismo e a Guerra Irregular" no topo de lista das missões prioritárias das forças armadas dos Estados Unidos.

Os estrategistas militares americanos também estão preocupados com o fato de armas de alta precisão, capazes de derrubar aviões, afundar navios ou alvejar seletivamente um único carro em movimento numa estrada, estarem cada vez mais disponíveis não só a rivais como a China e a adversários como a Coreia do Norte, mas também a terroristas, criminosos e outros grupos armados que operam à margem dos estados. Thomas Mahnken, um antigo assessor da secretaria de defesa para assuntos de planejamento e professor da Escola Naval de Guerra, advertiu que "os adversários estão adquirindo bombas inteligentes, além dos recursos de apoio necessários à guerra de precisão, com um investimento mínimo".[15] A tecnologia dos *drones*, os veículos não tripulados que têm revolucionado a vigilância e as operações americanas contra rebeldes e terroristas, está estendendo-se cada vez mais, o que faz pensar na possibilidade de qualquer pessoa provocar um caos a baixo custo, talvez com apenas alguns milhares de dólares.

O grande auge das pequenas forças

"Um príncipe deseja guerrear e, acreditando que Deus está do lado dos grandes batalhões, duplica o número de seus soldados", escreveu Voltaire no século XVIII. A preferência pelo "grande" no mundo militar é legendária. Mas são igualmente legendários os exemplos de pequenos exércitos que conseguiram fustigar, deter e às vezes até vencer essas grandes máquinas militares.

A Batalha de Termópilas, em 480 a.C., é um bom exemplo. Tirando vantagem de uma posição elevada e de terreno acidentado, forças gregas muito inferiores numericamente, detiveram o exército persa durante três dias, infligindo-lhe perdas desproporcionais antes de acabar aniquilada numa heroica batalha final. Os gregos perderam a batalha de Termópilas, mas conseguiram enfraquecer as forças persas e repelir a invasão.

De Davi na *Bíblia* ao vietcongue na Guerra do Vietnã, a história é repleta de antagonistas menores e menos equipados defendendo sua posição e frustrando, quando não derrotando, militarmente oponentes de maior porte.

Entre os pioneiros modernos desse método de guerrear estão Che Guevara e Ho Chi Minh, assim como Mao Tsé-Tung, cujas táticas de guerrilha na guerra civil chinesa ajudaram a impor o regime comunista na China. Ao estabelecer as diferenças entre a guerra de guerrilhas e a guerra convencional, Mao viu que as duas tinham exigências opostas quanto a tamanho e coordenação. "Na guerra de guerrilhas", escreveu Mao, "pequenas unidades que agem de modo independente desempenham o papel principal, e não é necessária muita interferência em suas atividades." Na guerra tradicional, ao contrário, "o comando é centralizado. [...] Todas as unidades e todas as armas de apoio em todas as zonas devem estar coordenadas no mais alto grau". Na guerra de guerrilhas, esse tipo de comando e controle era "não só indesejável como impossível".[16]

Na linguagem militar atual, as guerras de guerrilhas são "irregulares" e "assimétricas". Irregulares porque partem de um antagonista que, embora armado, não é uma força militar tradicional. E assimétricas porque seus oponentes não possuem o mesmo poder militar, em termos de pessoal e equipamento. Hoje, conflitos irregulares e assimétricos são habituais. No Afeganistão, por exemplo, mais de 430 mil soldados afegães e da coalizão têm sido incapazes de subjugar uma força talibã, que tem cerca de um doze avos do seu tamanho. No Iraque, no auge das tensões em outubro de 2007, mais de 180 mil soldados da força de coalizão e cerca de 100 mil iraquianos das forças de segurança enfrentavam apenas 20 mil rebeldes.

A Rússia teve uma experiência similar na Chechênia: em 1999-2000, na chamada Segunda Guerra da Chechênia, mais de 80 mil soldados russos bem armados ficaram cinco meses sitiados por cerca de 22 mil rebeldes apenas, que lutavam pela independência. No fim, o exército russo acabou vencendo e restaurou o controle federal sobre o território, mas não sem antes desferir uma brutal campanha que resultou em dezenas de milhares de civis mortos e mais de 5 mil baixas de soldados russos.[17]

Pela África e Sudeste Asiático encontramos dezenas de movimentos insurgentes novos e antigos – do Exército de Resistência do Senhor em Uganda à Frente Moro de Libertação Islâmica nas Filipinas. E estão em franco aumento os conflitos militares não ligados à defesa de um território particular, mas motivados por metas em princípio não relacionadas a fronteiras, e sim ideológicas, criminosas, religiosas ou econômicas. Dos conflitos militares que eclodiram na década de 1950, apenas uma minoria era entre estados e grupos armados sem vínculo com qualquer país. Já na década de 1990, conflitos com grupos armados foram a maioria. Em 2011, o então subsecretário da Defesa Americana William Lynn explicou que o conflito "normal" deixou de consistir em "períodos intensos, mas curtos" e passou a "combates menos intensos, mas bem mais longos".[18]

Com crescente regularidade, forças menores estão sendo bem-sucedidas, pelo menos para promover suas metas políticas e sobreviver militarmente. O estudioso de Harvard Iván Arreguín-Toft analisou 197 guerras assimétricas, que tiveram lugar em todo o mundo no período de 1800 a 1998. Eram assimétricas no sentido de que, desde o início, existia grande distância entre os antagonistas no porte de seus exércitos e populações e em seu armamento. Arreguín-Toft descobriu que o ator supostamente "fraco" acabou sendo o vencedor do conflito em quase 30% dos casos. O fato era notável por si, mas ainda mais impressionante foi a tendência ao longo do tempo. No decorrer dos dois últimos séculos, houve um aumento constante nas vitórias do antagonista supostamente "fraco". Entre 1800 e 1849, o ator fraco venceu apenas 11,8% dos conflitos, em comparação com os 55% de conflitos vencidos entre 1950 e 1998. O que isso significa é que um axioma essencial da guerra foi frontalmente desafiado. Houve um tempo em que o poder de fogo superior significava a vitória. Agora isso não é mais verdadeiro.[19]

A razão se deve em parte ao fato de que, no mundo atual, o recurso à barbárie por parte do lado mais forte – por exemplo, o bombardeio indiscriminado de populações civis na Segunda Guerra Mundial, o uso de tortura pelos franceses na Argélia ou os assassinatos seletivos de vietcongues no Vietnã do Sul – não é mais politicamente aceitável. Como defende Arreguín-Toft, algumas formas de barbárie – como o controvertido programa de assassinato de líderes guerrilheiros inimigos no Vietnã – podem ter eficácia militar imediata. Mas, na ausência de uma verdadeira ameaça a um Estado mais forte, especialmente uma democracia, em que a política militar costuma ser vigiada de perto pelo público, as iniciativas militares que se chocam com os valores e normas culturais da população são insustentáveis. Como me contou o general aposentado Wesley Clark, veterano do Vietnã e ex-supremo comandante da Otan na Europa: "Hoje, um comandante de divisão pode controlar diretamente helicópteros de ataque que estão 50 a 65 quilômetros distantes da frente de batalha, e desfrutar do que chamamos de 'domínio do espectro total' [controle do ar, terra, mar, espaço e ciberespaço]. Mas algumas coisas que fazíamos no Vietnã não podemos mais fazer hoje. Temos mais tecnologia, mas menos opções legais". O "sucesso" das táticas selvagens de uma Rússia autocrática na Chechênia ou a brutal supressão dos Tigres de Tammil no Sri Lanka são exemplos sanguinários de até onde um poder de fogo superior precisa ir hoje em dia para vencer um adversário tenaz, embora militarmente mais fraco.

A importância dos fatores políticos na hora de determinar o resultado de conflitos militares assimétricos ajuda a explicar a atual ascensão da versão moderna do ator pequeno – o terrorista. Já percorremos um longo caminho desde as raízes do terrorismo no Estado durante a fase da Revolução Francesa denominada "Reino do Terror", de setembro de 1793 a julho de 1794. Embora o Departamento de Estado americano tenha designado cerca de cinquenta grupos como Organizações Terroristas Estrangeiras, o número de grupos que estão ativos é facilmente o dobro disso, alguns com dezenas de membros, outros com milhares. Além disso, a capacidade de que um indivíduo sozinho ou um pequeno grupo têm de mudar o curso da história com um ato de violência ficou evidente mesmo antes do assassinato do arquiduque Ferdinando de Sarajevo pelo nacionalista sérvio Gavrilo Princip, que marcou o início da Primeira Guerra Mundial.

O que diferencia o moderno terrorismo – cujos exemplos máximos são o 11 de setembro, outros atentados da Al Qaeda em Londres, Madri e Báli, os ataques chechenos em Moscou e o atentado a Mumbai realizado pela Lashkar-e-Taiba – é que o terrorismo deixou de ser uma questão de segurança interna (ou seja, com a qual cada país teria de lidar a seu modo) e tornou-se uma preocupação militar global. Os ataques terroristas de Osama bin Laden e sua organização levaram governos de mais de cinquenta países a gastar mais de um trilhão de dólares na proteção de suas populações contra potenciais ataques. Um documento-chave da estratégia de defesa francesa de 1994 continha vinte referências ao terrorismo; sua atualização em 2008 o mencionou 107 vezes, e com muito maior frequência do que a palavra "guerra". "A tal ponto que", escreveram os acadêmicos Marc Hecker e Thomas Rid, "essa forma de conflito parece ter eclipsado a ameaça de guerra."[20]

O fim do monopólio supremo: o uso da violência

Na guerra moderna, quanto mais os atores pequenos e não estatais crescem em relevância e eficácia, mais conseguem minar um dos princípios essenciais que guiaram a política e o poder durante os últimos séculos. "O estado", escreveu Max Weber, "é uma associação que reivindica o monopólio do uso legítimo da violência." Em outras palavras, parte da definição e da razão de ser do Estado moderno era sua capacidade de monopolizar o poder militar. Organizar e controlar o exército e a polícia era prerrogativa do Estado, que tinha ainda como uma de suas atribuições prevenir o uso da violência por outros grupos em seu território, como parte do contrato social que fundamentava sua legitimidade. Esse novo monopólio da violência significou o fim de bandos medievais de saqueadores e de soldados de aluguel, e o fim das infindáveis hierarquias de senhores feudais e vassalos, cada um com seu exército, patrulhando o mesmo território. O controle militar estava, portanto, profundamente vinculado à soberania.

Hoje, esse monopólio fragmentou-se em múltiplos níveis. Uma série de governos, do México e Colômbia ao Paquistão e as Filipinas, perdeu o controle sobre grande parte do seu território, que passou a ser usada por grupos armados como base para suas atividades de apoio e defesa de lucrativas empresas criminosas transfronteiriças. Até mesmo a base da guerra de guerrilhas mudou.

No passado, o objetivo dos movimentos guerrilheiros era expulsar um invasor ou colonizador e ganhar ou restaurar a soberania. Segundo os teóricos da guerrilha, nos lugares onde ela operava o apoio popular era a chave de sua legitimidade. "O guerrilheiro precisa do apoio total das pessoas da área. Essa é uma condição indispensável", escreveu Che Guevara. Agora as guerrilhas são cada vez mais sem fronteiras: elas não subsistem mais do apoio popular – pela simples razão de que não estão mais vinculadas a um território físico. Combater o Talibã no Afeganistão pode exigir ganhar os corações e mentes da população afegã, mas combater a Al Qaeda e os imitadores que ela inspira quando estes atacam Nova York, Londres ou Madri exige mais as habilidades de agentes da inteligência do que de especialistas em desenvolvimento econômico. Ao mesmo tempo, ao enfrentarem pressões orçamentárias cada vez maiores, os estados têm procurado maneiras de reduzir o fardo dos imensos exércitos permanentes e "terceirizam" uma fatia crescente do que costumava ser sua responsabilidade soberana.

Essa convergência entre o Estado moderno e as forças armadas modernas não era só uma questão de ideologia ou de filosofia política. Era também algo profundamente prático. Refletia os custos e a tecnologia de guerra. Ao longo dos séculos, os meios de violência tiveram um ganho de escala, desde o surgimento das armas de fogo, passando pela artilharia pesada, tanques, jatos de combate até chegar aos grandes sistemas de informática – e tudo isso aumentou o custo e as necessidades logísticas indispensáveis para a eficácia militar.

Os teóricos militares falam na existência de quatro gerações de operações militares desde a fundação do Estado moderno. Cada uma delas corresponde a uma fase da história do mundo, mas reflete também avanços tecnológicos e inovações táticas contemporâneos. Até o surgimento da metralhadora, por exemplo, os exércitos aumentavam o poder de fogo concentrando imensos batalhões de soldados em linhas e colunas, orientados para lutar por pequenos trechos de território. As batalhas terminavam com campos cobertos de cadáveres, resultado do combate direto, e foi esse o padrão sangrento que vigorou desde as Guerras Napoleônicas até a Guerra Civil Americana, culminando nas trincheiras da Primeira Guerra Mundial. Esse tipo de combate recompensava os exércitos maiores e mais bem organizados, que davam ênfase ao porte (e portanto a uma reserva suficiente de homens) e também à coordenação.

Na primeira metade do século XX, isso deu lugar à artilharia pesada, tanques e aviação, e a um modelo de combate no qual essas armas abriam caminho e a infantaria vinha depois para tomar o terreno. Era mais eficaz – e também mais caro. O custo desses novos armamentos aumentou a necessidade de os exércitos se ampliarem.

Ao estudar o cenário do início do século XX, Max Weber observou que não havia uma razão inerente pela qual as empresas capitalistas privadas não pudessem empreender uma guerra; mas era impossível evitar a presença de uma estrutura forte, centralizada. Para Weber, os requisitos de porte, aptidões e tecnologia fizeram das forças armadas o melhor exemplo da moderna organização hierárquica centralizada. Um exército descentralizado, segundo Weber, estaria fadado ao fracasso.

Esse consenso começou a vacilar na Segunda Guerra Mundial, sob os duros golpes da *Blitzkrieg* alemã e suas vitórias sobre defesas estáticas como a Linha Maginot francesa – uma série de fortificações que se mostraram fáceis de cercar e neutralizar. Os assaltos pelos flancos do inimigo, ataques-surpresa e o uso de tropas aerotransportadas exigiam ação rápida e mais ágil, decisões que os comandantes teriam de tomar rapidamente sobre o terreno, sem tempo para aguardar instruções de um alto comando. Uma centralização excessiva podia ser, portanto, um defeito fatal.

Nos últimos anos do século XX, novos conflitos produziram a terceira geração de operações de guerra. A agilidade e a flexibilidade tornaram-se cada vez mais valiosas. Armas sofisticadas como mísseis terra-ar tornaram-se mais portáteis, permitindo a comandantes tomarem decisões mais substanciais no próprio campo de batalha. Mesmo assim, a polarização da Guerra Fria, a corrida armamentista que ela desencadeou e a ameaça que pairava no ar de um conflito clássico entre estados fez com que os principais exércitos do mundo continuassem a enfatizar o porte em vez de outras prioridades – como afirmou o teórico militar John Arquilla, criou-se "a dependência de algumas poucas unidades grandes e não de muitas unidades pequenas".

No caso das forças armadas americanas, observou Arquilla, sua estrutura mudou pouco desde a Guerra do Vietnã até hoje. Os exércitos americanos, acrescentou ele, "têm um 'problema de escala' crônico, isto é, uma incapacidade de se dedicar a tarefas menores com efetivos menores. A isso se acrescenta a mentalidade tradicional hierárquica, que sustenta que o mais é sempre melhor – o que implica que com menos as coisas terão de sair pior".[21]

Muitos combatentes atuais discordariam disso. Um rebelde talibã preparando um IED, um guerrilheiro colombiano da Farc, um comandante do Hamas, um blogueiro da *jihad* sentado à frente de um computador estão todos fazendo "mais com menos". Não não soldados alistados nos moldes tradicionais ou oficiais graduados por academias militares, mas nem por isso são menos relevantes para as questões militares de hoje. E não são só os "bandidos" – os terroristas, rebeldes, piratas e criminosos – que estão ficando mais numerosos e eficazes. Do lado dos exércitos nacionais das democracias ocidentais há uma crescente série de companhias militares privadas que desempenham tarefas militares e de segurança antes exclusivas de exércitos e da polícia.

Isso tampouco é novidade. Nos períodos medieval e da Renascença, as operações de guerra e de polícia muitas vezes eram contratadas. Mas o mercado atual de serviços militares particulares, que tem sido estimado em 100 bilhões de dólares por ano, praticamente não existia havia uma geração. E cresceu para abranger mais do que suprimentos e logística – funções importantes para qualquer campanha militar, mas bem distantes das linhas do *front*. Companhias militares particulares assumiram algumas das tarefas mais delicadas, incluindo o interrogatório de prisioneiros. Em 2011, pelos menos 430 empregados de empresas de serviços americanas foram mortos no Afeganistão – mais do que o número de baixas militares. Se a L-3 Communications, uma dessas empresas de serviços de defesa, fosse um país, teria acumulado o terceiro maior número de perdas de vidas no Iraque e no Afeganistão, depois dos Estados Unidos e da Grã-Bretanha.[22] "Nunca houve antes dos dois últimos séculos", escreveu o acadêmico Peter Singer, especialista no assunto, "uma dependência tão grande de soldados privados para cumprir tarefas diretamente relacionadas com o sucesso tático e estratégico de uma operação de combate."[23]

Nascidas geralmente como pequenas companhias instaladas em conjuntos empresariais anônimos nos arredores de Washington ou na periferia da Virgínia, empresas como a Blackwater (hoje rebatizada como Academi), MPRI, Executive Outcomes, Custer Battles, Titan e Aegis assumiram papéis-chave em diversas operações militares. Algumas foram compradas por empresas maiores, outras saíram do setor e umas quantas permaneceram independentes. Entre outras oportunidades recentes, essas empresas militares privadas descobriram um mercado para os seus serviços na proteção de navios comerciais contra piratas somalis. Trata-se de empresas de mercenários, com todas as antigas conotações da palavra, que se transformaram num setor global em grande expansão e diversificação.

Pensadores militares americanos cunharam o conceito de guerra de quarta geração (4W ou *fourth generation warfare*) para descrever um conflito que se caracteriza pela indefinição dos limites entre guerra e política, entre soldado e civil.[24] Trata-se do tipo de conflito em que um *ator não estatal violento* (ou VNSA, na sigla em inglês) luta contra um estado, e em que o combate é militar não apenas no sentido restrito de hostilidades armadas mas também no sentido de polarizar a mídia e a opinião pública, com cada lado empenhando-se tanto em minar as razões e a legitimidade do outro quanto em derrotá-lo no campo de batalha. Terrorismo, guerra pela internet e propaganda são de uso comum numa guerra de quarta geração.[25] A ideia desse tipo de guerra começou a ganhar forma já em 1989, ao fim da Guerra Fria. A esse respeito, o crescente sucesso dos adversários de quarta geração dos Estados Unidos, muito menos ricos e bem equipados do que as forças armadas da superpotência, é ainda mais extraordinário.

Um *tsunami* de armas

Durante décadas as ferramentas da guerra continuaram a ficar mais complexas, caras e, como resultado, mais difíceis de obter. Mas, embora os Estados Unidos e outros países ainda tenham sua cota de maravilhas tecnológicas, a aeronave militar mais bem adaptada à guerra atual não é um caça de combate que custa dezenas de milhões de dólares, mas algo bem menos caro e muito mais flexível: o veículo aéreo não tripulado, ou *drone*.

Há cada vez mais países hoje que dispõem de ampla gama de *drones*, usados como isca, para missões de reconhecimento e espionagem ou para lançar ataques de mísseis. Seu custo varia de alguns milhares de dólares para um *drone* simples, não equipado para combate e de curto alcance, a 15 milhões de dólares para um *drone* Reaper, capaz de sair à caça e abate do inimigo.

Os *drones* não são um conceito novo. Mas com os avanços tecnológicos das últimas décadas ficaram muito mais poderosos, e seu baixo custo e capacidade de voar sem ninguém pilotando fazem deles uma opção mais atraente para missões de combate.[26] E têm recebido usos não militares – por exemplo, por parte de imobiliárias que querem filmar casas de cima, ecologistas que monitoram florestas e fazendeiros que precisam acompanhar suas manadas de gado vagando pelos pastos. Mais de três dezenas de países operam hoje frotas de *drones*, e dezenas de companhias privadas estão oferecendo-se para operá-los em outros países que não tenham o pessoal ou a infraestrutura de apoio necessários.[27]

Mais preocupante é que há muita gente comum adquirindo-os como *hobby* ou para uso particular: nos Estados Unidos, em 2012, um grupo chamado DIY Drones [Drones Faça-você-mesmo] já tinha 20 mil membros. Em 2004, o Hezbollah lançou um *drone* no espaço áereo de Israel; o exército israelense abateu-o, mas restaram o efeito psicológico da violação e a mensagem que ele enviou sobre o poderio do Hezbollah.[28] O que ocorrerá quando qualquer indivíduo, desafeto, psicótico ou demente, for capaz de produzir destruição a partir do céu? Como observou o estudioso da Universidade de Stanford Francis Fukuyama, que construiu seu próprio *drone* para tirar fotos da natureza: "À medida que a tecnologia fica mais barata e disponível comercialmente, os *drones* tornam-se mais difíceis de rastrear; sem conhecer sua proveniência, a dissuasão é inviável. Um mundo no qual as pessoas podem virar, de maneira rotineira e anônima, um alvo de inimigos invisíveis não é muito agradável de se imaginar".[29]

Por outro lado, os *drones* são hipersofisticados em comparação com a mais devastadora arma em conflitos militares dos últimos anos – o dispositivo explosivo improvisado. Os IEDs podem ser de muitos tipos, com diversas combinações de munição e sistemas de detonação; eles não seguem um padrão particular e muitas vezes são montados com elementos simples e fáceis de conseguir: provisões agrícolas ou produtos químicos de uma fábrica, farmácia ou hospital. Os IEDs situam-se no extremo oposto da sofisticação e exigências técnicas dos equipamentos que compõem os arsenais de grandes exércitos, mas são especialmente adequados para as guerras descentralizadas atuais. Não exigem nenhuma rede complexa de fornecimento ou um longo período para prepará-los para a ação. As instruções para fabricar os dispositivos são bem simples e circulam pela internet. A proliferação de munições e explosivos que sobraram de lugares como Iraque, a antiga União Soviética e a Líbia reduz ainda mais o custo e a complexidade de produção. São pequenos e fáceis de camuflar e não requerem que o combatente se exponha ao perigo; seu impacto brutal, matando ou mutilando o inimigo, é grave e assustador. Na verdade, o grande contraste entre a qualidade caseira dessas armas e a superioridade tecnológica das forças que elas buscam minar inspira versões modernas de narrativas do tipo Davi *versus* Golias, e serve como um conteúdo de apoio eficaz em termos de relações públicas em favor dos rebeldes.

A imensa quantia que Golias gasta com esse problema enquanto suas baixas aumentam sem cessar contribui para dar uma dimensão heroica aos Davis do século XXI. Os Estados Unidos gastaram mais de 20 bilhões de dólares desde 2003 para combater os IEDs. Vários grupos e instituições dentro do aparato de defesa americano receberam o encargo desse desafio, o que criou a série clássica de problemas burocráticos, como trabalhos com propósitos conflitantes, rivalidades, falta de coordenação e, é claro, desperdícios. Até a sigla do principal órgão envolvido, a Joint IED Defeat Organization (JIEDDO) ou Organização Conjunta para a Derrota dos IEDs, deixa entrever o quanto é complicado o processo de criar defesas contra essa arma tão simples quanto letal.[30]

Inovações como veículos blindados especiais, robôs de coleta de minas e roupas especiais de proteção têm salvado a vida de inúmeros soldados e civis. Mas continua sendo difícil conter a onda de IEDs. Em 2011, por exemplo, o número de dispositivos explosivos improvisados que foram desativados ou detonados só no Afeganistão subiu para 16.554, um aumento de 9% em relação aos 15.225 do ano anterior. O número de afegãos mortos ou feridos por IEDs subiu 10% em 2011, em comparação com 2010; os IEDs sozinhos foram responsáveis por 60% de todas as mortes de civis.[31]

Ainda mais insidiosa e adaptada à guerra clandestina que os IEDs é a mais recente arma das atuais campanhas terroristas e de guerrilha: o indivíduo altamente motivado, disposto a dar a própria vida em nome de uma causa. Segundo um cômputo, os terroristas suicidas foram responsáveis por 22 dos 30 atentados terroristas mais letais ao redor do mundo entre 1990 e 2006. O martírio é uma motivação antiga, e em tempos de guerra sempre surgem guerreiros suicidas. Mas, desde a década de 1980, os atentados suicidas têm crescido significativamente, e sua frequência e uso estratégico deliberado não têm precedentes. Essa combinação de motivos pré-modernos e possibilidades pós-modernas mostrou-se devastadora. Também nesse caso as três revoluções amplificam o impacto dos terroristas suicidas. Eles aproveitam as vantagens da incomparável facilidade de viajar dos dias atuais e, além disso, a cultura do martírio valida o seu autor, arrebanha novos membros e aguça o efeito do medo não só na população-alvo mas também, graças ao efeito amplificador da mídia, bem além dela. Outro aspecto é que a cultura do martírio mostra-se cruelmente eficaz, pois é quase impossível defender-se de um terrorista suicida cujo único propósito é aproximar-se do alvo, sem interesse em escapar.

Mas essa guerra clandestina e dispersa também usa, é claro, ferramentas decididamente modernas. A internet tornou-se tão essencial quanto os IEDs ou ataques suicidas dentro do novo cenário descentralizado da guerra. Na linha de frente da guerra cibernética estão ataques de *hackers* à infraestrutura civil e militar, assim como ataques distribuídos de negação de serviço (DDOS) e outras perturbações de *sites* e plataformas de uso do governo ou da população-alvo. No entanto, ainda mais simples de acessar é a constelação de vozes militantes *on-line* que repercutem mensagens hostis, divulgam material de propaganda e ameaças, e atraem novos membros para a sua causa. Enquanto nos Estados Unidos e na Europa algumas das vozes públicas mais sonoras na guerra ao terror tenham sido ridicularizadas por sua falta de experiência militar, o terrorista suicida que realizou um ataque bem-sucedido a uma base da CIA no Afeganistão em dezembro de 2009 era um antigo "*expert* da *jihad*" que decidiu pegar em armas. A internet não é só uma ferramenta propagadora para essas causas; ela também pode ser um instrumento de radicalização.[32] E de coleta de fundos.

O que todas essas ferramentas e técnicas têm em comum é sua grande facilidade de acesso. Como apontou o chefe da inteligência militar israelense, general Amos Yadlin, num discurso no fim de 2009, os inimigos de Israel ainda estão bem atrás dele em capacidade militar, embora venham recuperando o terreno perdido "por meio de mísseis de precisão, computadorização, armas antiaéreas, GPS e aeronaves não tripuladas".

Ele acrescentou que os produtos de informática feitos em série, disponíveis comercialmente, dão hoje aos inimigos de Israel uma considerável capacidade de encriptar suas próprias comunicações e atacar os recursos de Israel. "O poder cibernético dá aos pequenos uma capacidade que antes costumava estar restrita às superpotências", disse ele. "Como ocorre com as aeronaves não tripuladas, é um uso de força com grande alcance ou duração, e que não coloca em risco a vida dos combatentes."[33]

A observação do general Yadlin resume o dilema com o qual se deparam hoje os exércitos, seus governos e os cidadãos por cuja proteção são responsáveis. A força centrífuga que fragmentou o poder, seja na política, nos negócios ou na religião, não poupou a esfera militar. A degradação do poder mudou os termos e as possibilidades dos conflitos, aumentando a influência dos atores pequenos, não estatais e não tradicionais, já que as ferramentas se generalizaram e os custos baratearam muito. A mídia e as comunicações divulgam as lições sobre aquilo que funciona e contribuem para que o efeito se retroalimente.

À medida que esses novos pequenos poderes militares são bem-sucedidos, outros que aguardam a vez nos bastidores ou ainda estão para nascer descobrem de que modo imitá-los. Tal cenário não significa que esses infindáveis conflitos de pequena escala sejam inevitáveis – mas traz profundas implicações para qualquer um que se preocupe com a paz como uma prioridade moral ou prática.

E também tem enormes implicações para a maneira pela qual o poder é obtido, mantido e perdido no nosso tempo.

A degradação do poder militar e as novas regras da guerra

"Nunca mais" é o lema universal dos sobreviventes da guerra. No entanto, não vemos passar um dia sem que algo nos lembre que a violência, o terror e a coerção continuam sendo forças poderosas que transformam as vidas e as comunidades humanas. Os "dividendos de paz" da Guerra Fria evaporaram rapidamente diante da Guerra do Golfo, do primeiro ataque ao World Trade Center, do conflito nos Bálcãs, do genocídio em Ruanda, das guerras civis na África Ocidental e de outros eventos. O escritor Robert Kaplan advertiu sobre a "anarquia que se avizinha", ao ver aumentarem as tensões étnicas e religiosas naqueles estados que deviam sua existência ao enfrentamento entre os antigos blocos ideológicos.[34] O choque do 11 de setembro, a ascensão da Al Qaeda e seus clones e a instauração de uma "guerra global ao terror", sob um nome ou outro, criaram a partir daí a sensação de que vivemos num mundo assediado por novas formas de violência, de baixa intensidade, mas grande impacto. Embora partindo de pontos de vista diferentes, analistas como Kaplan e Amy Chua, autora de *World on fire*, têm defendido que o rápido ritmo da globalização e o enfraquecimento dos estados tornaram mais provável o conflito violento, e que as tentativas de criar democracias no estilo ocidental onde elas não existem atualmente estão fadadas a dar errado e degenerar em violência.[35] Enquanto isso, o terrorismo, a guerra cibernética e o narcotráfico instalam-se em *fronts* amorfos, mutáveis, sem fronteiras, capazes de acarretar devastadoras consequências em qualquer lugar do mundo e a qualquer momento.

Quer seja chamado de conflito de baixa intensidade, guerra irregular ou, como os acadêmicos Marc Hecker e Thomas Rid o chamaram, "'Guerra 2.0' – seja qual for o nome, o conflito violento hoje é radicalmente diferente das formas que moldaram os séculos XIX e XX e que são mostradas pelos documentários do *History Channel*... e que continuam inspirando os gastos com defesa da maioria dos países."[36] O que não fica tão claro é como lidar com esse novo cenário. Os argumentos em favor de cortes radicais e reforma dos principais exércitos do mundo naufragam diante de interesses estabelecidos, da impressão de que comunicam fraqueza e da preocupação ainda maior de que venham a erodir a força dos elementos de dissuasão convencionais.

Não cessaram as ameaças tradicionais entre os estados, seja sobre questões de fronteira não resolvidas desde o Cáucaso à militarização crescente de países como Irã e Coreia do Norte ou as agudas e mútuas suspeitas entre Estados Unidos e China. Ao mesmo tempo, as prescrições sobre como lidar com a propagação da violência perpetrada por atores não estatais dependem de opiniões conflitantes a respeito de suas causas básicas, que os analistas atribuem a diversas razões, como desigualdade econômica, choques de culturas, disseminação do imperialismo liderado por corporações, fundamentalismo islâmico, o papel instigador de vários estados e uma série de outros fatores.

Olhar para a guerra hoje pelas lentes da degradação do poder não irá resolver esses debates. Mas pode produzir alguma clareza necessária sobre que formas de conflito vieram para ficar, e que novas realidades devem ser levadas em conta por qualquer estratégia militar que pretenda ser bem-sucedida – seja a de uma democracia ocidental, um aspirante a superpotência, um país em desenvolvimento ou um grupo militante ou rebelde.

A hiperconcorrência militar veio para ficar

Armas fáceis de adquirir, limites menos definidos entre o que é soldado e o que é civil, e entre tecnologia militar e tecnologia de consumo, além de um aumento no número de conflitos nos quais o que está em jogo é menos o território e mais o dinheiro, matérias-primas, crenças religiosas ou ideias: tudo isso monta o cenário para uma hiperconcorrência no campo da guerra e da segurança. Do mesmo modo que os grandes partidos políticos ou os gigantes da indústria e dos bancos, as grandes instituições militares estão encontrando novos concorrentes que conseguem burlar ou sobrepor-se às barreiras tradicionais à sua entrada. Uma grande instituição de defesa como o Pentágono não tem mais a guarda exclusiva das ferramentas e recursos necessários para levar adiante um conflito. As aptidões que são valiosas num conflito podem agora ser adquiridas não apenas nos campos de treinamento militar, academias de oficiais e escolas superiores de defesa, mas em campos de rebeldes no noroeste do Paquistão, numa madraçal em Leicester, Inglaterra, ou numa escola de computação de Guangzhou, China.

Nesse cenário fragmentado, o aparato militar tradicional continua sendo importante e imponente. Ele possui a vantagem dos recursos públicos e da capacidade de se tornar prioridade máxima nos orçamentos oficiais; a soberania nacional lhe dá a estatura moral que atrai recrutas e justifica investimentos e gastos, assim como a legitimidade política para formar alianças. Ele tem a tradição do seu lado. O que ele perdeu foi a exclusividade.

Dois monopólios cruciais – um filosófico e outro prático – desvaneceram e expuseram suas vulnerabilidades. O primeiro, o filosófico, é o que confere ao Estado o monopólio do uso legítimo da força. O segundo é o monopólio prático que, graças às inevitáveis rivalidades geopolíticas entre países, é concedido às forças armadas para obter a melhor tecnologia – quase sem se preocupar com o que isso custa. A ascensão de poderosos atores não estatais e a rapidíssima difusão da tecnologia para além dos domínios de especialistas erodiram esses dois monopólios. O uso da violência dissemina-se e o acesso a tecnologias antes reservadas às forças armadas também.

Hoje, os exércitos nacionais estão tentando ajustar-se – com velocidades e resultados diferentes – à guerra de "espectro total", em que as armas são tanto digitais quanto físicas, os métodos são psicológicos tanto quanto coercitivos, e os combatentes podem tanto ser civis e dispersos como uniformizados e coordenados. O conflito hipercompetitivo não significa necessariamente que vá haver mais conflitos ou que serão mais onerosos que antes em termos de vidas perdidas ou destruição de ativos físicos e danos econômicos. Tampouco indica, de modo algum, o fim dos exércitos nacionais. Mas coloca numa nova perspectiva os desafios complexos – e ainda pouco compreendidos – que um exército nacional deve agora enfrentar.

O poderio militar não equivale mais a segurança nacional

Qualquer estratégia de segurança nacional que dependa de poderio militar é suspeita. Os grandes exércitos têm compreendido isso e tentam fazer ajustes. Como já observado, uma diretriz das forças armadas americanas no fim de 2008 anunciou que a guerra irregular deveria ser considerada "tão importante estrategicamente quanto a guerra tradicional". Essa afirmação tem vastas repercussões em todo o âmbito do planejamento militar, incluindo pessoal, equipamento e treinamento.[37] Para os Estados Unidos, um foco na guerra irregular significa dar maior importância a operações especiais, coleta de inteligência, contrainsurgência e o que as forças armadas chamam de "operações de baixa visibilidade", além de maior atenção a operações em parceria com aliados e forças locais.

Segundo os planos anunciados em 2012, o Comando de Operações Especiais dos Estados Unidos, que tem forças distribuídas em cerca de 75 países, irá crescer cerca de 6%, de 66 mil membros em 2012 para 70 mil em 2017.[38] Esse crescimento vem acompanhado da descoberta de que as ações atuais de contrainsurgência, por exemplo, são diferentes das que eram ensinadas nos manuais de operações especiais. Como apontou um recente estudo da Universidade Nacional de Defesa dos Estados Unidos, os movimentos insurgentes têm hoje menor probabilidade de seguir uma ideologia e uma liderança estabelecida (como o vietcongue) e maior probabilidade de serem "coalizões de indignados", que podem surgir quase espontaneamente (como a intifada palestina).[39]

Outros exércitos estão passando por suas próprias adaptações. Na China, o Exército de Libertação Popular encolheu de tamanho nas duas últimas décadas, desfazendo-se de pessoal excedente em favor de tecnologia mais moderna. Ele tem aumentado de modo significativo sua participação nas missões de paz das Nações Unidas, que era insignificante até 2000, e os navios de sua marinha de guerra visitam cada vez mais portos ao redor do mundo. Além disso, sequestros e assassinatos de trabalhadores chineses em lugares como o Sudão despertaram novas reflexões sobre como a China pode melhorar sua capacidade de proteger o crescente número de seus cidadãos e interesses no exterior. Seus analistas estudam as experiências das principais potências militares – Estados Unidos, China, Índia, Grã-Bretanha, França e Israel – à procura das "melhores práticas", preparando-se para as tarefas militares mais prováveis dos tempos atuais: contraterrorismo, contrainsurgência, intervenção humanitária e missões de paz.[40]

A possibilidade de guerra no *front* eletrônico é particularmente preocupante. O recorde de ataques na última década demonstrou a ampla extensão da ameaça que as nações enfrentam – por exemplo, ataques em sistemas para imobilizá-los ou introduzir vírus cibernéticos malignos, ataques a redes de informações para coletar dados confidenciais e impedir as comunicações, e ataques a infraestruturas cruciais, como as redes elétricas.[41]

A guerra cibernética inclui também ações de "guerra de mensagens", como distribuir propaganda e redirecionar *sites*. Foram denunciadas várias formas de ataques cibernéticos contra sistemas nos Estados Unidos, Irã, Geórgia, Estônia, Quirguistão, Azerbaidjão e em outras localidades. Serviços de propriedade privada como o Twitter e o Google Mail também sofreram ataques – por exemplo, durante os tumultos no Irã, no verão de 2009. Mas a guerra cibernética ainda não experimentou algo análogo, digamos, ao 11 de setembro – um evento tão brutal em escala, danos e visibilidade a ponto de concentrar recursos e polarizar o apoio da opinião pública. A evidência sugere que os governos têm sido lentos para se ajustar ao ciberespaço como campo de luta e, sem dúvida, *hackers* e agressores cibernéticos ainda desfrutam de ampla margem de manobra e múltiplas oportunidades para atacar as funções fundamentais dos governos. E cada segundo conta: "Estar em vantagem no jogo é importante, dada a vertiginosa velocidade de mudança no mundo cibernético", argumenta Amos Yadlin, o chefe da inteligência militar israelense: "No máximo, alguns poucos meses para reagir a alguma mudança, em comparação com os anos de que dispunham os pilotos".[42]

O atraso em fazer os ajustes necessários para sobreviver no novo cenário fragmentado de guerra não é em princípio culpa das mentes militares, segundo Arquilla, o estudioso das forças armadas. "A consciência desses problemas tem crescido de modo lento mas constante ao longo das duas últimas décadas", escreveu ele em 2010, referindo-se aos Estados Unidos. "Mas os comandantes veteranos tendem a recair num fatalismo, levados por sua crença de que tanto os líderes políticos quanto os empresariais irão pôr obstáculos a qualquer esforço de mudança radical."[43]

Além do mais, não se pode dizer que os argumentos em favor do tradicional crescimento militar em direção a tecnologia mais avançada e maior poder de fogo tenham desaparecido. O estudioso Joe Nye, que cunhou o termo *soft power*, defende que o poder militar "segue estruturando expectativas e moldando as conjecturas políticas". Mesmo quando um exército convencional não está envolvido num conflito ativo, seu papel como fator de dissuasão continua sendo importante. "A força militar, junto com normas e instituições, ajuda a prover um grau mínimo de ordem", escreveu Nye.[44] Mas se a força militar bruta não é mais suficiente para garantir a supremacia, a questão então passa a ser como alocar os recursos entre os diferentes ativos que, no século XXI, conferem poder a um Estado e às suas forças armadas. Ninguém acha que os terroristas são capazes de fazer que as grandes potências deixem de existir, mas com certeza eles podem afetar seu comportamento e negar-lhes opções que antes eles davam como certas.

O dinheiro fala mais alto que as ordens

Quem são, na realidade, os Zetas? Num sentido, são apenas um dos muitos grupos armados envolvidos na longa guerra mexicana das drogas. E guerra aqui não é metáfora: de dezembro de 2006 ao início de 2012, quase 50 mil pessoas morreram no país devido à violência relacionada às drogas.[45] O conflito subtraiu imensos domínios, tanto de território físico quanto de atividade econômica, da autoridade do governo mexicano. Nesse aspecto, os Zetas são especialmente poderosos. Eles controlam territórios-chave no nordeste do México e supervisionam a maior parte da remessa de drogas para os Estados Unidos pela movimentada fronteira de Laredo. Trata-se de uma milícia com cerca de 4 mil pessoas, conhecida por instaurar um reino de horror nas áreas em que opera e por seu alcance fora do México e do outro lado da fronteira com os Estados Unidos. Dos muitos oponentes que o México enfrenta nessa batalha, os Zetas talvez sejam os mais temíveis. O que os distingue são principalmente suas origens. Eles foram recrutados dentro da elite militar nacional do México e de unidades da polícia, e tornaram-se o exército particular do Cartel do Golfo. Corrupção e deserção são comuns no México, mas os Zetas elevaram isso a um novo patamar. Hoje os Zetas passam por uma transformação adicional. Conforme a luta de poder entre cartéis rivais fica mais acirrada, os Zetas, antes uma milícia de assassinos de aluguel, viraram uma organização do narcotráfico por si, disputando mercados-chave e rotas de distribuição e, ao que parece, expandindo-se para a Europa por meio de ligações com a calabresa 'Ndrangheta.

Essa mudança dos Zetas, de soldados do governo para soldados privados e depois traficantes, ilustra a natureza intercambiável dos papéis nos conflitos atuais. Há ecos disso na disseminação do sequestro como um negócio entre os rebeldes iraquianos, eles também, com frequência, veteranos do exército de Saddam Hussein; nas ligações do Talibã com o comércio de drogas afegão; no aumento da pirataria. Esses exemplos ilustram como as oportunidades econômicas – que podem ser desde uma melhor paga até os grandes ganhos das iniciativas comerciais criminosas – movem os participantes nos conflitos. O dinheiro sempre foi uma motivação para pegar em armas (e às vezes para depô-las); mas num ambiente de conflito descentralizado, onde as ferramentas mais úteis são também as mais fáceis de obter, os incentivos econômicos são especialmente fortes e, consequentemente, os méritos de obedecer a uma estrutura de comando e controle são pouco atraentes. Seja no crime, na insurgência ou nas empresas militares privadas, as oportunidades de mercado são muitas para pessoas com treino relevante em armas e logística, que cada vez mais fazem uso de uma tecnologia que era tradicionalmente "civil".

Em outras palavras, nos conflitos atuais as *ordens* têm menos peso do que os *incentivos materiais*. No exército tradicional, o nível dos salários é secundário; as primeiras motivações para participar são a lealdade, a cidadania, o senso de missão ou propósito – um fenômeno ilustrado de maneira impactante pelo incrível número de alistamentos nos Estados Unidos após o 11 de setembro. Esse sentido de chamado estende-se também a alguns movimentos insurgentes – e a organizações violentas também, é claro –, que atraem os recrutados com apelos de defender sua terra contra pretensos invasores ou de uma fé contra os infiéis. Mas essa dispersão dos papéis dos militares e o surgimento de formas não militares de participar de conflitos indicam que os sinais do mercado – preços, remunerações, custos de oportunidade – agora moldam os padrões de violência num grau não experimentado no Ocidente moderno pelo menos há um século.

A degradação do poder militar afeta a todos

A força centrífuga que tem espalhado os conflitos, desagregado capacitações militares, transportando-as para um domínio híbrido militar/civil, não limitou seu impacto aos grandes exércitos nacionais. Mesmo os novos atores dos conflitos correm o risco de cair presas da mesma dispersão que propiciou seu próprio surgimento.

Para encontrar exemplos, basta considerar o movimento da *jihad*. O ataque de 11 de setembro e os que se seguiram em Madri e Londres foram resultado de longos meses, até anos, de planejamento e do esforço de uma rede com uma liderança essencial concentrada nas pessoas de Osama bin Laden e Ayman al-Zawahiri. Outros ataques mais recentes também associados à Al Qaeda foram menores e – depois de desbaratados – quase cômicos, se pensarmos nas personalidades dos supostos terroristas do "sapato-bomba" e da "cueca-bomba". Por que a diferença? Uma razão talvez seja a maior capacidade de os agentes do contraterrorismo desmantelarem grandes planos antes que possam ser concretizados. Mas outra razão está relacionada com as consequências que a degradação do poder e de suas capacidades teve no mundo da *jihad*, e na própria Al Qaeda. Estudando os "fissuras na *jihad*", o estudioso Thomas Rid examinou os diferentes nichos que os jihadistas ocupam. As insurreições locais que disputam território tipicamente não estão interessadas em ter um alcance global. Alguns rebeldes jihadistas a partir de certo momento deram uma guinada e passaram para o crime organizado e o tráfico, motivados pelo dinheiro e não mais por sua missão, de maneira não muito diferente dos Zetas. Há ainda outros jihadistas provenientes de uma diáspora ensejada pela internet na Europa, América do Norte e em outras partes. Alguns deles acabaram optando pelo caminho de operações militares completas; um exemplo é o de Omar Shafik Hammami, criado no Alabama, que de colegial popular do Meio Oeste americano passou a líder guerrilheiro na Somália.[46]

A disparidade de interesses, de sentido de missão e de capacidades torna o mundo da *jihad* tão frágil visto de dentro como ele tem parecido ameaçador visto de fora, segundo defendem Rid e seu colega Marc Hecker. A mesma fragilidade interna existe entre os talibãs, que os observadores militares têm dividido em combatentes com "T maiúsculo", motivados ideologicamente, e membros com "t minúsculo", movidos mais por interesses estreitos e ganho monetário. Num estudo de 45 grupos terroristas que encerraram suas atividades, descobriu-se que poucos deles foram realmente derrotados; 26 dos 45 dissolveram-se devido a dissensões internas. Segundo Rid e Hecker, o modelo de franquia atribuído à Al Qaeda é enganoso; ele sugere um grau de comando e coordenação que não corresponde à realidade. Para os autores, o termo *wikiterrorismo* – isto é, uma transmissão indefinida e frágil de ideologia, métodos e fidelidade – descreve melhor a maneira com que o jihadismo se propaga, o que o torna ao mesmo tempo mais ubíquo e menos eficaz.[47]

Drones, IEDs, um ciberespaço usado como arma, bombas inteligentes, terroristas suicidas, piratas, redes criminosas transnacionais ricas e bem armadas e uma série de outros atores armados alteraram o panorama da segurança internacional. Esse novo panorama irá assumir muitas formas no futuro e, portanto, é impossível mapeá-lo com precisão. Mas uma suposição pode ser feita com certeza: o poder das grandes instituições militares será menor do que foi no passado.

CAPÍTULO SETE

De quem será o mundo? Vetos, resistência e vazamentos – ou por que a geopolítica está sendo virada de cabeça para baixo

Em 28 de março de 2012, ocorreu um evento que foi tão importante quanto passou despercebido. Segundo os cálculos do Tesouro da Austrália, nesse dia o tamanho das economias menos desenvolvidas reunidas ultrapassou o das do mundo rico. Aquele dia encerrou o que o colunista Peter Hartcher descreveu como "uma aberração que durou um século e meio... [já que] a China era a maior economia do mundo até 1840". Ele prosseguiu citando Ken Courtis, um conhecido observador das economias asiáticas:

> Os chineses olham para isso e dizem: "Apenas tivemos um par de séculos ruins". [...] No curto espaço de uma geração, o poder global mudou. Com o tempo, teremos não apenas uma mudança econômica e financeira, mas política, cultural e ideológica.[1]

Será? Os comentários dos leitores da coluna de Hartcher ofereciam uma síntese reveladora de um debate que consome estudiosos e autoridades políticas em toda parte: que países darão as cartas nos próximos anos? Derek, de Canberra, escreveu: "Não acho que tenhamos muito com que nos preocupar nas próximas décadas. No papel, China e Índia são potências, mas a maioria de seus cidadãos não tem sequer acesso a esgotos ou eletricidade". *Barfiller* acrescenta: "Não podemos esquecer outras conderações a respeito das 'economias emergentes': conflitos de fronteiras; conflitos que envolvem acesso a água e outros recursos; patentes e direitos de propriedade; diferenças étnicas, religiosas e ideológicas; diversidade cultural; disputas históricas e guerras etc. Nem tudo será um mar de rosas para as nações recém-desenvolvidas". David, de Vermont, observou que seria necessário levar em conta "a distribuição da riqueza no interior das populações desses países. A diferença entre a 'riqueza' do chinês médio e de seus camaradas privilegiados no partido é, na minha opinião, uma diferença impossível de corrigir (como também é para a Índia)". *Caledonia*, que escrevia de Sydney, está mais preocupado:

> Bom, se a economia da China afundar, você irá se ver na fila dos desempregados e ficará feliz se arrumar trabalho limpando banheiros. Se a China espirrar, a Austrália irá pegar um resfriado. Se a China pegar um resfriado, a Austrália vai acabar com pneumonia.[2]

Implícitas nesses comentários estão suposições fundamentais a respeito do que torna uma nação poderosa, e poderosa o suficiente para se tornar hegemônica – ou seja, uma nação capaz de impor seu desejo a outras. E, como este capítulo irá mostrar, não só mudaram os fatores que definem uma hegemonia, como a aquisição e uso do poder dentro do sistema internacional também estão passando por uma transformação profunda.

Durante séculos, a tarefa de administrar a rivalidade entre nações e lutar por territórios, recursos e influência tem sido a nobre vocação de generais e embaixadores. Nos séculos XIX e XX, os representantes das chamadas grandes potências exerceram o poder dos exércitos e lançaram mão da influência econômica dos respectivos países para vencer guerras e fechar alianças, garantir rotas comerciais e territórios e ditar as normas para o resto do mundo. Após a Segunda Guerra Mundial, criações ainda mais impressionantes, as superpotências, vieram empoleirar-se acima desse grupo. E na aurora do século XXI, com a União Soviética confinada aos livros de História, sobrou apenas um ator de grande porte: a única superpotência, o poder hegemônico, os Estados Unidos. Pela primeira vez na história, segundo a argumentação de muitos, a disputa de poder entre as nações produziu um vencedor, único, claro e talvez até definitivo.

Examinemos as evidências do Wikileaks, que liberou mais de 250 mil telegramas diplomáticos dos Estados Unidos que mostram, na afirmação do líder da organização, Julian Assange, "a extensão da espionagem americana sobre seus aliados e sobre a ONU, sua indiferença diante dos abusos de corrupção e violações de direitos humanos em 'estados-satélites', a ocultação de negociações com países supostamente neutros, a realização de *lobby* em favor de corporações dos Estados Unidos e as medidas que os diplomatas americanos tomam contra aqueles que têm acesso a essas mensagens".[3]

A reação de analistas experientes como Jessica Mathews, presidente do Carnegie Endowment em Washington, é que o fato não constitui surpresa: "Isso é o que o poder hegemônico sempre tem sido. É assim que as nações dominantes de fato se comportam", observou ela ironicamente.[4]

Com efeito, o que muitos desses telegramas mostram não é uma superpotência clássica impondo sua vontade a países menos poderosos, mas, em muitos casos, o que revelam são as frustrações de seus funcionários diante da impossibilidade de fazer que esses outros países "menos poderosos" se dobrem aos desígnios de Washington. Os telegramas revelam um país hegemônico que luta com dificuldade para fazer as coisas acontecerem, obstruído pelas burocracias dos outros países, por seus políticos, Ongs e até por cidadãos comuns. Basta mergulhar nos telegramas relativos a qualquer mês em particular para vermos:

- Os Estados Unidos debatendo as poucas opções que lhes restam diante da rejeição do Parlamento Europeu para votar medidas específicas sobre rastreamento de financiamento a terroristas e sobre fornecimento de registros de nomes de passageiros de empresas aéreas.
- A Duma, o parlamento russo, impedindo o processamento de pagamentos das empresas americanas de cartões de crédito, a não ser que aceitem aderir a um sistema nacional de cartões que reduz significativamente seus rendimentos.

- Uma longa batalha para fazer o governo do Turcomenistão restaurar o direito de pouso de aeronaves militares dos Estados Unidos.
- A frustração com a recusa do governo do Cazaquistão em conceder isenção de impostos locais sobre equipamento e pessoal destinados a salvaguardar resíduos de combustível nuclear – um esforço estratégico crucial.

Mesmo países que em tese estão sob domínio dos Estados Unidos dificilmente se mostram obedientes. O Egito, que recebe bilhões de dólares em auxílio militar e econômico, prende dirigentes de alto nível de organizações não governamentais americanas. O Paquistão dá refúgio a terroristas do Talibã e da Al Qaeda, entre eles Osama bin Laden. Israel desafia os pedidos dos Estados Unidos para que não construa assentamentos nos territórios ocupados. O Afeganistão, cujo governo depende da assistência dos Estados Unidos e de seus aliados para cobrir uma parte descomunal de seu orçamento, diverge dos Estados Unidos sobre a maneira de conduzir a guerra em seu solo. E Washington inquieta-se diante da possibilidade de que, apesar de suas sérias advertências, Israel possa bombardear unilateralmente as instalações nucleares iranianas. E essa é apenas uma amostra parcial. Como me contou o ex-assessor de Segurança Nacional dos Estados Unidos, Zbigniew Brzezinski, o mundo entrou numa "era pós-hegemônica" em que "nenhuma nação tem a capacidade de impor seu desejo sobre as outras de maneira substancial ou permamente".[5]

O que aconteceu com a hegemonia americana é assunto para uma discussão interminável. O opinião tradicional oscilou enormemente, reagindo a um evento inesperado após o outro. Primeiro, o repentino fim da Guerra Fria e a vitória ideológica que isso representou. Esse fato, junto com o crescimento econômico e das comunicações desfrutado pelos Estados Unidos e seu surto tecnológico da década de 1990, parecia prefigurar um novo mundo unipolar, no qual os Estados Unidos, a superpotência vitoriosa, seriam capazes de impedir as ambições hegemônicas de todos os demais concorrentes possíveis. Mas os ataques de 11 de setembro, o unilateralismo da administração Bush, o colapso econômico de

2008, a paralisante polarização política e o crescimento contínuo da China mudaram o quadro. Como resultado, a visão de que o poder americano estava em declínio ganhou força. Lembretes de que todos os impérios ao longo da história sempre têm um fim apareciam até em títulos de livros, como o de Cullen Murphy, *Are we Rome?* [Somos Roma?], publicado em 2007.[6]

A improvável eleição de Barack Obama também deu o que pensar a respeito desse argumento. De repente, porém, o crédito moral dos Estados Unidos aos olhos do mundo foi renovado, e com isso também o "poder suave" de atração, que apenas alguns anos antes parecia estar em rápida queda. Só que depois os benefícios residuais do apelo global de Obama foram minados pela contínua crise financeira do país, por profundos e persistentes desequilíbrios fiscais e pelos desgastantes compromissos no Iraque e no Afeganistão. Em seu discurso anual no Congresso em 2012, Obama iria balbuciar em tom defensivo que "quem disser que os Estados Unidos estão em declínio... não sabe o que está falando". A discussão sobre o *status* global do país prossegue, movida tanto pelas últimas manchetes ou estatísticas sobre economia quanto pelas eruditas teorias sobre relações internacionais ou pelas comparações históricas com a ordem mundial de séculos passados.

Mas, se o poder americano parece vacilante, o mesmo está acontecendo com seus rivais. Cruzando o Atlântico, a União Europeia – um projeto ambicioso, que para muitos iria constituir um contrapoder aos Estados Unidos – está atolada numa devastadora crise econômica, obstruída por um governo coletivo ineficaz e atravancada por uma população idosa e um influxo massivo de imigrantes que o continente não sabe como absorver. A Rússia, antiga rival e herdeira dos recursos e do poderio militar soviético, é outra sociedade que envelhece, um petroestado autoritário que luta para conter uma insatisfação popular em lenta fervura. Duas décadas de capitalismo de compadrio pós-comunista, intervenção pesada do estado e delinquência transnacional transformaram a imensa nação numa besta manca e complicada, que ainda detém um arsenal nuclear, mas que é apenas uma sombra da superpotência que a precedeu.

Como temos visto, aqueles que procuram evidências de uma nova grande potência em ascensão têm uma resposta fácil: existe vitalidade no Oriente. De fato, segundo o Global Language Monitor, que acompanha as principais fontes da mídia mundiais, "a ascensão da China" tem sido a notícia mais lida do século XXI.[7] A economia da China teve um repentino crescimento no meio da recessão global. Seu poderio militar e peso diplomático continuam a se expandir. A partir de meados da década de 1990, as economias asiáticas cresceram no dobro da velocidade das dos Estados Unidos ou Europa. Olhando à frente, os especialistas divergem apenas quanto à velocidade com que as economias ocidentais serão passadas para trás. Uma previsão estima que já em 2020 a economia da Ásia será maior que as dos Estados Unidos e Europa juntas. Outra previsão vê a China sozinha ultrapassando de longe os Estados Unidos por volta de 2050; ajustada em poder aquisitivo, a economia da China em meados do século será quase o dobro da americana, a Índia virá logo depois e a União Europeia em terceiro.[8] Em Washington, tais previsões são vistas com ansiedade e alarme. Em Pequim, são alardeadas em tom triunfal. E, como vimos antes, os australianos estão tão envolvidos nessa discussão quanto os demais – e igualmente divididos. Muitos especialistas estão convencidos de que a China sofrerá um acidente econômico que irá atrasar sua ascensão ao pináculo das nações.

Na esteira da China vêm outros concorrentes com possibilidades. Na Índia, o rápido crescimento, sua inclusão quase nunca contestada no clube dos países detentores de armas nucleares e seu surto de tecnologia e de terceirização têm alimentado suas aspirações de adquirir o *status* de grande potência. O Brasil, um país grande com uma política externa ativa e que é agora, depois de tomar o lugar do Reino Unido, a sexta maior economia do mundo,[9] também elevou seu perfil global, completando o chamado grupo Brics (Brasil, Rússia, Índia, China, África do Sul) de potências emergentes. Cada um tem sua própria reivindicação de poder regional e seu papel de âncora, moderador, de mobilizar e às vezes intimidar nações menores à sua volta. Além disso, cada um tem resistido e desrespeitado as prerrogativas dos poderes hegemônicos, seja em suas relações bilaterais com os Estados Unidos, seja nas Nações Unidas e numa variedade de outros fóruns multilaterais.

Será que a ascensão desses estados representa uma ameaça à estabilidade da ordem mundial e que os Estados Unidos deveriam podá-la e detê-la? Ou os Brics estão meramente procurando tirar o máximo proveito dos benefícios decorrentes da Pax Americana e têm pouco interesse em subvertê-la? Ou trata-se de uma dinâmica inevitável que uma nação, ao crescer economicamente, também alimente suas ambições hegemônicas e sua necessidade de reduzir a influência dos outros países poderosos? E se o êxito econômico e prestígio internacional de todos ou de alguns dos membros do Brics se revelarem transitórios e logo mais eles vierem a enfrentar os debilitantes problemas decorrentes de serem países pobres, cheios de desequilíbrios políticos, econômicos, sociais ou ecológicos? De fato, depois de seu rápido crescimento, as economias dos membros do Brics e de outros superastros entre os mercados emergentes estão começando a desacelerar, uma realidade que pode fomentar aquela insatisfação política de lenta fervura, sempre presente nas sociedades em rápida mudança. Cada uma dessas visões tem seus partidários, que oferecem prescrições a respeito do que os respectivos países devem fazer para promover os próprios interesses e, quem sabe, ajudar a preservar a paz global.

Mais adiante examinaremos por que a questão da hegemonia consome tanto as reflexões sobre poder militar e política externa, e por que as mudanças de poder entre as grandes nações do mundo têm implicações para todos, que vão bem além de questões superficiais sobre quem tem o maior PIB, o maior exército ou mais medalhas de ouro nas Olimpíadas. Mas este capítulo é sobre uma história fundamental – uma história que com excessiva frequência é esquecida por aqueles que debatem ou influenciam os rumos dos destinos nacionais. Nenhuma nação, quer esteja no topo ou lutando para chegar lá, quer seja uma daquelas que parecem estar empacadas lá embaixo, está imune aos efeitos das revoluções do Mais, da Mobilidade e da Mentalidade e à degradação do poder que as acompanha. O incrível crescimento da produção e da população, a mobilidade sem precedentes de bens, ideias e pessoas e a concomitante explosão nas aspirações populares estão erodindo as barreiras à projeção do poder – uma realidade que é válida para todos os países independentemente do seu porte, nível de desenvolvimento econômico, sistema político ou poderio militar.

Conforme essas barreiras caem, vão apagando a distinção entre as nações mais fortes, capazes de projetar seu poder além de suas fronteiras, e as ex-colônias, os estados-clientes e outros países marginais que as grandes potências antes podiam controlar ou simplesmente ignorar. Enquanto no passado os caros e sofisticados sistemas de inteligência davam a alguns poucos países vantagens únicas no âmbito da informação e da inteligência, agora a revolução da informação, a internet, a ciberespionagem, o Big Data e tecnologias de escuta e interceptação tão sofisticadas quanto facilmente acessíveis permitem que muitos países tenham suas próprias vantagens para competir internacionalmente. Se antes os orçamentos de bilhões de dólares em assistência a outros governos eram fatores de boa vontade e criavam regimes leais dentro da esfera de influência de uma grande potência, hoje as fontes de auxílio externo multiplicaram-se, provenientes de países menores que querem aumentar sua presença ou de fundações cujos recursos ultrapassam em muito o PIB de vários países. Antes eram Hollywood e o Comintern que exerciam forte influência cultural, mas hoje são os filmes de Bollywood e as telenovelas colombianas que seduzem e atraem.

A crescente capacidade dos países pequenos – ou de países grandes, mas ainda muito pobres, como Índia, México ou Indonésia – de opor resistência aos desígnios das grandes potências faz parte de uma profunda transformação num sistema de nações que agora inclui mais protagonistas com capacidade de moldar uma situação – isto é, exercer o poder – do que antes. E os novos atores, capazes de moldar uma situação internacional, já não são apenas as nações. Organizações como Al Qaeda, a Fundação Gates e a Médicos sem Fronteiras também moldam situações internacionais sem necessariamente estar a serviço dos interesses de nenhum governo. Terroristas, rebeldes, organizações não governamentais, associações de imigrantes, filantropos, companhias privadas, investidores e financistas, companhias de mídia e as novas igrejas globais não tornaram os exércitos e embaixadores obsoletos. Mas estão limitando o que os exércitos e embaixadores são capazes de fazer e influenciando a agenda internacional por meio de novos canais e veículos. É o caso de *Kony 2012*, um vídeo criado por um diretor de cinema e ativista religioso chamado Jason Russell, que incita a captura de Joseph Kony, acusado de crimes de guerra. Após poucas semanas de exibição pelo YouTube (não passou em nenhuma cadeia de televisão estabelecida), já tinha sido visto por milhões de espectadores, além de receber doações, o apoio de celebridades e muitas conclamações à ação – sem falar das manifestações indignadas de alguns ugandenses, pelo retrato que o filme faz de seu país. Sem dúvida, a venda de armas, os programas nacionais de ajuda e a ameaça de invasão ou de sanções comerciais ainda são mais decisivos nas relações internacionais. E é claro que não são todos os países pequenos que conseguem explorar as novas maneiras de projetar poder; mas há uma evidência esmagadora de que muitas nações que antes não tinham maior peso geopolítico agora têm mais influência nos fóruns mundiais. As grandes potências já não podem decidir apenas entre si e de modo unilateral os grandes temas que afetam toda uma região ou o planeta. A conversação é agora, por necessidade, entre muitos mais atores.

Para que serve uma potência hegemônica?

Toda vez que a política global atravessa um período de grandes mudanças, os espectros do conflito armado e da anarquia erguem suas apavorantes cabeças. De fato, quando se altera a ordem de importância, a hierarquia entre as grandes potências, o que está em jogo não é apenas o prestígio desses países e sua influência relativa, mas a própria estabilidade de todo o sistema internacional.

Quando os estados buscam promover seus interesses nacionais, tais interesses estão fadados a colidir com os de outros países. Essa colisão pode ser a respeito de território, recursos naturais, acesso a água, rotas de navegação, normas sobre o deslocamento de pessoas, asilo a grupos hostis ou muitos outros assuntos controversos. E esse choque de interesses tende a levar a guerras de fronteiras, guerras por procuração, disputas territoriais, rebeliões, sinistras operações de espionagem, intervenções humanitárias, violações por estados-vilões e assaltos ao poder de todo tipo. A história oferece tristes e amplas evidências do que ocorre quando poderes regionais não são capazes de evitar ou conter esses conflitos. Durante séculos, da Guerra dos Trinta Anos às Guerras Napoleônicas e à Primeira e Segunda Guerras Mundiais, o âmbito e a escala dos conflitos têm avançado numa progressão sombria e sangrenta.

A partir de 1945, muitos conflitos regionais têm causado enorme devastação sem que tenham se expandido para uma guerra mundial ampla. Por que esse período tão extenso de paz geral, prolongada e sem precedentes? Uma parte-chave da resposta está na hegemonia. Durante seis décadas, os países não tiveram dúvidas em relação ao lugar que ocupavam na hierarquia das nações e sabiam, portanto, quais eram os limites que não podiam cruzar. No sistema bipolar da Guerra Fria, a maior parte do resto do mundo encaixava-se de maneira mais ou menos firme dentro da esfera de influência americana ou soviética, e os demais países sabiam que não valia a pena nem era possível desafiar essa estrutura geral. E depois que a Guerra Fria terminou, um país, os Estados Unidos, ergueu-se acima dos demais em poderio militar e econômico, assim como em influência cultural.

A teoria da estabilidade hegemônica, desenvolvida na década de 1970 pelo professor do MIT, Charles Kindleberger, constitui a base mais ou menos explícita da maior parte da discussão atual. Sua tese central é que uma potência dominante, que tenha a capacidade e o interesse de assegurar a ordem mundial, é o melhor antídoto contra um custoso e perigoso caos internacional. Se não há uma potência hegemônica, sustenta a teoria, a única maneira de trazer paz e estabilidade é adotar um sistema de regras – normas, leis e instituições aos quais todos os países se submetem em troca dos benefícios dessa paz e estabilidade. Desnecessário dizer que essa é uma alternativa complicada, não importa o quanto seja digna, e a hegemonia tende a oferecer resultados de modo mais implacável, mas também mais eficaz.[10]

Ao escrever sobre o mundo entreguerras, Kindleberger argumentou que a turbulência econômica e política daquela época – o colapso do padrão-ouro, a Grande Depressão, a instabilidade na Europa e o surgimento da ameaça fascista – era um sintoma de graves falhas no exercício da hegemonia. A disposição e a capacidade da Grã-Bretanha de posicionar suas forças e gastar dinheiro para manter supremacia estavam diminuindo. O único candidato confiável para assumir esse papel, os Estados Unidos, estava fechado numa posição isolacionista. A ausência de um país hegemônico estabilizador – com capacidade e vontade política de usar seu poder para preservar a ordem – contribuiu para propagar a depressão e, em última instância, conduziu à Segunda Guerra Mundial.

Os historiadores vêm usando uma ampla gama de indicadores para avaliar o poder de um país: a população, o desempenho econômico, os gastos militares e a capacidade industrial etc. Esses dados permitem identificar momentos em que a hegemonia de um país – basicamente, a distância entre ele e todos os demais – revelou-se mais claramente. A Grã-Bretanha na década de 1860 e os Estados Unidos logo após a Segunda Guerra Mundial, de 1945 a 1955, são dois casos que "refletem as maiores concentrações de poder no líder do sistema de nações", segundo o estudioso William Wohlforth, que analisou extensivamente esses dados. Mas ambos são pálidos exemplos em comparação com os Estados Unidos após o fim da Guerra Fria. "Os Estados Unidos são o primeiro Estado líder na história internacional moderna com preponderância decisiva em todos os componentes implícitos no poder: econômico, militar, técnico e geopolítico", escreveu Wohlforth em 1999. Ele argumentou – numa visão que teve eco em muitos outros analistas – que a reafirmação dos Estados Unidos como potência de predomínio esmagador, sem outro concorrente à altura em todas as diferentes arenas de rivalidade internacional, estabeleceu um mundo unipolar. Essa era uma configuração inteiramente nova na história do mundo e que tinha os ingredientes não só para proporcionar paz e estabilidade global mas também para perdurar.[11]

Os novos ingredientes

O fato de os Estados Unidos conseguirem dar ao mundo um período de estabilidade graças ao seu poder hegemônico ajudou a revelar duas novas tendências que influenciaram o uso e os limites do poder no sistema internacional. Uma delas foi o "poder suave" – a ideia de que o poder de um Estado pode ser expresso e reforçado por meio do apelo exercido por sua cultura, seus valores e ideias. A outra foi a extraordinária proliferação de organizações, tratados, leis internacionais e convenções, aos quais se subscreveram cada vez mais países na segunda metade do século XX. Essa moldura institucional em expansão criou um sistema de cooperação mundial com um número bem maior de participantes e cobrindo bem mais assuntos do que jamais se poderia prever.

O poder suave tinha seus antecedentes mais rudes no imperialismo, seja no romano, seja no britânico ou francês – na *mission civilisatrice* que buscava doutrinar os súditos coloniais quanto às glórias da civilização ocidental, por meio da sedução do lucro e da pompa, ou da criação de estruturas educacionais, sociais e culturais. A versão moderna, mais afável, branda e igualitária, foi proposta pelo cientista político Joseph Nye num livro de 1990 intitulado *Bound to lead: the changing nature of American power* [Fadado a liderar: a natureza mutável do poder americano]. O conceito se difundiu, e Nye expandiu-o num livro de 2004 chamado *Soft power*. Seu subtítulo esclarece o enredo: *the means to success in world politics* [Os caminhos para o sucesso na política mundial].[12]

O poder suave, da maneira que Nye o concebe, é um tipo de poder difícil de mensurar, mas fácil de detectar: o poder da reputação e da estima, a boa vontade irradiada por instituições bem-vistas, por uma economia que desperta o desejo de trabalhar ou comercializar com ela, por uma cultura sedutora. Essa forma de poder talvez seja menos quantificável que o número de jatos de combate, divisões de infantaria ou bilhões de barris em reservas de petróleo, mas seu impacto é indiscutível. É evidente que o Vale do Silício e Hollywood contribuíram com o poder suave dos Estados Unidos ao fomentar a inovação tecnológica global e divulgar produtos de entretenimento ligados à cultura americana. O poder suave não era exclusividade dos Estados Unidos, mas em meados da década de 1990 o predomínio americano nesse tipo de poder, que se tornara crucial, parecia tão evidente como o poder das armas ou da economia.

O mundo também desfrutava do mais alto grau de cooperação internacional da história. Desde a fundação das Nações Unidas em 1945, os governos investiram regularmente e cada vez mais nos novos instrumentos de cooperação. De 1970 a 1997, o número de tratados internacionais triplicou.[13] O Departamento de Estado americano publica uma lista dos tratados em vigor para os Estados Unidos com quase quinhentas páginas, e relaciona milhares de tratados que cobrem desde ursos polares e trânsito de caminhões nas estradas até combustíveis nucleares.[14] As atuais normas de conduta dos estados, amplamente aceitas, e o aparato de tratados e organizações mal poderiam ser imaginados há um século. Elas governam tudo, desde o tratamento de prisioneiros de guerra até exploração de reservas de pesca e o quanto se deve pagar por uma ligação telefônica internacional. Comércio, finanças, comunicações, migração, espaço exterior, proliferação nuclear, espécies ameaçadas de extinção, epidemias, propriedade intelectual, terrorismo, delinquência – tudo está respaldado em acordos ou organizações que limitam as opções das nações e criam um espaço para ajustes e para resolver diferenças.

Os estudiosos chamam isso de "um regime" – um conjunto de normas e fóruns que tratam de uma questão particular de interesse comum. E quando um novo desafio global toma forma – um exemplo recente poderia ser a mudança climática ou o contágio de crises financeiras ou a gripe aviária – há um saudável impulso para se reunir e tentar construir um regime que possa lidar com ele de forma conjunta, em vez de deixar que cada país tome suas providências. Isso está bem distante da política predatória e de interesses estreitos e egoístas entre as nações, que antes era aceita sem discussões por Maquiavel e Hobbes. Hoje, num mundo jamais imaginado, com quase duas centenas de estados soberanos, há um consenso moral a respeito do comportamento adequado das nações, como a humanidade nunca conheceu antes.

A combinação de hegemonia e regras tem sido boa para a estabilidade global. As duas abordagens vêm funcionando juntas em vez de concorrer entre si. O sistema das Nações Unidas, com suas cadeiras permanentes e os poderes de veto no Conselho de Segurança, foi instituído para confirmar a autoridade dos vencedores da Segunda Guerra Mundial, particularmente os Estados Unidos. Esse país assumiu muitos dos fardos clássicos da hegemonia: estacionar tropas na Europa e na Ásia e atuar como uma polícia global, subscrever o Plano Marshall, contribuir com a parte do leão para o orçamento da ONU e de outras organizações internacionais. Seu rival, a União Soviética, usou ideologia, petróleo e armas para apoiar um bloco de estados-satélite na Europa do Leste e pelo mundo em desenvolvimento. Ante a ameaça de uma mútua destruição nuclear em caso de uma guerra frontal, o confronto entre as duas potências deixou pouco espaço para os conflitos locais se expandirem. Após a dissolução da União Soviética, os Estados Unidos herdaram todas as atribuições e fardos de um poderio hegemônico. Eles detinham ampla supremacia militar; a maior economia do mundo e vínculos de investimento e comércio ao redor do mundo todo; um sistema político forte e estável; um território nacional seguro e bem defendido; uma sólida rede de diplomatas, tropas e espiões em cada canto importante do mundo. Em contraste, seu arquirrival anterior, a União Soviética, deixara como legado uma Rússia com uma economia fraca, tecnologicamente atrasada e com uma política fragmentada. Ao mesmo tempo, a vasta rede de acordos, instituições e fóruns mundiais evitava que as controvérsias ganhassem corpo e se tornassem violentas, canalizando as rivalidades em direção à discussão, às concessões e ao acordo. Os teóricos da estabilidade hegemônica pareciam ter razão: o poder duro de armas e dinheiro, o poder suave da cultura e das ideias e o emaranhado de vínculos entre os países e as instituições multilaterais faziam prever um período longo e digno de Pax Americana.

Se não há hegemonia, o que temos então?

Mas não foi isso que ocorreu. Apenas uma década mais tarde, o quadro complicou-se. Os ataques terroristas de 11 de setembro destruíram a fantasia de que os Estados Unidos estavam protegidos e que seus cidadãos eram imunes aos ataques dentro de seu país. Os pesadelos bélicos no Iraque e no Afeganistão revelaram os limites de sua supremacia militar. A crise financeira e a grande recessão expuseram a fragilidade de sua economia. Os dois grandes partidos envolveram-se numa paralisante luta interna que polarizou o debate nacional.

No entanto, ao mesmo tempo ainda não surgiu nenhum adversário que pareça de maneira óbvia destinado a tomar o lugar dos Estados Unidos. A China e a Índia tiveram crescimento fenomenal, mas estão bem atrás em assuntos cruciais e têm graves fragilidades internas. Não foram fechadas alianças ou tratados importantes que unam num bloco coeso as novas potências decididas a explorar as vulnerabilidades dos Estados Unidos. Os elementos clássicos do equilíbrio do poder – por meio dos quais os países buscam neutralizar as alianças uns dos outros e limitar suas zonas de influência – continuam atenuados. Alguns poucos países estão visivelmente disputando a liderança em conversações globais a respeito de temas como normas de comércio internacional ou mudanças climáticas, mas isso é bem diferente de acumular armas nas fronteiras para estabelecer os limites da influência dos Estados Unidos. Desde o fim do Pacto de Varsóvia, não surgiu nenhuma aliança militar para se opor à Otan e à sua liderança pelos americanos. No entanto, o exercício da hegemonia por parte dos Estados Unidos, com suas divisões políticas internas, é na melhor das hipóteses vacilante. O que está ocorrendo então? Nos últimos anos, essa sensação de desconforto tem nutrido muita especulação e preocupações.[15]

Uma das respostas tem sido enfatizar os sintomas do declínio americano, tendo em vista a diminuição da sua capacidade econômica e vontade política de arcar com os custos da hegemonia. Esse é um tópico recorrente. Um famoso livro de 1987, do historiador da Universidade de Yale, Paul Kennedy, *A ascensão e queda das grandes potências*, descreve quinhentos anos de mudanças no sistema de poder mundial e termina com advertências sobre a fragilidade do domínio americano, inspirado na experiência de impérios do passado, que se desintegraram a partir do momento em que deixaram de contar com os recursos para sustentar suas operações militares excessivamente expandidas. O colapso da União Soviética pareceu refutar a previsão de Paul Kennedy, mas no mundo pós 11 de setembro ela pareceu relevante de novo. E mesmo os incentivadores da hegemonia americana preocupavam-se, achando que o maior risco à ordem mundial não era o surgimento de algum concorrente sorrateiro, e sim que os Estados Unidos não conseguissem cumprir seu papel. Em seu livro *Colossus*, de 2004, o fértil historiador britânico Niall Ferguson argumentou que os Estados Unidos precisavam esforçar-se mais para assumir sua responsabilidade de liderança como um "império liberal". Segundo ele, todas as normas e regimes do pós-guerra não eram suficientes para reagir eficazmente às ameaças de estados vilões, do terrorismo ou das doenças – todas elas reforçadas pela tecnologia. "O que precisamos é de um agente capaz de intervir [...] de conter epidemias, depor tiranos, pôr um fim a guerras locais e erradicar as organizações terroristas." Em outras palavras, um país hegemônico com vontade e capacidade de agir como tal.[16]

As opiniões sobre o futuro da rivalidade internacional são muito diversas. O teórico conservador Robert Kagan previu que "o século XXI será parecido com o XIX", com potências como China, Rússia, Índia e uma Europa unificada disputando a supremacia.[17] Outro ponto de vista sustenta que, embora as novas potências rivais não estejam desafiando abertamente a hegemonia americana, vêm usando técnicas conhecidas como de "equilíbrio suave" – acordos informais, votação em bloco nos fóruns internacionais ou rejeição de solicitações diplomáticas e militares americanas –, conseguindo assim limitar e minar essa hegemonia da superpotência.[18] Outros pensadores argumentam que receios como os de Ferguson são exagerados, porque a hegemonia americana não está tão decaída assim. Mesmo num mundo com novos rivais e múltiplos polos de influência – um "mundo pós-americano", no dizer de Fareed Zakaria –, os Estados Unidos continuam desfrutando de vantagens que outros não possuem, e que reforçam seu poder no mundo.[19]

Há ainda outros analistas que lamentam a possibilidade de que as mudanças na economia mundial, na política e nos nossos valores e estilos de vida tenham sido tão radicais que já não sejam possíveis nem a hegemonia nem a disciplina e a ordem que resultam da aceitação e do respeito a normas globais. Temem que uma forma de anarquia – a condição primeva do sistema mundial – esteja se estabelecendo de novo. Já em 1994, Robert Kaplan argumentou que estava surgindo uma nova anarquia internacional alimentada pelos estados falidos e pelas rivalidades étnicas, pela ascensão descontrolada das redes terroristas e criminosas e pela vulnerabilidade de um mundo interconectado com a disseminação de doenças e outras catástrofes. Uma visão ainda mais pessimista é a do cientista político Randall Schweller, que compara as mudanças em curso no sistema mundial com o surgimento, em física, do estado de entropia, quando um sistema se torna tão desorganizado que altera sua natureza de uma maneira irreversível. A sobrecarga de informações e a dispersão de identidades e interesses tornará a política internacional essencialmente aleatória, defende Schweller. "A entropia irá reduzir e tornar difusos os poderes utilizáveis no sistema", escreve ele. "Ninguém vai saber onde está a autoridade, porque ela não estará em parte alguma; e sem autoridade não pode haver governança de nenhum tipo."[20]

É inegável que o sistema mundial encontra-se num estado muito fluido e que está experimentando mutações de todo tipo. Os debates que acabei de mencionar são importantes e cada um contribui com ideias interessantes, mas todos padecem de importantes pontos cegos. A seguir, veremos por que a degradação do poder ajuda a esclarecer o panorama e iluminar tendências importantíssimas que não são bem captadas pelos debates que se tornaram mais comuns.

Quem tem medo do lobo feroz? A rejeição do poder tradicional

As ferramentas que as grandes potências usam para defender seus interesses no sistema internacional não mudaram muito. Armas, dinheiro e astúcia diplomática têm feito com que elas levem a melhor. Um forte exército com equipamento de último tipo e uma força de combate grande e competente; uma economia vasta, tecnologia avançada e uma forte base de recursos naturais; um quadro de diplomatas leais e bem treinados, advogados e espiões; e uma ideologia ou sistema de valores atraente sempre foram grandes ativos para exercer influência internacional. Em todas as eras da história, tais atributos conferiram vantagens às nações mais populosas, economicamente avançadas, politicamente estáveis e ricas em recursos. Não são os próprios ativos brutos que estão encolhendo. O que está em baixa agora é a capacidade de usá-los e a repercussão das modalidades de poder tradicionais que se apoiam neles, quer se trate de poder militar, econômico ou poder suave.

Da força esmagadora à era dos aliados ad hoc

Como vimos no último capítulo, um país – os Estados Unidos – gasta mais com seu arsenal, forças armadas e logística do que todos os demais juntos. Não é um gasto inútil. A Pax Americana – dentro da qual a supremacia militar americana atua como o guardião máximo da estabilidade do sistema internacional – tem sido uma realidade. De fato, os Estados Unidos garantem formal e oficialmente por meio de tratados vigentes a segurança de mais de cinquenta países.[21] As disparidades entre o gasto militar dos Estados Unidos e o de outros países persistem, assim como a fenomenal amplitude da presença militar americana em 130 países, desde grandes contingentes em bases projetadas para ter uma presença indefinida ou prolongada até pequenas unidades dedicadas a treinar, manter a paz, realizar operações especiais e lutar contra movimentos insurgentes.

Além disso, os Estados Unidos também lideram a Otan, a mais importante aliança militar do mundo e, com a queda do Pacto de Varsóvia, a única do seu porte. Esse é um dos mais fortes indicadores de hegemonia que poderiam existir. As alianças sempre foram o instrumento essencial das políticas das grandes potências, dando apoio à diplomacia com a ameaça crível de ação militar, delineando esferas de influência e áreas vetadas e dissuadindo ataques ao garantir a mútua defesa. Elas foram, em outras palavras, os alicerces da ordem mundial. E por muitas décadas o padrão de alianças no mundo permaneceu estável. A Otan e o Pacto de Varsóvia impuseram uma ordem rígida de ambos os lados da Cortina de Ferro. No mundo em desenvolvimento, as colônias que acabavam de se tornar independentes viam-se logo cortejadas, cooptadas ou coagidas a fazer alianças com o Ocidente ou com o bloco comunista.

Hoje, duas décadas após a dissolução do Pacto de Varsóvia por seus membros, em julho de 1991, a Otan continua existindo e até se expandindo. De fato, três antigas repúblicas soviéticas e outros sete antigos membros do bloco soviético se juntaram à aliança. A Otan e a Rússia continuam sendo rivais: a Rússia resiste a que mais vizinhos seus se juntem à aliança e opõe-se à instalação de mísseis de defesa da Otan na Europa central. Mas ambos também se autoproclamam parceiros, não inimigos, e desde 2002 contam com um conselho especial para suavizar atritos e resolver quaisquer controvérsias. Além da Rússia, a Otan não tem nenhum outro inimigo potencial óbvio – uma situação nova para uma grande aliança, e que a tem forçado a procurar novas formas de manter sua relevância. O exemplo mais importante é sua missão no Afeganistão, para a qual todos os seus 28 estados-membros e mais outros 21 países têm fornecido soldados.

Não obstante, sua óbvia supremacia oculta fragilidades cada vez maiores, que refletem tanto a ausência de uma ameaça real quanto a dispersão do poder entre seus participantes. A missão do Afeganistão tem sido fortemente dominada pelos Estados Unidos, com muitos países fazendo contribuições modestas ou simbólicas. Vários se retiraram. A oposição da população holandesa à presença de suas tropas na missão contribuiu para a queda do governo em fevereiro de 2010, pressagiando sua retirada. Participantes como a França e a Alemanha têm se mostrado contrários ao pedido americano de envio de mais soldados. Além disso, cada contingente no Afeganistão tem operado sob normas diferentes, impostas por seus próprios comandos militares nacionais ou mesmo pelo legislativo de seus país. Uma disposição aprovada nos parlamentos de Praga ou de Haia pode limitar as ações que um soldado da Otan tem permissão de realizar no campo de luta, seja ao enfrentar o Talibã, treinar soldados afegãos ou combater o comércio de ópio. Tais restrições têm levado alguns soldados americanos a apelidar a chamada *International Security Assistance Force* (ISAF) de *"I Saw Americans Fight"* [Vi soldados americanos lutando].[22]

Enquanto a Otan se debate com essas contradições, a coordenação entre seus membros sofre com a concorrência de estruturas paralelas. Uma organização de defesa antiga, a União da Europa Ocidental, se sobrepõe à Otan. A União Europeia tem seu próprio aparato oficial de política de defesa, que inclui a Agência Europeia de Defesa e outros organismos; esse aparato desempenha suas missões além-mar, como manutenção da paz, assistência militar e contribuições para forças multinacionais. É claro, cada país-membro da UE preservou também as próprias forças armadas. Entre a Otan, governos nacionais e as muitas camadas de burocracia da UE, a aliança do Atlântico é cada vez mais uma miscelânea de jurisdições e fóruns com filiações sobrepostas, mas sem uma hierarquia de tomada de decisões e sem cadeias de comando claramente definidas.

O surgimento da modalidade chamada de "coalizão dos dispostos" como um novo tipo de empreendimento militar multinacional mostra a perda de força das alianças. Exemplo disso foi o grupo *ad hoc* de países que concordaram em participar ou então apoiar a invasão americana do Iraque em 2003. Muitos deles participaram apenas de maneira simbólica para dar ao governo de George W. Bush uma folha de parreira que escondesse a nudez institucional de sua aventura bélica. Exemplos mais válidos são as operações no Afeganistão, assim como as tarefas de manutenção da segurança e da paz e os esforços humanitários em diferentes partes do mundo. O auxílio a vítimas de terremotos e o patrulhamento de rotas de navegação nas costas da Somália são bons exemplos de iniciativas de ação coletiva nas quais diferentes países juntam suas forças militares para um objetivo comum, apesar da inexistência de uma aliança formal e de uma autoridade superior que os obrigue a intervir. Como esses "dispostos" se apresentam caso a caso, seu apoio é contingente, depende dos desdobramentos políticos nos respectivos países, da sua disposição de continuar a arcar com os custos financeiros dessas iniciativas e das negociações paralelas que consigam fazer em troca de sua participação – que no caso de várias das nações que participaram da operação no Iraque, por exemplo, foi a simplificação dos procedimentos para que seus cidadãos pudessem obter visto de entrada nos Estados Unidos ou mesmo residência.

Quanto às novas alianças que têm surgido no mundo sob a Pax Americana, algumas são simplesmente fóruns de cooperação militar entre membros de uma organização regional, similar à UE. A União Africana, por exemplo, tem sua própria força de paz para intervir em conflitos regionais. O Conselho Sul-Americano de Defesa está construindo e tentando coordenar laços militares numa América Latina muito dividida. Mas essas alianças ficam aquém das tradicionais, que são construídas com base numa cooperação estreita, em planos e tecnologia compartilhados e na promessa de mútua defesa. Poderíamos esperar o surgimento dessas novas alianças em torno de uma grande potência rival, como a China ou a Rússia, num esforço de recriar um rival no lugar deixado pelo Pacto de Varsóvia. Em vez disso, os esforços mais ativos – embora largamente malsucedidos – foram aqueles do presidente da Venezuela, Hugo Chávez, de formar uma aliança militar com Cuba, Bolívia e outras nações simpatizantes, como um contrapoder regional ao dos Estados Unidos. As "alianças" mais representativas hoje são formadas por uma combinação de países e organizações não estatais que esses países apoiam – por exemplo, o apoio dado pelo Irã ao Hezbollah e ao Hamas, e o papel que a Venezuela parece ter como intermediário entre as Farc colombianas e organizações como o grupo militante basco ETA ou os apoios do governo de Hugo Chávez a organizações paramilitares iranianas para facilitar seu ativismo na América Latina.[23]

Uma arena militar na qual algumas das hierarquias tradicionais permanecem intactas é a da venda de armas – pelo menos as do tipo tradicional. Os mesmos fornecedores dominantes – Estados Unidos, Rússia, China, França, Alemanha, Itália – ainda respondem pela esmagadora maioria das vendas de armas, formando uma casta que se mantém intacta há décadas. Mas as vendas oficiais apoiadas por financiamento governamental são apenas parte do verdadeiro negócio de armas global. Como consta do relatório do secretário-geral das Nações Unidas, de abril de 2011, "nas décadas recentes, o comércio de armas viu uma mudança, do contato geralmente direto entre autoridades e agentes do governo para o uso onipresente de intermediários privados, que operam num ambiente particularmente globalizado, muitas vezes a partir de múltiplos locais".[24] Essa parte do comércio de armas, não regulamentada e com frequência sem a supervisão de um Estado, está fora de controle e mostra a reduzida penetração dos órgãos de defesa nacionais no comércio internacional de armas e, portanto, seu menor controle dos conflitos armados. Evidentemente, esse é mais um sintoma da degradação do poder.

A deterioração da diplomacia econômica

Além das alianças militares, as grandes potências têm usado tradicionalmente estímulos econômicos como uma maneira de fazer que outros países apoiem seus interesses. O método mais direto é o auxílio bilateral – ou seja, o que se dá diretamente de um governo a outro –, sob a forma de empréstimos, subsídios ou acordos preferenciais relacionados com o comércio ou os recursos. A diplomacia econômica pode se dar igualmente, na forma de barreiras comerciais contra determinado país, boicotes, embargos ou sanções contra suas instituições econômicas.

Nesse caso também os métodos são os mesmos, mas sua eficácia como recurso para projetar poder diminuiu. Os novatos, graças à integração da economia mundial, dependem hoje menos dos suprimentos, clientes ou financiamento de qualquer outro país. A queda de barreiras comerciais e a maior abertura do mercado de capitais foram metas por muito tempo defendidas pelos Estados Unidos e outras nações ricas nas conversações internacionais sobre comércio. Sua vitória – junto com a ampla promoção do "consenso de Washington" e seu estímulo à abertura econômica como condição para concessão de empréstimos pelo Banco Mundial, Fundo Monetário Internacional e outras instituições – teve o efeito paradoxal de diminuir o peso que os Estados Unidos e antigas potências coloniais como a Grã-Bretanha ou a França tinham antes sobre os países sob sua esfera de influência.

A bem-sucedida imposição de sanções ao Irã para fazer com que seu programa nuclear atendesse às normas internacionais é a exceção que confirma a regra. As Nações Unidas, os Estados Unidos, a União Europeia e vários outros países têm imposto uma série crescente de restrições ao comércio com o Irã, entre elas o embargo ao petróleo iraniano, a redução das transações com seu banco central e restrições a viagens e turismo. Mas os Estados Unidos tiveram de abrir exceções a vários de seus aliados que dependem do petróleo iraniano e enfrentar o difícil dilema de impor ou não penalidades a países amigos, como a Coreia do Sul e a Índia, e a rivais com significativa capacidade de retaliação, como a China, por sua relutância em reduzir as compras de petróleo iraniano.

O uso seletivo do poder estatal por meio da ajuda econômica a outros países procurando assim "comprar" aliados também se popularizou. Antes apenas uns poucos e grandes países tinham os recursos para usar doações, subsídios e outras modalidades de apoio econômico como instrumento de sua política exterior. Hoje o número de participantes nessa estratégia cresceu muito. Da China ao Catar e da Venezuela ao Brasil, um bom número de países que antes não usavam esses métodos agora tece suas alianças internacionais à base de dinheiro.

Ao fim da Segunda Guerra Mundial, apenas cinco ou seis países tinham organismos formais cuja missão era apoiar financeiramente outras nações. Hoje há mais de sessenta. Na década de 1950, nada menos que 88% da ajuda desembolsada internacionalmente era proveniente de apenas três países: Estados Unidos (58%), França (22%) e Grã-Bretanha (8%). O terreno da ajuda bilateral viveu sua primeira grande expansão na década de 1960, quando Japão, Canadá e várias nações europeias criaram organismos de ajuda internacional. A Holanda e os países escandinavos logo se tornaram grandes doadores, contribuindo com uma parcela maior em relação ao tamanho de sua economia do que os Estados Unidos, a Grã-Bretanha ou a França. Na década de 1970, os ganhos inesperados com o petróleo permitiram aos países árabes montar fundos de assistência ao desenvolvimento, que eles usaram para apoiar projetos em países muçulmanos e em toda a África. O cenário expandiu-se de novo na década de 1990, com países da Europa do Leste tornando-se doadores; países emergentes como Índia e Brasil também se tornaram grandes provedores de ajuda.[25] Em 2009, os Estados Unidos, a França e o Reino Unido já respondiam por 40% do auxílio oficial ao desenvolvimento.[26]

E essa é apenas a parte bilateral do cenário – ou seja, o que se dá entre um governo e outro e que representa 70% do total dos fundos anuais que circulam por esse campo. Além disso, a esses é preciso acrescentar os organismos internacionais, como o Banco Mundial ou o Conselho do Ártico, formados por vários países e cuja missão é ajudar os menos favorecidos ou atuar em prol de alguma causa global. Existem no mundo pelo menos 263 órgãos de auxílio multilateral,[27] desde a Organização Mundial de Saúde até grupos regionais como o Fundo Nórdico de Desenvolvimento ou agências especializadas como o World Fish Center e o Conselho Internacional para o Controle dos Distúrbios por Deficiência de Iodo. Mas talvez a novidade de maior impacto tenha sido a vasta expansão das doações privadas por meio de organizações não governamentais. Em 1990, o total do fluxo de dinheiro para países menos desenvolvidos foi de 64,6 bilhões de dólares. Para 2012, essa cifra havia disparado para mais de 170 bilhões de dólares. Embora o crescimento se deva ao maior aporte tanto de governos como de pessoas e entidades privadas, é essa última categoria – a das doações não governamentais – a que mais cresceu. Nos Estados Unidos, por exemplo, as doações privadas excedem as do setor público.[28] Avalia-se que o setor mundial de ajuda privada dê trabalho a mais pessoas do que as organizações governamentais e multilaterais com as quais compete, e que tenha maior eficácia e mais impacto.

A proliferação de doadores significa que o país receptor típico pode lidar com muito mais interlocutores, e não só com alguns poucos que monopolizam a situação e podem exercer influência desproporcional sobre seu governo. Na década de 1960, um país receptor de ajudas estrangeiras tinha em média doze doadores. Em 2001, essa média de doadores havia quase triplicado, chegando a até 33.[29] E o número continua aumentando. Se um governo africano ou latino-americano não gosta das condições que lhe são impostas por um doador, agora tem mais alternativas. Pode ignorá-lo e procurar outro doador cujas exigências sejam mais toleráveis. A perda de poder dos países e organizações que dominaram o âmbito da ajuda ao desenvolvimento é notável. Antes eram um cartel bem coordenado. Agora não. Também nesse campo os mega-atores de sempre têm visto seu poder notavelmente reduzido devido à aparição de novos participantes.

A dispersão do poder econômico no panorama internacional é ainda mais pronunciada quando se trata de investimento estrangeiro. Ficaram para trás os dias em que a United Fruit Company atuava como uma polia de transmissão não só de dinheiro mas também dos interesses americanos nas "repúblicas das bananas". As companhias multinacionais não são mais paladinos nacionais em defesa de seu país-sede, dedicadas a defender seus interesses e às vezes servindo como agentes mais ou menos voluntários de sua política externa. Em meio à expansão dos mercados globais, o *outsourcing* ou "terceirização" das atividades da empresa a outros países, a onda de fusões e aquisições e os investimentos individuais de magnatas ricos que operam com enorme autonomia de seus governos, as multinacionais estão mais desvinculadas do que nunca da política externa de seus países "sede". Que interesses nacionais específicos poderiam ser atribuídos, por exemplo, à maior companhia siderúrgica do mundo, a Arcelor Mittal, levando em conta que sua sede é na Europa, suas ações estão presentes nas bolsas de seis países e seu principal dono é um bilionário indiano?

Na realidade, se há países que viram seus interesses se expandirem por meio de investimentos estrangeiros nos últimos anos são as economias emergentes, cujas companhias se tornaram ativos investidores internacionais, especialmente em agricultura, recursos naturais, construção e telecomunicações. A Petrobrás no Brasil ou a chinesa CNOOC no petróleo, a Sime Darby da Malásia em borracha, as mexicanas CEMEX em cimento e Bimbo em alimentos, a sul-africana MTN ou a indiana Bharti Airtel em serviços de telefonia celular são apenas algumas das muitas companhias envolvidas no chamado investimento direto estrangeiro sul-sul (*foreign direct investment* ou FDI). Estima-se que há 20 mil companhias multinacionais com sede em mercados emergentes. Os investimentos procedentes de países em desenvolvimento ainda são minoria no investimento estrangeiro global, mas dispararam de apenas 12 bilhões de dólares em 1991 para 384 bilhões de dólares em 2011. Desse valor, uma proporção cada vez maior tem ido para investimentos em outros países em desenvolvimento. Em 2011, os investidores de mercados emergentes responderam por mais de 40% da atividade global de fusões e aquisições. A consequente distribuição de executivos, pessoal e visibilidade de marca obriga a repensar a ideia antiquada de que o investimento estrangeiro e as empresas que os canalizam são uma ferramenta política dos países ricos.*

A diplomacia econômica ainda tem mais chances de traduzir-se em influência política em lugares onde as necessidades são maiores e a com-

* As fontes para os dados sobre investimentos sul-sul podem ser encontradas no Capítulo 8.

petição de outros protagonistas e do setor privado é menor. Nos últimos anos, isso tem sido sinônimo de África, onde a China e o Ocidente estão se enfrentando no que constitui a coisa mais próxima que temos agora da antiga disputa por influência, dentro de um cenário de promissoras reservas de petróleo, minerais e outras matérias-primas, combinado com frequente instabilidade política. A influência da China no continente africano tem crescido na última década, à medida que o país asiático vem construindo estradas, hospitais e outras obras de infraestrutura, oferecendo pagamentos bem mais altos do que as empresas ocidentais por concessões de petróleo e desenvolvendo projetos rapidamente – com poucas ou nenhuma das onerosas condições políticas ou de gestão impostas por agências de financiamento do Ocidente. Um dos mais recentes presentes de alto nível que a China ofereceu foi uma sede de 200 milhões de dólares para a União Africana, em Adis Abeba. Essa generosidade, unida às declarações de apoio à soberania dos países receptores e à vista grossa dos chineses diante das rebeliões e agitação política, levou a China a ganhar credibilidade entre as elites políticas africanas e tornar-se uma forte concorrente das agências e companhias francesas e americanas ou dos países nórdicos. Mas do mesmo modo que a influência chinesa cresce rapidamente na África, ela também é vulnerável a sofrer uma queda, à medida que outros países – como a Índia, a África do Sul e países árabes – aumentarem seus investimentos no continente. Ou que China, Brasil e outros sofrerem uma redução do auge geopolítico que alcançaram no início do século XXI em decorrência de suas crises econômicas e políticas.

A globalização do poder suave

Se a influência militar e econômica das grandes potências se diluiu, seu domínio por meio do "poder suave" – o que se origina da atração exercida por sua cultura, suas marcas, seu sistema político e seus valores – foi igualmente afetado. O projeto Pew Global Attitudes, que pesquisa um número crescente de países desde 2002, confirma que a imagem global dos Estados Unidos piorou na maior parte do mundo durante a administração George W. Bush, em particular após a invasão do Iraque, e que parece ter melhorado após a eleição de Barack Obama. Na Alemanha, por exemplo, 60% dos entrevistados em 2002 tinham uma opinião favorável dos Estados Unidos, em comparação com apenas 30% em 2007, e 64% em 2009. Na Turquia, as opiniões favoráveis aos Estados Unidos caíram de 30% em 2002 para 9% em 2007 e voltaram a subir para 14% em 2009. Medido dessa maneira, o poder suave dos Estados Unidos está longe de se mostrar uniforme: em 2009, os americanos eram vistos de maneira favorável por 78% na Nigéria, 69% na Grã-Bretanha, 47% na China, 38% na Argentina e 25% na Jordânia. Além disso, em 2012, o "dividendo Obama" vinha declinando em vários países. O enorme prestígio daquele Barack Obama que chegou à presidência dos Estados Unidos não é o do presidente dos Estados Unidos acossado por uma grave paralisia política, uma forte crise econômica mundial, as filtrações de segredos e um desempenho que foi menos entusiasmante que as imensas expectativas geradas por sua chegada à Casa Branca.

A mesma questão colocada com referência à China oferece resultados similarmente ambíguos. Os melhores ganhos de imagem da China foram registrados na Nigéria (de 59% favoráveis em 2006 para 85% em 2009), comparados com uma queda na Turquia (de 40% em 2005 para 16% em 2009) e resultados mornos, na faixa de 40-50%, em muitos dos outros países. Fato revelador, em 2011 as pesquisas da Pew indicaram que, para a maioria dos entrevistados em 15 dos 22 países onde foi realizada a pesquisa, a China ou irá substituir ou já substituiu os Estados Unidos como a principal superpotência mundial. As opiniões sobre a União Europeia foram variadas – sua imagem geral deteriorou-se em treze dos vinte países de 2010 a 2011 – enquanto as opiniões a respeito da Rússia tendem a ser negativas e as opiniões sobre o Irã ainda mais, com algumas exceções importantes (por exemplo, em 2009, 57% dos libaneses tinham uma opinião favorável sobre a Rússia, e 74% dos paquistaneses tinham o Irã em alta conta).[30]

Tudo isso sugere que o poder suave é, no mínimo, um conceito volátil, altamente vulnerável às realidades imediatas da situação mundial, num contexto em que as notícias viajam com maior rapidez do que nunca. Isso não impediu que numerosos países adotassem o conceito e procurassem maneiras de aumentar seu poder suave. O acadêmico Joshua Kurlantzick acredita que a China passou a adotar uma estratégia de poder suave em 1997, quando o país expressou a recusa em desvalorizar sua moeda como "uma defesa da Ásia". Desde então, a China tornou-se o maior doador de vários países do Sudeste Asiático, expandiu sua ajuda e projetos na África, acelerou a distribuição internacional dos programas da sua tevê nacional e abriu institutos Confúcio de ensino de língua e programas culturais ao redor do mundo. Em fevereiro de 2012, a Televisão Central da China lançou uma iniciativa de produzir programação voltada para os Estados Unidos, abrindo um importante estúdio de televisão em Washington, DC.[31] A China também está virando um destino para artistas e arquitetos de todo o mundo; e o sentimento de sua crescente importância está levando pais de todo o mundo a considerar a opção de matricular seus filhos em aulas de mandarim. Para a China, o poder suave é uma estratégia explícita.[32]

Na Índia, ao contrário, o poder suave não é tanto uma prioridade política como uma preocupação entre analistas, que esperam que o país já tenha reunido uma vantagem em poder suave pelo fato de ser uma democracia e de ter atraído gerações de turistas ocidentais, buscadores da verdade e agora investidores. "A Índia tem uma capacidade extraordinária de contar histórias, que são mais persuasivas e atraentes do que as de seus rivais", argumenta Shashi Tharoor, o escritor e ex-alto funcionário das Nações Unidas, que virou agora político e ministro do governo da Índia.[33] O responsável pelos programas culturais indianos para o exterior citou a popularidade da ioga como um componente do poder suave.[34] Por mais vago que isso possa soar, uma área em que o poder da Índia costuma ser aceito é Bollywood, a indústria cinematográfica que mais produz e exporta longas-metragens no mundo, e que há décadas conquistou clientes na Ásia, África, Oriente Médio e Europa do Leste, e que agora está entrando nos circuitos comerciais do Ocidente.

Se a penetração e popularidade na mídia estão entre os indicadores mais evidentes do poder suave, como demonstram tanto Hollywood como Bollywood, também as telenovelas mexicanas e colombianas, filmes de orçamento barato da Nigéria e *reality-shows* da África do Sul estão ampliando a gama de influências. Na Rússia e na Europa do Leste, do mesmo modo que o fim da Guerra Fria despejou imensos arsenais de armas excedentes no mercado mundial, o fim dos monopólios das tediosas tevês estatais criou uma oportunidade preenchida por telenovelas da América Latina, dando origem a verdadeiros hábitos de dependência e a novos mercados. No Sudeste Asiático, toda uma geração de fãs conhece a Coreia do Sul não por seus confrontos com a Coreia do Norte nem pelo período que passou sob a ditadura na década de 1970, mas por seus *videogames* e artistas de música popular. O governo coreano capitaliza isso patrocinando concertos e oferecendo aulas de língua e culinária em seus centros culturais na região. Depois que se vislumbra uma oportunidade de utilizar o poder suave, aproveitá-la é fácil – e costuma ser barato.[35] A mais recente cabeça de ponte cultural coreana são os Estados Unidos, onde o *rapper* Psy fez sucesso com as danças e músicas do seu "Gangnam Style" (Gangnam é um bairro chique de Seul). O gênero musical "K-pop", outra superestrela coreana, também ganhou legiões de fãs: o *The New York Times* noticiou que as músicas e álbuns do cantor Jay Park têm alcançado desde 2010 o número 1 nas paradas do iTunes nos Estados Unidos, Canadá e Dinamarca. Junto com a propagação global de marcas de consumo como Samsung, Hyundai, Kia e LG, essas invasões culturais estão ajudando a fortalecer a Coreia do Sul como marca mundial: no índice de marcas de país da Anholt-GfK Roper, que entrevista 20 mil pessoas em vinte países para montar um *ranking* das cinquenta melhores "marcas de países", a Coreia do Sul subiu do 33º lugar em 2008 para 27º em 2011.[36]

As novas regras da geopolítica

O Qatar é sem dúvida um dos melhores exemplos de país pequeno que tem promovido seus interesses usando uma combinação de coalizões ocasionais com países dispostos a uma ajuda mútua, exercício de diplomacia econômica (isto é, muito dinheiro) e utilização de poder suave. Ele tomou a iniciativa no esforço para derrubar Muammar Kadhafi na Líbia fornecendo aos rebeldes dinheiro, treinamento e mais de 20 mil toneladas de armas, e desde o início das revoltas na Síria envolveu-se a fundo na sangrenta crise desse país.[37] Também tem tentado atuar como mediador no Iêmen, Etiópia, Indonésia e Palestina, e – fato importante – no Líbano. Por meio de um fundo de investimentos de pelo menos 85 bilhões de dólares, o Qatar vem comprando participações em empresas como Volkswagen e o time de futebol Paris St. Germain, entre muitas outras. E, além de estar por trás de uma das mais influentes novas organizações de mídia, a rede Al Jazeera, está construindo sua reputação como centro cultural, com museus de alto nível de arte islâmica e do Oriente Médio, além de aquisições de grandes obras de artistas de renome mundial.[38]

Mas você não precisa estar sentado no alto de uma pequena fortuna de recursos de hidrocarboneto para atuar junto com os grandes do setor. Um pequeno grupo de países que não são necessariamente vizinhos ou vinculados por uma história comum pode obter resultados mais rapidamente pelo simples fato de decidirem trabalhar juntos em vez de aderir a lentas e enfadonhas organizações internacionais. E uma política externa com ambições regionais, focada apenas nos vizinhos imediatos, está agora ao alcance de um número maior de países; e aqueles que demorarem em agarrar essa oportunidade correm o risco de ficar para trás.

Nenhum desses princípios contradiz o poder de contar com um grande exército ou uma enorme riqueza em recursos naturais ou ter outros ativos; todos eles continuam sendo fontes de poder de um país. Mas, como acabamos de ver, existem novos fatores que dão mais poder a países que não o detinham antes e que agora podem, se não deslocar os poderosos de sempre, pelo menos limitar a capacidade desses últimos de impor sua vontade a outras nações – ou ao resto do mundo.

Basta dizer não

Quando os vencedores da Segunda Guerra Mundial criaram o sistema das Nações Unidas, procuraram projetá-lo de maneira que protegesse seus interesses. Os Estados Unidos, União Soviética, China, França e Grã-Bretanha, por exemplo, outorgaram a si mesmos assentos permanentes no Conselho de Segurança, o órgão destinado a lidar com as crises internacionais mais graves. Também procuraram garantir que teriam o poder de vetar qualquer resolução. Esse arranjo foi uma inovação na política internacional e, nesse caso, funcionou da maneira que esperavam aqueles que o projetaram. A capacidade dos cinco membros permanentes (todos eles potências nucleares) de bloquear qualquer ação que ameaçasse seus interesses deu-lhes outra ferramenta útil dentro das complexas rivalidades geradas pela divisão do mundo entre o Ocidente e o bloco soviético. Dos 269 usos do veto exercidos entre 1946 e 2012, mais de 225 ocorreram antes de 1990.[39] A União Soviética foi quem mais exerceu o poder de veto nas décadas de 1950 e 1960, e os Estados Unidos a partir de então, principalmente para evitar resoluções que condenassem a política de Israel em relação ao Líbano ou aos palestinos. Na década passada, o veto do Conselho de Segurança raramente foi usado; nem França nem Grã-Bretanha lançaram mão dele em mais de quinze anos. A partir de 2006, porém, a China e a Rússia têm lançado mão de seu poder de veto para impedir que se censurem ou sancionem países como Zimbábue, Mianmar e Síria.

Mas, se o veto das grandes potências tradicionais na ONU está praticamente em dormência, outros poderes de veto estão florescendo. Uma arena na qual o poder de veto é usado com grande eficácia é a União Europeia. Em 1963, quando a comunidade tinha apenas seis membros e era dominada pela aliança franco-germânica, Charles de Gaulle vetou a solicitação da Grã-Bretanha de se filiar. Ele reiterou sua oposição em 1967 – apesar de todos os cinco parceiros da França apoiarem a solicitação britânica. Só após a morte de De Gaulle, em 1969, é que a França abrandou sua resistência, o que resultou na admissão do Reino Unido, Dinamarca e Irlanda em 1973. O veto francês foi um exemplo de uma grande potência – um dos dois membros dominantes na Comunidade Econômica Europeia da época – usando seu veto para impor unilateralmente sua vontade a outros, de maneira similar à utilização desse instrumento no Conselho de Segurança da ONU.

Como resultado da expansão ininterrupta da União Europeia e do princípio da unanimidade para decisões-chave, os novos países obtiveram um poder considerável, a ponto de alguns analistas terem se perguntado por que os membros existentes estavam tão ansiosos para admitir novos membros a qualquer custo. Cada leva de novos membros obteve benefícios, com frequência financeiros, ao ameaçar obstruir novas iniciativas. O medo de um referendo sobre a participação britânica na CEE em 1975 levou a França e a Alemanha a concordarem com novos termos financeiros de filiação, que foram bem mais favoráveis ao Reino Unido. Mais tarde, a Grécia, que foi incorporada em 1981, e Espanha e Portugal, que entraram em 1986, conseguiram obter benefícios financeiros de seus sócios participantes em troca de não bloquear novos tratados que visavam maior integração, como o Tratado de Maastricht, e o desenvolvimento da moeda comum.

A União Europeia usa agora um sistema de "voto majoritário qualificado", com uma fórmula complicada, que atribui votos a cada país segundo sua população e requer 255 dos 345 votos totais para que uma medida seja aprovada no Conselho da Europa. Mesmo assim, ainda há salvaguardas para estados menores, evitando que um pequeno número de países grandes force a aprovação de quaisquer iniciativas. Mas questões-chave como novas políticas comuns e maior expansão da união ainda exigem unanimidade absoluta, e todo ano pequenos países usam seu poder de veto para sustar várias medidas. A Polônia, por exemplo, vetou em 2007 uma parceria comercial importante entre a União Europeia e a Rússia, até que a Rússia levantasse a proibição às importações de carne polonesa. A Lituânia vetou a mesma negociação até que os parceiros da União Europeia concordassem em apoiar sua posição numa variedade de litígios com a Rússia, incluindo a questão da indenização a lituanos que haviam sido deportados para campos de trabalho na Sibéria. A Holanda bloqueou as conversações para a incorporação da Sérvia à União Europeia por esta não ter entregado acusados de crimes de guerra à Corte Penal Internacional de Haia. Ou seja, pequenos países têm usado seu poder de veto para obter concessões de estados maiores da Europa – às vezes em grandes questões, mas outras vezes em assuntos mais provincianos.

Fazendo pé firme em sua posição, os países pequenos podem sustar qualquer número de iniciativas internacionais – e não têm hesitado em fazê-lo. O fracasso da cúpula sobre meio ambiente realizada em Copenhague em dezembro de 2009 foi atribuído a vários fatores – a relutância dos Estados Unidos e da China em fechar acordo, a intransigência de grandes países industrializados ou de países em desenvolvimento –, mas no fim o que impediu a adoção de um acordo, mesmo que medíocre, foi a objeção de uma coalizão antes inimaginável: Venezuela, Bolívia, Sudão e o pequeno Tuvalu, país que ocupa uma ilha do Pacífico. O representante do Sudão comparou as propostas dos países ricos com o Holocausto, enquanto a delegada da Venezuela fez um corte na mão de propósito para perguntar se era preciso sangrar para que fosse ouvida.[40] Esses atos foram descartados como farsescos, mas as objeções de suas nações aumentaram o clima de confusão e discórdia de um encontro que já era turbulento. No fim, a cúpula não adotou o acordo, mas, em vez disso, "tomou nota" dele – uma desconsideração aos esforços de negociadores dos Estados Unidos, União Europeia, China, Brasil, Índia e de outros grandes países, e uma mensagem de desalento em relação ao compromisso global de se chegar a um consenso sobre a questão das mudanças climáticas.

A União Europeia, ao contrário, conseguiu forjar um acordo nas conversações da ONU sobre o clima realizadas em dezembro de 2011 em Durban – mas sua política sobre mudança climática foi derrubada três meses depois por um veto da Polônia, que é altamente dependente do carvão.[41]

Por que os países menos poderosos hoje em dia usam seu poder de veto com tanta frequência – e com crescente eficácia? Uma razão importante, e paradoxal, é a proliferação de organizações voltadas para a cooperação internacional numa série de questões. Quanto mais organizações houver, maiores serão as oportunidades potenciais que um país terá de assumir uma posição obstrucionista em relação a uma questão provinciana, ideológica ou mesmo caprichosa, em geral por razões políticas internas e imediatas e não pela defesa de princípios mais universais. Mas os vetos de pequenos países também aumentaram porque os países grandes já não dispõem mais dos mesmos prêmios e represálias que tinham antes e cujo uso muitas vezes lhes servia para induzir outros países a chegar a acordos. A degradação do poder militar e econômico dos "grandes" assim como a globalização fazem que os países pequenos sejam menos vulneráveis a sanções. Para os "grandes" fica mais difícil impor sanções e, quando conseguem, os "pequenos" têm agora maior facilidade para evitá-las, evadi-las ou neutralizá-las. Além disso, a proliferação de meios informativos e de comunicação dá aos pequenos países novas vias para defender sua posição diretamente para o público global e fomentar a compreensão e a simpatia da opinião pública mundial, em vez de ter de aceitar passivamente decisões tomadas em negociações entre poucos e a portas fechadas.

De embaixadores a Ongogs: os novos emissários

"Os embaixadores são uma espécie obsoleta?" A questão já era colocada em 1984 pelo historiador Elmer Plischke. E era sinal das mudanças que estavam acabando com a primazia dos embaixadores como representantes de um país: a maior facilidade para viajar e as tecnologias da comunicação, o incremento das vias pelas quais os governos podiam comunicar-se diretamente com a população de outros países e o efeito diluidor da proliferação de nações-estado, muitos deles de porte bem pequeno, cada um com seu corpo diplomático.[42] Todas essas transformações, é claro, foram se acelerando nas últimas três décadas.

A ideia da diplomacia como uma profissão em decadência não é nova. Em 1962, o professor Joseph Korbel, um emigrado tcheco e pai de Madeleine Albright, escreveu a respeito do "declínio da diplomacia", em virtude da derrubada dos antigos valores e procedimentos, desenvolvidos ao longo de séculos pelos chanceleres e embaixadores. Entre esses valores estavam a discrição, os bons modos, a paciência, o conhecimento profundo dos tópicos relevantes e o cuidado em evitar publicidade prematura e autopromoção nos meios de comunicação. "O mundo diplomático moderno rompeu com frequência excessiva essas regras básicas da diplomacia", escreveu. E destacou ainda que os regimes democráticos criaram espaço para outros países apresentarem suas questões diretamente, mesmo quando não havia reciprocidade; assim, notou Korbel, os líderes soviéticos tiveram acesso à imprensa americana enquanto os americanos não desfrutaram desse acesso direto à população soviética.[43]

Hoje esses canais de acesso direto viraram uma cornucópia de grupos de ativistas políticos, étnicos e religiosos; pressões de diásporas de imigrantes bem arraigados no seu novo país que tentam moldar a relação que este tem com seu país de origem, ou de emigrantes em nome de seu país anfitrião; cobertura de notícias favorável e inserção de matérias de relações públicas em jornais; eventos patrocinados por organizações culturais ou de turismo; atividades de advogados e lobistas pagos; e uma profusão de blogues, fóruns, anúncios e propagandas no ciberespaço. Para alguns países, a linha de frente da promoção no estrangeiro não é o pessoal da embaixada, com suas restrições de protocolo e segurança, mas a Ongog. O que é uma Ongog? São as iniciais de "Organização Não Governamental Organizada por um Governo". Parece um trava-língua e uma contradição. Mas essas organizações existem e fazem parte cada vez mais dos instrumentos utilizados pelos governos em suas relações internacionais. Uma organização não governamental organizada por um governo é uma impostora que pretende aparecer como parte da sociedade civil mas que, na realidade, é instigada, financiada ou dirigida por um governo ou um grupo de pessoas que atuam em seu nome.[44]

Uma dessas Ongogs, por exemplo, ocupa um agradável e despretensioso edifício de escritórios em Chiyoda-ku, Tóquio, perto do Palácio Imperial. A *Chongryon*, ou Associação Geral de Residentes Coreanos no Japão, tem cerca de 150 mil membros e atende a uma comunidade étnica várias vezes maior. Ela dirige cerca de sessenta centros educacionais, incluindo uma universidade; também é proprietária de negócios, entre eles bancos e locais de jogos nas populares casas de *pachinko* do Japão. Mas também fornece passaportes. Isso porque a *Chongryon* serve na realidade como embaixada da Coreia do Norte em Tóquio, já que o país não tem relações diplomáticas com o Japão. Em suas escolas, transmite fielmente a ideologia do regime de Pyongyang. Ao longo dos anos, a Coreia do Norte tem ficado isolada e empobrecida, mas a *Chongryon* seguiu adiante. Ela perdeu o financiamento direto do governo da Coreia do Norte, e o Japão retirou alguns de seus privilégios de isenção de impostos. Quando ela incorreu em débito, um antigo oficial da inteligência japonesa tentou tirar-lhe a sede. A *Chongryon* incentiva os coreanos no Japão a manter sua identidade nacional e a evitar as instituições japonesas, mas a associação ficou feliz ao ver os tribunais do país decidirem retaurar-lhe a propriedade do edifício.*

Nem todas as Ongogs são perniciosas: a americana National Endowment for Democracy ("Fundação Nacional para a Democracia"), uma organização privada sem fins lucrativos criada em 1983 para apoiar instituições democráticas ao redor do mundo, é financiada pelo governo americano. Isso faz dela uma Ongog. E seu trabalho como tal tem atraído a ira de antagonistas, como o Egito (que aprisionou e tentou julgar vários membros de sua equipe), o governo russo e um jornal chinês que chamou a promoção de democracia bancada pelos Estados Unidos de "movida por autointeresse, coercitiva e imoral".[45] Outras Ongogs atuam na esfera cultural; é o caso do British Council, da Alliance Française, do Instituto Goethe e do Instituto Cervantes, que promovem as artes e ensinam a língua dos respectivos países no exterior. Numerosos grupos religiosos que operam em países estrangeiros têm o apoio da Arábia Saudita, Irã e outros países que buscam promover não apenas a fé islâmica mas também uma agenda geopolítica particular. Os empreendimentos das Ongogs podem ser muito criativos: um deles, por exemplo, é o programa anual do governo da Venezuela para subsidiar óleo de aquecimento barato para milhares de famílias no nordeste dos Estados Unidos, por meio de doações da estatal venezuelana de petróleo a uma empresa de energia de Boston dirigida pelo ex-congressista e rebento político Joe Kennedy.

Como mostram esses exemplos, as Ongogs são um saco de gatos – e não irão embora tão cedo. Por quê? Porque a reduzida altura das atuais barreiras políticas, econômicas e de informação fazem que sejam muito preferíveis à atuação burocratizada de um conselheiro de embaixada ou seu chefe de missão, conselheiro político ou um adido científico. Montar uma Ongog sobre uma questão de interesse imediato pode ser mais barato do que arrebanhar pessoal e recursos do corpo diplomático – ou, conforme o caso, pagar os custosos honorários de um lobista ou de uma em-

* Outro exemplo refere-se à Transdniéstria; ver "Disinformation", *Economist*, 3 de agosto de 2006.

presa de relações públicas. E o ciberespaço gera as próprias Ongogs, na forma de blogueiros, videógrafos e outras vozes *on-line* que promovem o ponto de vista de um país e podem receber incentivo e financiamento do governo, muitas vezes de maneira opaca ou até clandestina.

Para que serve o minilateralismo?

A multiplicação de acordos de cooperação, alguns mais formais que outros, entre países envolvidos numa questão qualquer reflete os mutáveis limites do poder na atual geopolítica. O Grupo Cairns, fundado em 1986 para reformar o comércio agrícola, reúne dezenove países exportadores de alimentos, entre eles Canadá, Paraguai, África do Sul, Argentina e Filipinas, que pressionam para o corte tanto de tarifas como de subsídios agrícolas. E o grupo Brics que, como observamos, é uma sigla formada pelas iniciais das cinco maiores economias em desenvolvimento – Brasil, Rússia, Índia, China e África do Sul –, realizou sua primeira reunião de cúpula na Rússia, em 2009. A sigla, na verdade, havia sido cunhada por um banqueiro da Goldman Sachs oito anos antes e se propagou por círculos financeiros antes de ser adotada pelos políticos. A Rússia também faz parte das nações industrializadas do G-8; México e África do Sul juntaram-se a Brasil, Índia e China como os "mais 5" no grupo expandido do G8+5. Há dois G-20 diferentes, um composto de ministros da economia e presidentes de bancos centrais de dezenove grandes nações, mais a União Europeia; o outro é um agrupamento de países em desenvolvimento que são agora mais de vinte em número. As filiações dos dois se sobrepõem. Em todos os cantos do mundo entram em cena novos blocos de comércio e agências de cooperação regionais. E a Alternativa Bolivariana para as Américas (Alba), uma aliança iniciada por Venezuela e Cuba em 2005, tem sete membros, incluindo, além dos anteriores, Equador, Nicarágua e as nações caribenhas de São Vicente e Granadinas, Dominica e Antígua e Barbuda. Parece um pacto comercial, mas tem aspirações políticas maiores, e entre os benefícios que compartilha entre as nações do grupo está a assistência oftalmológica (fornecida por Cuba e subsidiada pelo petróleo venezuelano).[46]

O aspecto-chave em comum é que nenhum desses grupos está tentando virar uma aliança universal. Ao permitir a entrada apenas de membros com um perfil comum de interesses, eles se parecem mais com as "coalizões de dispostos" que apoiaram as guerras dos Estados Unidos no Iraque e Afeganistão do que com as Nações Unidas ou com as negociações internacionais sobre mudanças climáticas das quais participam centenas de países. Em março de 2012, por exemplo, os membros do Brics discutiram a criação de um banco de desenvolvimento comum para mobilizar poupanças de todos os países e promover a abertura de outros vínculos comerciais, particularmente com a Rússia e a China, por um lado, e entre os outros membros do grupo, por outro.[47]

Além disso, esses grupos têm maior probabilidade de cumprir seus propósitos. Os acordos de fato globais são cada vez menos frequentes – em particular acordos que funcionem realmente. O último acordo comercial global foi feito em 1994, quando da criação da Organização Mundial do Comércio; os Estados Unidos ainda não ratificaram o Protocolo de Quioto, e muitos dos signatários não foram capazes de cumprir suas metas; e a Declaração do Milênio das Nações Unidas, assinada por 192 países no ano 2000, definiu numerosas metas sociais globais que deveriam ser alcançadas até o prazo fixado de 2015. O fiasco de Copenhague, com seu grande dispêndio de esforço diplomático para obter um resultado meramente simbólico, é bem mais característico das iniciativas multilaterais que pretendem obter uma adesão universal.

A alternativa é o que chamo de *minilateralismo*. Na sua variante mais refinada, o minilateralismo consiste em reunir o menor número possível de países necessário para ter o maior impacto num problema global cuja solução, ou alívio, foge à ação individual de um único país. Por exemplo, os países que são os dez principais poluidores da atmosfera, os vinte maiores consumidores de reservas de pesca em risco de extinção, os doze países mais envolvidos em ajudar a África como doadores ou receptores, e assim por diante. A ideia é que tentar a busca de acordos – e a atuação conjunta – entre um número pequeno de países tem maiores possibilidades de produzir um efeito significativo do que procurar a coordenação de, por exemplo, 190 países. O minilateralismo pode também ser útil a países pequenos, quando toma a forma de alianças daqueles poucos que têm uma probabilidade maior de conseguir seus fins e menos de serem bloqueados por potências dominantes ciosas de resguardar sua influência. No entanto, o minilateralismo por sua vez também é vulnerável à degradação do poder. Como muitas dessas associações são formadas caso a caso e carecem da pressão moral de uma composição global, são também mais vulneráveis à dissolução ou a defecções quando cai o governo de um país-membro, sua população diverge ou suas preferências políticas mudam.[48]

Tem alguém no comando?

O que as páginas anteriores demonstram é que agora é muito mais difícil que um pequeno número de países dominantes (e ainda menos um só país hegemônico) possa moldar unilateralmente as relações internacionais, as alianças ou os conflitos, tal como se fazia antes. As crises de agora, e as que estão por vir, envolvem muitos novos protagonistas, que usam tecnologias, táticas e estratégias muito diferentes das que eram comuns no passado. Temos visto também como o aparato diplomático tradicional – ministérios de Relações Exteriores, embaixadas, organismos nacionais e multilaterais – que até hoje havia intermediado e moldado as relações entre países agora é com frequência eludido por novos atores e novas formas de atuação internacional.

A estrutura do sistema internacional construída nas sete últimas décadas teve a força suficiente para sobreviver à descolonização e impedir que os conflitos armados fossem mais frequentes, prolongados e devastadores do que foram. Os estados soberanos continuam existindo, e ainda possuem os atributos da soberania, que não são poucos: exércitos, controle de fronteiras, moedas, política econômica, impostos etc. A rivalidade entre estados – junto com sua expressão por meio de negociações, alianças, acordos, propaganda e confrontação, às vezes armada – não vai desaparecer.

E continua sendo certo que o poder dos Estados Unidos ou da China é muito superior ao de um pequeno país europeu, latino-americano ou asiático. O que mudou é que a eficácia desse poder se reduziu. Seus líderes atuais podem fazer menos com seu inegável poder do que podiam fazer seus predecessores.

Quando o presidente dos Estados Unidos chama por telefone, é atendido a qualquer hora e em qualquer parte do mundo. Ele pode irromper numa reunião de outros dirigentes e reorientar a conversação. E a influência do primeiro-ministro da China ou do presidente da Rússia ou da chanceler da Alemanha é também muito importante. Mas um pressuposto comum é que entre os países do planeta há alguns que ganharam poder e outros que o perderam. Como vai essa corrida? Quem vai ganhar? Essas são perguntas que consomem tanto governantes quanto especialistas e que estão muito presentes nos grandes debates internacionais. Mas, do ponto de vista destas páginas, não são nem as perguntas mais importantes nem as mais interessantes. Muito mais importante que saber quem sobe ou quem desce é entender o quanto podem fazer com o poder adquirido as nações que já "estão em cima" ou as que estão "subindo". Se o poder é mais passageiro do que era e aqueles que o detêm podem fazer menos com ele, então as variações na ordem hierárquica importam menos que as variações nos limites e possibilidades do poder.

Não há dúvida de que entender o alinhamento de forças militares entre Estados Unidos, Rússia e China merece todo o interesse, claramente. E o fato de que a China tenha conseguido, durante décadas, fazer caso omisso das exigências americanas para que administrasse sua moeda de outra forma diz muito sobre como mudou o poder relativo desses dois gigantes. Também é revelador que a Índia e outros países pobres possam rejeitar as petições de que adotem políticas de redução das emissões de carbono. Ou a surpresa de ver como, apesar das ameaças de retaliação dos Estados Unidos, pequenos países sul-americanos decidem dar asilo a Edward Snowden, o ex-funcionário da CIA que vazou segredos. Mas nenhuma dessas coisas necessariamente implica o declínio de um país hegemônico e a ascensão de outro em seu lugar. É mais complicado do que isso. O que eventos como esses revelam não é a mudança no *ranking* dos países, mas a mudança no poder e nas possibilidades que ele confere.

As futuras superpotências não serão nem atuarão como as do passado. Sua margem de manobra ficou mais estreita, e a capacidade das pequenas potências para colocar-lhes obstáculos, reorientá-las ou simplesmente ignorá-las continuará crescendo.

Mas será que isso quer dizer que o mundo se encontra em queda livre em direção a um destino que se assemelha a uma versão para o século XXI da guerra de Hobbes: um confronto de todos contra todos, que ficou ainda mais complicado devido ao emaranhado de interesses entrecruzados e às linhas borradas que existem agora entre nações-estado, atores não estatais, fluxos financeiros descontrolados, organizações beneficentes, Ongs e Ongogs e atores independentes de todo tipo? Não necessariamente. Esse cenário pode ser evitado. Mas isso irá requerer que entendamos a realidade da degradação do poder e que governos e cidadãos encontrem novas formas de operar em nível internacional.

Não há motivo para que não possamos fazer isso. Muitas vezes se profetizou a derrubada do sistema mundial, em momentos de mudança tecnológica e de alterações em fluxos culturais e padrões demográficos. Thomas Malthus predisse que o mundo não poderia sustentar uma população em constante aumento. Mas conseguiu. Os marxistas, ao presenciarem a Revolução Industrial e a expansão dos mercados mundiais e o comércio no século XIX, anunciaram que o capitalismo iria acabar pelo peso de suas contradições internas. Não acabou. A Segunda Guerra Mundial e o Holocausto fizeram vacilar nossa fé no caráter moral da humanidade, mas as normas e as instituições que o mundo criou como resposta perduram até hoje. A aniquilação nuclear, o medo fundamental dos anos 1950 e 1960, não se produziu.

A atual pletora de ameaças e crises internacionais – desde o aquecimento global e o esgotamento de recursos até a proliferação nuclear, os tráficos ilícitos, os fundamentalismos e tudo mais – surge ao mesmo tempo que a ordem hierárquica das nações está mudando e o poder do Estado já não é o mesmo de antes. Essa justaposição pode ser desestabilizadora. Cada matança, atentado ou desastre ecológico volta a nos sacudir, e os frustrantes e ambíguos resultados das cúpulas e reuniões parecem oferecer pouco consolo ou esperança. Pode dar a impressão de que ninguém se faz responsável; de que não há ninguém no comando. Esse sentimento, e as tendências que o provocam, continuarão existindo. Mas a solução não está em tentar reproduzir o pasado. A busca de uma superpotência hegemônica que imponha a ordem e a estabilidade mundial ou de um pequeno grupo de nações que dirija o mundo será fútil e só irá criar a ilusão de que há alguém encarregado de cuidar de um mundo cheio de surpresas e ameaças.

Mas será apenas isso: uma ilusão. A maneira como o poder tem mudado obriga a procurar variações nos métodos que funcionaram no passado para dar ao mundo maior estabilidade e menos conflitos. Tal como estas páginas evidenciam, será necessário inventar formas completamente diferentes de coordenação internacional.

CAPÍTULO OITO

Gigantes assediados: por que o domínio das grandes empresas é hoje menos seguro?

Durante décadas, as "Sete Irmãs" – companhias gigantescas, verticalmente integradas, como a Exxon e a Shell – dominaram o setor do petróleo. Havia "Cinco Grandes" no setor de contabilidade e auditoria. As "Três Grandes" controlavam a fabricação de automóveis e, nos Estados Unidos, a televisão também estava sob o controle de três grandes redes, enquanto mais tarde apenas duas companhias de computadores tomavam conta do mundo da tecnologia de informação. O mesmo padrão predominou em muitos outros setores: umas poucas companhias dominavam os respectivos mercados, e eram tão grandes, ricas, globais e poderosas que as desalojar era impensável.

Agora não é mais assim. Em todos os setores da economia mundial, essas estruturas estáticas desapareceram, e a competição para chegar ao topo é mais acirrada do que nunca. Shell ou IBM ou Sony podem ainda estar no topo ou perto dele, mas têm visto seu poder de mercado e seu domínio decrescer conforme novos rivais vêm se apoderando de grandes fatias de seus tradicionais mercados. Além disso, corporações que costumavam ser nomes familiares desapareceram – não há mais "momentos Kodak", para citar apenas uma marca histórica que em 2012 terminou no monte de cinzas da história.

Nas listas anuais das empresas mais importantes agora aparecem com crescente frequência novos nomes, entre eles vários provenientes de lugares que não eram conhecidos por produzir negócios de âmbito mundial – Estônia (*Skype*), México (*Bimbo*), Índia (*Mittal Steel*), Brasil (*Embraer*) e Galícia, na Espanha (*Zara*), entre outras. E, sejam novatas ou não, as que chegam ao topo da lista das maiores não têm mais assegurada uma estada tão longa na liderança como no passado. Antes, uma empresa que alcançasse grande porte poucas vezes perdia seu lugar entre as primeiras.

Não estamos falando sobre a substituição de um gigante por outro. Com frequência cada vez maior, o espaço antes ocupado pelos velhos líderes tem sido preenchido por um conjunto diferente de atores, que seguem novas regras e novos modelos de negócios e estratégias competitivas. A própria natureza do poder empresarial, suas fontes e as estratégias para retê-lo mudaram muito.

Como isso aconteceu?

O setor petrolífero é um caso extremo e, portanto, revelador. As "Sete Irmãs", companhias que dominaram o setor da década de 1940 à de 1970, não foram simplesmente substituídas por outras como elas, mas pelas chamadas "independentes", que surgem graças ao fato de o setor petrolífero estar agora mais fragmentado e menos verticalmente integrado. O surgimento de novos mercados tanto geográficos como financeiros abriu caminho para essas novas empresas. Os mercados futuros e o fato de haver mais transações comerciais de óleo cru do tipo "spot", ao melhor licitante, em vez dos rígidos contratos a longo prazo por enormes volumes, que tornavam proibitiva a entrada de outros competidores, transformaram por completo a forma de comprar e vender petróleo. O setor está agora cheio desses "independentes": companhias menores, mas mais ágeis, que competem com gigantes como a ExxonMobil, Chevron e BP, e às vezes até os deixam para trás.

Entre os novos atores no setor do petróleo também há companhias estatais que se tornaram mais competitivas e bem mais agressivas em controlar os recursos energéticos de suas nações. As empresas nacionais de petróleo – isto é, de propriedade do Estado – agora controlam mais reservas de cru e influem mais no negócio petroleiro do que as grandes empresas multinacionais.

Também passaram a fazer parte do setor os gigantescos fundos *hedge*, que exercem uma influência sem precedentes sobre a propriedade, a estratégia e as finanças das companhias e podem comportar-se como acionistas ativos das grandes petroleiras ou como provedores de capital para as pequenas que competem com elas. No passado, as "Sete Irmãs" eram as únicas que tinham acesso aos vastos recursos financeiros necessários para intervir na indústria do petróleo. Hoje, graças à existência desses novos atores (fundos *hedge*, empresas de capital privado, fundos de pensão), novos instrumentos financeiros (os famosos "derivados") e novos arranjos institucionais (novos mercados de valores), as empresas de menor porte podem adquirir o capital necessário para competir em projetos que antes estavam reservados aos gigantes do setor. Além disso, todos esses participantes têm de lidar com maiores níveis de escrutínio e influência da parte de governos, acionistas independentes, grupos ambientalistas, de direitos humanos, analistas financeiros, investidores institucionais, sindicatos, meios de comunicação, blogueiros, twitteiros e muitos outros atores que os dirigentes de empresas não podem ignorar.

Como me contou Paolo Scaroni, o conselheiro delegado da gigante italiana do petróleo ENI:

> Quando penso em como os líderes das principais companhias de petróleo das décadas de 1960, 1970 ou 1980 costumavam tomar decisões e conduzir seus negócios, fico assombrado com a liberdade e autonomia que eles tinham. Do meu ponto de vista atual, fica óbvio que qualquer CEO de empresa de petróleo tem hoje muito menos poder do que aqueles que nos precederam.[1]

Algo similar está ocorrendo no setor bancário. Como consequência da tormenta financeira mundial que eclodiu em 2008, vários grandes bancos de longa tradição desapareceram ou foram incorporados, e isso levou, por sua vez, à maior concentração. Em 2012, cinco bancos (J. P. Morgan Chase & Co., Bank of America Corp., Citigroup Inc., Wells Fargo & Co. e Goldman Sachs Group Inc.) eram donos de ativos equivalentes à metade da economia dos Estados Unidos. A mesma coisa vale para o Reino Unido, onde ao longo das duas últimas décadas o setor esteve dominado pelos "Cinco Grandes" – Barclays Plc, HSBC Holdings Plc, Lloyds Banking Group Plc, Royal Bank of Scotland Group Plc e Santander U.K. Plc (o antigo Abbey National Plc, adquirido em 2004 pelo espanhol Banco Santander).[2]

Mas, nos últimos anos, os erros e a corrupção que fomentaram a crise financeira, aliados a uma série de importantes escândalos, como a manipulação do tipo de juros pelo Barclays e a cumplicidade na transferência ilícita de dinheiro (HSBC e Standard Chartered) ou as perdas inicialmente ocultadas pelo J. P. Morgan, provocaram uma reação contra os grandes bancos e estimularam a adoção de uma série de novas regulamentações para limitar a autonomia de que desfrutavam tradicionalmente. Além disso, a turbulência financeira incentivou a entrada de novos concorrentes. Como um analista contou à *Bloomberg Markets* em 2012, "há mais mudanças estruturais ocorrendo no mercado do Reino Unido do que em qualquer outra época da história recente".[3]

Mas os maiores desafios dos grandes bancos dominantes são os fundos *hedge* e outros novos atores financeiros, que têm acesso a tantos recursos quanto eles, mas podem atuar com maior rapidez e muito mais flexibilidade. No início de 2011, enquanto a economia global ainda andava aos tropeços, o *Financial Times* oferecia esta surpreendente informação sobre o poder dos fundos *hedge*:

> Os dez principais fundos *hedge* permitiram que seus clientes ganhassem 28 bilhões de dólares na segunda metade do ano passado, 2 bilhões a mais que o lucro líquido do Goldman Sachs, J. P. Morgan, Citigroup, Morgan Stanley, Barclays e HSBC *juntos*. Além disso, mesmo o maior dos fundos *hedge* tem apenas cem funcionários, enquanto os seis principais bancos têm mais de 1 milhão de empregados. Segundo os dados, os dez maiores fundos ganharam um total de 182 bilhões de dólares para seus clientes desde que foram criados, e George Soros sozinho levantou para seus clientes 35 bilhões de dólares – impostos descontados – desde que montou seu Quantum Fund em 1973. Mas o Paulson & Co., de John Paulson, está chegando perto do fundo de

Soros e já é o segundo fundo *hedge* que ganhou mais dinheiro para seus investidores, com rendimentos líquidos de 5,8 bilhões de dólares na segunda metade de 2010.[4]

Como seus colegas do petróleo, os grandes banqueiros também lamentam a diminuição de sua liberdade de ação. Jamie Dimon, CEO do J. P. Morgan Chase, preside um banco maior que seu predecessor, William Harrison, mas, como sugerem suas constantes queixas sobre o que considera regulamentações opressivas e exageradas do governo, e sobre as pressões de todo tipo de ativistas, também está mais limitado em relação ao que pode fazer como chefe desse gigantesco banco. Seu argumento de que o público e os órgãos reguladores deveriam confiar mais na autorregulamentação e na concorrência dos próprios bancos ficou mais difícil de aceitar quando, em 2012, ele revelou que seu banco havia sofrido perdas avaliadas em 6 bilhões de dólares, que haviam sido ocultadas por alguns de seus colegas e passaram despercebido por todos os membros de sua equipe de altos diretores.[5]

A imprensa escrita é outro caso ilustrativo. O discurso-padrão sobre seus infortúnios é que a internet arrebatou dos jornais e revistas uma fonte de receita fundamental (anúncios classificados). Mas o que aconteceu com os jornais é bem mais dramático e fundamental do que uma mera transferência do mercado de anúncios classificados de um grupo de empresas para outro. O poder que hoje têm os donos e executivos do extremamente bem-sucedido *site* da internet *Craigslist*, no qual é possível fazer anúncios gratuitamente, é muito diferente do poder antes exercido pela família Graham, os donos do *The Washington Post*, ou pela família Ochs-Sulzberger, que controla o *The New York Times*. Esses proprietários famosos – como os Murdoch, Berlusconi ou as muitas famílias donas de grupos de mídia ao redor do mundo – ainda têm muita influência, mas são obrigados a usá-la, e lutar para mantê-la, de modo diferente do que fizeram seus predecessores. O que está acontecendo com os meios de comunicação em geral se deve principalmente às mudanças tecnológicas que transformaram a conduta dos anunciantes e consumidores, que agora têm muito mais poder do que antes. A mudança de comportamento dos consumidores forçou a transformação da indústria da publicidade como um todo.

Será que isso significa que a ExxonMobil será substituída por uma companhia de petróleo independente, o J. P. Morgan Chase por um fundo *hedge*, ou o *The New York Times* pelo *The Huffington Post*? É claro que não. Essas são grandes companhias com imensos recursos e com vantagens competitivas difíceis de igualar e que asseguram grande influência em seu setor. Por outro lado, o mesmo poderia ter sido dito na década de 1990 da antes dominante e agora falida Kodak, ou em 2007 da maior seguradora do mundo, a AIG, que um ano depois precisou ser salva da extinção por um pacote de resgate financeiro sem precedentes do governo, no valor de 85 bilhões de dólares.[6] Quem poderia afirmar no início de 2012 que um dos banqueiros mais poderosos do mundo, Bob Diamond, do Barclays, iria perder seu emprego em questão de dias quando se descobriu que seu banco estava envolvido na manipulação dos tipos de juros? Grandes companhias que são excluídas dos negócios e líderes empresariais de imensa projeção que acabam no olho da rua, ou mesmo na cadeia, não são novidade. O que é novo, como iremos mostrar nas próximas páginas, é que a probabilidade de que uma companhia caia de seu posto no topo é muito maior agora, assim como a probabilidade de que uma companhia ou líder empresarial sofra um acidente devastador que arruine sua reputação e reduza seu valor econômico – pelo menos por um tempo.

Além disso, o efeito geral e mais importante da degradação do poder no mundo dos negócios não é que as grandes companhias tenham hoje maior risco de desaparecer, mas sim que elas enfrentam uma concorrência muito mais intensa e uma rede mais densa e restritiva de limitações à sua capacidade de ação.

Os setores de negócios que passaram por uma revolução estrutural são tão numerosos quanto variados: de agências de viagens à produção de aço e da venda de livros à fabricação de jatos de passageiros ou às finanças. Na realidade, o desafio é encontrar um setor em que os modelos de negócios e as estratégias de sempre não tenham sofrido um inesperado choque disruptivo que o obrigue a fazer as coisas de outra maneira. E é igualmente difícil encontrar setores nos quais as empresas, seus donos e dirigentes não se encontrem em uma situação na qual podem fazer menos do que antes com o poder que ainda têm. Um dos empresários mais bem-sucedidos do mundo a quem entrevistei para a realização deste livro, e que me pediu que não revelasse sua identidade, declarou: "Nos últimos vinte anos eu me saí muito bem e ganhei muitíssimo dinheiro. Agora sou mais rico do que jamais fui, mas também sou muito menos poderoso. Há coisas que antes eu podia fazer e que agora ficaram impossíveis. A concorrência, o governo, os políticos, os acionistas e os meios de comunicação me tiraram opções que antes eu dava como certas".

Na terra dos chefes, da autoridade e da hierarquia

Quem está no comando? No mundo dos negócios, essa pergunta pede uma resposta clara. Nas forças armadas, a hierarquia é algo natural. E o mesmo vale para as corporações; elas não são instituições democráticas. Há chefes, subchefes e demais subordinados, organizados de acordo com uma clara hierarquia de poder. Isso porque, num ambiente em que constantemente são tomadas decisões que repercutem no desempenho da empresa, é preciso que fique claro quem é responsável pelo quê, quem presta contas a quem, de quem é o mérito dos acertos e quem é o responsável pelos erros.

O título de presidente, CEO (*chief executive officer* ou "chefe do setor executivo") ou diretor executivo sugere ordens, disciplina e liderança. Ele é acompanhado dos símbolos e benefícios da autoridade corporativa: o melhor escritório, o carro ou jatinho da empresa, o prestígio e, é claro, o salário. Desde o fim da Segunda Guerra Mundial até meados da década de 1970, o valor real médio (corrigido pela inflação) do salário de executivo das maiores empresas ficou notavelmente estável.[7] Mas, de 1980 a 1996, a remuneração cresceu mais de 5% ao ano. Assim, em 1998, a remuneração média desses executivos era cerca do dobro do seu valor no início da década. No resto do mundo, os salários dos mais altos executivos são mais baixos que os de seus colegas americanos, mas a tendência é a mesma: a alta.

Sem dúvida, trata-se de um belo emprego. No entanto, os altos salários, os privilégios e o poder de tomar decisões de grande impacto fizeram que outras tendências tão ou mais importantes tenham passado despercebidas: os altos executivos agora duram menos em seus cargos, seu poder é mais limitado, a probabilidade de que ocorra um evento que prejudique sua reputação é mais alta e as grandes empresas que eles dirigem enfrentam maior concorrência e têm menos poder do que antes.

As estatísticas e os estudos mais confiáveis confirmam essas afirmações. Por exemplo, mostram claramente que os executivos têm cada vez menor estabilidade em seus cargos. Nos Estados Unidos, ainda o lugar com o maior número de grandes companhias, a rotatividade dos CEOs foi maior na década de 1990 do que nas duas décadas anteriores. E desde então a tendência se acentuou. Em 1992, o CEO de uma empresa da *Fortune 500* tinha 36% de probabilidade de manter seu cargo nos cinco anos seguintes. Em 1998, sua chance de manter-se no cargo havia caído para 25%. Segundo cálculos de John Challenger, estudioso da rotatividade dos altos cargos, a permanência média de um CEO caiu pela metade, de cerca de dez anos na década de 1990 para 5,5 nos últimos anos – uma tendência confirmada por vários estudos. Outro estudo mostrou que perto de 80% dos altos executivos das quinhentas empresas que formam o índice da Standard & Poor's foram destituídos antes de se aposentar.[8] Os índices, tanto de rotação interna (do tipo forçado por conselhos de empresa) como externa (devida a fusões e falências), cresceram entre a década de 1990 e o início da década de 2000. Em 2009, outro estudo descobriu que, a cada ano, 15% dos CEOs das grandes empresas dos Estados Unidos perdem seu cargo, e que essa porcentagem vem em rápida ascensão.[9] Os dados variam segundo a amostra de empresas, mas a tendência de fundo é evidente: a segurança no trabalho dos máximos dirigentes empresariais é cada vez mais precária.

E essa tendência não ocorre só nos Estados Unidos: *é mundial*. A empresa de consultoria Booz & Company monitora as trocas de CEOs nas 2,5 mil maiores companhias listadas em bolsas de valores do mundo todo. Segundo esse estudo, em 2012, 15% dos principais CEOs do mundo perderam seus cargos, e o índice de rotatividade foi mais alto ainda entre as

250 maiores companhias, como tem ocorrido nos últimos doze anos. O estudo descobriu que as sucessões forçadas – a demissão dos executivos – vinham aumentando tanto nos Estados Unidos como na Europa. Outros países onde as empresas estão experimentando um crescimento mais rápido estavam alcançando o Ocidente também quanto à maior rotatividade dos altos executivos. No Japão, embora na cultura empresarial tradicional seja quase um tabu demitir um alto executivo, a sucessão forçada quadruplicou em 2008 e vem continuando mais alta do que o habitual. A Booz & Company descobriu ainda que os CEOs do mundo todo têm agora menor probabilidade de chegar a presidente do conselho, o que antes era relativamente comum. Esse é mais um sintoma de que são cada vez maiores as limitações enfrentadas por aqueles que detêm o máximo poder nas empresas.[10]

Do jeito que é para os chefes, é também para suas empresas. O período em que uma companhia permanece no topo encurtou sensivelmente. Isso tampouco é uma tendência efêmera dos últimos anos, embora a crise econômica com certeza tenha feito com que se mostre mais pronunciada; ao contrário, o que vemos é um fenômeno profundo, permanente e fundamental.

Também nesse caso, a evidência estatística é conclusiva: enquanto em 1980 uma empresa que estivesse entre as principais de seu setor corria um risco de apenas 10% de cair desse patamar nos cinco anos seguintes, em 1998 esse risco saltou para 25%.[11] Entre as cem primeiras companhias da lista da *Fortune 500* em 2010, 66 eram sobreviventes da lista de 2000. Trinta e quatro haviam sido substituídas por outras. Com base em uma detalhada análise estatística, Diego Comin, de Harvard, e Thomas Philippon, da Universidade de Nova York, descobriram que nos últimos trinta anos "a duração prevista da liderança de qualquer empresa em particular reduziu-se radicalmente". Essa também é uma tendência mundial. E coincide com o fato de que a concorrência é cada vez mais global. A lista *Forbes* 2012 das 2,5 mil maiores empresas do mundo inclui 524 com sede nos Estados Unidos, duzentas a menos do que cinco anos antes e catorze a menos do que no ano anterior.

É cada vez maior o número de grandes empresas mundiais que têm sede na China, Índia, Coreia do Sul, México, Brasil, Tailândia, Filipinas e países do Golfo Pérsico. A República Popular da China está se aproximando dos Estados Unidos e do Japão, os dois países com o maior número de grandes empresas globais, e é agora o terceiro país em termos de número de companhias incluídas na lista. Há novos nomes, como a Ecopetrol da Colômbia e a China Pacific Insurance da China, enquanto empresas como Lehman Brothers e Kodak (ambas desaparecidas), Wachovia (absorvida pela Wells Fargo), Merrill Lynch (agora propriedade do Bank of America) e Anheuser-Busch (incorporada por um conglomerado com sede na Bélgica e raízes numa empresa de cerveja brasileira) desapareceram da lista.[12]

Qual o efeito da globalização sobre a concentração das empresas?

A onda de desaparecimento de empresas e de marcas conhecidas que já foram muito apreciadas pelos consumidores não significa que em muitos setores de negócios a concentração não seja mais tão alta quanto sempre foi, e em alguns casos até maior. Por exemplo, um estudo revelou que uma só empresa controlava 150 marcas diferentes de produtos de ração para animais, mas por meio de marcas variadas. Duas companhias controlam 80% do mercado americano de cerveja, outras duas respondem por 70% dos dentifrícios americanos, e assim por diante. A empresa italiana Luxottica controla não só várias grandes redes de produtos ópticos nos Estados Unidos, como também muitas das marcas de óculos vendidas por elas têm um virtual monopólio no setor.[13] Leonardo del Vecchio, principal acionista da Luxottica, é uma das pessoas mais ricas do mundo, ocupando o 74º lugar na lista da *Forbes* dos bilionários do mundo.

Globalmente, os níveis de concentração da indústria variam muito por setor. A indústria de diamantes continua em mãos da principal empresa, a De Beers, que controla o fluxo de diamantes brutos para as empresas que fazem sua lapidação e acabamento. Esses 60% que a De Beers controla do mercado de diamantes brutos lhe dão um esmagador poder de definir preços. No negócio de *chips* para computador, um só fabricante, a Intel, controla 80% do mercado de processadores para CPU. Outros setores em que a concentração é alta o suficiente para despertar a atenção dos órgãos antitruste dos Estados Unidos e Europa são o de sementes agrícolas (dominado por Monsanto e DuPont), redes de pagamento (Visa e MasterCard) e, é claro, o de buscas pela internet (em que o Google responde por 63% da atividade de busca nos Estados Unidos – e por 90% do crescimento das buscas).

Mas os outros setores ficaram hoje menos concentrados, apesar dos anos de agressiva atividade de fusões empresariais. Na realidade, como o professor de negócios e autor Pankaj Ghemawat argumenta em seu livro *World 3.0*, "na maioria dos setores, a globalização parece promover maior competição, e não maior concentração".[14] Um bom exemplo é o dos automóveis. Dados do setor mostram que os cinco maiores fabricantes de veículos automotivos do mundo responderam por 54% da produção em 1998, e apenas 48% – uma queda pequena, mas significativa – em 2008. Ao expandir a análise para os dez maiores fabricantes, ainda assim houve maior dispersão do poder das grandes empresas automobilísticas. A tendência é antiga. Na década de 1960, os dez maiores fabricantes eram responsáveis por 85% da produção mundial de carros e os três maiores dominavam o setor; essa fatia agora caiu para cerca de 70%. Em parte, a crescente fragmentação do mercado reflete o surgimento ou disseminação global de novas empresas de países como Coreia, Índia, China e outros.[15] Em 2011, por exemplo, a Hyundai era não só a quinta maior produtora mundial de veículos mas também a mais lucrativa.[16] Ao examinar a concentração entre as cinco primeiras companhias de onze setores industriais, da década de 1980 ao início da de 2000, Ghemawat descobriu que o índice médio de concentração das cinco maiores empresas havia caído de 38% para 35%; esse declínio é ainda mais acentuado se fizermos os dados recuarem até a década de 1950.[17]

O ponto é que, em contraste com os comentários e opiniões mais comuns, os estudos do professor Ghemawat revelam que a tendência mundial não é de uma maior concentração nas mãos de poucas empresas, mas de uma diminuição da concentração empresarial. Isso, obviamente, não quer dizer que ainda não existam setores monopolizados por um reduzido número de empresas que têm um férreo controle sobre seu mercado e com as quais é muito difícil concorrer. Mas essa não é a única nem a mais importante das tendências do mundo empresarial do século XXI. Os dados revelam que a concorrência intensa entre empresas rivais é o traço fundamental.

O poder e o perigo das grandes marcas

Muitas empresas e produtos cuja força e permanência eram dadas como certas desapareceram de repente. Marcas prestigiosas do comércio, bancos, empresas aéreas e até de tecnologia – lembram-se da Compaq? – converteram-se em vagas lembranças. Por outro lado, algumas das marcas mais presentes em escala mundial nem sequer existiam havia alguns anos, caso do Twitter, fundado em 2006.

Como consumidores, acabamos acostumados a essas mudanças. Na realidade, os próprios consumidores são os agentes decisivos e involuntários dessas substituições, que em parte têm sido provocadas por um aumento na frequência e no impacto dos desastres de marca – incidentes que abalam a reputação de uma companhia e de seus produtos, fazendo despencar os preços das suas ações e afugentando milhares de consumidores. Um estudo realizado em 2010 descobriu que, enquanto duas décadas atrás as companhias tinham em média 20% de probabilidade de que sua reputação sofresse um desastre num período de cinco anos, hoje essa probabilidade é de 82%.[18] Será porque os derramamentos de óleo, falhas nos freios e declarações desastradas nos meios de comunicação são quatro vezes mais comuns hoje do que há vinte anos? Não, mas sua difusão e alcance são mais rápidos e mais amplos, e suas consequências, mais graves.

Nesse contexto, não deve surpreender que o indicador mais visceral de poder econômico – a riqueza individual – também esteja sujeito a rápidas mudanças. (Desde 2012, a *Bloomberg News* fornece um *ranking* dos vinte indivíduos mais ricos do mundo, atualizado *diariamente* às 17h30, horário de Nova York.) O número de indivíduos com fortunas superiores a um bilhão de dólares no mundo subiu muito nos últimos anos; em 2012, alcançou um recorde de 1.226 pessoas.[19] Uma crescente proporção delas procede da Rússia, Ásia, Oriente Médio e América Latina. Fato interessante, o multimilionário cuja riqueza mais aumentou entre 2007 e 2008, o empresário indiano Anil Ambani, foi também um dos que mais perderam no ano seguinte (embora ainda ocupasse o 118º lugar em 2012).[20] Segundo um estudo de 2012 feito pela empresa de dados e informações sobre riqueza Wealth-X, entre meados de 2011 e meados de 2012 os multimilionários chineses em conjunto perderam quase um terço de sua riqueza.[21]

Ninguém está derramando lágrimas pelos apuros dos megarricos. Mas a turbulência nos *rankings* da riqueza no mundo completa um quadro de insegurança no patamar mais alto do mundo dos negócios – seja entre chefes, corporações ou marcas –, que se revela mais intensa do que já foi em qualquer tempo da nossa memória recente. Além disso, está se dando num contexto econômico mais globalizado e diversificado do que nunca.

Essa turbulência no nível mais alto contrasta com a percepção generalizada de que vivemos numa época de poder empresarial sem precedentes. Sem dúvida, a explosão da década de 1990 trouxe um novo *glamour* e prestígio para as carreiras corporativas, e o surgimento da economia de alta tecnologia criou uma nova geração de heróis dos negócios, exemplificados pelos donos da Apple, Oracle, Cisco, Google e similares, além de superastros no mundo das ações e investimentos e dos bancos. Na Europa, as desregulamentações, privatizações e a criação de um mercado único deram origem a novos ícones corporativos. Na Rússia, foragidos, espiões e políticos reapareceram como donos de faustosas fortunas e grandes empresas. E países pobres, que em outros tempos eram desdenhados pelo grande capital mundial, de repente começaram a produzir florescentes impérios empresariais, além de marcas e magnatas capazes de competir com algumas das grandes empresas dos países mais desenvolvidos. Diante disso tudo, críticos de esquerda fizeram soar os alarmes, alertando sobre os perigos do aumento do poder e domínio dos donos do capital. Outros celebraram essas novas tendências no mundo dos negócios, vendo-as como uma bem-vinda transformação, capaz de tirar milhões de pessoas da pobreza. Uns a favor e outros contra; mas ninguém nega que as empresas em todas as partes estão experimentando mudanças profundas, sem precedentes e de enormes consequências na maneira como adquirem e usam o poder econômico.

A recessão mundial e a crise financeira complicaram ainda mais o cenário do poder corporativo. Por um lado, voltou a revelar-se com grande força a necessidade de que os governos contenham o comportamento empresarial desenfreado. Mas também ficou clara a ideia de que certos negócios – bancos, seguradoras, indústria automotiva – eram "grandes demais para quebrar"; não se podia permitir que essas empresas afundassem, por receio das imensas consequências adversas que isso poderia ter, regionais, nacionais e até mesmo globais. Algumas empresas, como General Motors e Chrysler, foram salvas pela intervenção do governo. Outras, como o Lehman Brothers, foram abandonadas à própria sorte. Bancos considerados frágeis demais para sobreviver foram vendidos a outros maiores, criando monstros cada vez mais gigantescos e reforçando as alegações de alguns críticos que viam o poder concentrar-se numa elite financeira fechada e intocável. Sem dúvida, existem hoje gigantes corporativos numa escala que ninguém poderia imaginar há algumas décadas. Alguns setores agruparam-se de maneira considerável. E não há dúvida de que as leis antimonopólio e outras normativas essenciais, seja na América do Norte, na Europa ou em outras partes, foram passadas para trás por algumas das ferramentas e técnicas que os negócios empregam – especialmente nas finanças e nas telecomunicações.

Então, qual é a nossa realidade? Será a do poder corporativo desenfreado, capaz de transferir os custos de seus erros e suas dívidas aos governos e aos contribuintes e ao mesmo tempo preservar altos salários e benefícios para os executivos responsáveis? Ou, ao contrário, entramos num mundo em que os chefes das empresas estão correndo um risco maior do que nunca de serem despedidos, de se verem afetados por constantes escândalos que mancham sua reputação e vivendo à mercê do escrutínio constante de analistas financeiros e dos meios de comunicação? Em outras palavras, o que está acontecendo com o poder das grandes corporações e seus altos executivos?

O poder de mercado: o antídoto para a insegurança empresarial

Para compreender as forças fundamentais que estão transformando o poder empresarial no século XXI, é muito útil lançar mão de um conceito que discutimos no Capítulo 2: o poder de mercado.

A teoria econômica pressupõe uma competição implacável entre empresas que vendem produtos similares a um mesmo mercado. Isso implica que a turbulência é o estado normal das coisas no capitalismo, já que a intensa competição penaliza algumas companhias e recompensa outras, afunda umas e levanta outras. A situação ideal conhecida como "concorrência perfeita" não dá espaço para que monopólios, cartéis ou um número reduzido de empresas prevaleçam, impondo suas decisões de preços ou produtos, nem, menos ainda, que sobrevivam a longo prazo.

A realidade obviamente é bem diferente: algumas companhias persistem enquanto outras terminam; investidores e executivos legendários mantêm-se no comando por décadas enquanto outros desaparecem tão rápido quanto surgiram; a popularidade de algumas marcas é efêmera e responde a modas passageiras enquanto outras atravessam incólumes todo tipo de transformações tecnológicas, mudanças demográficas, expansões e contrações de mercado e mudanças culturais. Algumas grandes companhias conseguem impedir que possíveis rivais possam competir no seu mercado, enquanto outras se coordenam formando um cartel que, na prática, atua como se fosse um monopólio, impondo preços e mantendo a distância concorrentes potenciais. Assim, nos setores em que as barreiras à entrada são baixas (restaurantes, confecção, contabilidade etc.) é mais fácil que novos rivais concorram com as empresas longamente estabelecidas; enquanto em outros (aço, telefonia celular, bebidas carbonatadas, transporte aéreo etc.), as barreiras são tão altas que é muito difícil novas companhias desafiarem as estabelecidas.

Em outras palavras, a economia de mercado contém uma ampla variedade de modelos e situações que se manifestam na linguagem simbólica de nossa sociedade de investidores e consumidores. Eles produzem rivalidades competitivas duradouras (Boeing *versus* Airbus, Coca-Cola *versus* Pepsi, Hertz *versus* Avis); transformam nomes de marcas em termos comuns da linguagem cotidiana (Xerox, Hoover, Rimmel, Frigidaire); investem de prestígio determinados nomes (Ferrari, IBM) e revestem outros de eficiência prática (Gillette, Facebook). Salvo raras exceções, quando uma empresa entra em queda livre, não há quem a salve. Não importa que seja Pan Am, Woolworths, Kodak, Lehman Brothers ou Wang; quando uma empresa fecha, porque foi dissolvida ou porque outra a absorveu, costuma desaparecer para sempre.

O que alimenta essa constante movimentação de símbolos, produtos, pessoas, nomes e dinheiro é em grande parte a ação cotidiana de vendedores e compradores no mercado, assim como as inovações tecnológicas. Mas também os acidentes, os erros e acasos, e... o poder. E mais especificamente o poder de mercado: a capacidade de uma empresa de impor aos seus clientes os preços daquilo que vende, sem receio de que, se esses preços forem muito altos, os clientes passem a comprar de seus concorrentes. Quanto mais o poder de mercado estiver presente em determinado setor ou mercado, mais arraigadas serão suas estruturas industriais e mais estáticas serão suas hierarquias.

Na vida real, os produtos não são intercambiáveis, e mesmo quando o são, as empresas investem em marcas e publicidade para fazê-los parecer diferentes. Na vida real, as empresas não têm acesso à mesma informação, e os consumidores menos ainda. Elas não se regem pelas mesmas normas e leis para dirigir suas atividades ou resolver suas disputas, nem têm o mesmo apoio tácito ou explícito do governo, nem o mesmo acesso a recursos naturais. Daí a grande variedade observada no mundo empresarial. Por exemplo, a proteção que um governo dá à propriedade intelectual é uma na Suíça e outra bem diferente na China. O mesmo se dá com as obrigações para com os clientes de uma empresa de cartão de crédito que atue na Espanha e de outra que opere na Colômbia.

Além disso, as empresas variam não por sua relação com seus mercados e clientes, mas também quanto aos vínculos que mantêm com seus governos. Uma empresa americana com uma grande divisão de "assuntos governamentais" dedicada a fazer *lobby* com os políticos em Washington, uma companhia russa fundada por um oligarca que tenha amizades pessoais no Kremlin e uma companhia indiana que tenta abrir caminho no emaranhado de velhos requisitos burocráticos e licenças outorgadas segundo critérios arbitrários obviamente irão enfrentar ambientes de negócios, perigos e oportunidades muito diferentes. As empresas também diferem quanto aos recursos internos de que dispõem para treinar pessoal e desenvolver novos produtos. Todas essas diferenças no ambiente de negócios, nos recursos disponíveis e nas características operacionais afetam o custo de realização das atividades, as decisões de expansão ou a decisão de levar a cabo uma tarefa internamente ou terceirizá-la a um fornecedor ou empresa contratada. Em resumo, essas diferenças criam as estruturas dos setores, que por sua vez moldam a intensidade e o tipo de concorrência próprios de determinado setor empresarial. E definem o poder que as empresas têm.

Há um século, surgiu um novo campo de estudo na economia – a chamada "organização industrial". Essa denominação suscita confusões, já que, na realidade, não tem muito a ver com a maneira como as indústrias se organizam internamente. Seu propósito é outro: o estudo das situações em que a concorrência é imperfeita. Isso quer dizer que seu foco de interesse são os mercados nos quais as ideias, premissas e prescrições da teoria da concorrência perfeita não são muito úteis. Para isso, a teoria da organização industrial dá muita importância aos custos de transação entre uma empresa e seus clientes e fornecedores (uma ideia já discutida no Capítulo 3). Esses custos determinam, por exemplo, se uma empresa fará ela mesma uma tarefa ou contratará outra para fazê-la. Também dá importância a situações em que a informação de que dispõem compradores e vendedores (ou a que têm os concorrentes) é assimétrica. A forma pela qual se dá a concorrência entre empresas e, obviamente, o tipo de barreiras que se erguem como obstáculos a essa concorrência a fim de proporcionar vantagens às empresas que já dominam o setor são outro aspecto sobre o qual essa perspectiva lança uma luz interessante. Como vimos no Capítulo 3, as ideias que serviram de base a esse campo se originaram das análises de Ronald Coase, o economista britânico que em 1937 propôs pela primeira vez a noção de que os custos de transação ajudam a explicar por que as empresas e os setores industriais assumem determinados perfis e não outros.[22]

Tanto quando atuam individualmente como ao colaborar entre si, as empresas que dominam um setor industrial ou mercado particular dedicam muitos esforços a proteger sua privilegiada situação. Para isso, podem adotar estratégias voltadas a excluir empresas rivais ou então atuar em conluio com elas, ou seja, coordenar-se e pactuar políticas comuns em relação ao mercado que tornem mais difícil – ou impossível – a participação das empresas que não fazem parte do cartel. Tanto a exclusão como o conluio são conhecidos como condutas anticompetitivas. A exclusão implica, em certos casos, vender abaixo do custo durante um tempo, até conseguir a falência ou a saída dos competidores, superar os rivais graças a uma tecnologia única, ter acesso exclusivo a certos ativos cruciais (uma localização insuperável) ou inundar o mercado de publicidade. O conluio se dá quando as empresas que dominam um mercado coordenam de maneira tácita ou aberta suas estratégias de preços, de vendas, de comercialização ou de distribuição e fixam preços ou repartem o mercado entre si. Também ocorre quando elas conseguem influenciar governos e entidades reguladoras para que adotem leis e normas que protejam as empresas existentes e tornem mais difícil a entrada de novos concorrentes nesse mercado.

De novo, estamos falando de barreiras de acesso. Mas nesse caso elas não são "naturais" ou "estruturais", e sim barreiras criadas artificialmente por aqueles que têm o poder de limitar – ou impedir por completo – a concorrência de outras empresas.

Existem métodos quantitativos para medir o poder de mercado, mas são difíceis de utilizar. Os mais úteis são os que os economistas empregam para determinar o poder de mercado num setor, mais do que numa empresa específica. Os métodos de cálculo podem ser muito diferentes. Mas um muito simples é o índice de concentração das empresas mais importantes, que calcula a cota total de mercado das principais empresas (as quatro primeiras, ou as cinco, ou as dez, por exemplo), de acordo com as vendas (ou os ativos) em determinado setor ou economia.*

Mas o poder de mercado abrange mais coisas além da concentração. Em algumas economias ou setores muito regulamentados, empresas relativamente pequenas podem se beneficiar do poder de mercado (por exemplo, vender a preços mais altos do que o fariam se existisse maior concorrência), pelo simples fato de estarem protegidas por regras impostas pelo governo. Por exemplo, uma companhia de táxi detentora de direitos exclusivos para atender os passageiros que chegam e saem de determinado aeroporto. Do mesmo modo, é preciso enfatizar que a simples presença de altos níveis de concentração empresarial num mercado não significa necessariamente que as empresas desse setor tenham acordos tácitos ou explícitos para manter preços elevados; a concorrência entre elas muitas vezes é intensa e feroz.

Portanto, para compreender melhor os mecanismos do poder de mercado não basta um único critério quantitativo. Na realidade, a melhor forma de medir a dimensão do poder de mercado, a estabilidade estrutural de um setor e a vantagem da proteção da qual desfrutam as empresas dominantes é a análise detalhada das barreiras de acesso, de sua importância e eficácia e da maneira como elas atuam na prática para inibir a concorrência.

Essa análise conduz a uma conclusão: *em todas as partes, as barreiras de acesso tradicionais que durante a maior parte do século XX determinaram a intensidade da concorrência nos diversos setores sofreram profundas transformações. Muitas dessas barreiras ficaram mais fáceis de evitar ou driblar, e outras, que no passado davam enormes vantagens às empresas existentes, vieram abaixo.*

Os axiomas da concorrência empresarial e as forças e estratégias que a limitam foram transformados. Como resultado, o poder de mercado

* Esse é um índice objetivo, mas não capta, por exemplo, se há grandes diferenças na cota de mercado dentro desse subconjunto – ou seja, se há uma ou duas empresas especialmente dominantes. O Herfindahl-Hirschman Index, que leva o nome dos economistas Orris C. Herfindahl e Albert O. Hirschman, corrige parcialmente essa falha de medição dando peso extra aos maiores atores. O Departamento de Justiça dos Estados Unidos, por exemplo, usa esse índice para ajudar a determinar se a ação antitruste está garantida dentro de determinado campo. Para mais discussões sobre esse tópico, ver Hirschman, "The paternity of an index".

não é mais o que costumava ser. Esse antídoto à insegurança e instabilidade num setor está perdendo eficácia. E as vantagens que eram dadas como certas graças ao porte de uma empresa, à sua presença em múltiplos países e à sua posição no topo da hierarquia empresarial já não a protegem tanto como antes dos ataques de seus concorrentes – muitos dos quais provêm de outros setores e usam tecnologias, estratégias e modelos de negócios diferentes dos usuais.

As barreiras diminuem e a concorrência aumenta

As barreiras clássicas à entrada nos negócios são bem conhecidas. O *porte*, por exemplo, torna mais difícil que as empresas pequenas enfrentem com sucesso as grandes. As *economias de escala*, por exemplo, permitem às empresas grandes produzir a um custo menor por unidade que suas rivais que produzem volumes menores. E ao produzir a um custo menor, as maiores podem vender a um preço menor que suas rivais de menor porte.

Outras barreiras relacionadas derivam das *economias de gama*. Quando uma empresa tem experiência em negócios similares, mas não idênticos, pode contar com uma vantagem que seus rivais não têm. Por exemplo, uma companhia que tenha grandes contratos de fornecimento de aviões para a força aérea terá enormes vantagens ao competir no mercado para aviões de passageiros. Enquanto as economias de escala se dão em função de volumes, as economias de gama surgem quando uma companhia é capaz de usar seu conhecimento específico e competências essenciais em mercados diferentes. O *acesso a recursos escassos*, como depósitos minerais, solo fértil ou reservas de pesca abundantes, torna-se uma barreira quando concorrentes potenciais não têm acesso a recursos similares. O *capital*, sem dúvida, é outro obstáculo. Lançar uma nova empresa aérea ou uma nova tecnologia de telefonia celular ou uma siderúrgica requer imensos dispêndios de capital que os novatos não têm como viabilizar. A *tecnologia* é outra barreira comum à concorrência: uma fórmula, um processo de produção ou qualquer forma de capital intelectual exclusivo não disponível a possíveis concorrentes produzem barreiras que também desestimulam a competição. O mesmo vale para a *identifi-*

cação de marca: competir com a Coca-Cola e a Pepsi é difícil não só devido ao porte dessas empresas mas também porque seus produtos desfrutam de um imenso apelo de marca.

E depois vêm as *normas*: leis, regulamentações, códigos de propriedade, políticas fiscais e todos os demais requisitos em vigor em determinado local e setor de atividade. Tudo isso (e muitas variações – não existe uma lista padrão única de todas as barreiras à entrada nos negócios) tem como efeito típico fortalecer a posição das empresas dominantes em dado setor e manter os novatos a distância.

Isso nos traz à questão central sobre a transformação do poder no mundo dos negócios: o que pode fazer com que as barreiras à entrada de repente caiam e deixem companhias estabelecidas há longo tempo mais vulneráveis a perder poder? Uma resposta óbvia é a internet. Exemplos de como ela tem ajudado a desbancar monopólios estabelecidos são tantos quanto as possibilidades dessa mídia. Na realidade, poucos setores permaneceram imunes à revolução nas tecnologias da informação e da comunicação.

No entanto, como é também o caso em outras arenas discutidas aqui (política, guerra etc.), além da revolução da informação há fatores que têm alterado a maneira pela qual o poder é adquirido, usado e perdido no mundo dos negócios.

Nas três últimas décadas, por exemplo, ações governamentais têm alterado radicalmente estruturas de negócios estabelecidas há muito tempo. Margaret Thatcher e Ronald Reagan desencadearam uma onda de mudanças políticas que estimulou a competição e mudou a maneira de fazer negócios em inúmeros setores, de telefonia e viagens aéreas à mineração de carvão e ao negócio bancário. A partir do fim da década de 1980, países em desenvolvimento, como Tailândia, Polônia e Chile, implementaram as próprias reformas econômicas revolucionárias: privatização, desregulamentação, abertura do comércio, eliminação de barreiras ao investimento estrangeiro, comercialização mais livre de moedas, liberalização financeira e uma série de outras mudanças para estimular a concorrência. O desenvolvimento da União Europeia, com sua abertura das fronteiras internas, novo aparato regulatório e a introdução do euro, teve imenso impacto no cenário competitivo, como teve também a expansão dos acordos comerciais regionais e globais.

Essas iniciativas políticas vêm tendo pelo menos tanto impacto na mudança do ambiente global dos negócios quanto o advento da internet. Na realidade, alguns analistas atribuem até um quarto do crescimento do comércio no pós-guerra nas economias avançadas a reformas políticas, especialmente sob a forma de reduções de tarifas.[23] A integração à economia global de países como China, Índia e outros grandes mercados, que haviam sido mantidos relativamente fechados por políticas econômicas protecionistas e autárquicas, introduziu bilhões de novos consumidores e produtores nos mercados mundiais. Essas notáveis mudanças políticas foram amplificadas por outras revoluções na tecnologia. A combinação de todos esses fatores resultou num mundo onde as antigas barreiras de acesso já não eram tão eficazes para proteger as empresas estabelecidas das investidas dos novos desafiantes.

Começaram a aparecer tecnologias revolucionárias em quase todos os setores. As pequenas instalações de energia solar, eólica e de biomassa estão levando eletricidade a vastas populações que nunca haviam tido acesso a ela, melhorando a condição social, promovendo o desenvolvimento de pequenas indústrias e desafiando o domínio dos serviços públicos tradicionais. A miniaturização e portabilidade mudaram a produção de uma maneira maravilhosa – e, nesse processo, reduziram barreiras de acesso que antes pareciam imutáveis. Em alguns setores, não é mais necessário construir grandes instalações industriais para ganhar uma fatia de mercado interessante. Embora as minicervejarias não tenham como desbancar gigantes como a Heineken e as minissiderúrgicas não venham a incorporar, por exemplo, uma Arcelor Mittal, as pequenas empresas são hoje capazes em suas áreas geográficas de abocanhar uma fatia de mercado suficiente para introduzir maior concorrência em mercados que antes eram controlados por umas poucas grandes empresas. E, como já observamos, o financiamento para boas ideias de negócios está hoje mais disponível, graças a mudanças fundamentais no setor financeiro. Na maioria dos países, o acesso ao capital deixou de ser a barreira intransponível que era à criação ou expansão de uma nova companhia.

Os desdobramentos são quase infinitos. Para dar apenas um exemplo: a adoção generalizada de contêineres de carga simplificou o transporte e permitiu maior eficiência e confiabilidade no transporte intermodal de bens de todos os tipos. Em 2010, o volume do tráfego de contêineres era dez vezes maior do que em 1980.[24]

Quase todas as tecnologias que vemos em museus (a máquina a vapor) ou que consideramos corriqueiras (como o rádio) representaram em sua época uma ruptura. Mas a revolução tecnológica dos nossos dias tem uma dimensão sem precedentes, e afeta com uma velocidade espantosa quase todas as atividades humanas.

Num exame mais a fundo, vemos que quase toda grande mudança na maneira como vivemos hoje, em relação a apenas uma geração passada, implica uma erosão nas barreiras de acesso. De fato, as revoluções do Mais, da Mobilidade e da Mentalidade e seus efeitos de degradar o poder são claramente visíveis no mundo dos negócios. Os exemplos são muitos: a integração dos mercados de capitais mundiais por meio de transferências eletrônicas e operações bancárias pela internet mudou a maneira como o capital é alocado e movimentado pelo mundo todo. Consolidaram-se culturas e formas de investimento totalmente novas – desde capital de risco e investidores privados até microempréstimos –, fazendo conexão entre o dinheiro e seus usuários independentemente das distâncias. A migração fez circular conhecimentos empresariais e experiências práticas de maneira que a mudança de regulamentação e os incentivos de investimento não são capazes de igualar. Além disso, criou redes de financiamento de abrangência mundial, que cobrem grandes dispersões populacionais, assim como nichos de mercado para empreendedores sintonizados com as necessidades de sua comunidade.

A combinação desses fatores é o que diferencia as atuais convulsões do capitalismo das precedentes. Há mais de tudo, as coisas se movem com maior amplitude e rapidez, e as expectativas das pessoas mudaram radicalmente. Um mercado global; a movimentação em grande medida irrestrita de vastas somas de dinheiro, bens, marcas, tecnologia e cérebros entre países e entre diversos tipos de utilização; o aumento do valor do conhecimento e do *branding* (ou construção de marca) em comparação com o dos recursos naturais e do equipamento físico; o surgimento de crédito em locais onde ele era antes escasso ou inexistente – tudo isso faz parte dos fatores agora familiares que têm reformulado as economias nacionais. Com isso, elas não só mudaram as condições em que os negócios competem como também abriram a concorrência a novos atores, introduzindo rivais com credibilidade e conhecimento, que antes haviam sido mantidos a distância por muito tempo, à custa de barreiras de regulamentação, recursos, *know-how*, capital ou reputação. Conforme essas barreiras foram ficando porosas, surgiram condições para a fragmentação e substituição dos atores tradicionais, muito embora tendências de curto prazo em alguns setores e países pareçam apontar para a concentração.

Essa tendência geral, é claro, admite exceções. Mas uma rápida olhada em alguns dos mais intimidantes fatores de dissuasão empregados no passado para evitar a entrada de novos concorrentes revela o quanto essa transformação foi profunda.

Ativos físicos

Em 2007, a News Corporation, controlada por Rupert Murdoch, alcançou uma meta há muito tempo almejada pelo magnata: a compra por 5,6 bilhões de dólares de um monstro sagrado, o *The Wall Street Journal*. Algumas semanas antes, o Google havia comprado a empresa de anúncios na internet Doubleclick (fundada em 1996) por 3,1 bilhões de dólares, e a Microsoft adquiriu outra empresa similar e ainda menos conhecida, a aQuantive (fundada em 1997), por 6,3 bilhões de dólares. Embora o venerável *Journal*, com seus veteranos jornalistas, seus escritórios ao redor do mundo, gráficas, edifícios e uma frota de caminhões (todos os ativos de propriedade da empresa Dow Jones), tenha sido vendido por uma soma respeitável, duas empresas de anúncios *on-line* com um histórico curtíssimo e praticamente sem ativos físicos foram vendidas por uma soma total quase duas vezes mais alta.

Produto artificial de uma superaquecida bolha de mercado da internet? De fato, a Microsoft anunciou em 2012 perdas contábeis de 6,2 bilhões de sua compra da aQuantive[25] – mas isso é apenas um capítulo a mais de uma história que teve outra manifestação em 2012, quando o

Facebook (um fenômeno da internet mais recente e de valorização assombrosa) comprou a empresa Instagram, que tinha apenas doze funcionários e receita zero, por 1 bilhão de dólares. Por esse dinheiro, o Facebook poderia ter comprado o *The New York Times*, ou a rede Office Depot, só para citar companhias com um valor de mercado similar.

A parcela que os ativos físicos representam do valor das empresas despencou em todos os setores. Os recursos materiais que elas controlam – fábricas, edifícios, terrenos, equipamentos e todos os demais ativos desse tipo – mantêm uma relação cada vez menor com o preço que essas empresas alcançam quando oferecem ações na bolsa ou são adquiridas. Hoje, segundo avaliação dos especialistas, algo que oscila entre 40% e 90% do valor de mercado de uma empresa vem de seus "intangíveis", uma categoria que inclui desde patentes e direitos de propriedade intelectual até a maneira como a companhia é dirigida e o valor agregado que tanto sua marca como a "sedução" de seus produtos despertam em seus clientes. Nem todos esses intangíveis são facilmente medidos, mas isso não tem impedido que os economistas continuem tentando.[26]

Como é natural, alguns setores ainda continuam funcionando com operações muito custosas, como a extração de petróleo e a construção de aviões ou a produção de eletricidade. E algumas companhias ainda têm uma imensa vantagem devido a seu acesso aos ativos desejados: por exemplo, a gigante russa de mineração Norilsk controla 30% das reservas mundiais de níquel conhecidas e 45% das de platina na Sibéria. Mas, mesmo no interior desses setores, é patente a crescente importância dos ativos intangíveis. Lorenzo Zambrano, o CEO da Cemex, a companhia de cimento mexicana que alcançou um lugar entre as maiores do seu setor e tornou-se um ator global, contou-me que "a gestão do conhecimento" foi o fator crucial que deu à sua companhia capacidade de competir internacionalmente com rivais maiores e mais estabelecidos. A gestão do conhecimento, ou seja, "os sistemas de informação, modelos de negócios e outros 'intangíveis' que têm mais a ver com conhecimento do que com cimento" explicam, segundo Zambrano, o sucesso da empresa.[27] A Cemex é outro exemplo de empresa nova e inovadora, de um país (México) que não tem histórico como berço de companhias globais competitivas e que alterou a tradicional estrutura de poder de um setor antigo, altamente concentrado.

Escala e gama

A lógica das economias de escala vem sendo há bastante tempo um axioma da corporação moderna: quanto maior a capacidade de produção, menor o custo de produção por unidade, e mais difícil para os concorrentes pequenos igualar o custo e a estrutura de preços das grandes empresas.

Essa lógica se estendeu para as "economias de gama" obtidas num determinado setor de negócios e que permitem a uma empresa diversificar-se para outro setor no qual seus conhecimentos e competências essenciais também se aplicam. Um exemplo é a PepsiCo, que possui a marca Gatorade e que, ao aplicar sua experiência de *marketing* e distribuição à bebida esportiva, converteu-a numa de suas principais fontes de receita.

Hoje ainda há setores em que imperam a grande escala e outros fatores que provocam o surgimento de grandes empresas, com tendência a funcionar com um estrito controle central. Um exemplo é a energia nuclear, com sua tecnologia avançada e os enormes investimentos necessários para garantir que não haja acidentes. Mas são exceções. Muitas das atuais histórias de sucesso vêm não apenas dos setores em que a economia de escala importa menos, mas de companhias que desafiam totalmente a importância do porte.

As empresas mais inovadoras e heterodoxas violam de muitas maneiras os princípios das economias de escala, de gama e da organização tradicional. Um exemplo é a produção de bens que costumavam ser fabricados – e em muitas empresas ainda são – em grandes volumes, mas que agora alguns competidores conseguem produzir em pequenas quantidades a baixo preço. Um exemplo disso é a rede espanhola de roupas Zara, que começou como indústria caseira fazendo roupões de banho e só pôs os pés fora da Espanha em 1988. Ela cresceu vertiginosamente e, em 2007, superou em vendas a gigante americana The Gap. Em 2012, apesar da crise econômica mundial, as vendas da Zara, de quase 18 bilhões de dólares, foram 25% maiores que as da The Gap, e ela deixou para trás sua concorrente europeia, a H&M.[28] A Zara (marca principal da Inditex, o conglomerado têxtil criado por Amancio Ortega, seu fundador) conseguiu ter grande agilidade, velocidade e muita sensibilidade às preferências dos consumidores. Em contraste com a forma tradicional de operar com base em grandes volumes de produção de uma mesma peça, a Zara consegue produzir volumes menores sem que os custos disparem. Além disso, adapta cuidadosamente, mas de modo muito rápido, sua estratégia às características específicas de seus numerosos mercados estrangeiros (mais de 5,5 mil lojas em quase oitenta países).[29] A Zara não precisa de mais do que duas semanas para projetar e fabricar um novo produto e colocá-lo nas lojas; a média do setor é de seis meses. Além disso, a empresa lança cerca de 10 mil novos modelos por ano.[30] Pelo menos no negócio da Zara, a vantagem da rapidez – ser sensível à mudança de gosto do consumidor e atendê-la imediatamente – importa muito mais do que as vantagens comumente associadas à produção em massa.[31] A Zara é apenas um exemplo a mais do grande e crescente número de companhias cujo sucesso se baseia mais na rapidez do que na escala – com frequência em setores em que a grande escala costumava ser o fator crucial de sucesso.

Outra violação dos axiomas da escala e da gama está nas novas possibilidades de fazer que uma empresa situada em outro país ou continente desempenhe serviços que antes jamais seriam terceirizados, e muito menos para fornecedores situados a grandes distâncias. Vamos examinar, por exemplo, as atividades abrangidas sob a rubrica de "terceirização". De início, isso significava simplesmente dar a vendedores independentes e que não eram empregados da empresa a possibilidade de comercializar os produtos. Também podia significar o envio de partes de um produto a outra empresa, na qual seria montado o produto final, em troca de um pagamento por unidade concluída. Depois, a terceirização estendeu-se aos serviços – de início, os serviços menos qualificados, como as centrais de atendimento telefônico, lugares onde pessoas que não são funcionários de determinada empresa atendem os clientes dela por telefone. Mas hoje o âmbito da terceirização estende-se até a telemedicina – médicos que emitem diagnósticos ou especialistas de laboratório que processam testes ou, como ocorre na Índia, contadores que cuidam de preparar as declarações de impostos para companhias americanas.

Uma constelação de pequenas empresas, cuja localização geográfica é um fator cada vez menos relevante, mostra-se capaz de oferecer serviços especializados e que requerem profundos conhecimentos a um custo inferior, mas com igual qualidade que os departamentos internos dos velhos gigantes industriais. E nenhum país tem o monopólio do fornecimento desses serviços. Depois de abrir em 1998 um centro de pesquisas na Índia, a IBM abriu outro em São Paulo, Brasil, em 2010, que tem o maior número de programadores Java do mundo e o segundo maior número de programadores de *mainframe*. Em 2011, companhias na América Latina e no Leste Europeu inauguraram 54 novas instalações de terceirização, contra 49 na Índia.[32]

O fato de as razões para a terceirização serem conhecidas não as torna menos poderosas. Pensemos na facilidade de acesso a comunicações instantâneas e eficientes. *E-mail*, mensagens instantâneas e telefonia de voz pela internet (*voice-over-Internet* ou VoIP) não só tornam nossa vida mais prática como também diluem a tradicional vantagem de negócios representada pela proximidade geográfica.

Uma expressão que desapareceu do vocabulário da economia é *monopólios naturais*, que costumava ser usada para indicar setores de negócios com uma fonte de fornecimento muito concentrada ou com economias de escala tão intensas que não fazia sentido contar com mais de um provedor. Energia elétrica, telefones fixos e fornecimento de água eram os exemplos mais comuns. A única questão era se esses monopólios deveriam ser de propriedade estatal ou, ao contrário, de empresas privadas e regulamentadas. Mas até esses setores estão sendo abertos à concorrência, e os consumidores têm agora opções que antes não existiam, como a possibilidade de escolher de que empresa comprar serviços telefônicos ou de eletricidade. O resultado tem sido uma incrível ampliação da oferta. Na África, a Bharti Airtel, principal serviço de telefonia móvel da região, fez parceria com uma microusina de energia solar, do tipo "pague pelo que usa", chamada SharedSolar, e oferece tempo de conexão de celular e eletricidade a 50 milhões de assinantes da Bharti no continente.[33] Em Melbourne, Austrália, um consumidor pode escolher hoje entre quinze fornecedores de energia elétrica. Há uma geração, essas possibilidades seriam ficção científica; hoje, são realidades que não surpreendem ninguém.

À medida que a escala e a gama perderam sua eficácia, foram substituídas por outras vantagens. Agora a velocidade é mais importante que a escala, e o fato de competidores novos e menores terem igual acesso às ferramentas que permitem a rápida identificação do cliente, o desenvolvimento de produtos e serviços, o projeto de embalagens, e uma distribuição e entrega eficientes, está contribuindo para que a escala, em vez de ser uma vantagem, seja em certos casos um fardo.

As marcas e o poder

Uma maneira clássica de aumentar o poder de mercado é investir em publicidade e *marketing* a fim de diferenciar um produto de outros similares, por mais que todos cumpram as mesmas funções ou atendam às mesmas necessidades. Identificar um produto com um nome, logotipo, aparência, música ou até uma pessoa admirada é algo que tenta impedir que ele se torne uma mercadoria indiferenciada, sobre a qual a única coisa que importa é o preço. Se todos os produtos são iguais, compra-se o mais barato. A menos que haja um produto que crie sensações que estimulem o cliente a pagar mais. E isso, no fim, é o objetivo dos esforços de *marketing* dirigidos a diferenciar um produto.

Uma das primeiras revoluções no processo de criar uma marca que diferenciasse um produto genérico de seus similares foi o famoso caso da United Fruit Company, que em 1947 concebeu o nome *Chiquita* para etiquetar suas bananas.[34] Até então, uma banana era apenas uma banana, não importava quem a havia plantado ou onde. O que diferenciava uma banana da outra era o tamanho, o quanto estava madura ou não e o sabor – fatores aparentemente independentes do produtor. Com a invenção de um nome e de um logo atraentes, e com um enorme gasto em publicidade, foi possível conferir às bananas da United Fruit atributos que permitiram vendê-las a um preço mais alto que o de seus rivais.

Atualmente, as formas de diferenciar um produto são mais abundantes do que nunca. Incluem técnicas tradicionais, como logotipos, embalagens, publicidade pela tevê e patrocínios, e novos instrumentos, como comprar os direitos de nomear estádios, colocar produtos em filmes, séries de televisão, eventos esportivos ou concursos, anunciar em diferentes plataformas de mídia e plantar campanhas de *marketing* viral. Os canais para difundir a "história" que diferencia um produto proliferaram, e não requerem mais aqueles grandes orçamentos de propaganda confiados às maiores agências de Nova York ou Londres.

Outra indicação de como desafiantes novos e inesperados têm conseguido erodir o domínio de empresas há muito tempo estabelecidas é o exemplo de um setor que não existia havia alguns anos – a publicidade por meio de mídias sociais como Facebook, Twitter e YouTube – e que agora está captando uma fatia grande e cada vez maior do dinheiro de publicidade, antes investido apenas em mídias tradicionais como tevê, rádio, jornais e revistas. O *marketing* de nicho eficaz – ou seja, o *marketing* especializado, dirigido a fãs de futebol, a falantes do russo, aficionados por *videogame*, fazendeiros de trigo, vegetarianos e assim por diante – está disponível por preços que não assustam os recém-chegados ao mercado. E um *site* bem desenhado pode chamar a atenção dos internautas para o nome e os produtos de uma empresa da qual eles nunca tinham ouvido falar e que está sediada do outro lado do mundo.

No estudo dos negócios, surgiu um novo campo dedicado a medir a proporção do valor de mercado de uma empresa que pode ser atribuído à sua marca. Em 2011, um estudo realizado pela Interbrand, uma das principais consultorias da área, descobriu que a marca McDonald's – o nome da empresa, os de seus produtos, o *design* de seus restaurantes e os arcos dourados – respondia por mais de 70% do valor total da companhia. A marca Coca-Cola correspondia a 51% do seu valor; Disney, IBM e Intel extraíam de suas marcas 68%, 39% e 22% de seu valor, respectivamente.[35]

O *ranking* de 2011 das companhias segundo o valor monetário de suas marcas mostrou uma combinação de empresas da velha economia e de novos atores mais ligados à tecnologia: a Coca-Cola liderou, seguida por IBM, Microsoft, Google, GE, McDonalds, Intel, Nokia, Disney e, por fim, a Hewlett Packard, completando as dez mais.[36]

É natural, então, que as empresas invistam muito dinheiro na construção de suas marcas. E as mais espertas estão evoluindo constantemente.

A IBM, por exemplo, deixou de se mostrar para o público como fabricante de PCs e agora se apresenta como empresa de tecnologia visionária, que usa seus cérebros em consultoria e sua avançada tecnologia para resolver os problemas mais complicados que há no mundo. Mas até mesmo a vantagem de contar com uma grande marca deixou de ser o que era antes, quando as marcas mais conhecidas faziam das empresas que as detinham fortalezas inexpugnáveis. Algumas das marcas mais dinâmicas, cuja contribuição ao valor total de suas empresas cresceu mais rápido nos últimos anos, não são as mais conhecidas de sempre, mas nomes recém-chegados, como Skype (agora de propriedade da Microsoft). E o Google, criado em 1998, transformou-se na maior empresa de publicidade do mundo. Em 2013, faturou mais que o dobro das vendas somadas das companhias de publicidade que a seguem em tamanho (Publicis e Omnicom). Os novos concorrentes, ágeis, insurgentes e revolucionários, são tão eficazes e ameaçadores no mundo do *marketing* e da publicidade como o são no da política e da guerra.

O acesso ao capital agora é mais fácil

Poucos obstáculos são tão prejudiciais à atividade empresarial como a falta de capital. Poucos empreendedores têm ao alcance o dinheiro necessário para financiar uma ideia ou lançar um novo produto. Normalmente, quem desfruta desse luxo são as grandes companhias, que têm dinheiro para investir em pesquisa e desenvolvimento de produto ou caixa de reserva suficiente para gastar em custosos testes de mercado. Quanto mais limitados e restritivos forem os canais para levantar fundos, mais difícil será a entrada de novos concorrentes. Muitos novos empresários não têm outra alternativa a não ser pedir dinheiro emprestado para lançar sua ideia. Os Estados Unidos continuam sendo um dos países onde é mais fácil obter crédito, mas caíram para o décimo lugar. Segundo o Banco Mundial, os cinco países nos quais é mais fácil obter crédito são Malásia, África do Sul, Reino Unido, Austrália e Bulgária. Essa surpreendente amostra de países é prova de que houve grandes mudanças não só no acesso às fontes de dinheiro mas também em sua natureza, pois foram criadas novas maneiras de obter crédito. Além disso, outras fontes de capital e de crédito que tradicionalmente eram muito restritas e custosas agora ficaram mais flexíveis e baratas.

Uma tendência importante das duas últimas décadas é a propagação dos investidores de capital de risco (*VCs*, de *venture capital*) e de "anjos investidores" (*angel investors*), que são empresas que têm capital, conhecimentos e a disposição de correr o risco de dar fundos a empresas novas e financiar o lançamento de produtos não testados. Essas empresas começaram nos Estados Unidos, mas proliferaram e agora também estão presentes nos novos mercados da Europa, Ásia e América Latina. Como vimos antes, no contexto da revolução da Mobilidade, uma das forças que impulsionam a propagação internacional dos modelos de capital de risco e capital privado tem sido a circulação de banqueiros, investidores e engenheiros, que começam sua carreira nos Estados Unidos e depois retornam a seus países, onde reproduzem essas empresas e seus enfoques. Em Taiwan, os primeiros fundos de capital de risco montados segundo o modelo americano surgiram em 1986-1987, liderados por executivos que haviam feito estudos de engenharia e começado suas carreiras nos Estados Unidos nas empresas de nova tecnologia, sobretudo no Vale do Silício, na Califórnia. As empresas de capital de risco também começaram a proliferar na Índia e até mesmo na China. Os empresários que voltam ao seu país de origem trazendo consigo capital, conhecimentos e contatos têm sido o motor fundamental dessa proliferação. A pesquisadora da Universidade de Berkeley, AnnaLee Saxenian, especialista nesse assunto, considera que "áreas de tecnologia emergentes" como Xangai e Bangalore deixaram de ser cópias do Vale do Silício para se tornar extensões dele. Para a pesquisadora, a analogia mais adequada para a movimentação de talentos, ideias para novos negócios e fundos para financiá-los já não é a tradicional "drenagem de cérebros" e sim, como mencionado no Capítulo 4, a "circulação de cérebros".[37]

Inovação

"Não sei como é possível haver um ambiente de alta inovação numa grande empresa farmacêutica. É difícil para mim imaginar como se pode fomentar um ambiente de inovação, de risco, e criar grandes produtos."

Essa afirmação foi feita por John Maraganore, o CEO de uma pequena empresa farmacêutica de Cambridge, Massachusetts, em 2007.[38] No entender dele, a declaração radical era uma mera expressão do óbvio. No entanto, em comparação com a prática habitual das empresas farmacêuticas durante décadas, essa é uma constatação muito surpreendente.

Surpreendente, porém correta. Os gigantes da indústria farmacêutica, como Pfizer, Novartis e Merck, podem comercializar alguns dos medicamentos mais inovadores e transformadores, mas o mais provável é que não tenham sido eles os responsáveis pelo seu desenvolvimento. Existem pequenas companhias especializadas – algumas formadas a partir de departamentos de pesquisa biológica de universidades, outras nas atuais sementeiras de inovação, em regiões como Hyderabad, na Índia, apelidada de "Vale do Genoma" –, que sintetizam esses novos remédios e depois os vendem – ou, em alguns casos, vendem a empresa inteira – a algum gigante corporativo.[39] Na realidade, até a fabricação propriamente dita do medicamento pode ser tarefa também de outra empresa terceirizada. Um exemplo é a FerroKin Biosciences, que tem sete empregados, todos trabalhando em casa, e cerca de sessenta vendedores e empresas terceirizadas que provêm todas as etapas do processo de desenvolvimento de um medicamento. Criada em 2007, ela atraiu 27 milhões de dólares em capital de risco, levou seu medicamento da etapa de desenvolvimento para a fase II de testes clínicos[40] e foi adquirida em 2012 pela Shire Plc, uma companhia biofarmacêutica sediada no Reino Unido.

Empresas como a Shire e grandes companhias farmacêuticas como a Merck preservam uma nítida vantagem em relação a pequenas empresas locais, devido à sua enorme capacidade de comercialização, publicidade e distribuição. Não seria realista supor que uma pequena empresa farmacêutica de Hyderabad ou Shenzhen pudesse montar seu próprio exército de representantes de vendas para levar amostras (e mais esferográficas e bolsas e convites para almoçar) a médicos e profissionais de saúde de Los Angeles, Madri ou Cidade do México.

A mudança de localização desses polos de produção de novas tecnologias é, sem dúvida, revolucionária. Durante anos, as grandes companhias em todos os campos, da indústria farmacêutica à automobilística, do setor químico e do ramo de computadores, realizavam elas mesmas o trabalho de pesquisa e desenvolvimento em unidades próprias, muito bem dotadas de verbas e que além disso eram um importante pilar do prestígio da empresa. No entanto, a partir da década de 1980, apareceram empresas como Cisco e Genzyme que ganharam importância apesar de não terem suas próprias instalações de pesquisa e desenvolvimento de novas tecnologias e produtos. Consolidou-se o que o estudioso dos negócios Henry Chesbrough chama de uma "era de inovação aberta".[41] Em alguns setores, segundo Chesbrough, a inovação aberta sempre foi a norma: em Hollywood, por exemplo. Agora, a indústria química e os fabricantes de telefones e aviões se aproximaram do modelo de Hollywood. E há novos atores, importantes em seus setores, como a Acer e a HTC, que deixaram de ser pequenas empresas de inovação *offshore*, que trabalhavam como terceirizadas e cujos nomes nunca apareciam em seus produtos, e passaram a ser concorrentes de fato, com suas próprias marcas.[42]

Isso faz sentido: "Nós conhecemos essa categoria de produto muito melhor do que nossos clientes", declarou à *Business Week* o CEO da fabricante de *smartphones* HTC, sediada em Taiwan.[43] Seu exemplo será seguido por muitas outras companhias ainda pouco conhecidas. No setor farmacêutico, terceirizar a fabricação de medicamentos é um processo de longa data, mas a descoberta de medicamentos era um processo muito confidencial. Agora, desde 2001, o mercado de terceirização da descoberta de medicamentos cresceu mais rápido do que o investimento em inovação farmacêutica em geral; passou de 2 bilhões de dólares em 2003 para 5,4 bilhões de dólares em 2007, e calcula-se que esteja agora crescendo a uma taxa de 16% ao ano.[44]

Nada disso é um bom presságio para as grandes companhias, os mega-atores. Conforme argumenta o catedrático de Harvard Clayton Christensen em seu famoso livro, *The innovator's dilemma* [O dilema do inovador], mesmo as grandes companhias bem-sucedidas operam segundo um conjunto de procedimentos que as torna muito eficazes em aproveitar as "tecnologias de sustentação" (ou seja, as novas tecnologias que ajudam a aprimorar os produtos existentes), mas não são tão boas em identificar e produzir tecnologias disruptivas, que transformam inteiramente um setor ou um mercado. Como exemplos dessas tecnologias disruptivas, Christensen cita a telefonia celular, as microturbinas, a angioplastia, o PlayStation, a aprendizagem à distância, os protocolos de internet e o comércio eletrônico. A mensagem central é que, no mundo de hoje, as grandes empresas estabelecidas podem estar em desvantagem diante de empresas mais jovens, pequenas e dinâmicas quando se trata de detectar novas tecnologias e oportunidades de transformar mercados de maneira radical.

Agora a pesquisa e o desenvolvimento fluem com maior liberdade para mais lugares, e é necessário cada vez menos investimento inicial em instalações físicas, recursos escassos, comunicações e *marketing*. A inovação tecnológica é outro terreno no qual os micropoderes têm hoje mais oportunidades do que antes e em que os mega-atores tradicionais já não desfrutam do domínio que costumavam ter.

A mudança no papel dos governos

Historicamente, muitos governos limitavam a concorrência a fim de proteger as empresas locais das importações. Impunham altos impostos às importações para desse modo encarecê-las e fazer que os consumidores comprassem os produtos feitos no país. Também inibiam a concorrência quando davam vantagens especiais a algumas empresas a fim de canalizar seus investimentos para regiões ou atividades específicas que em tese promoviam o desenvolvimento social.

Mas essas políticas tiveram seu auge há uns trinta anos, quando seus resultados catastróficos estimularam profundas mudanças de enfoque a respeito de como promover o desenvolvimento e sobre o papel que a concorrência deve desempenhar entre as empresas. Quase no mundo inteiro os governos venderam as empresas de propriedade estatal, desmancharam monopólios, liberalizaram seus regimes comerciais e de investimento e aprimoraram seu ambiente de negócios para favorecer os empreendedores.

Um indicador revelador: em 1990, o imposto médio que os países impunham às importações era de 23,9% (variando de 38,6% em economias de baixa renda até 9,3% nos países ricos da OCDE). Em 2007, havia caído para 8,8% no mundo todo, oscilando de 12% em países de baixa renda a minúsculos 2,9% entre os membros da OCDE. Nem a crise econômica de 2008 conseguiu reverter a tendência.[45] Conforme as economias avançadas afundavam em razão dessa crise, muitos especialistas advertiram que a reação natural dos governos seria proteger os empregos e as empresas de seu país elevando as barreiras à importação. Felizmente, isso não ocorreu. O mesmo se dizia sobre a possibilidade de os países imporem limites à entrada de investimento estrangeiro. Tampouco aconteceu.

A evolução de fato global em direção a economias relativamente livres, abertas, com mercados de capital amplos e limites à propriedade estatal, é uma das histórias mais debatidas da geração passada. Costuma ir acompanhada da advertência de que, em algum ponto, o pêndulo pode voltar a oscilar – se não totalmente, pelo menos por uma extensão considerável. E, de fato, talvez pareça à primeira vista que a recessão global de 2008-2009 tenha instalado um movimento de refluxo em direção a maior regulamentação e controle governamental nos setores-chave.

No entanto, os resgates bancários ou da indústria automotiva nos Estados Unidos, as nacionalizações temporárias no Reino Unido e a necessidade de regulamentar de modo mais severo os mercados de produtos financeiros exóticos que podem se revelar tóxicos (como alguns derivados financeiros, por exemplo) não devem ser confundidos com a reversão de uma tendência global muito mais ampla. Na realidade, segundo o Banco Mundial, o ritmo das reformas *pro-business* em todo o mundo atingiu uma cifra recorde em 2008-2009, justamente durante o auge da crise. Nesse ano, o banco computou nada menos do que 287 reformas implantadas em 131 países com o objetivo de aplanar o caminho para as empresas.

No total, a partir de 2004, três quartos das economias do mundo simplificaram os trâmites para a abertura de um negócio. Quase dois terços dos países introduziram medidas para facilitar a obtenção de crédito. Mais da metade simplificou o registro de propriedade, o pagamento de impostos e o comércio com outros países. Se acrescentarmos a isso o significativo número de países que agilizaram o processo de lidar com uma falência, o cumprimento de contratos, a obtenção de permissões para construção e outras atividades similares, o quadro geral é o de um alívio geral dos obstáculos governamentais à atividade de negócios – e, como consequência, as empresas que antes estavam protegidas hoje estão mais expostas à concorrência. Todos os tipos de barreiras à entrada de novos concorrentes estão caindo e, ao contrário do que se pensava, as barreiras que haviam sido impostas pelos governos são as que mais declinaram. E, como regra geral, uma vez reduzidas, a tendência é que permaneçam assim.[46]

Novos aspirantes e novas oportunidades

Não pretendo aqui proclamar o desaparecimento de todas as velhas indústrias, empresas e marcas. Há muita evidência que indica o contrário. Muitas empresas centenárias estão indo muito bem. Algumas corporações imensas e estabelecidas como Coca-Cola, Nestlé, ExxonMobil, Novartis, IBM e Toyota têm longa vida pela frente; outras talvez durem menos. Mas, embora fazer projeções sobre as perspectivas de alguma grande corporação em particular possa ser um exercício útil para os acionistas, ele nos desvia da história principal que está ocorrendo à nossa volta, que é o advento de uma série de novos concorrentes. A seguir, alguns exemplos.

As novas multinacionais do sul

Apresento-lhes Alejandro Ramírez, jovem empresário de Morelia, México, e um dos principais magnatas do setor de salas de cinema... na Índia.

A Índia é o país com a maior indústria cinematográfica do mundo, pelo menos em termos de número de filmes comerciais realizados por ano. Mas a Índia mostra um atraso significativo na disponibilidade de modernas salas multiplex, para oferecer filmes nacionais e estrangeiros em salas de alta qualidade à sua classe média, em pleno crescimento. Existem apenas umas mil salas de projeção modernas nesse país com mais de 1,2 milhão de habitantes. A companhia de Ramírez, a Cinépolis, irá preencher essa deficiência inaugurando quinhentas novas salas de exibição nos próximos anos. A Cinépolis, que começou com uma única sala de cinema na década de 1940 numa cidade provinciana do estado de Michoacán, cresceu a ponto de se tornar a maior empresa de cinemas multiplex do México e de toda a América Central.[47]

A Cinépolis não é apenas o novo concorrente mais agressivo no mercado de salas de cinema na Índia; é o primeiro investidor estrangeiro a entrar no setor no país. "Como teve a ideia de diversificar-se e entrar no mercado indiano?", perguntei a Ramírez. "Não foi ideia minha", respondeu. "Dois estudantes da escola de negócios de Stanford tinham de preparar um plano de negócios para uma de suas matérias curriculares; eles conceberam essa oportunidade e vieram me apresentar. Trabalhamos juntos, aprimoramos a ideia, conseguimos o capital e começamos. Quase imediatamente descobrimos que o potencial era maior ainda do que havíamos previsto."[48]

A Cinépolis é apenas uma entre as empresas cada vez mais numerosas de países como México, Índia, Brasil, África do Sul e Turquia, que operam em outras economias em desenvolvimento, nas quais os investimentos costumavam ser predominantemente do governo, de grupos privados locais ou das grandes multinacionais dos Estados Unidos, Europa e Japão.

A cooperação sul-sul era um sonho do movimento terceiro-mundista da década de 1970, a esperança de que as economias do mundo em vias de desenvolvimento iriam fortalecer-se mutuamente por meio de comércio, investimento e auxílio direto, passando ao largo do "Norte". Tratava-se de um sonho socialista liderado pelo Estado, e o tipo de investimento que vemos florescer agora é bem diferente do imaginado então. Não obstante, o investimento sul-sul é hoje uma das tendências fundamentais dos negócios no mundo.[49] Dados das Nações Unidas mostram que a partir de 2003 o OFDI (*Outward Foreign Direct Investment* ou "IED, Investimento Estrangeiro Direto"), originado nos países em vias de desenvolvimento, começou a superar os IEDs procedentes de países ricos.

Dos 54 tratados bilaterais de investimento assinados em 2010, vinte foram entre países em vias de desenvolvimento. Os investimentos estrangeiros diretos dos países em vias de desenvolvimento alcançaram a cifra recorde de 29% do total dos investimentos diretos do mundo em 2010, e esse incremento continuou em 2011 e 2012, apesar dos problemas econômicos.*

Cresce continuamente o número de empresas de países em desenvolvimento presentes nos *rankings* das maiores companhias do mundo. E pesquisadores do Banco Mundial e da OCDE afirmam que as estatísticas oficiais subestimam a escala dos IEDs provenientes de países em desenvolvimento, em parte porque se trata de uma categoria de estudo nova e com frequência imprecisa, e em parte devido ao volume de fuga de capitais não documentada.[50]

Entre os beneficiários dessa tendência está uma série de empresas, em setores que vão da construção às telecomunicações e dos têxteis ao petróleo, pouco conhecidas na Europa ou na América do Norte, mas que constituem marcas de prestígio crescente no resto do mundo. Em telefonia celular, por exemplo, as indianas Bharti Airtel e Reliance, a sul-africana MTN, a egípcia Orascom e a Etisalat, dos Emirados Árabes Unidos, estão entre as quinze maiores do mundo. Outras são menos conhecidas, mas importantes nos respectivos setores: por exemplo, as empresas têxteis do Sri Lanka estenderam suas operações para outras partes do sul da Ásia e do oceano Índico, e os conglomerados turcos tornaram-se grandes atores na Rússia, nos Bálcãs e no Oriente Médio. Cada vez mais, empresas como essas estão saindo de seus países e regiões de origem, onde contam com elementos comuns de língua e cultura, e conseguem investir com sucesso (como fez a Cinépolis) em lugares geográfica e culturalmente muito distantes.

Antoine van Agtmael, que cunhou a expressão *mercados emergentes*, revelou-me ter confiança de que por volta de 2030 as empresas grandes baseadas nesses mercados serão em número maior que as das atuais economias avançadas.[51]

* Segundo a *UNCTAD: world investment report 2012*: "Os fluxos para países desenvolvidos cresceram 21%, para 748 bilhões de dólares. Nos países em desenvolvimento, o FDI aumentou 11%, alcançando um recorde de 684 bilhões de dólares. O FDI em economias de transição cresceu 25%, atingindo 92 bilhões de dólares. As economias em desenvolvimento e de transição, respectivamente, responderam por 45% e 6% do FDI global. As projeções da UNCTAD mostram esses países mantendo seus altos níveis de investimento pelos três próximos anos" (p. xi).

O sul vira norte

Um fenômeno relacionado é o crescimento das aquisições de grandes empresas norte-americanas e europeias por companhias sediadas em economias em desenvolvimento e economias de transição, o que criou uma nova casta de multinacionais globais que têm ou sua sede ou suas raízes no que até bem pouco tempo eram sistemas econômicos fechados, com forte presença estatal. Índia, México, Brasil, África do Sul e China estão entre as principais procedências dessas companhias. Um bom exemplo é a citada gigante mexicana do cimento Cemex, que opera em quase quarenta países. A internacionalização da Cemex catapultou essa empresa quase para os primeiros lugares no mercado mundial de materiais de construção (numa luta feroz com a francesa Lafarge) e elevou a parte americana de seu negócio para 41%, em comparação com apenas 24% no México. Embora a Cemex tenha tido de apertar o cinto devido à instabilidade da economia global, continua sendo um ator multinacional em vários países em desenvolvimento, num campo que antes era domínio exclusivo de companhias de países ricos.[52] Outros exemplos são as empresas matrizes das duas maiores companhias do setor de cerveja nos Estados Unidos. A Anheuser-Busch é controlada pela belga InBev (formada quando a brasileira AmBev buscou expandir-se no exterior), que em grande parte é comandada por gestores brasileiros. Por sua vez, a empresa rival SABMiller formou-se quando a South African Breweries comprou a Miller Brewing Company dos Estados Unidos em 2002, depois de outras bem-sucedidas aquisições em mercados como a República Tcheca, Romênia, El Salvador, Honduras e Zâmbia. A brasileira Vale (antes conhecida como Companhia Vale do Rio Doce) tornou-se a segunda maior companhia mineradora do mundo em 2007, depois de adquirir a rival canadense Inco. E a maior companhia siderúrgica do mundo, a ArcelorMittal, resultou de uma série de aquisições do bilionário indiano Lakshmi Mittal. A sua empresa matriz, a Mittal Steel, só passou a fazer parte das quinhentas maiores empresas da *Fortune* em 2005.[53]

Os estranhos nomes compostos da ArcelorMittal e da Anheuser-Busch InBev mostram que são casos em que as fusões e aquisições contam tanto quanto o dinamismo desses novos aspirantes procedentes de lugares improváveis. Embora essas fusões com certeza produzirão concentração e novos oligopólios com considerável poder de mercado, deve-se lembrar que com frequência envolvem companhias que há apenas uma década eram diminutas em comparação com as empresas que elas foram capazes de incorporar agora. E o mesmo pode acontecer com elas: uma empresa com sede em um lugar impensado e que tenha passado até agora inadvertida pode acabar ficando com esses novos e gigantescos conglomerados. É o que veio acontecendo durante a última década, e as forças que impulsionam essa tendência são cada vez mais vigorosas.

Essas companhias, antes provincianas, que operavam em mercados pequenos e protegidos, não poderiam ter conseguido alavancagem suficiente para assumir o controle de empresas líderes em grandes setores globais se não fosse pela drástica queda das barreiras de acesso, precipitada pela abertura dos mercados financeiros, a propagação da educação e da cultura dos negócios, o acesso mais fácil ao capital, maior transparência e disponibilidade das informações sobre empresas, desregulamentação, abertura comercial e de investimentos, crescimento, globalização, novas tecnologias e outros fatores tratados aqui. A internacionalização das empresas com sede em países pobres é um poderoso exemplo dos efeitos das revoluções do Mais, da Mobilidade e da Mentalidade.

A proliferação das bolsas de valores

Entre as vítimas da hiperconcorrência estão as bolsas de valores, as icônicas instituições nas quais a maioria das ações das grandes empresas são negociadas e que são monitoradas pela mídia, pelos políticos e pelo público em geral, em busca de dicas sobre a saúde da economia como um todo. A Bolsa de Nova York e a Bolsa de Londres têm perdido terreno rapidamente para mercados alternativos. No mercado americano, potências tradicionais como a Bolsa de Nova York (ou NYSE, sigla de *New York Stock Exchange*, fundada em 1792) e a Nasdaq (fundada em 1971) hoje mal chegam a controlar metade do volume de negócios nas operações públicas; em 2012, os mercados eletrônicos Direct Edge (fundado em 1998) e BATS Exchange (fundado em 2005) controlavam cerca de 9% e 10%, respectivamente, das operações, enquanto dezenas de outras bolsas dividiam o resto. Essa profusão de bolsas naturalmente contribui para a redução do tradicional domínio que tinham as principais bolsas.

A NYSE não é a única grande bolsa que perde terreno para novos rivais; o mesmo vale para a Bolsa de Londres (London Stock Exchange), a Deutsche Börse na Alemanha e outras bolsas de valores tradicionais. No presente momento, a BATS (empresa novata sediada em Kansas, cuja sigla corresponde a *Better Alternative Trading System*, ou "Sistema de Negociação Melhor Alternativa") tem um volume de negócios maior que qualquer bolsa, exceto a NYSE ou a Nasdaq, superando Tóquio, Londres, Xangai, Paris e o resto. Um indicador das dificuldades enfrentadas pelas velhas bolsas é a perda de valor de suas próprias ações. As ações na NYSE Euronext (sigla NYX no quadro de cotações) despencaram de picos de 108 dólares em 2006 para apenas 22 dólares em 2012. O rendimento caiu também: em 2009, a operadora da Bolsa de Londres, London Stock Exchange Group plc, registrou uma queda de mais de um terço de seus ganhos.[54]

A proliferação de bolsas de valores é apenas um dos aspectos da nova dispersão dos mercados financeiros. Outro é o advento das bolsas conhecidas como *dark pools*, ou "consórcios obscuros", que começaram informalmente entre instituições que desejavam negociar anonimamente (sem que suas ordens de compra e venda, os preços e os volumes se tornassem públicos), a fim de evitar revelar suas estratégias. As *dark pools* vão contra o princípio de que os mercados devem ser transparentes para que possam alcançar resultados eficientes; elas também são apontadas como a principal causa das volatilidades e distorções nos preços das ações e como uma vantagem potencialmente desleal para os que participam delas. Como lidar com as *dark pools* é assunto de debates entre reguladores ao redor do mundo, e as visões divergem em relação ao quanto elas são perigosas para o sistema financeiro global. O que fica claro é que estão proliferando.[55] A Comissão do Mercado de Valores dos Estados Unidos (*Securities and Exchange Commission*, SEC) avaliou que o número de *dark pools* ativas no mercado americano disparou de dez em 2002 para mais de trinta em 2012. Em janeiro desse ano, segundo a Bloomberg News, as *dark pools* controlavam quase 14% do volume de ações negociado nos Estados Unidos.[56] Uma estimativa anterior feita pela SEC apontou que as *dark pools* respondiam por mais de 7% do volume total de negócios nas bolsas americanas – uma fração talvez relativamente pequena, mas suficiente para ter consequências importantes.[57]

O triunfo dos fundos de capital privado e dos fundos hedge

Muitos pensaram que a crise financeira e os contratempos dos mercados globais em 2008-2009 acabariam com o domínio dos fundos de capital privado (*private equity funds*) e dos fundos *hedge*. Ao longo da década anterior, essas instituições pouco conhecidas e com frequência pequenas ganharam o controle de companhias enormes por meio de aquisições alavancadas em imenso endividamento, políticas comerciais agressivas e ativismo acionário. Depois de se recuperarem do estouro da bolha da internet no início do século, as empresas de capital privado dedicaram-se pelo resto da década a comprar empresas cada vez maiores, culminando com a compra por 45 bilhões de dólares da companhia de energia TXU em 2007 pela Kohlberg Kravis Roberts (KKR) e pelo Texas Pacific Group (TPG).

Enquanto isso, os fundos *hedge* proliferaram, passando de três mil para dez mil entre 1998 e 2013; e nesse ano administravam 2,5 trilhões de dólares em ativos.[58] Em 2012, os fundos *hedge* estiveram presentes em metade das transações de obrigações nos Estados Unidos, em 40% das operações com ações e em 80% das negociações de dívidas podres. Em 2011, os vinte maiores fundos *hedge* da Bloomberg Markets, liderados pela Bridgewater Associates com 77,6 bilhões de dólares, tinham quase 600 bilhões de dólares em ativos.[59] Na Europa e na Ásia, houve uma expansão equivalente dos fundos *hedge*, embora em menor escala.

As linhas de demarcação começaram a ficar indefinidas quando os fundos *hedge* assumiram participações acionárias num número cada vez maior de companhias, atuando como se fossem fundos de capital privado e ao mesmo tempo tomando o lugar dos bancos tradicionais.

Os fundos *hedge* são um fator que agita o mercado e pressiona os conselhos diretivos e gestores a mudar e procurar mais eficiências. Nos Estados Unidos, numa época em que eles administravam 5% dos ativos, os fundos *hedge* também estavam envolvidos em 30% das transações. Exercem imensa pressão sobre as corporações sem se importar com sua marca ou história, como ocorreu quando um fundo com o nome (incongruente) de *Children's Investment Fund* ("Fundo de Investimento para as Crianças") pressionou tanto para que o banco holandês ABN Amro fosse vendido ou dividido que a instituição teve de aceitar sua venda ao banco inglês Barclays.

Circulam nesses casos imensas somas de dinheiro na forma de apostas muito ousadas. Uma que ficou legendária ocorreu em 1992, quando George Soros investiu 10 bilhões de dólares contra a libra inglesa; ele estava certo, a libra se desvalorizou, conforme previra, e ele obteve um ganho de 1 bilhão de dólares. Em 2006, um investidor de trinta anos de idade de um fundo chamado Amaranth perdeu nada menos do que 6 bilhões de dólares numa aposta em gás natural que deu errado. Nesse setor, quem ganha obtém benefícios colossais: segundo consta, em 2006, os 25 maiores gestores de fundos *hedge* ganharam, juntos, o equivalente ao PIB da Jordânia. Mas o mais provável é que a maioria deles fosse gente quase desconhecida, mesmo por seus vizinhos nas elegantes cidades de Greenwich e Westport, em Connecticut, onde há grande concentração dessas empresas.

Na crise de 2008, os fundos *hedge* perderam aproximadamente 18% de seu valor. No entanto, houve muitas exceções, como George Soros ou John Paulson, que fez bilhões apostando contra os títulos das hipotecas de alto risco, que foram de fato os responsáveis por desencadear a crise. Mas há muitos outros personagens desconhecidos do grande público que, operando a partir desse novo tipo de *micropoderes financeiros*, ganharam centenas de milhões de dólares em plena crise do mercado.[60] A recuperação do mercado em meio aos resgates de 2009, como talvez seria de esperar, também se revelou lucrativa para os fundos *hedge*, embora alguns observadores do setor tenham percebido que estava em curso uma reformulação. Na realidade, um argumento em defesa da parca regulamentação do setor é que ele produz vencedores e perdedores de maneira tão definitiva e eficaz que age como uma espécie de correção constante, ajudando a estabilizar os mercados; segundo Sebastian Mallaby, autor de *More money than God* ("Mais dinheiro do que Deus", um *best-seller* sobre fundos *hedge* que foi sucesso de vendas), os fundos, "mais do que criar risco, eles o absorvem".[61]

Mas os fundos *hedge* também viraram o foco de novas regulamentações e agora enfrentam restrições bem maiores. Em 2011, foi relatado que, devido às novas regulamentações financeiras, George Soros havia decidido fechar seus fundos a investidores e que dali em diante iria concentrar-se exclusivamente em administrar seu próprio dinheiro. A volatilidade dos mercados também pode causar imensas perdas a esses veículos de alto risco. O fundo de John Paulson sofreu um tropeço considerável quando suas apostas de mercado não renderam bem (ele perdeu 9,6 bilhões de dólares em 2011, a maior perda já sofrida até hoje por um fundo *hedge*).[62] No entanto, imediatamente apareceram outros fundos *hedge*, com nomes, estratégias, localizações e tecnologias surpreendentes e inovadores, que assumiram seu lugar como as maiores máquinas de lucro do mundo. Fundos *hedge* colossais como o Bridgewater, por exemplo, ganharam para seus investidores 13,8 bilhões de dólares em 2011.[63]

O que fica claro é que essas novas empresas, que jogam com regras completamente diferentes das dos atores financeiros tradicionais, aparecem e desaparecem, e as remunerações de seus donos e dirigentes podem variar de meramente vultosas a imensas, mas o fato indiscutível é que a proliferação dessas empresas pequenas e desconhecidas com imenso poder financeiro irá prosseguir. Nesse mundo novo, é frequente que um gênio armado de novos algoritmos informáticos ou de uma estratégia que aproveita oportunidades que outros não viram possa burlar e superar em estratégia bancos gigantescos, que precisam ater-se a normas incômodas, práticas internas complexas e hierarquias mais estáticas.

Os fundos *hedge* são para o poder tradicional dos mercados financeiros o que os piratas somalis são para o poder das marinhas de guerra mais avançadas do mundo.

Em resumo, novos competidores como os fundos *hedge*, novos mercados de valores, *dark pools* e empresas emergentes e antes desconhecidas que de repente subvertem todo um setor são prenúncios das coisas que estão por vir: maior volatilidade, maior fragmentação, maior concorrência e mais micropoderes capazes de limitar as possibilidades dos mega-atores.

De fato, nem o clamor público sobre a desarticulação trazida pela globalização econômica nem as tremendas ondas expansivas produzidas pela crise financeira de 2008 e a posterior Grande Recessão conseguiram tirar do seu caminho o processo de integração econômica internacional. Ele segue adiante, relativamente sem problemas, e as previsões de um surto protecionista induzido por tentativas de alguns países de fechar suas economias para proteger postos de trabalho mostraram-se equivocadas. O comércio internacional e o fluxo de investimentos continuam crescendo e alimentando as forças que restringem o poder dos atores econômicos tradicionais.

O que significa tudo isso?

Um dos paradoxos da nossa época é que, ao mesmo tempo que as corporações ficaram maiores, mais presentes por toda parte e mais influentes politicamente, também ficaram mais vulneráveis a perigos que podem não só prejudicar suas vendas, lucros e reputação como, em alguns casos, até tirá-las dos negócios. A lista de companhias que pareciam intocáveis para concorrentes e governos, e cuja permanência era dada como certa, mas que deixaram de existir, é bem longa e continua crescendo. O mesmo vale para os gigantes dos bancos e da indústria, cujo poder e invulnerabilidade se mostraram bem mais fugazes do que qualquer um poderia esperar – inclusive eles.

Mesmo as grandes corporações que ainda prosperam, e que é muito improvável que venham a ser tiradas dos negócios por forças de mercado, enfrentam um conjunto de opções mais restrito. Por exemplo, ExxonMobil, Sony, Carrefour e J.P. Morgan Chase ainda têm imenso poder e autonomia, mas seus líderes veem-se mais limitados hoje do que em épocas anteriores. Não conseguem mais exercer seu imenso poder com a mesma liberdade de seus predecessores – e as consequências de seu mau uso são mais imediatas e graves do que no passado.

Como vimos neste capítulo, portanto, o poder dos empresários não é mais o que costumava ser.

CAPÍTULO NOVE

O poder e a luta para conquistar almas, trabalhadores e mentes

É natural que, ao procurar evidências de como o poder está mudando, nosso foco se concentre naquelas áreas em que as mudanças estão tendo os efeitos mais evidentes e até espetaculares: em questões de vida ou morte, guerra ou paz, no controle dos governos, no sistema internacional ou na ascensão e queda das empresas. E em cada uma dessas áreas temos visto que a degradação do poder dos atores tradicionais está criando novas possibilidades para participantes que eram marginais, que haviam sido completamente excluídos e que, até bem pouco tempo, nem sequer existiam.

Mas o poder também está na igreja ou grupo religioso que cobra o dízimo e tenta regular a vida de seus fiéis; no sindicato que recolhe as taxas dos trabalhadores e negocia em seu nome melhores salários e condições de trabalho; na associação beneficente que arrecada dinheiro privado para realizar obras sociais em seu país ou apoiar alguma boa causa em nível mundial. O poder também está na universidade, onde se criam novos conhecimentos e se formam os novos profissionais, assim como nos museus e nas galerias e nas companhias de discos; nas orquestras sinfônicas, editoras de livros e produtoras de cinema. E, é claro, o poder está nos meios de comunicação. E em todos esses âmbitos o poder também está em declínio.

As consequências disso, é claro, variam. Na maioria das vezes, felizmente, não chega a ser uma questão de vida ou morte. A rivalidade entre times de futebol sem dúvida é importante para milhões de pessoas, mas não tanto quanto os enfrentamentos entre o Pentágono e a Al Qaeda. A boa saúde financeira de empresas como BBC, The New York Times, El País ou outros órgãos de prestígio afeta bem menos trabalhadores do que, por exemplo, a da WalMart (mais de 2 milhões de empregados) ou a da Volkswagen (300 mil empregos diretos), mesmo que o papel dos meios de comunicação independentes seja crucial para manter a saúde de nossas democracias. Por outro lado, a distribuição de poder entre fundações e doadores no mundo da filantropia tem repercussões importantes e imediatas para milhões de pessoas de todas as partes, porque determina que projetos são financiados (e como) e que emergências serão consideradas mais urgentes. Do mesmo modo, organizar os trabalhadores para que possam negociar melhores condições e salários é um objetivo que dispensa explicações. E, como sabemos, as lutas pelo poder entre as diferentes religiões (e entre suas diversas facções internas) têm sido, e continuarão sendo, uma constante.

Portanto, é óbvio que, para entender a magnitude e o enorme alcance das mudanças que estão ocorrendo na maneira de obter, usar e perder o poder, é preciso também examinar outras áreas além dos negócios, da política e da guerra. Neste capítulo, vamos explorar as mudanças do poder em outras arenas da atividade humana. Concretamente, vamos ver o que tem acontecido com o poder de organizações tradicionais em quatro áreas que afetam diretamente grande parte da humanidade: religião, trabalho, filantropia e meios de comunicação.

Religião: os novos e surpreendentes concorrentes do Vaticano

"Estão roubando nossas ovelhas": assim um jesuíta descreveu a onda de mudanças que varre o cristianismo na América Latina, a região que durante séculos foi um bastião da Igreja Católica.[1] E quem está roubando as ovelhas? As novas igrejas evangélicas, pentecostais e carismáticas que se difundiram pela região nos últimos trinta anos – e não só na América Latina. Sua expansão nos Estados Unidos, África e em outras partes tem sido muito acelerada. E, com razão, isso preocupa o Vaticano.

Uma pesquisa de 2005 concluiu que, nos dez anos anteriores, a proporção de latino-americanos que se consideram católicos caiu de 80% para 71%. E apenas 40% disseram praticar de fato sua fé, uma radical diminuição num continente onde o fervor religioso havia sido a norma. No Brasil, por exemplo, meio milhão de católicos abandona sua fé *a cada ano*. Enquanto no ano 2000 os católicos representavam 73,6% da população brasileira, em 2010 essa porcentagem caiu para menos de dois terços. Do mesmo modo, apenas dois terços dos colombianos se dizem hoje católicos, e a partir da década de 1980 um terço dos guatemaltecos abandonou a Igreja Católica. A tendência é a mesma em outros países.[2]

Em La Paz, capital da Bolívia, alguns ex-católicos contaram a jornalistas que se sentiam "abandonados" pela Igreja. "Ela não existe para mim", disse um entrevistado. Agora, eles fazem parte do *Ministerio del Nuevo Pacto Poder de Dios*, uma igreja carismática na qual 10 mil pessoas rezam em vários turnos todo domingo. Cenas como essa são comuns em toda a América Latina. Mas ninguém roubou as ovelhas. Elas simplesmente deixaram de ser ovelhas: são consumidores dispostos a comparar e experimentar outras opções e, ao fazer isso, encontraram o que lhes pareceu mais atraente.[3]

As raízes do movimento evangélico moderno remontam a um pastor afro-americano do início do século XX chamado Azusa, que se baseou em conceitos extraídos da história bíblica do Pentecostes. O movimento que surgiu dessa semente, o pentecostalismo, reúne uma ampla gama de denominações e igrejas locais independentes, que compartilham alguns poucos conceitos essenciais sobre a libertação individual (por meio de um renascimento) e certos elementos de culto, como falar em línguas estranhas. Mas as novas igrejas autônomas, que reuniram milhões de adeptos e se tornaram uma força social e política nos Estados Unidos, Brasil, Nigéria e muitos outros países, não são só pentecostais. Também cresceram muito outros tipos de grupos evangélicos e "carismáticos", cada qual com um autoproclamado profeta ou apóstolo e com suas próprias regras, rituais e hierarquias. Muitas pregam o chamado evangelho da prosperidade, que sustenta que Deus vê com bons olhos a acumulação de riqueza nesta vida e recompensará doações materiais à igreja com prosperidade e milagres. Segundo uma recente pesquisa do Centro Pew sobre as atitudes religiosas nos Estados Unidos, onde 50 das 260 maiores igrejas baseiam agora seus sermões na prosperidade material, 73% de todos os religiosos hispânicos concordam com a afirmação de que "Deus irá garantir sucesso financeiro a todos os fiéis que tenham fé suficiente".[4]

A ascensão das igrejas pentecostais e cristãs carismáticas, e não só em países católicos ou dominados pela corrente protestante principal, vem sendo impressionante. As estimativas variam, em parte devido à fluidez dos termos e dos limites entre as denominações, mas o impacto ainda assim é inegável. Uma pesquisa da Pew de 2006 avaliou que a proporção de igrejas "renovadas" – sejam pentecostais ou carismáticas – é de 11% na Coreia do Sul, 23% nos Estados Unidos, 26% na Nigéria, 30% no Chile, 34% na África do Sul, 44% nas Filipinas, 49% no Brasil, 56% no Quênia e 60% na Guatemala.[5] Mesmo na Índia, país "não cristão", os partidários da igreja renovada constituem 5% da população; em outras palavras, há bem mais do que 50 milhões de pentecostais e carismáticos na Índia, e alguns estimam que a China tem pelo menos duas vezes mais que isso. Muitas das chamadas igrejas "renovadas" são totalmente autônomas, em geral não mais do que uma pequena congregação numa loja, do tipo que costumamos ver nos bairros negros e de imigrantes das cidades norte-americanas. Outras deram origem a grandes organizações, com centenas de filiais e grande presença internacional.

Embora o pentecostalismo tenha surgido primeiro nos Estados Unidos, as missões americanas históricas como as Assemblies of God não são mais as que se expandem com maior rapidez pelo mundo. Hoje em dia, a demanda mundial por redenção está sendo atendida por grandes países exportadores de novas religiões, como o Brasil e a Nigéria. No Brasil, a Igreja Universal do Reino de Deus, fundada no Rio de Janeiro pelo pastor Edir Macedo em 1977, tem hoje 5 mil filiais. Ela chegou aos Estados Unidos em 1986 e tem presença em quase todos os países. Seu mais recente plano, que recebeu autorização do governo brasileiro, é construir uma mega-igreja para 10 mil pessoas em São Paulo, que terá dezoito andares de altura e seguirá o modelo do Templo de Salomão. "Iremos gastar muito dinheiro, sem dúvida", declarou Macedo.[6]

Outra grande denominação brasileira, a Igreja Renascer em Cristo, foi fundada em 1986 por um casal conhecido como Apóstolo Estêvão e Bispa Sônia; a igreja tem seus próprios jornais, estações de rádio e uma rede de televisão. Em 2005, patrocinou um novo partido político, o Partido Brasileiro Republicano, que se juntou à coalizão do Partido dos Trabalhadores do presidente Lula da Silva nas eleições de 2006. Uma outra igreja brasileira surgiu da epifania de um surfista e ex-dependente de drogas chamado Rinaldo Pereira. Em dez anos, sua igreja Bola de Neve abriu mais de uma centena de filiais, com até vários milhares de membros cada uma. O nome da igreja mostra-se hoje bem adequado a um ministério evangélico nascido nas bases e que, com efeito, cresce como uma bola de neve.[7]

Na Nigéria, enquanto isso, a Igreja Cristã Redimida de Deus, fundada em Lagos em 1952, mas cuja expansão acelerada começou de verdade no início da década de 1980, opera agora numa centena de países. Seu principal evento anual de oração é realizado num acampamento de renascidos próximo da rodovia Lagos-Ibadan e reúne até um milhão de devotos. Nos Estados Unidos, segundo ela, são cerca de trezentas paróquias e 15 mil membros. E ela continua crescendo.

Na esteira desses novos líderes do mercado internacional de almas, muitas outras igrejas vêm se expandindo – frutos divinos das revoluções do Mais, da Mobilidade e da Mentalidade.[8] Os cerca de 2,2 bilhões de cristãos ao redor do mundo estão tão dispersos que, como um relatório recente da Pew colocou, "nenhum continente ou região pode reivindicar ser o centro indiscutível do cristianismo global".[9] A parcela de cristãos na população da África Subsaariana, por exemplo, cresceu de 9% em 1910 para 63% um século mais tarde.[10] Sob o aspecto da revolução da Mobilidade: em 2010, os cristãos compunham quase metade dos 214 milhões de migrantes do mundo, abrindo novas possibilidades para a expansão da fé e espalhando-a além do alcance de qualquer autoridade religiosa centralizada.[11]

Como expliquei ao falar da ascensão dos micropoderes em capítulos anteriores, a questão não é que esses novos desafiantes possam desbancar os mega-atores. O que importa para a análise é que irão negar-lhes opções que no passado eles tinham como certas. As novas igrejas carismáticas, por exemplo, não irão encurralar o Vaticano ou a Igreja Anglicana. Mas vão reduzir o leque de possibilidades e o poder dessas grandes instituições.

O sucesso das novas denominações inevitavelmente vem em detrimento dos grupos protestantes da corrente principal, como anglicanos e luteranos, e, acima de tudo, da Igreja Católica. Até algumas décadas atrás, os principais problemas do Vaticano eram a gradual secularização da Europa e o crescente envelhecimento de seus sacerdotes. Eram problemas graves, e a Igreja procurou modernizar-se para fazer-lhes frente, especialmente por meio das decisões do Concílio Vaticano II – por exemplo, exigindo que a missa fosse rezada na língua local e não mais em latim. Mas agora sabemos que a Igreja não estava preparada para o novo desafio apresentado pela expansão (à sua custa) das igrejas pentecostais e carismáticas, não só nos limites mais distantes de sua esfera de influência como também em lugares como a América Latina, por muito tempo considerada a reserva da fé católica.

Já nas décadas de 1970 e 1980, a Igreja enfrentava divisões internas com o surgimento da teologia da libertação no Brasil e em outras partes do continente. Essa ameaça hoje diminuiu, em grande parte devido à difusão da democracia na região.[12] Mas o avanço das novas denominações e a grande intensidade da prática religiosa das igrejas renovadas (com mais pessoas frequentando missas mais longas e adaptando mais aspectos de sua vida aos requisitos da Igreja) estão minando a influência antes esmagadora do catolicismo. "Se a Igreja não mudar suas estruturas centralizadas e suas mensagens autoritárias, irá sofrer um autêntico colapso na América Latina em aproximadamente quinze anos", é a avaliação de Elio Masferrer, presidente da Associação Latino-Americana de Estudos Religiosos.[13]

Pesquisadores e analistas demoraram em perceber a escala dessa tendência, talvez por terem achado mais fácil tirar importância do culto pentecostal, como algo bizarro ou exótico. Agora, no entanto, ele é incontornável, já que os grupos evangélicos tornaram-se influentes na política (lançando candidatos a cargos eletivos em países como Brasil, Guatemala, República Dominicana e outros) e na mídia (montando redes de rádio e televisão em vários países). Nem a Igreja Católica nem as denominações protestantes tradicionais descobriram uma maneira de deter a expansão desses rivais pequenos e rápidos ou de estancar a deserção de seus próprios adeptos, com todas as implicações disso tanto em relevância como em influência e receita.

Por quê? Em parte, esse fracasso está relacionado com a doutrina e, como já vimos, com a capacidade das igrejas evangélicas de oferecer uma mensagem baseada na riqueza e, muito importante, em cultos espetaculares – com suas milagrosas curas pela fé e libertações –, que contrastam com os austeros e repetitivos rituais do catolicismo. Mas a diferença fundamental, aquela que torna o resto possível, é organizacional. Essas mudanças na composição e na prática do cristianismo são um dos casos mais ilustrativos da degradação do poder, que tem se afastado das grandes estruturas hierárquicas e centralizadas em favor de uma constelação de pequenos e ágeis atores autônomos.

A vantagem essencial dos pentecostais e evangélicos está na capacidade de suas igrejas de brotar sem ter de observar qualquer hierarquia preexistente. Não é preciso receber aulas, nem aguardar instruções, nem obter ordenações do Vaticano ou do Arcebispo de Canterbury ou de qualquer outra liderança central. No caso clássico, a não ser que tenha surgido de uma igreja evangélica já existente, um pastor simplesmente nomeia a si mesmo e pendura seu cartaz na porta convidando a comunidade a rezar junto, e pode ser homem ou mulher (pois enquanto o catolicismo ainda proíbe mulheres de serem sacerdotes, existem mulheres carismáticas apóstolas, bispas e profetizas).

Nesse aspecto, essas igrejas se parecem muito com um pequeno negócio lançado num mercado competitivo sem o financiamento de uma fonte central nem obediência a ela; seu sucesso depende dos membros que consiga atrair, dos serviços que lhes oferece e dos dízimos e coletas que obtiver.[14] Conforme observou John L. Allen, jornalista especializado em cobrir o Vaticano e autor de *The future church* [A igreja do futuro]: "As barreiras de acesso ao mercado no pentecostalismo são reconhecidamente baixas. Qualquer pentecostal que se sinta insatisfeito com as ofertas de sua igreja local é livre para passar para outra igreja, e até mesmo para criar sua própria igreja num porão ou numa garagem".[15]

As igrejas que conseguem prosperar são as que se adaptam às circunstâncias locais, à maneira de uma empresa que concebe bem um nicho de mercado. E que se adaptam em todos os aspectos, da doutrina de seus ensinamentos à sua localização, horários de culto, pequenos confortos, serviços à comunidade, como creches e assessoria para obtenção de emprego, ou grupos de apoio de todo tipo e iniciativas de negócios e de mídia. Imigrantes, grupos indígenas como os maias na Guatemala ou outras comunidades com necessidades que os líderes políticos e as igrejas tradicionais tenham negligenciado são alvos perfeitos para essas novas igrejas. Em muitos países latino-americanos, os laços históricos dos bispos católicos com a elite política embotaram sua sensibilidade às terríveis realidades cotidianas dos pobres e especialmente dos povos nativos.[16] A rígida hierarquia da Igreja e as sanções doutrinárias por parte do Vaticano inibiram a capacidade e a velocidade para fazer ajustes, e deu lugar a que as igrejas evangélicas ocupem agora espaços que antes a Igreja Católica monopolizava. A sua mensagem explícita sobre a possibilidade de riqueza e prosperidade e a ênfase nas ações individuais e na redenção mostram-se atraentes para comunidades nas quais a pobreza e a exclusão têm sido a norma. Mas as igrejas evangélicas são, além disso, capazes de atender com grande sensibilidade e muita informação de primeira mão as comunidades nas quais atuam, reagir em tempo real a eventos econômicos e políticos e adotar os estilos e os sons da cultura local. Como declarou um pastor evangélico de Potosí, Bolívia: "Nossas igrejas são mais abertas, as canções usam ritmos locais, e eu visito meu povo todos os dias".[17]

Enquanto isso, as barreiras que antes impediam as pequenas igrejas emergentes de terem um impacto além, digamos, de seu bairro ou comunidade étnica, foram totalmente derrubadas. A *Mobilidade* – a revolução das comunicações e a ascensão de mídias privadas – acabou com a vantagem das grandes igrejas organizadas de poder divulgar sua mensagem e deram a qualquer novo – ou autodenominado – pastor a capacidade de chegar até os espectadores de televisão, ouvintes de rádio ou internautas e enviar bênçãos que transcendem fronteiras, arrecadando dinheiro em troca. Esse maior acesso às plataformas de mídia globais veio acompanhado também da propagação do modelo que havia sido inicialmente inventado e aprimorado pelos tele-evangelistas americanos. A expansão da migração e das viagens aumentou o alcance das igrejas renovadas, mais flexíveis, e deu-lhes uma vasta base demográfica a partir da qual podem crescer em inúmeros países. E quanto mais adeptos essas fés ganham, menor é o peso do opróbrio moral de uma eventual exclusão ou excomunhão pela Igreja Católica. O custo da heresia foi barateado.[18]

Outras grandes religiões como o islã e o hinduísmo parecem menos vulneráveis à ascensão do cristianismo carismático, talvez por razões culturais muito arraigadas. Mas, num grau ou outro, islã, hinduísmo, judaísmo, taoísmo, xintoísmo e outras religiões são também muito menos centralizadas e hierarquizadas do que as igrejas católica ou protestante tradicionais. O Grande Rabino de Israel, o Grande Mufti do Cairo e o alto-sacerdote de um grande templo hindu desfrutam de certo peso moral e talvez de autoridade para tomar decisões em seu país ou região, mas têm líderes rivais dentro de sua própria fé que podem ter diferentes opiniões sobre qualquer assunto. Dentro do islã, por exemplo, os fatores políticos fazem que certas tendências (sunitas *versus* xiitas, ou wahabismo *versus* interpretações mais liberais) sejam mais dominantes em alguns países muçulmanos, embora estudiosos influentes ofereçam versões distintas da religião a adeptos ao redor do mundo usando meios de comunicação com frequência muito sofisticados. Por exemplo, o imã Yusef al-Qaradawi, nascido no Egito e domiciliado no Qatar, é visto por um público estimado de 60 milhões de espectadores em seu programa de televisão na rede Al Jazeera.[19] O hinduísmo, por sua vez, sempre foi muito descentralizado, com numerosas subtradições locais, seitas e comunidades de fé, e sem nenhuma autoridade central. Em escala menor, as exportações religiosas indianas, como a Vedanta Society, Hare Krishna, Amma, Sai Baba, Osho e o Maharishi, compartilham algumas das vantagens organizacionais dos grupos pentecostais e têm sabido explorá-las com êxito similar.

Organizando os trabalhadores: novos sindicatos e sindicatos que não parecem sindicatos

É fascinante descobrir que da mesma maneira que a Igreja Católica enfrenta um crescente desafio ao seu poder por parte das novas denominações, que têm sido mais ágeis e flexíveis na hora de atrair fiéis, com as grandes organizações sindicais ocorre algo parecido. Os sindicatos estabelecidos têm tido dificuldades para manter sua influência diante de micropoderes trabalhistas que respondem de modo mais eficaz que os mega-atores de sempre às necessidades dos trabalhadores, que foram transformados pelas revoluções do Mais, da Mobilidade e da Mentalidade.

"Os sindicatos americanos passaram à história?", perguntava uma manchete nas páginas dos artigos opinativos do *The Washington Post* em 2012. Harold Meyerson – que se apresenta como social-democrata e jornalista defensor dos direitos dos trabalhadores – lembra seus leitores que, "no setor privado americano, a sindicalização caiu para menos de 7%, depois de seu auge de 40% após a Segunda Guerra Mundial".[20] Fica claro que o poder do movimento sindical americano diminuiu, e com certeza a queda na filiação é um dos motores desse declínio. Mas não é a única razão. O poder das organizações sindicais também foi vítima das mesmas forças que afetam os outros poderosos que temos discutido aqui. Embora o peso do movimento sindical nos Estados Unidos esteja diminuindo, as grandes organizações como a AFL-CIO têm sido mais afetadas do que alguns dos novos rivais não tradicionais, como o SEIU (*Service Employees International Union* ou "Sindicato Internacional de Empregados em Serviços"). Também aqui vemos que as barreiras que protegiam os poderosos dos novos rivais tornaram-se mais fáceis de vencer, contornar ou penetrar.

A história dos sindicatos corre paralela à história da empresa moderna. Pode-se argumentar que os sindicatos na Europa têm raízes mais profundas, que remontam até as associações e corporações de ofícios da Idade Média. Mas a chegada da indústria e das fábricas no século XIX foi acompanhada quase imediatamente pelo surgimento de organizações voltadas para a melhora das condições e a defesa dos direitos dos trabalhadores dessas fábricas. Embora os sindicatos tenham sido formados na Grã-Bretanha e na França no início do século XIX, a maioria dos antecessores dos sindicados atuais nos velhos países industriais foi fundada na segunda metade do século. A estrutura do movimento sindical varia conforme o país – por exemplo, há países onde a maioria dos sindicatos são mais específicos e operam em empresas concretas, e países onde eles cobrem setores industriais inteiros ou múltiplos setores. Por volta do fim do século XIX, começaram a ser criadas confederações cuja finalidade era agrupar todas essas organizações distintas e fragmentadas e dotá-las assim de uma voz forte e centralizada. A organização que viria a tornar-se o Congresso Sindical britânico (*Trades Union Congress*, TUC) foi fundada em 1866. A França legalizou os sindicatos em 1884, e sua maior federação, a CGT, foi fundada onze anos depois. Nos Estados Unidos, uma organização chamada *Knights of Labor* ("Cavaleiros do Trabalho") foi o embrião de uma federação nacional nas décadas de 1870 e 1880; um de seus desdobramentos, a *American Federation of Labor* ("Federação Americana do Trabalho"), fundada em 1886, iria centralizar o movimento sindical por várias décadas. Mesmo apenas nesses três países, as trajetórias do sindicalismo divergem no século XX: enquanto no Reino Unido o TUC continua sendo até hoje o grupo que abrange praticamente todos os sindicatos, a CGT francesa viu surgirem federações nacionais rivais (CFDT, FO), com orientações políticas menos radicais; nos Estados Unidos, a *Confederation of Industrial Organizations*, CIO ("Confederação de Organizações Industriais"), adotou uma linha mais radical até se fundir com a AFL em 1955, formando a AFL-CIO, que seria o guarda-chuva sob o qual se abrigaria o movimento sindical no país por meio século.

Durante as últimas décadas, no mundo industrializado – onde os sindicatos têm maior penetração, reconhecimento e história – o arranjo típico é ter uma ou várias (de duas a quatro) confederações nacionais, que reúnem várias dezenas de ramificações principais (sejam sindicatos que compõem a organização nacional ou sindicatos independentes, mas filiados), geralmente organizadas por setor. A Alemanha, por exemplo, tem uma grande confederação nacional; a Espanha tem duas; a Itália, três; a Rússia, onde os sindicatos eram antes componentes regimentais do sistema comunista soviético, tem quatro. Mas por mais que os sindicatos tenham a seu favor o mérito de grandes avanços obtidos na vida dos trabalhadores, pelo menos nos países ricos ("Os caras que lhe deram o fim de semana", dizia o *slogan* de um adesivo americano), há várias décadas a história dos grandes sindicatos tem sido uma história de declínio do poder.

Os números variam, e nem toda comparação é valida devido às diferenças estruturais entre os países. Mesmo assim, tanto a densidade sindical (a porcentagem de trabalhadores filiados a sindicatos) como a abrangência das negociações (a porcentagem dos trabalhadores coberta por um acordo coletivo de trabalho, quer sejam membros do sindicato, quer não) vêm declinando na maioria dos países da OCDE, em alguns casos drasticamente. Nos Estados Unidos, a densidade sindical despencou de 36% após a Segunda Guerra Mundial para apenas 12% hoje. No setor privado, a queda tem sido ainda mais acentuada, de cerca de um terço há meio século para menos de 8% agora. A densidade sindical nos países da OCDE varia de 5,8% na Turquia a 68,3% na Suécia (segundo dados de 2008), mas em quase todos os casos os números na melhor das hipóteses têm se mantido estagnados, e com maior frequência em queda. Na Europa, esse declínio já é uma tendência que se observa há várias décadas.

O último período de forte crescimento da filiação aos sindicatos em muitos países industrializados foi a década de 1970.[21] Mesmo em 1981, a AFL-CIO era capaz de convocar 250 mil trabalhadores para ir até Washington protestar contra o presidente Ronald Reagan por ele ter demitido os controladores de tráfego aéreo, numa jornada solidária em setembro desse ano. Trinta anos depois, numa manifestação de 2010 realizada na grande esplanada de Washington (o *National Mall*), os sindicatos reuniram apenas uma pequena fração daquele número (menos gente do que na manifestação em apoio a Glenn Beck, do Tea Party, cinco semanas antes).[22] Exemplos similares podem ser encontrados em todos os países democráticos.

As causas desse declínio geral incluem fatores que já são conhecidos: a globalização e a inovação tecnológica tornaram mais fácil para os empresários levar empregos para outros países ou eliminá-los de vez, e isso inclinou o equilíbrio de poder em favor dos patrões. Embora o ponto essencial dos acordos coletivos possa ter sido justamente proteger os trabalhadores contra essa situação, as forças (tecnológicas, econômicas, políticas etc.) que fomentam a aparição de cada vez mais mercados de trabalho globalizados e flexíveis mostraram-se poderosas demais para os sindicatos organizados "à moda antiga".

Historicamente, por exemplo, a filiação aos sindicatos sempre foi maior nos setores e ocupações que dependem de mão de obra não qualificada, mais fácil de organizar. Conforme a automação substituiu os trabalhadores não especializados em várias indústrias pesadas, ou esses postos de trabalho se trasladaram para o exterior, onde a mão de obra não qualificada era mais barata, os sindicatos tiveram de passar a atuar em novos setores, como o de serviços, que requeria novas estratégias e novas formas organizacionais e enfoques para atrair e manter filiados. Poucos sindicatos fizeram essas mudanças a tempo e com a profundidade e eficácia necessárias. Para piorar as coisas, em muitos países as elites sindicais envolveram-se em escândalos de corrupção que erodiram ainda mais sua legitimidade e seu poder de liderar seus afiliados.

Mas a degradação do poder dos sindicatos também está relacionado com suas formas de organização. A estrutura sindical, desde os sindicatos específicos de uma empresa ou setor industrial até as confederações nacionais, logicamente refletia a estrutura dos conglomerados empresariais com os quais devia negociar. Assim, os sindicatos evoluíram em paralelo com as grandes empresas centralizadas e hierárquicas que foram a norma na economia mundial na maior parte do século XX, até que a globalização, a tecnologia, as reformas políticas e econômicas produziram mudanças muito profundas no mundo do trabalho. A automação, que elimina postos de trabalho, a globalização, que permite mover empregos a lugares onde os custos sejam menores, a maior flexibilidade que as empresas têm para absorver ou cortar pessoal e o uso mais frequente de empregados em tempo parcial, fornecedores independentes e trabalhadores que operam a distância e de localizações remotas fizeram que a organização sindical tradicional perdesse muito da eficácia que teve desde a Revolução Industrial.

Uma grande área de inovação para os sindicatos nos últimos vinte anos tem sido encontrar maneiras de pressionar as empresas cujas atividades abrangem um número crescente de países e lutar para obter normas trabalhistas mais rigorosas nesses lugares, a fim de proteger os níveis dos salários no país de origem. Mas as vitórias ocasionais nessas áreas apenas suavizam as duras arestas do padrão geral. Em nível mundial, um âmbito no qual os sindicatos conseguiram manter sua influência é o setor público (sindicatos de professores, de trabalhadores da saúde ou de funcionários municipais). Não é casual que isso ocorra justamente nos setores em que o mercado de trabalho mudou menos e em que os empregadores ainda dependem de centralização e hierarquia.

Também é interessante destacar que as vitórias que os trabalhadores obtiveram em anos recentes foram conseguidas com sindicatos tradicionais que repensaram radicalmente sua estrutura e métodos, com os novos sindicatos que se formaram para passar ao largo das velhas estruturas e, às vezes, também com alguns veículos que nem sequer são sindicatos, mas têm impacto similar.

Nos Estados Unidos, por exemplo, de 1996 a 2010, o Sindicato Internacional de Empregados em Serviços (SEIU) mais do que duplicou suas fileiras, chegando a 2,1 milhões de membros. E conseguiu isso pegando a onda das revoluções do Mais, da Mobilidade e da Mentalidade. Muitos de seus membros, por exemplo, trabalham na área da saúde. E o que é mais interessante ainda, uma proporção muito significativa desses novos membros do SEIU era também de recém-imigrados. E, como seus predecessores nas fábricas do século passado, todos eles eram movidos por uma aspiração de aprimoramento pessoal e de conseguir os objetivos que os haviam atraído aos Estados Unidos. Liderado por Andy Stern, reconhecido como um inovador não só no trabalhismo americano mas também em política e mobilização social,[23] o SEIU conseguiu grandes vitórias em negociações de acordos coletivos para alguns dos trabalhadores mais vulneráveis dos Estados Unidos, como os faxineiros e as funcionárias de creches, muitos dos quais trabalham em vários empregos de meio período e não falam bem inglês.[24] Historicamente, esses grupos têm sido negligenciados por um movimento sindical que tem seu foco em fábricas e nos setores tradicionais. Para organizar esses novos trabalhadores, "não tradicionais", mas cada vez mais numerosos, foi necessário contar não só com uma brilhante ideia de Stern e sua equipe mas também com novas estratégias, como fazer alianças fora do movimento trabalhista com grupos comunitários e de imigrantes e estimular maior envolvimento na política, além de ir votar no dia das eleições nos candidatos que melhor representam os interesses da classe trabalhadora. As táticas de negociação de Stern com o mundo empresarial também romperam com os métodos tradicionais. Por exemplo, ele foi pioneiro em aplicar uma cláusula pela qual o acordo coletivo para um posto de trabalho em particular só passa a valer depois que a maioria dos trabalhadores nas empresas rivais também estiver filiada ao sindicato. Isso protege os empresários que aceitam as novas condições contra o risco de serem os únicos a operar com o novo contrato, o que daria vantagens competitivas aos seus mais recalcitrantes concorrentes. Isso teve imensas consequências positivas para o SEIU, já que criou ainda mais incentivos para que os afiliados recrutassem novos membros.

O SEIU ainda continua sendo um sindicato, mais do que uma nova mutação, e vem enfrentando também os inconvenientes do porte e da dificuldade de manejar uma vasta e complexa organização. Outra das inovações de Stern foi combinar sindicatos em "megasseções locais" de um milhão de trabalhadores ou mais, com a intenção de assegurar maior poder de barganha – mas à custa, segundo seus críticos, de uma perda não só de flexibilidade como também de democracia interna e de resultados. Não obstante, a relação direta do SEIU com grupos comunitários e de imigrantes, igrejas e outros aliados não tradicionais indica que, para conservar sua relevância, os grandes sindicatos industriais de outros tempos têm de adotar novos métodos e linguagens e compartilhar o poder com protagonistas menores e diferentes.

Nenhum país tem mais trabalhadores e com mais interesses em jogo do que a China, a maior economia industrial do mundo em termos de população. A China alimentou seu intenso crescimento econômico estimulando o desenvolvimento de uma imensa infraestrutura de fábricas, muitas delas de propriedade de empresas estrangeiras ou de suas subsidiárias locais, onde milhares de trabalhadores, a maioria jovens migrantes do interior, trabalham longas jornadas e vivem em alojamentos da companhia, comendo juntos e convivendo apenas entre eles. Esses *campi* industriais podem atender uma população de até várias centenas de milhares de pessoas. A alta demanda de mão de obra significa que as empresas têm precisado melhorar gradualmente as condições de trabalho, mas as organizações operárias continuam sendo um tabu. Como ocorre em muitos países autoritários, a China tem um sistema de sindicatos oficiais, que são parte da arquitetura geral do Partido Comunista e funcionam mais como órgãos voltados para o controle político do que como veículos para as reivindicações e benefícios dos trabalhadores. Portanto, em vez de confiar na negociação coletiva, os trabalhadores têm reagido às suas parcas condições pulando de um emprego para outro. Os jovens costumam trabalhar nas fábricas durante apenas alguns anos, enquanto se preparam para o casamento, ou só para poder mandar dinheiro para casa.

Mas os trabalhadores das fábricas chinesas têm empreendido ações coletivas cada vez mais ousadas – e eficazes – para exigir melhores condições de seus chefes, passando ao largo da irrelevante estrutura sindical oficial. As greves, que segundo os especialistas vêm aos poucos ganhando força nas cidades industriais do sudeste da China, chegaram aos olhos do mundo no início de 2010, com conflitos na fábrica de autopeças da Honda e de outras empresas. Os trabalhadores reivindicavam o direito de formar sindicatos independentes para realmente levar adiante negociações entre eles e a administração e, ao mesmo tempo, criavam na prática esses sindicatos, surpreendendo até os chineses ligados à defesa dos trabalhadores pela sofisticação de sua organização e pela eleição de seus próprios representantes sindicais. Os jovens trabalhadores também impressionaram os observadores por seu hábil uso da tecnologia para organizar greves e evitar, por exemplo, ter de reunir todos os líderes para uma reunião em pessoa, na qual poderiam ser presos. Não utilizaram o principal serviço chinês de mensagens, *QQ.com*, porque muitos de seus usuários eram espiões do governo. A Honda, a Toyota, a empresa de Taiwan Foxconn (que fabrica os iPhones) e outras empresas industriais concordaram em melhorar os salários, a comida e o alojamento, apesar de não fazerem isso no grau em que os trabalhadores exigiam. Essa vitória talvez não tivesse sido alcançada se não fosse a escassez de mão de obra que havia na época na economia chinesa superaquecida. Mesmo assim, o que aconteceu na China mostra o quanto se tornou mais fácil para os trabalhadores criar seus próprios sindicatos quando as organizações operárias oficiais não sabem ou não querem ajudá-los.[25]

Alguns novos modelos de ativismo dos trabalhadores surgiram por meio de organizações que não têm nada a ver com sindicatos, mas que criaram raízes em áreas em que os sindicatos achavam que a organização seria complicada e custosa demais. Um exemplo vem de Los Angeles, onde o *Garment Worker Center* ("Centro de Trabalhadores na Confecção") – um pequeno grupo de ativistas formado por advogados progressistas, grupos de defesa dos direitos de imigrantes e representantes de comunidades étnicas – conseguiu vitórias significativas contra empresas que dependiam de uma mão de obra submetida a trabalho em condições claramente abusivas. Como muitas fábricas pequenas utilizavam principalmente trabalhadores sem documentação regular e com pouco domínio do inglês, em jornadas de até doze horas por dia e em condições que muitas vezes violavam as normas de higiene e segurança, o setor precisava com urgência de uma intervenção, extremamente difícil de ser assumida por um sindicato tradicional. Mas o *Garment Worker Center* promoveu uma série de boicotes que levaram a acordos com várias marcas de roupas muito conhecidas, que compravam as peças das oficinas onde essa mão de obra era contratada. Os centros de trabalhadores, de pequeno porte e que empregam recursos de várias organizações de diferentes especialidades, são um complemento dos sindicatos, mas operam segundo um modelo praticamente oposto. Além disso, estão em ascensão: passaram de apenas cinco centros de trabalhadores nos Estados Unidos em 1992 para 160 em 2007.[26]

Filantropia: a explosão mundial da generosidade

As duas últimas décadas assistiram a uma revolução na generosidade. Hoje há mais doadores do que nunca, que dão mais dinheiro do que nunca a mais gente necessitada do que nunca. Entre 2003 e 2010, a quantia total de ajuda oficial e privada ao desenvolvimento em todo o mundo passou de 136 bilhões para 509 bilhões de dólares.[27] Em 2012, os americanos contribuíram com 316 bilhões de dólares para diversas causas[28] e em 2011 havia mais de um milhão de organizações beneficentes de todo tipo, e só as fundações filantrópicas já são hoje quase 100 mil – cinco vezes mais do que em 1975.[29] As doações privadas (individuais e de instituições) a países pobres já alcançam, e às vezes superam, as feitas pelos governos das maiores economias. Na década de 1990, por exemplo, as doações internacionais de pessoas e instituições americanas quadruplicaram. Voltaram a duplicar entre 1998 e 2007 até alcançar 39,6 bilhões de dólares – um montante 50% maior que o desembolsado anualmente pelo Banco Mundial.

Além disso, a filantropia está assumindo uma nova imagem, seja a dos 81 bilionários americanos que até 2012 haviam assinado o compromisso de doar a maior parte de suas fortunas, seja a das centenas de milhares de usuários de celular que doaram milhões de dólares por meio de mensagens de texto para auxiliar as vítimas do terremoto no Haiti, ou a das legiões de novos filantropos que, tendo recentemente (e subitamente) acumulado grandes fortunas nas finanças ou nas empresas de tecnologia, decidiram dedicar grande parte de seu dinheiro e muito de seu tempo em criar organizações para ajudar os outros ou promover causas nobres.

As grandes fundações americanas (Rockefeller, Carnegie, MacArthur, Ford), as grandes agências de assistência (Cruz Vermelha, Oxfam, Médicos sem Fronteiras) e as grandes instituições do governo (Usaid, a britânica DFID de auxílio ao desenvolvimento internacional, instituições multilaterais como o Banco Mundial) ainda têm um papel importante para canalizar fundos e apoio técnico para os pobres e aflitos do mundo. Na realidade, em muitos aspectos, entre os quais o total de desembolsos, elas ainda dominam o setor. Mas a força viva atualmente são os novos atores, como as megafundações que têm assumido a linha de frente – caso da Bill & Melinda Gates Foundation, que se tornou a maior do mundo em apenas uma década, e da Open Society Foundation de George Soros (a segunda maior). E também as fundações individuais e de menor porte, que se multiplicaram por toda parte nos últimos quinze anos, além da constelação de plataformas de auxílio privado, mercados e consultorias que estão construindo novos modelos, como os microempréstimos para que uma mãe indiana, por exemplo, possa adquirir uma máquina de costura ou iniciativas de financiamento público-privado para ajudar agricultores do Haiti a exportar mangas.

A atual revolução na filantropia compartilha dois aspectos principais com as transformações ocorridas há um século, quando os magnatas da indústria fundaram a Carnegie Corporation (1911), a Fundação Rockefeller (1913) e, um pouco mais tarde, a Fundação Ford (1936) – instituições gigantescas e influentes que durante décadas foram modelos globais. Como ocorreu antes, a atual transformação da filantropia surge após um período de espetacular criação de riqueza, decorrente agora da tecnologia da informação, das comunicações e ciências biológicas, assim como das finanças, e não mais, como foi no passado, de ferrovias, aço e petróleo. E mais uma vez o centro da inovação em filantropia são os Estados Unidos, o país onde as doações privadas estão mais entrelaçadas com o tecido da cultura dos negócios.

Defensor de uma "filantropia científica", Andrew Carnegie acreditava que a caridade devia ser oferecida segundo os mesmos princípios que regiam a indústria e que haviam servido de base para os novos gigantes corporativos do início do século XX. Ele estimulava os ricos de sua época a "aplicar à sua filantropia as mesmas capacidades empreendedoras e zelo pela eficácia que haviam proporcionado sua acumulação de riqueza". O resultado natural foi a criação de imensas instituições (hierárquicas, centralizadas etc.), com amplo espectro de atividades. Os conselhos de administração e os gestores de programas das grandes fundações tornaram-se então atores-chave: seus padrões de subsídio eram guias para outros doadores e suas prioridades para escolha de projetos orientavam quem se candidatava aos benefícios.

Os pequenos doadores individuais, por sua vez, tinham poucas opções de intervir diretamente nos projetos para os quais doavam dinheiro. Havia muitos canais para a beneficência: organizações como United Way, March of Dimes, Cruz Vermelha, Exército da Salvação e numerosos grupos religiosos recolhiam donativos em igrejas, lojas e locais de trabalho para aplicá-los nas causas que julgavam mais urgentes e adequadas à sua filosofia. Em outras economias ricas e emergentes, foi se desenvolvendo também com o tempo uma rede de organizações assistenciais. Nas décadas de 1970 e 1980, os moradores de países ricos recebiam pelo correio solicitações anuais e apelos de ajuda urgente em favor de vítimas de catástrofes (MSF, Oxfam), espécies em risco de extinção (WWF), presos políticos (Anistia Internacional) e assim por diante. Eram todas causas muito dignas, mas apenas algumas entidades ofereciam aos doadores a possibilidade de criar um compromisso duradouro com um projeto ou receptor específicos, e menos ainda de se comunicar com os beneficiários das doações ou enviar sugestões e compartilhar também experiências, e não apenas seu dinheiro. Para isso, era preciso ser rico.

A nova safra atual de filantropos oferece uma visão diferente, que é fruto de suas origens, necessidades e de suas próprias experiências no mercado. Vamos começar por suas origens. A Bill & Melinda Gates Foundation, criada em Seattle em 1994, é com certeza o gigante da moderna filantropia, mas está longe de ser a única fundação nascida da riqueza gerada pela nova economia. Na Califórnia, por exemplo, o número de fundações aumentou 71% de 1999 a 2009, e as doações mais que duplicaram, de 2,8 bilhões para 6 bilhões de dólares.[30] Tal crescimento ajuda a entender a mudança do centro de gravidade da filantropia nos Estados Unidos na última década: em 2003, o Oeste americano (em especial San Francisco, Palo Alto, Seattle, Los Angeles) superou pela primeira vez o Meio-Oeste em doações totais, e em 2006 sobrepujou o Nordeste (Nova York, Washington, Massachusetts, Connecticut), a fortaleza da filantropia americana.[31] Embora muitos desses novos doadores individuais – o número de fundações familiares subiu 40% de 2000 a 2005 – sejam magnatas da tecnologia, de um tipo ou de outro, há também celebridades do mundo do entretenimento que praticam o que alguém bem-humorado da *The Economist* apelidou de "celentropia" (fusão de celebridade com filantropia). É o caso de Bono com sua One Foundation, Matt Damon promovendo o acesso a água potável, Brad Pitt incentivando as moradias ecológicas no trabalho de reconstrução de Nova Orleans, Shakira com sua fundação para ajudar as crianças e a educação, e George Clooney, que financia um satélite sobre a fronteira entre o Sudão do Sul e do Norte para detectar o movimento de tropas que possam atacar a população civil. Superastros do esporte, como Tiger Woods e Andre Agassi, possuem fundações que controlam ativos no valor de dezenas ou centenas de milhões de dólares. Mas há ainda um número bem maior de pequenas fundações pessoais de atletas profissionais de nível médio da NFL, NBA ou de ligas europeias de futebol, cujos nomes são pouco conhecidos fora do círculo de seus ardorosos fãs.

Para muitos desses novos doadores, as atitudes e métodos da filantropia tradicional não são aceitáveis. Assim, em vez de contribuir com grandes instituições, preferem criar as próprias. Para o doador, um dos potenciais benefícios de uma fundação individual é a possibilidade de selecionar quem recebe, quanto recebe e em que condições, sem precisar delegar essas funções a alguma outra instância. Isso ajuda a criar "atalhos" para a filantropia, eliminando intermediários cuja presença implica o risco de absorver custos administrativos e de diluir ou deturpar a intenção inicial do doador. Em vez de financiarem óperas, bibliotecas ou museus, eles estão muito mais inclinados a lidar com problemas concretos, aplicando sua própria experiência e métodos aprendidos no mundo dos negócios. Embora tal filantropia "orientada para resultados" exista há mais de um século e já tenha produzido frutos nas campanhas que levaram à Revolução Verde e sua transformação da agricultura, há hoje um renascimento da filantropia baseada em dados concretos sobre impactos e resultados, e não em casos episódicos, paixões e intuições. Nos últimos vinte anos, têm sido os veteranos do mundo das tecnologias que estão aplicando sua mentalidade empreendedora e seu temperamento e enfoques como engenheiros e cientistas a vários dos problemas mais persistentes do mundo.

Para muitos desses novos atores, a filantropia tem de usar muitas das técnicas que imperam no mundo empresarial – objetivos claros e mensuráveis, avaliação objetiva de resultados e impactos, busca de eficiência e manejo eficiente do capital.

Mas a transformação mais radical na filantropia atual é a ascensão das ferramentas que permitem a pequenos doadores ou emprestadores individuais, que operam numa escala de poucas centenas ou mesmo dezenas de dólares, fazer um tipo de contribuição específica, direta e comprometida a um receptor ou projeto em particular, que antes era impensável fora de sua vizinhança imediata ou círculo de conhecidos. Hoje em dia, podemos identificar com grande precisão quem vamos ajudar e como – em qualquer parte do mundo.

Essa transformação ocorreu principalmente na internet. A Kiva, fundada em 2005, canaliza pequenas doações como microempréstimos a beneficiários ao redor do mundo, que são identificados por nome e sobre os quais ela pode enviar informações atualizadas a seus doadores concretos. A GlobalGiving, criada por dois antigos funcionários do Banco Mundial em 2002, segue um modelo similar, no qual os doadores patrocinam projetos específicos que eles mesmos selecionam. Usando a rede global de pagamento pela internet PayPal, esse tipo de projeto consegue abrir uma via rápida entre doadores e receptores e, ao mesmo tempo, manter os custos baixos e as organizações enxutas. É claro, há um limite no quanto esse atalho pode ser curto: a Kiva e a GlobalGiving dependem de instituições locais de microfinanciamento e também de ONGs patrocinadoras para selecionar os possíveis pretendentes e canalizar fundos localmente. Assim, o modelo permite que qualquer pessoa com uma conexão à internet e alguns dólares sobrando possa apoiar, digamos, a conversão dos táxis da Bolívia para gás natural, a concessão de empréstimos a estudantes do Paraguai ou o financiamento de uma empresa de confecção no Camboja.

Essa filantropia de atalhos ainda precisa alcançar os volumes de dinheiro que as grandes fundações ou as agências governamentais fazem jorrar, mas se tornou um novo paradigma para doações. A obtenção de fundos individuais para projetos de todo tipo é possível graças a serviços como o Kickstarter ou o IndieGoGo, por meio dos quais quem aspira aos benefícios promove seus projetos por um certo período e recebe o dinheiro apenas se arrecadar dentro desse prazo a quantidade de doações prevista. Uma medida do grande apelo dessa abordagem é ter sido adotada – e usada como ferramenta de *marketing* – pela filantropia corporativa, já que agora empresas como American Express, Target, Nestlé, Fiat, Femsa, J. P. Morgan Chase e Pepsico realizam concursos nos quais os usuários da internet votam para decidir quais dos projetos concorrentes deve ser apoiado pela companhia.

No novo âmbito da filantropia, com fundações da velha guarda num extremo e doações individuais e imediatas via internet no outro, o espaço entre os dois é hoje ocupado por fundos, serviços e consultores que estão tornando o negócio da generosidade mais complexo, plural e descentralizado. Grupos como Wealth & Giving Forum, Social Ventures Partners International, Philanthropy Workshop West, The Big Give e muitos outros fazem de tudo, desde ajudar pequenas fundações a obter maior eficiência ou assessorar indivíduos recém-enriquecidos que querem ser filantropos ativos até orientar na elaboração e monitoramento de projetos e na criação de fóruns em que doadores possam comparar experiências e práticas.

Essa nova generosidade privada em pequena escala não pretende substituir as grandes fundações. As subvenções dispendiosas da Bill & Melinda Gates Foundation deram impulso incrível à pesquisa mundial e ao tratamento de enfermidades como a malária. Uma doação de 100 milhões de dólares da Doris Duke Foundation em 2007 acrescentou 20% ao dinheiro disponível para pesquisas sobre mudanças climáticas por um período de cinco anos. Uma doação avaliada na mesma quantia, feita por Joan Kroc, herdeira da fortuna do McDonald's, deu novo ímpeto à rádio pública nos Estados Unidos. As fundações de George Soros converteram-se num apoio indispensável àqueles que promovem a democracia em todo o mundo.

A filantropia de risco em pequena e média escala, para não falar das doações de pequenos contribuintes via Kiva e plataformas similares, dirige-se a segmentos diferentes da comunidade de receptores. E essas novas ferramentas tampouco vão substituir a ajuda oficial de órgãos governamentais. Com efeito, os pesquisadores Raj Desai e Homi Kharas descobriram que os doadores da Kiva e da GlobalGiving baseiam suas escolhas em critérios diferentes dos usados por quem administra auxílio oficial. Por exemplo, os milhares de doadores individuais da Kiva não estão muito preocupados com a situação política ou econômica geral do país no qual o beneficiário está localizado, desde que eles gostem do projeto daquela pessoa ou organização. Isso significa que a nova generosidade em pequena escala complementa, em vez de substituir, a antiga estratégia.[32]

Mas a nova filantropia demoliu a ideia de que apenas as grandes fundações e órgãos públicos têm os conhecimentos e a experiência para elaborar projetos beneficentes, bem como a eficiência para conduzi-los. Os obstáculos legais e burocráticos que emperram a ajuda oficial são bem conhecidos; o desperdício contínuo, os atrasos e a corrupção têm reavivado a velha crítica ao auxílio oficial dos países ricos aos pobres.[33] Após o *tsunami* do Sudeste Asiático em 2004 e o furacão Katrina nos Estados Unidos em 2005, grandes organizações assistenciais privadas como a Cruz Vermelha americana viram-se envolvidas em escândalos e suspeitas públicas. Isso não quer dizer que as novas instituições de caridade menores estejam imunes ao desperdício e à corrupção. Após o terremoto de janeiro de 2010 no Haiti, milhares de pequenos doadores fizeram doações de 5 dólares via mensagem de texto para a Yele Haiti, organização assistencial do cantor Wyclef Jean, e semanas mais tarde soube-se que o grupo era suspeito de malversação dos recursos.

Mas o princípio sobre o qual se baseiam a nova filantropia e os novos veículos e plataformas para doações sem grandes intermediários é que a experiência coletiva de doadores e beneficiários – as duas partes essenciais da transação – pode harmonizar-se de tal maneira que aperfeiçoe o que a velha arquitetura de fundações e órgãos de auxílio propiciou até agora. Conforme declarou Tom Munnecke, chefe da Uplift Academy e pioneiro da nova filantropia, a um jornal britânico: "Em vez de recorrer a uma burocracia grande e centralizada como a Cruz Vermelha ou a Oxfam, agora podemos ir até os lugares onde precisam de nós, assumir o controle da situação e ajudar de modo mais rápido e direto aqueles que mais precisam de nossa ajuda".* Nesses lugares carentes, os doadores forjados nas empresas do Vale do Silício aplicam uma ampla gama de ferramentas desse ambiente para aprovar projetos, enquanto os candidatos a beneficiários fazem suas propostas conscientes de que estão competindo com pares ao redor do mundo. Os conselhos administrativos e os gestores de programas das grandes fundações e os burocratas dos grandes órgãos de assistência têm visto sua influência diminuída – seja pelas novas ferramentas que permitem prescindir da sua mediação, seja por celebridades ativistas como Bono, o líder do U2, ou o cantor senegalês Youssou N'Dour, que vêm usando a mídia e as plataformas de comunicação globais para apresentar suas opiniões e prioridades.

Dito isso, vale também destacar que as linhas não são completamente rígidas e que os atores tradicionais têm como se adaptar – ou pelo menos tentar se adaptar. A Fundação Rockefeller, por exemplo, é um dos investidores originais de novas iniciativas filantrópicas que rompem com os modelos tradicionais. Desai e Kharas observam que muitas das grandes agências oficiais estão se reorganizando e dividindo-se em unidades especializadas, que procuram ser mais velozes e ágeis. Medidas como essas apenas confirmam que a filantropia do futuro está ficando mais fragmentada do que no passado. Será que Rockefeller, Carnegie e companhia fariam objeções a isso? Não necessariamente. "Rockefeller concebia sua filantropia a partir do ponto de vista de seus negócios", declarou à revista *Forbes* a fundadora do Acumen Fund, Jacqueline Novogratz. "Era uma filantropia bem centralizada, de cima para baixo, baseada em opiniões de especialistas e com visão abrangente." Hoje, uma nova classe de empreendedores e profissionais da área de finanças converteu-se em especialistas em doar. George Soros disse que é muito mais fácil fazer di-

* Tom Munnecke também avaliou a questão da "microfilantropia": ver Tom Munnecke e Heather Wood Ion, "Towards a model of micro-philanthropy", 21 de maio de 2002, http://givingspace.org.

nheiro do que doá-lo de maneira que tenha impacto.[34] Portanto, é lógico que, conforme a "ciência" dos negócios tem se afastado das grandes empresas centralizadas em favor das novas organizações pequenas, rápidas e em rede, a filantropia siga esse mesmo caminho.

O que tudo isso significa para o poder no mundo da filantropia? O mesmo que já vimos nos demais âmbitos discutidos nestas páginas: os grandes e poderosos de sempre agora têm de conviver com recém-chegados que, operando de maneiras muito diferentes, tornam impossível que os jogadores tradicionais continuem dando as cartas.

Mídia: todos informam, todos decidem

Em poucos setores o poder mudou de forma tão drástica e rápida quanto no da informação e das comunicações. A rápida e implacável digitalização da informação e da comunicação levou a coexistir nas mesmas plataformas diferentes tipos de conteúdos (notícias, análises, opinião, anúncios, propaganda) a partir de diferentes tipos de prestadores de serviços (empresas de comunicação, anunciantes, ativistas, privados). Meios de comunicação que antes estavam separados estão agora convergindo e os jornais impressos produzem programas de televisão para suas páginas de internet e os canais de televisão produzem conteúdo escrito para seus *sites* na internet. Os celulares, os *tablets*, como o iPad, (e até os óculos), tornaram-se veículos para nos informar, entreter e comunicar.

Os consumidores de informação têm visto seu jornal favorito tentando conservar anúncios e desenvolver novas fontes de receita, melhorar o projeto gráfico e achar o equilíbrio ideal entre conteúdo de internet gratuito e pago, alocar pessoal em sucursais de outras cidades e países, distribuir os redatores entre as edições impressas e digitais, e assim por diante. Muitos têm fracassado. Nos Estados Unidos, por exemplo, entre 2006 e 2011, desapareceram em média quinze jornais por ano, ou cerca de 1% do setor. Em termos de circulação e receita de propaganda, o setor de jornais dos Estados Unidos encolheu 43% desde 2000.[35] Os espectadores de televisão encontram agora seus programas favoritos disponibilizados *on demand* e pela internet, por meio de parcerias com companhias de vídeo. Os ouvintes de rádio podem optar por ouvir música em estações de satélite ou nos novos serviços individualizados como Spotify e Pandora. Os viciados em notícias têm a opção de procurar informações em alguma das inúmeras fontes, ou deixar que o Google ou o Yahoo! filtrem isso por meio de seus agregadores de notícias, ou ainda aguardar que seus amigos e contatos do Facebook e do Twitter lhes recomendem o que devem ler, ver ou ouvir.

As repercussões dessas transformações radicais, embora muito debatidas, ainda não estão claras. É compreensível que os jornalistas gastem um bom tempo preocupando-se com o futuro de sua profissão; mas onde está o poder na mídia e em que direção está mudando? A resposta depende em grande parte – talvez mais do que em qualquer outro campo – do aspecto para o qual voltamos nossos olhos à procura de indícios.

Por um lado, é bem evidente que um pequeno número de grandes empresas controla uma parcela bem grande da mídia global. Uma contagem das empresas dominantes no mercado da mídia dos Estados Unidos mostrou que eram cinquenta em 1983, caíram para 23 em 1990, para seis em 2000 e para cinco a partir daí.[36] Com certeza, depois de 1990 as fusões dentro da mídia se aceleraram nos Estados Unidos, e as mudanças na regulamentação, que suspenderam a proibição de certos tipos de conglomerados com diferentes plataformas, também ajudaram a promover isso. Mais recentemente, a compra da companhia Dow Jones, dona do *The Wall Street Journal*, pela News Corp, de Rupert Murdoch, deu ainda maior peso a uma das sete maiores corporações internacionais multimídia que formam a primeira categoria do setor no mundo, segundo classificação do sociólogo espanhol Manuel Castells: Time Warner, Disney, News Corp, Bertelsmann, NBC, CBS e Viacom.[37]

Como negócio, as aquisições e incorporações no setor da mídia produziram resultados ambíguos. Quando a Time Warner se desfez da AOL cerca de uma década depois de sua fracassada fusão, o valor da AOL havia caído muito em relação ao preço de compra, anunciado em 175 bilhões de dólares. E esse resultado não é uma exceção: segundo uma análise, entre 2000 e 2009 os maiores conglomerados de mídia tiveram juntos uma redução contábil de seus ativos de mais de 200 bilhões de dólares.

E o fraco desempenho das ações dessas companhias segundo índices como o S&P é anterior à destruição do negócio precipitada pela internet. As companhias de mídia têm um histórico de crescer principalmente por meio de aquisições, mas o aumento de receita não se traduziu necessariamente em melhor desempenho de suas ações nem, surpreendentemente, em algum aumento do poder de mercado proporcional à concentração que ocorreu. A razão é que as mudanças tecnológicas, a crescente força dos micropoderes da mídia e o empoderamento dos consumidores, que cada vez têm mais opções, não tornam fácil a vida dos grandes conglomerados.[38]

Hoje o poder no setor da mídia cada vez mais é exercido pelos vários tipos de empresas de tecnologia e produtoras de conteúdo. Castells, por exemplo, acrescenta à sua lista das empresas mais importantes Google, Microsoft, Yahoo! e Apple – todas elas de tecnologia, que fizeram importantes incursões na mídia – e, com isso, produz um instantâneo do "núcleo global" dos meios de comunicação atuais. Provavelmente o Facebook também deveria estar incluído na lista, ainda mais depois de fazer em 2012 sua oferta pública inicial de ações por um valor superior a 100 bilhões de dólares. De fato, espera-se que por volta de 2015 o Facebook responda por um de cada cinco anúncios digitais vendidos.[39] Em 2011, cinco companhias de tecnologia (excluídas Apple e Amazon) respondiam por 68% de toda a receita de anúncios *on-line*. As relações que existem entre essas empresas gigantes não são apenas implacáveis e competitivas mas também envolvem colaborações por meio de associações em vários países e regiões, a coprodução de conteúdos ou plataformas, de acordos de distribuição e de propaganda e, às vezes, a presença recíproca nos respectivos conselhos de administração.[40]

Mas será que isso significa que o poder está concentrado – ou mais concentrado do que antes – no setor da mídia? Em primeiro lugar, a comparação é difícil de ser estabelecida, porque as novas tecnologias alteram sem cessar os limites do setor e movem o epicentro do poder. Em segundo lugar, embora as fusões deem a impressão de ter gerado uma concentração em alguns países e formado alguns grandes impérios internacionais de mídia, o leque de meios disponíveis em qualquer país é mais abundante do que há algumas décadas. Até as décadas de 1970 ou 1980, o Estado controlava a maioria ou todas as emissoras de televisão e rádio, não só nos países em desenvolvimento e no Bloco do Leste mas também na maior parte da Europa Ocidental. Isso não é mais assim. Em terceiro lugar, a experiência de consumo via internet expandiu o leque de opções. O *The New York Times*, por exemplo, oferece cobertura de notícias locais para Chicago; o *The Guardian*, sediado em Londres, tornou-se um *site* popular de notícias nos Estados Unidos; o *The National*, publicado em Abu Dhabi, destaca uma cobertura de alta cultura que atrai escritores – e público leitor – de lugares bem distantes do seu mercado local. Como observou o jornalista Michael Kinsley, "todo jornal em língua inglesa publicado em qualquer lugar do mundo concorre agora com todos os demais".[41] Por fim, qualquer afirmação definitiva sobre a concentração dos meios de comunicação deve levar em consideração que nessa indústria a volatilidade tem sido uma constante: as três grandes redes de tevê americanas, os estúdios cinematográficos, a agência de notícias Associated Press e muitas outras empresas tiveram durante longo tempo posições dominantes nos respectivos segmentos e que agora já não sustentam mais essas posições.

Mas a natureza da mídia, com sua capacidade de apelar à nossa curiosidade e sistemas de crenças, faz com que seu poder resida tanto na autoridade (de quem escreve nela e de suas fontes) e na influência (sobre nossos pontos de vista e decisões) como na organização de negócios e na receita da companhia. O jornal considerado "de referência" no respectivo mercado nacional – *The New York Times*, *Le Monde*, *El País* – raramente é o de maior circulação ou receita. São os tabloides que em geral desfrutam do maior índice de leitura. Uma sutil hierarquia posiciona certos veículos de mídia à frente dos outros quanto a credibilidade e prestígio. Agora, essa hierarquia não só está ameaçada como os limites do jornalismo enquanto profissão caíram por terra, e novas empresas têm demonstrado, uma atrás da outra, que são capazes de competir, quando não de superar, veículos jornalísticos estabelecidos.

The Huffington Post, por exemplo, uma página da internet antes ridicularizada pela mídia estabelecida como um agregador charlatão e um caçador de tráfego movido por SEO,* reforçou sua equipe de jornalismo e em 2012 ganhou o Prêmio Pulitzer de reportagens nacionais. A ampla disseminação de câmeras digitais e de celular e de videocâmeras trouxe o "jornalismo cidadão" para a linha de frente, com pessoas comuns competindo com *paparazzi* para obter fotos de celebridades (que intermediários *on-line* depois comercializam com a imprensa sensacionalista) ou fornecendo provas cruas da violência policial ou primeiras imagens de um desastre natural. (Deve-se observar, porém, que David Wood, o ganhador do Prêmio Pulitzer pelo *The Huffington Post*, tem décadas de experiência em reportagem.) Ao mesmo tempo, a facilidade de publicar na internet transformou *blogs* sobre todos os assuntos, de política eleitoral a política fiscal, de *rock* a viagens de negócios, em fontes especializadas com credibilidade e geradoras de receita, e que muitas vezes superam repórteres de rua experientes e analistas de revistas.

Considere o caso do gênio das estatísticas Nate Silver, que aplicou as capacidades que aprimorou analisando dados de beisebol à campanha presidencial de 2008 e 2012 nos Estados Unidos em seu *site fivethirtyeight.com*. Usando seu próprio modelo de dados agregados de eleição, Silver foi capaz de prever o resultado das primárias da "Super Terça" entre Barack Obama e Hillary Clinton; e foi em frente: previu a vitória de Obama sobre John McCain já em março de 2008, e suas previsões detalhadas sobre a Noite da Eleição mostraram-se corretas para 49 dos 50 estados; e, nas eleições de 2012, também previu com acerto os resultados. No passado, alguém como Silver teria encontrado muitas dificuldades para se fazer ouvir, por falta de um veículo para publicar suas conclusões. Agora, no entanto, o *site fivethirtyeight.com* ganhou *status cult* durante a campanha, levando os canais de tevê a convidar Silver para alguns de seus debates e levando-o a conseguir uma importante plataforma no *The New York Times* em 2010. Num gesto muito revelador sobre como o poder está se movimentando nos meios de comunicação social, em 2013, Silver dei-

* SEO, ou *Search Engine Optimization*, é um conjunto de técnicas para otimização de *sites* ou páginas de internet que visa torná-las mais facilmente compreendidas pelas ferramentas de busca e dar-lhes melhor posicionamento nos resultados de uma busca. (N. do T.)

xou o prestigioso e respeitado *The New York Times* e passou para a ESPN, o canal esportivo da televisão.

À medida que as diferentes plataformas de mídia convergem, a transformação de um blogueiro em analista é apenas uma das muitas mutações que têm revolucionado as tradicionais hierarquias de trabalho na mídia. Além de contratar mais repórteres, *The Huffington Post* inaugurou em 2011 seu próprio canal *on-line* de notícias 24 horas e anunciou em junho de 2012 que iria lançar uma revista digital separada, disponível apenas por meio da Apple Store.[42] Também se expandiu internacionalmente, com sucursais na Espanha, Itália, França e vários outros países.

Ao mesmo tempo, jornais e revistas têm lançado *blogs* e trazido a bordo blogueiros independentes de prestígio. Na Grã-Bretanha, por exemplo, os principais jornais (*The Guardian, The Times, Daily Telegraph*) têm formado equipes estáveis de dezenas de pessoas, que escrevem *on-line* expondo suas opiniões e debatendo pela internet. Poucos aspectos ou funções são agora exclusivos de um tipo de organização de mídia. Vale tudo: notícias, opinião e entretenimento são todos eles alvos legítimos; veículos impressos, de áudio ou de vídeo estão cada vez mais entrelaçados; e a facilidade de acesso tanto a ferramentas de criação como de distribuição de conteúdos tem derrubado as barreiras que protegiam não só a profissão de jornalista como o alcance e especialização de qualquer organização de mídia.

Mas será que isso significa menos poder para os veículos tradicionais de notícias, ao mesmo tempo que o setor da mídia está ficando mais comercial e mais orientado para o entretenimento? Não necessariamente. Em 2012, por exemplo, o Nieman Journalism Lab fez o perfil de três companhias de jornais europeias que estão sendo bem-sucedidas em perseguir diferentes estratégias para prosperar na era digital: a Sanoma, maior companhia de notícias da Finlândia, introduziu de modo pioneiro novas maneiras lucrativas de converter seus assinantes de jornais impressos para o acesso digital; a norueguesa Schibsted, oitava maior companhia de notícias do mundo, opera em 28 países e obtém mais de um terço de seus rendimentos da oferta digital, num valor cerca de três vezes maior que a média dos jornais; na Suíça, o Zeitung Online está fazendo experiências de "localismo", ignorando as notícias sobre Merkel ou Obama e política internacional para conquistar leitores com informações sobre o prefeito da cidade e a política do cantão.

O auge do jornalismo pequeno, cidadão e o de não profissionais, além das redes sociais, é um complemento já inevitável para os meios tradicionais. Entre as novas forças também há grupos de investigação independentes, com financiamento sem fins lucrativos, como a ProPublica, uma "sala de notícias independente, sem fins lucrativos" (para usar sua própria descrição), cujas parcerias com jornais estabelecidos nos Estados Unidos já começaram a lhe render prêmios (no caso da ProPublica, um Prêmio Pulitzer em 2011). E um exemplo de aproveitamento inteligente das mídias sociais por um grande jornal ocorreu em outubro de 2009, quando o *The Guardian* driblou um mandado judicial que o impedia de relatar uma questão levantada na Câmara dos Comuns usando para isso um oportuno *tweet* de seu editor, Alan Rusbridger. O caso dizia respeito à empresa petrolífera Trafigura, envolvida num escândalo de resíduos tóxicos na África Ocidental e cujos advogados haviam solicitado e conseguido a ordem judicial. "O *The Guardian* está impedido de informar o que ocorre no parlamento por razões que não pode informar", postou Rusbridger, desencadeando da noite para o dia uma torrente de conversas *on-line* que fez o assunto vir a público. Sendo a mídia um setor que experimenta um estado tão intenso de movimentação contínua e de revolução tecnológica, é inevitável a ascensão e a importância cada vez maior de todo tipo de participantes pequenos e descentralizados, mas os atores tradicionais ainda podem ter a palavra final.[43] A crescente popularização dos aparelhos celulares, por exemplo, criou não só um aumento incrível do consumo de notícias mas também uma corrida em busca de qualidade, já que os consumidores preferem aplicativos e *sites* de organizações de notícias estabelecidas, com reputação de objetividade.[44] Se há um setor no qual a transformação do poder está acontecendo diariamente, em todas as partes e diante de nossos próprios olhos, é o dos meios de comunicação social.

Conclusão

Este capítulo focalizou igrejas, sindicatos, organizações filantrópicas e a mídia. Mas poderia do mesmo modo ter se dedicado a mudanças de poder no ambiente acadêmico, na aprendizagem pela internet, no crescente número de escolas particulares. Existe hoje uma crescente competição global entre universidades para atrair estudantes, professores e financiamento de pesquisa. As universidades mais prestigiosas do mundo agora têm de competir com rivais de todas as partes.

Também poderia ter centrado a atenção na degradação do poder na inovação científica, que agora é um empreendimento mais global do que nacional, com colaboradores distribuídos entre diversos países e novas normas para maior intercâmbio de dados e conhecimentos. Ou poderia ter se centrado nos museus, que vêm tendo de lidar não só com novos concorrentes – a criação de museus de classe mundial em lugares distantes como a Tasmânia e o Qatar, por exemplo – e com métodos revolucionários de interação cultural mas também com países em desenvolvimento que se sentem cada vez mais fortes e seguros de si e tentam resgatar seu patrimônio cultural. Ou poderia ainda ter destacado os esportes, as velhas equipes revividas graças a métodos inovadores e novos-ricos que as compram, ou os novos gigantes nacionais empenhados em traduzir seus crescentes PIBs num maior número de medalhas de ouro olímpicas ou indústrias de entretenimento prósperas. Nenhum domínio foi deixado intacto pelas revoluções do Mais, da Mobilidade e da Mentalidade. E nenhum está imune às mudanças que têm tornado o poder mais fácil de obter, mais complicado de usar e mais difícil de sustentar. Em religião, filantropia ou na mídia – as arenas nas quais se disputa a conquista de nossas almas, corações e cérebros – vemos não só a intervenção de novas forças mas também a fragmentação e polarização que estão refazendo nossas sociedades em todos os níveis. Temos mais opções do que nunca à nossa disposição nessas áreas.

Mas aí surge a questão: o que acontece quando o mosaico da fé se estilhaça em mil, um milhão de peças? Quando a busca do bem comum descamba para projetos desenhados para promover uma causa determinada que é a preferida de uma pessoa determinada que tem o dinheiro para financiá-lo? Ou quando cidadãos ignoram as notícias que nos afetam a todos para inteirar-se apenas das notícias que lhes interessam? Todas essas possibilidades são um desafio aos esforços para uma ação coletiva. E da mudança climática ao aumento da desigualdade, os imensos desafios que enfrentamos pedem ação coletiva e uma nova maneira compartilhada de pensar sobre o acúmulo e o uso do poder. Iremos considerar esses dois aspectos em breve – depois de examinar, no próximo capítulo, se esse mundo novo afinal veio realmente para ficar ou não e se a degradação do poder tem mais vantagens ou mais inconvenientes para todos nós.

CAPÍTULO DEZ

A degradação do poder: o copo está meio cheio ou meio vazio?

Sei que defendo que o poder está se degradando num cenário em que as manchetes regularmente apontam o contrário. Alguns governos estão na realidade ficando maiores. A riqueza e a renda estão cada vez mais concentradas. Nos países ricos, a classe média encolhe, e um pequeno grupo de pessoas acumula fortunas inimagináveis. Grupos e indivíduos conseguem adquirir, graças ao seu dinheiro, uma influência política desmedida. Nos Estados Unidos, bilionários donos de cassinos, gerentes de fundos *hedge* e magnatas do setor imobiliário usam seu dinheiro abertamente para financiar "Super-Pacs" (Comitês de Ação Política), que defendem agendas estreitas ou promovem candidatos que se dispõem a cuidar de seus interesses de negócios. Na Rússia, China e em muitos outros países, são os oligarcas em conluio com pessoas do governo que dão as cartas. Poderosos magnatas da mídia usam sua influência para estender o poder de seus meios de comunicação até os palácios presidenciais. Os outros "99%" sentem-se fraudados, empobrecidos e explorados pelos ricos e poderosos que compõem esse 1%.

Como se pode, então, afirmar que o poder está deteriorando-se, difundindo-se e tornando-se mais efêmero? Ou que os poderosos estejam sitiados? Porque, como estas páginas têm mostrado, os poderosos hoje estão mais restringidos do que no passado, seu controle do poder é bem menos seguro do que o de seus predecessores e seus mandatos são mais curtos.

Vladimir Putin, por exemplo, sem dúvida tem enorme poder, mas está cada vez mais sob ataque e seu leque de opções estreitou-se desde seu primeiro mandato presidencial na Rússia e do posterior, como primeiro-ministro. Similarmente, parecia que os poucos banqueiros que conseguiram sobreviver à crise financeira de 2008 iriam dominar o sistema financeiro global por um longo tempo; no entanto, menos de quatro anos depois, vários deles perderam seu emprego enquanto outros ficaram sitiados pela descoberta de suas manipulações de preços (Barclays), ocultação de perdas em negociações (J.P. Morgan Chase), lavagem de dinheiro (HSBC), negócios ilícitos com o Irã (Standard Chartered), transações feitas com base no uso de informações privilegiadas por um de seus diretores (Goldman Sachs), e assim por diante. Esses eventos não extinguem o poder econômico dos grandes bancos, e o *lobby* bancário continua a exercer enorme influência política. Mas vários altos executivos perderam poder, e as entidades financeiras com certeza estão mais limitadas em seu raio de ação. Somente os CEOs mais ingênuos ou cegamente arrogantes – e não só banqueiros – podem achar que seus empregos estão garantidos. A desigualdade econômica – por muito tempo tolerada e em alguns países até celebrada – está hoje ocupando o centro dos debates em muitos países. Dos Estados Unidos e Europa às ruas do mundo árabe ou mesmo da China, a pacífica – ou pelo menos silenciosa – coexistência com a desigualdade está chegando ao fim.

E, como vimos nos capítulos anteriores, muitas outras áreas do esforço humano antes dominadas pelos atores de poder tradicionais são agora campos de batalha onde os atores consolidados são regularmente desafiados e, com frequência cada vez maior, desalojados.

E essa é uma boa notícia.

Elogio à degradação do poder

A degradação do poder tem sem dúvida consequências positivas: sociedades mais livres, mais eleições e mais opções para quem vota, novas plataformas para organizar comunidades, mais ideias e possibilidades, mais investimento e comércio e maior competição entre empresas e, portanto, mais opções para os consumidores. Nenhuma dessas consequências é universal, e podemos encontrar exceções desestimulantes em cada caso, mas a tendência geral é indiscutível.

Na política, por exemplo, o aumento nas liberdades é óbvio; o autoritarismo está em retirada. Sem dúvida, a expansão democrática está longe de ser completa. Alguns países (China, Arábia Saudita, Coreia do Norte, Cuba, Bielorrússia) ainda precisam experimentá-la ou, como a Rússia, estão fazendo isso apenas de modo parcial e frustrante. No entanto, as forças que minam o autoritarismo ainda estão em ação nas praças que vieram a simbolizar a Primavera Árabe e mesmo nas ruas de Teerã, nos *sites* da internet da China e cada vez mais nas suas cidades, e em outras sociedades governadas por regimes repressivos e empenhados em controlar seu povo. Vemos agora cada vez mais artigos acadêmicos com títulos como "Por que a China irá se democratizar", afirmando que os dias de autocracia dessa nação gigantesca estão contados, e multiplicam-se as previsões sobre o fim do poder do Partido Comunista Chinês.[1]

E por que não? Por que a China deveria ser uma exceção? Em grande parte do resto do mundo, o poder político tem se mostrado cada vez menos concentrado. Em décadas recentes, um número sem precedentes de partidos e facções políticas vem competindo nas urnas, e os governos têm ficado mais propensos do que nunca a mudar ou cair. Poucos cientistas políticos influentes defenderiam, como fizeram alguns na Ásia na década de 1990, os méritos da ordem política e das transições controladas, ou iriam advertir que alguns países ainda não seriam suficientemente sólidos e coesos para suportar bem uma abertura democrática repentina.[2] Lá atrás, na década de 1970, o elogiado acadêmico de Harvard Samuel Huntington era capaz de apontar numerosos países saídos de um domínio colonial ou que passavam por uma rápida mudança social e associar o ritmo e o alcance dessas mudanças a um padrão de violência, tumultos, insurreições ou golpes. "A autoridade tem de existir antes que possa ser limitada", escreveu Huntington, "e é a autoridade que se mostra escassa nesses países em modernização, onde o governo está à mercê de intelectuais alienados, coronéis espalhafatosos e estudantes alvoroçados."[3] Hoje é difícil ouvir opiniões desse tipo, exceto talvez na doutrina e na imprensa oficial do Partido Comunista Chinês ou entre aqueles que temem que a queda de ditadores do Oriente Médio acabe instalando no poder ditaduras ainda mais repressivas e obscurantistas ou produza uma proliferação de nações fragmentadas e estados falidos. E sabemos que durante as transições para a democracia as nações com frequência passam por convulsões políticas que as tornam difíceis de governar, alimentando com isso uma nostalgia por sua velha ordem autoritária.

A globalização econômica acrescenta ainda mais razões para comemorar a degradação do poder entre os mega-atores tradicionais. Companhias pequenas, de lugares distantes, agora arrancam fatias de mercado de corporações que há tempos são nomes familiares; empresas novatas introduzem modelos de negócios pioneiros que fazem as corporações gigantes bambear. Como vimos no Capítulo 8, num revelador exemplo dos efeitos das revoluções do Mais, da Mobilidade e da Mentalidade sobre o poder, os modelos de investimento em capital de risco têm se espalhado do Vale do Silício para muitas outras nações, energizando o talento empreendedor latente em núcleos antes improváveis de inovação. E tem surgido novas multinacionais em países que até recentemente nenhuma empresa de nível internacional havia considerado viveiro de potenciais concorrentes. Sabemos que no mundo dos negócios algumas empresas sobem e outras declinam – essa é a dinâmica normal. As mudanças na hierarquia entre diferentes empresas são tão antigas quanto a economia moderna de mercado, e a vitalidade do capitalismo depende de um profundo vínculo entre inovação e "destruição criativa". Mas as massivas transformações globais que estamos presenciando hoje vão além disso.* E elas não poderiam ter acontecido sem a degradação do poder.

Mas na essência há algo que é impossível não olhar com simpatia: do mesmo modo que a degradação do poder em política tem minado os re-

* O título do *best-seller* de Thomas Friedman, *The world is flat*, capta o quanto essa mudança tem sido abrangente: como a difusão do poder tem alterado radicalmente o cenário dos negócios e do comércio em escala mundial. Especialmente nas páginas 371-414, Friedman também assinala de modo eloquente as consequências políticas dessas mudanças.

gimes autoritários, na esfera dos negócios ele tem reduzido monopólios e oligopólios e oferecido aos consumidores mais opções, preços mais baixos e melhor qualidade. Aos novos empresários abriu-lhes portas para competir com empresas estabelecidas, e agora eles podem entrar em mercados que antes lhes eram vedados, por não disporem do capital, tecnologia ou porte necessários.

A economia clássica e o pensamento político liberal assentam-se na ideia de que os monopólios são quase sempre indesejáveis. O senso comum também conduz a essa conclusão. E a boa notícia é que eles estão se tornando cada vez menos frequentes. Mesmo áreas em que antes se imaginava que os monopólios eram inevitáveis, como o fornecimento de água e eletricidade, agora estão abertas à competição. Aqueles que alcançam agora a maioridade talvez tenham dificuldades em imaginar uma situação em que todas as companhias telefônicas do mundo eram monopólios, com frequência de propriedade do Estado e muitas vezes incapazes de oferecer um serviço decente. No entanto, era assim que as coisas estavam estruturadas, e não faz tanto tempo. Hoje, a telefonia é uma área de forte competição, e nenhuma companhia se sente segura ou permanente, não importando seu tamanho e recursos. Nossa aversão a monopólios estende-se a oligopólios e cartéis. Assim, é muito digno de celebrar que a deterioração do poder impeça que um punhado de grandes empresas abusem de sua posição dominante no mercado. É claro que as grandes empresas dominantes que usam táticas anticompetitivas não desapareceram. Mas hoje seu futuro enquanto representantes desse modelo está menos assegurado do que antes.

O que ela tem de ruim? Os perigos da degradação do poder

Mas, ao comemorar os benefícios da degradação do poder, não podemos ignorar que um copo que está meio cheio também está meio vazio. O desgaste do poder também traz uma série de perigos.

A degradação do poder é uma das razões fundamentais pelas quais os governos se mostram cada vez mais incapazes de tomar as decisões necessárias para lidar com os problemas do país, o que torna os grupos de nações líderes cada vez mais lentos e menos eficazes em lidar com problemas internacionais.

A degradação do poder também é uma das forças que alimentam uma miríade de grupos criminosos, terroristas e outros, que atentam contra a segurança dos cidadãos e em alguns casos até erodem a estabilidade internacional. Para eles, as fronteiras são irrelevantes e os governos são um incômodo cada vez menos eficaz, que eles atacam, sabotam ou ignoram.*

Além disso, a diluição do poder tem facilitado o surgimento de grupos políticos extremistas – sejam separatistas, xenófobos, sectários ou anarquistas –, tanto em democracias estabelecidas como em regimes políticos incipientes. Ela tem alimentado também todo tipo de grupos, empresas e veículos de mídia improvisados, que fogem ao escrutínio tradicional e cujos patrocinadores se escondem na cacofonia da *web*. Também tem criado mais oportunidades para fraudes nos negócios e golpes nas transações comerciais.

Muitas vezes são necessários casos de muita repercussão e manchetes bombásticas sobre indivíduos e organizações para termos um vislumbre da dimensão do problema. No entanto, cada um desses atores individuais é vulnerável à degradação do seu poder.

Isso não significa, é claro, que não devamos nos preocupar com eles – a concorrência na criminalidade não é algo que possa redimi-la. Mas devemos lembrar que o Talibã, a Al Qaeda e o cartel das drogas do México conhecido como os Zetas têm também suas próprias dissidências, desdobramentos e mutações; ou que a ameaça de uma China unificada é diferente da ameaça representada por uma China que atravessa ela mesma uma rápida e debilitante dispersão do poder por suas várias regiões, grupos de interesses e facções rivais dentro do Partido Comunista; e assim por diante.

* Eu documento a ascensão de uma nova safra de redes criminosas transnacionais e suas substanciais consequências para a ordem mundial, e para a nossa vida diária, em *Illicit: how smugglers, traffickers and copycats are hijacking the global economy*. E discuto os efeitos da crise financeira internacional no crime global e a crescente criminalização dos governos em "Mafia states: organized crime takes office", *Foreign Affairs*, maio-junho de 2012.

No fim, os atores acabarão mudando, superados por seus rivais ou movidos por uma mudança interna. Em muitos casos, as ferramentas que eles usam para exercer seu poder são as de sempre; em outros, surgirão novos atores, que ganharão poder inventando novas ferramentas. O poder do Facebook ou do Google está em dispor de tecnologias que os outros não têm, e agora numa marca que atrai bilhões de usuários em todo o mundo. A Al Qaeda, por sua vez, derivou seu poder de seus novos e letais "métodos de trabalho".

Além disso, a dimensão das revoluções do Mais, da Mobilidade e da Mentalidade não só deixou nossos problemas maiores e mais complexos como enfraqueceu os mecanismos que temos para dar conta deles. Considere, por exemplo, as ameaças da mudança climática: a própria diminuição da pobreza na China e na Índia, que melhorou a vida de bilhões de pessoas, também acelerou de modo brutal as emissões de gases de efeito estufa. A China ultrapassou os Estados Unidos como o maior emissor desses gases em 2006, e nesse ano a Índia ficou em quarto lugar.

Qualquer esforço para reduzir as emissões de carbono num país deve levar em conta as ações do outro – entre outras coisas, porque à medida que são implantadas políticas ambientais e mecanismos de taxação das emissões de carbono nos países desenvolvidos, as companhias reagem levando sua produção contaminante a outros países onde as normas ambientais sejam menos severas. Hoje em dia, praticamente todo assunto de negociação internacional, da exportação de armas e das convenções sobre domínios da internet ao comércio de pesca e agrícola, envolve maior número de protagonistas: governos, entidades multilaterais, organizações não governamentais, empresas e associações, cada um com uma certa capacidade de moldar a agenda e as negociações. Como consequência, somos cada vez mais incapazes de tomar medidas que vão além do mais baixo denominador comum e que de fato permitam avançar na resolução do problema em questão. Sem dúvida, é louvável que tenhamos hoje um grupo mais diversificado e inclusivo de participantes na mesa de negociação (os "fracos" de tempos atrás) e que o número de decisões arbitrariamente impostas no mundo por alguns poucos atores poderosos tenha se reduzido. Mas conseguir resultados ficou muito mais difícil.

A paralisia política como efeito colateral da degradação do poder

Essa paralisia tornou-se muito evidente nos Estados Unidos. À medida que a política se tornou mais polarizada, os defeitos de um sistema sobrecarregado de pesos e contrapesos foram ficando mais evidentes. Francis Fukuyama chama esse sistema de "vetocracia". Ele escreve:

> Os americanos se orgulham muito de uma constituição que limita o poder executivo por meio de uma série de pesos e contrapesos. Mas esses pesos e contrapesos sofreram metástases. E agora os Estados Unidos são uma vetocracia. Quando esse sistema se combina com partidos ideologizados, [...] o resultado é uma paralisia. [...] Para sair da presente paralisia precisamos não só de uma forte liderança, mas de mudanças nas regras institucionais.[4]

O economista Peter Orszag testemunhou de perto o funcionamento da vetocracia e suas nefastas consequências. Escrevendo em 2011, fez uma reflexão sobre sua experiência como um dos principais estrategistas econômicos dos Estados Unidos:

> Em minha recente permanência na administração Obama como diretor do Escritório de Administração e Orçamento, ficou claro para mim que a polarização política do país estava cada vez pior – prejudicando a capacidade de Washington de desempenhar o trabalho básico, necessário, de governar. [...] Por mais radical que possa soar, precisamos conter a paralisia de nossas instituições políticas tornando-as um pouco menos democráticas. Sei que ideias como essa são perigosas. E cheguei a essas propostas com relutância: elas derivam mais da frustração do que da inspiração. Mas precisamos confrontar o fato de que um governo polarizado, emperrado, está na realidade fazendo um mal ao nosso país. E temos de encontrar um jeito de sair dessa situação.

Orszag está longe de ser um radical de tendências autocráticas. No fundo, suas propostas são essencialmente reformas tecnocráticas: ele defende incrementar o que os economistas chamam de "estabilizadores fiscais automáticos" (aquelas cláusulas sobre impostos e gastos que são ativadas de modo automático quando a economia desacelera e se contraem quando a economia cresce), normas de emergências (medidas que são ativadas quando o Congresso não age, forçando assim a passagem da inação para a ação) e recorrer mais a comissões de especialistas com capacidade para trabalhar à margem das pressões partidárias.[5]

Embora esses exemplos mencionados se baseiem na experiência recente dos Estados Unidos, a maioria das democracias também sofre com essa combinação de uma aguda polarização política com um projeto institucional que dificulta muito para o governo tomar decisões oportunas e eficazes. É bom lembrar que, como observamos no Capítulo 5, em 2012, das 34 democracias mais ricas do mundo, apenas quatro delas tinham um presidente ou primeiro-ministro cujo partido contava também com maioria no parlamento. E como ocorre nos Estados Unidos, em outros países tampouco faltam ideias criativas para reformar seus sistemas de pesos e contrapesos e permitir que o governo saia de sua paralisia política e melhore a qualidade das medidas que adota.

Mas esses avanços não estão acontecendo. Nem nos Estados Unidos nem em nenhum outro lugar. Nem mesmo as esmagadoras pressões produzidas pela crise econômica europeia permitiram que os líderes obtivessem o poder de que precisam para reagir com rapidez e eficácia. Na verdade, o que ocorre é o contrário: a crise econômica promoveu maior polarização e fragmentação política e, nesse processo, enfraqueceu ainda mais governantes e opositores. Ninguém foi capaz de fazer as mudanças que eram tão desesperadoramente necessárias. Sem dúvida, um sinal claro do fim do poder.

Concorrência nociva

Há um conceito em economia chamado concorrência nociva. Ele se refere a circunstâncias nas quais os preços fixados pelas empresas em determinado setor tornam-se baixos demais para cobrir os custos de produção. Algumas empresas fazem isso quando querem se livrar de seus estoques rapidamente, ou quando sua meta não é maximizar o lucro a curto prazo e sim levar um ou mais rivais à falência. Esses rivais então revidam na mesma moeda. Quando tal situação se torna mais do que um surto temporário dentro de uma tática de negócios altamente agressiva, corre o risco de minar o setor inteiro. Existem algumas condições que favorecem a concorrência nociva. Por exemplo, quando há muita capacidade excedente – fábricas e equipamentos ociosos, ou armazéns cheios de estoques – e as empresas continuam baixando os preços só para poder manter as coisas andando. Em certo sentido, a concorrência nociva é uma mutação perversa da "concorrência ideal", tão cara aos economistas.

A concorrência nociva é uma boa metáfora para ilustrar o que pode dar errado com a dispersão do poder e sua consequente deterioração. Quando o poder fica mais difícil de usar e de manter e se difunde por um elenco maior e sempre mutante de pequenos atores, aquelas formas de competição e interação que são prejudiciais ao bem social têm maior probabilidade de aparecer, ameaçando a saúde das economias, a vitalidade das culturas, a estabilidade das nações e até mesmo a paz mundial.

Em filosofia política, uma ideia análoga está contida no contraste clássico entre dois extremos: tirania e anarquia. Quando concentrado demais, o poder produz a tirania. No extremo oposto, quanto mais o poder fica fragmentado e diluído, maior o risco de anarquia – uma condição na qual não existe ordem. Ambos os extremos são raros: mesmo o sistema mais tirânico tem fraturas, e inversamente, nas situações mais anárquicas acaba impondo-se um mínimo de ordem, uma estrutura de poder, e o caos diminui. Mas a mensagem central aqui é que a excessiva diluição do poder e a incapacidade de os principais atores liderarem são tão perigosas quanto a concentração excessiva de poder em poucas mãos.

A degradação excessiva do poder, quando todo ator importante pode vetar a iniciativa de outros, mas nenhum deles consegue impor sua vontade, é um risco tão grave para o sistema político e a sociedade, ou para qualquer comunidade ou mesmo uma família, quanto é para o sistema das nações. Quando o poder fica tão restringido, cria-se um terreno muito fértil para a paralisia na tomada de decisões. Nesses casos, a estabilidade, a previsibilidade, a segurança e prosperidade material ficam prejudicadas.

Cuidado com aquilo que você deseja: a *overdose* de pesos e contrapesos

Há muitas maneiras de manter a ordem num ambiente onde o poder se mostra disperso, transitório e em degradação. Entre elas estão o federalismo, as alianças e coalizões políticas, as organizações internacionais, as regras e normas aceitas (e impostas) internacionalmente, os pesos e contrapesos entre os poderes do Estado. Em certos casos, os controles que derivam de laços morais ou ideológicos, sob bandeiras como cristianismo, islã, social-democracia ou socialismo, também podem ajudar a conter a anarquia. São todas elas respostas a um velho problema, que remonta às cidades-estado gregas. Mas a atual degradação do poder ainda não produziu suas próprias respostas institucionais: ainda não surgiram inovações na organização da vida pública que nos permitam desfrutar da maior autonomia individual e poder pessoal que um poder hiperdifuso promete, e que ao mesmo tempo impeçam as ameaças inegáveis e perigosas que essa dispersão implica.

Para imaginar os efeitos da degradação do poder no bem social, vamos examinar outra vez o gráfico em forma de U invertido mencionado no Capítulo 1. Ele mostra a degradação do poder – concentrado à esquerda, difuso à direita no eixo horizontal – em relação a valores amplamente desejados, como estabilidade política e social, instituições públicas confiáveis e vitalidade econômica no eixo vertical.

O eixo horizontal começa com uma situação (à extrema esquerda, perto da origem do eixo) de máxima concentração e controle do poder em poucas mãos. É aí que se localizam a tirania, os monopólios e as formas de controle rígidas da vida política e econômica, que produzem níveis inadequados de bem-estar social (que vai de menos para mais no eixo vertical, ou seja, quanto mais se sobe no eixo, mais desejável é a situação para a sociedade). Na extremidade direita desse eixo horizontal, o poder é hiperdifuso, degradado e diluído. Ali, o colapso da ordem traz anarquia e a situação se torna tão socialmente indesejável quanto a do outro extremo, no qual a concentração é alta e os monopólios políticos e econômicos são a norma.

Figura 10.1 A degradação do poder: curva em U invertido

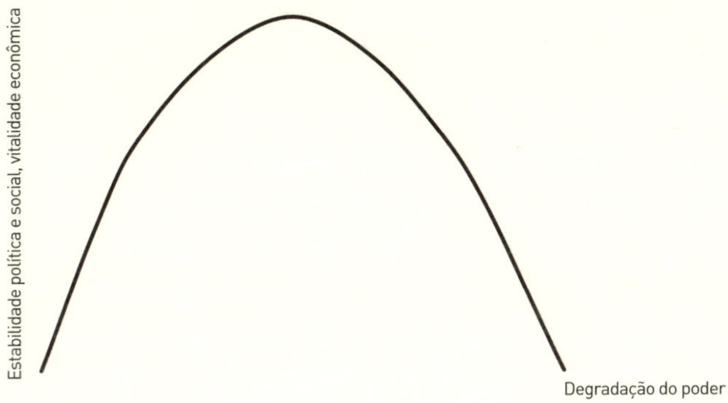

EIXO X = degradação do poder, EIXO Y = estabilidade política e social, vitalidade econômica

O desafio é encontrar maneiras de habitar a parte do meio da curva numa época de grandes e rápidas mudanças. A nossa tolerância – a largura da faixa no centro da curva que estamos dispostos a aceitar – irá variar. Na vida econômica, tanto o monopólio quanto a hiperconcorrência são condições abaixo do nível ótimo, mas em geral o que está em jogo não costuma ser vital; em última instância, podemos conviver com uma ampla gama de situações, mesmo mantendo nosso desejo de melhora. Quando a política se torna tão fragmentada que alimenta extremismos e violência, o que está em jogo torna-se mais urgente. Se a ordem militar mundial fica tão fragmentada que piratas, terroristas, milícias, cartéis do crime, fanáticos religiosos violentos e estados-vilões podem desafiar os exércitos das nações democráticas, então estamos com tudo em jogo.

Nosso horizonte está repleto de graves ameaças, como a proliferação nuclear, as mudanças climáticas ou a insegurança cibernética, que não podem ser resolvidas se a capacidade dos países para entrar em acordo e agir coletivamente com eficácia continuar declinando. A degradação do poder complica ainda mais o poder de dar respostas a essas ameaças. A crescente fragilidade dos atores dominantes e o crescimento explosivo do número de participantes com algum poder também estão tornando mais difícil encontrar soluções para essas questões; já não temos uma ou duas superpotências que possam impor suas condições ao resto do mundo. De novo: que bom que seja assim, e que mau que ainda não tenhamos alternativas à inação que isso está produzindo.

Esforços coletivos, como manter a paz, lutar contra o terrorismo, controlar crises econômicas que passam de um país a outro, combater doenças, deter as mudanças climáticas, resgatar estados falidos, coibir a lavagem de dinheiro e os crimes transnacionais e proteger as espécies em risco de extinção são bens públicos em escala global. Em outras palavras, são metas que, se alcançadas, beneficiam toda a humanidade, incluindo aqueles que não fizeram nada para mitigar essas ameaças ou atenuar suas consequências. Isso coloca o dilema clássico que os cientistas sociais chamam de "o problema da ação coletiva".[6] Trata-se de uma situação na qual múltiplos atores (países, organizações ou indivíduos) poderiam ser beneficiados se alguém fizesse algo para melhorá-la. Fazer algo a respeito acarreta custos para quem intervém e vantagens para todos os demais, que se beneficiam sem fazer qualquer esforço. Isso incentiva aguardar que os outros atuem e desincentiva a intervir – e, portanto, o resultado é a paralisia. A solução, obviamente, é que todos entrem em acordo e compartilhem os custos. Isso se chama ação coletiva. Como sabemos, essa ideia, muito racional, é muito mais frequente na teoria do que na prática.

A degradação do poder exacerba o problema da ação coletiva. Isso já acontece na arena internacional, à medida que mais e mais países "pequenos" vetam, pedem consideração especial, conseguem adiamento nas decisões que não lhes convêm ou as diluem e, em geral, minam os esforços das nações "grandes" em todos os terrenos. Ao mesmo tempo, as próprias grandes nações têm mais canais disponíveis para se bloquearem mutuamente. Durante o século XX, a ideia de como responder a problemas que nenhum país pode resolver sozinho foi criar organizações internacionais, como as Nações Unidas e todas as suas agências especializadas, o Banco Mundial, o FMI e grupos regionais. Infelizmente, o número e a complexidade desses problemas globais aumentaram muito, enquanto a capacidade de essas organizações atendê-los com eficácia aumentou muito mais lentamente.

Uma resposta que foi tentada diante da dificuldade da comunidade internacional para produzir "bens públicos globais" com a velocidade e qualidade necessárias é criar coalizões de nações com os recursos, capacidades e a disposição de agir ("a coalizão dos dispostos"). Essas coalizões deixam de lado as organizações internacionais e passam a agir diretamente.

Mas até esta possibilidade sofre as consequências da deterioração do poder: primeiro, porque outros países que não formam parte do grupo têm agora cada vez mais capacidade de resistir ou interferir com os planos dessas coalizões. E também porque, por mais que os governos possam estar dispostos a fazer os esforços para criar bens públicos globais, a opinião pública não os acompanha necessariamente. "Eles que arrumem as coisas em casa antes de ir para o exterior para gastar os impostos que eu pago" é um sentimento comum nesses casos. Esse sentimento tem ficado mais agudo pela crise econômica e pelo alto desemprego em países que, como os europeus, por exemplo, eram historicamente mais inclinados a contribuir com a produção de bens públicos globais.

Cinco riscos

Qualquer que seja o cenário, a degradação do poder gera riscos que podem fazer decrescer o bem-estar social e a qualidade de vida a curto prazo e, com o tempo, aumentar a probabilidade de um desastre climático ou nuclear de marca maior. Além da paralisia política e de outras consequências negativas que viemos examinando, existem cinco efeitos concretos da degradação do poder que representam perigos significativos.

Desordem

Hobbes e os demais filósofos políticos clássicos diziam isso desde o início, e sua análise – como vimos no Capítulo 1 – continua válida. Para muitos indivíduos, ter poder é – ou parece ser – um impulso inato. Mas no nível mais agregado – na sociedade como um todo – o poder oferece uma solução ao problema da desordem, do caos.

Nós consentimos com o poder do Estado porque ele supostamente garante o nível mínimo de estabilidade e previsibilidade de que precisamos para ter vidas mais seguras e plenas. As normas, sejam regulamentações econômicas, leis contra difamação, normas eleitorais, sejam tratados internacionais, visam atenuar a imprevisibilidade da vida e reduzir o risco de uma desordem caótica, ou inclusive a anarquia, que emerge quando há vazios de poder.

O que concedemos a essas instituições – e às pessoas que as dirigem – e o que exigimos delas tem mudado ao longo do tempo e também difere de uma sociedade para outra. As revoluções do Mais, da Mobilidade e da Mentalidade levaram bilhões a esperar e pedir mais. E temos melhores mecanismos para pedir responsabilidade. No entanto, a promessa essencial do poder – que graças a ele existe uma ordem que nos protege e nos permite viver melhor do que se não houvesse ninguém encarregado dela – continua sendo a base do nosso consentimento. A degradação do poder aqui discutida ameaça essa promessa de um modo mais direto do que as rivalidades políticas, a concorrência nos negócios, os conflitos entre nações e mesmo as guerras mundiais do século XX. Embora seja pouco frequente que uma sociedade que tenha caído numa situação de anarquia viva nesse caos durante muito tempo, não é difícil que devido à degradação do poder uma sociedade entre num prolongado período de paralisia e estancamento durante o qual os problemas fundamentais não sejam enfrentados. Isso pode transformar as democracias mais afetadas pela degradação do poder em regimes disfuncionais, estagnados e incapazes de reagir aos desafios e exigências do século XXI. Como já mencionamos, a incapacidade da Europa de reagir a tempo e com eficácia à sua devastadora crise econômica é um doloroso exemplo dos efeitos corrosivos do fim do poder. O mesmo ocorre, com consequências ainda mais perigosas, com a nossa incapacidade de empreender ações decisivas para limitar ameaças ainda mais globais, como as emissões de gases de efeito estufa que estão aquecendo nosso planeta.

A perda de talentos e de conhecimento

Se as organizações centralizadas e hierárquicas tiveram tanto peso durante mais de um século, foi por alguma razão. Partidos políticos, grandes corporações, igrejas, fundações, burocracias, exércitos, universidades e instituições culturais acumulam experiência, práticas e conhecimento; aprendem com seus êxitos e fracassos e transformam essas experiências em conhecimento útil, que se expressa por meio de seus hábitos, cultura e rotinas operacionais inculcadas em seus funcionários ou membros. Quando essas instituições se fragmentam ou decaem e seu poder se dispersa, é inevitável que parte do que sabem – ou muito – se perca ou não possa mais ser usado com a mesma eficácia. A possibilidade de que os partidos políticos sejam substituídos por "movimentos" *ad hoc*, coalizões eleitorais temporárias ou mesmo por organizações não governamentais centradas num objetivo único (como os "verdes", "os piratas", "os antigoverno") mostra-se atraente para milhões de eleitores que estão fartos de corrupção, estagnação ideológica e do decepcionante desempenho de muitos partidos políticos no governo. Mas, embora as imperfeições dos partidos políticos sejam muitas vezes inquestionáveis, seu desaparecimento implica a perda de importantes reservatórios de conhecimento muito especializado, que não é fácil de replicar pelos novos grupos políticos ou mesmo pelos carismáticos indivíduos recém-chegados que os substituem. Muitas dessas atraentes "caras novas" que substituem os partidos políticos e os líderes de sempre costumam ser o que historiador suíço Jacob Burckhardt chamou de "terríveis simplificadores", demagogos que procuram obter poder explorando a ira e a frustração da população e fazendo promessas atraentes, mas "terrivelmente simples" e, em última análise, enganosas.[7]

O mesmo vale para a experiência que grandes empresas acumularam como centros de produção, emprego e investimentos. As microempresas, lojas *pop-up*, fundos de risco, redes sociais e fenômenos similares têm dificuldades para replicar o capital intelectual acumulado de uma grande empresa de longa trajetória. A descentralização radical do conhecimento – da Wikipedia ao desenvolvimento de *software* de código aberto, passando pela disponibilização gratuita pela internet de material de cursos do MIT – é uma das tendências mais estimulantes da dispersão de poder. Mas a capacidade de essas novas fontes de conhecimento se igualarem a um departamento de pesquisa e desenvolvimento interno ou de preservar a memória institucional é no mínimo inconsistente. Nossas escolhas pessoais sobre educação e emprego não são necessariamente melhores ou mais sustentáveis dentro de um ambiente onde o poder é difuso demais. O excesso de fragmentação institucional pode ser tão ruim para criar, acumular e usar sensatamente o conhecimento quanto os ambientes asfixiantes criados por um poder excessivamente concentrado em organizações rígidas.

A banalização dos movimentos sociais

As causas sociais e políticas têm hoje "seguidores" que clicam no botão "curtir" no éter das mídias digitais. Nas redes sociais, hordas de amigos do Facebook ou de seguidores do Twitter podem criar a ilusão de que um grupo que promove determinada causa é realmente uma força poderosa. Em alguns casos, talvez seja. Embora o papel desempenhado pelo Facebook e pelo Twitter na Primavera Árabe possa ter sido um pouco superestimado, não há dúvida de que as redes sociais amplificaram o impacto das pessoas que tomaram ruas e praças.

Mas essa não é a experiência mais comum. Para a maioria das pessoas do mundo, o ativismo social ou político baseado na internet representa pouco mais do que apertar um botão. Talvez, de maneira um pouco mais comprometida, elas possam fazer uma pequena contribuição – por exemplo, cinco dólares para a Cruz Vermelha depois de um terremoto ou outro desastre natural – quando enviam uma mensagem de texto para determinado número de telefone. Não que isso seja insignificante, mas não constitui o tipo de ativismo arriscado que impulsionou os grandes movimentos sociais da história. O escritor Evgeny Morozov chama esse novo tipo de mobilização, que requer compromissos e riscos muito limitados e que tem impactos igualmente moderados, de *slacktivismo*, algo como um "ativismo de poltrona". Segundo ele, é "o tipo ideal de ativismo para uma geração preguiçosa: por que se dar ao trabalho de ir para a rua se manifestar e correr o risco de ser detido, sofrer violência policial ou até tortura, se você pode fazer o mesmo barulho participando de uma campanha no espaço virtual?".

O problema do *slacktivismo*, argumenta Morozov, não é tanto que ele se baseie em contribuições minúsculas e pouco arriscadas – afinal, não deixam de ser sinceras. Ao contrário, o risco é que a obsessão com petições *on-line*, número de seguidores e de "curti" venha a excluir potenciais apoiadores e tirar recursos de outras organizações que estão fazendo o trabalho mais arriscado e de maior impacto: "Será que os ganhos em publicidade [...] compensam as perdas em organização?".[8] Malcolm Gladwell faz eco a esse novo argumento sobre a fetichização das redes sociais, que ilustra vividamente o perigo de irrelevância criado pela degradação do poder.[9] A capacidade de apoiar uma causa, pôr em andamento uma petição ou mesmo de fazer algo mais concreto, como montar um posto de venda na Amazon ou no eBay, ou mandar dinheiro para um receptor selecionado, de outro bairro ou do outro extremo do mundo, é, em certo sentido, liberador e traz em certo nível uma satisfação individual. Mas a proliferação de pequenos atores e iniciativas de curto prazo traz o risco de que outras coalizões reais e poderosas, orientadas para fins sociais específicos, tornem-se mais difíceis de orquestrar. Poderíamos dizer que esse é o mesmo problema da ação coletiva dos países, mas em sua manifestação mais básica – num nível quase subatômico.

Estimula-se a impaciência e encurtam-se os períodos de atenção

Embora contar com milhões de ativistas na rede possa aumentar a visibilidade social de milhares de questões, isso também cria um nível de "ruído" e dispersão que torna muito difícil a qualquer causa sustentar a atenção e o apoio do público por tempo suficiente para ganhar força substancial e permanência. A hiperconcorrência pode ser tão nociva para o ativismo cívico e político quanto é para as empresas privadas o fato de terem de enfrentar uma profusão de concorrentes que as forcem a ficar com tamanho menor e poder mais limitado do que o que teriam em um ambiente com menos participantes.

Além disso, quanto mais tênue é o controle do poder por parte de líderes, instituições e organizações – em outras palavras, quanto mais o poder se torna inerentemente fugidio –, mais provável é que esses atores se deixem guiar por incentivos e medos imediatos e que tenham menos estímulo para planejar a longo prazo. Líderes de governo eleitos para mandatos cada vez mais curtos, dirigentes empresariais com os olhos nos resultados do próximo trimestre, generais conscientes de que o sucesso das intervenções armadas depende mais do que nunca do apoio de uma opinião pública volúvel e cada vez menos tolerante a baixas – todos esses são exemplos de como a compressão do tempo restringe as opções dos poderosos.

No nível individual, um dos paradoxos da degradação do poder é que ele pode nos dar mais ferramentas para viver o momento, apesar de comprimir o horizonte de nossas escolhas. Isso ocorre ao mesmo tempo que se torna cada vez mais evidente que a maioria dos nossos problemas nacionais e internacionais não podem ser solucionados com paliativos, exigindo ao contrário um esforço sustentado e consistente. A paciência talvez seja o recurso mais escasso de todos num mundo onde a degradação do poder segue sua marcha.

Alienação

O poder e suas instituições estão conosco há tanto tempo, e os poderosos têm sido tão protegidos por barreiras quase intransponíveis, que estamos acostumados a imaginar nossas opções sobre o que fazer, o que aceitar e o que questionar sempre dentro dessas restrições históricas. Mas isso está mudando a uma velocidade maior do que nossa capacidade de compreender e digerir essas mudanças.

Pense no que acontece quando uma companhia é vendida, incorporada ou reestruturada, ou quando interpretações teológicas opostas levam a divisões dentro de uma Igreja ou quando alterações profundas na ordem política redistribuem o poder num país. Mudanças na estrutura de poder, na hierarquia tradicional e nas normas previsíveis e conhecidas inevitavelmente geram desorientação e ansiedade. Elas podem até levar à anomia, que é o rompimento dos vínculos sociais do indivíduo com a comunidade. O sociólogo francês Émile Durkheim descreveu a anomia como uma condição na qual "a regra é a ausência de regras".[10]

O bombardeamento de tecnologia, a explosão da comunicação digital, as opiniões, a dispersão e o ruído da internet, o fim da aceitação automática das autoridades tradicionais (presidente, juiz, chefe, os mais velhos, os pais, o sacerdote, o policial, o professor), tudo isso alimenta um desequilíbrio de consequências amplas e ainda pouco compreendidas. Quais são as repercussões sociais, políticas e econômicas do fato de, em 1950, menos de 10% dos lares americanos serem formados por uma única pessoa e de essa porcentagem ter subido em 2010 para cerca de 27%? Famílias também são estruturas de poder, e nelas também o poder está em degradação: aqueles que o detêm (em geral os pais, os homens e os membros mais velhos) enfrentam hoje em dia mais restrições. O que nos diz a respeito da sociedade o fato de vários estudos de ciências sociais terem documentado nos países desenvolvidos uma queda no número de amigos de confiança e, paralelamente, um aumento nos sentimentos de solidão?[11]

Se existe um risco crescente para a democracia e as sociedades liberais no século XXI, o mais provável é que não proceda de uma ameaça convencional moderna (China) ou pré-moderna (o radicalismo islâmico), e sim do interior das sociedades nas quais a alienação se instalou. Como exemplo, considere o aumento de movimentos que expressam ou aproveitam a indignação social – dos novos partidos de extrema direita e extrema esquerda na Europa e Rússia ao movimento Tea Party nos Estados Unidos. Por um lado, cada um desses movimentos em ascensão é uma manifestação da degradação do poder, já que eles devem sua influência a uma deterioração das barreiras que protegiam os poderosos de sempre. Por outro lado, a raiva incipiente que eles expressam deve-se em grande parte à alienação produzida pela queda dos indicadores tradicionais de ordem e segurança econômica. E o fato de eles procurarem uma bússola no passado – a nostalgia da União Soviética, as leituras em estilo século XVIII da Constituição americana por personagens vestidos em trajes da época, as exortações de Osama bin Laden sobre a restauração do Califado e os panegíricos que Hugo Chávez dirige a Simón Bolívar – revela até que ponto a degradação do poder pode acabar sendo contraproducente e destrutiva, se não nos adaptarmos a ela e a orientarmos para o bem social.

CAPÍTULO ONZE

O poder está se degradando. E o que isso importa? O que podemos fazer?

A primeira e talvez a mais importante conclusão deste livro é a necessidade urgente de mudar nossa maneira de pensar sobre o poder.

Vamos começar retomando a conversa sobre como o poder está mudando, quais são suas fontes, quem o detém e quem o está perdendo e por quê. Embora não possamos prever as muitas mudanças que decorrem da degradação do poder, podemos adotar uma postura mental mais orientada às novas ideias aqui expostas. Isso nos ajudará a entender melhor o que vem por aí e a mitigar os eventuais riscos.

É interessante notar, por exemplo, o impacto da degradação do poder sobre os futuros possíveis da humanidade que costumam ser vislumbrados com maior frequência pelos acadêmicos, formadores de opinião e líderes políticos.

No âmbito da política internacional, por exemplo, um importante debate sobre o futuro é o que especula sobre que país irá dominar o século XXI: os Estados Unidos ou a China? As nações emergentes, que além da China incluem países como Brasil e Índia? Ninguém? O debate é igualmente intenso em relação ao futuro do poder econômico: uma corrente prognostica a concentração do poder numa elite empresarial global – especialmente financeira –, enquanto outra escola destaca, com igual fervor, a hiperconcorrência e os efeitos disruptivos das novas tecnologias e modelos de negócios, que criam uma grande volatilidade entre aqueles que detêm o poder econômico. Similarmente, as tendências na religião global tanto dão ensejo a profundas preocupações sobre o fundamentalismo e a intolerância como a considerações de alguns analistas, que, ao contrário, veem o surgimento de novos protagonistas no mundo da fé como um saudável sintoma de maior envolvimento das pessoas com a sua religião. Aqueles que defendem esse ponto de vista sustentam que a proliferação de religiões e o aumento da população que participa delas poderiam contribuir para a moderação do fanatismo, a redução dos conflitos religiosos e o fomento da coexistência pacífica entre as diferentes crenças.

Esses pontos de vista – e outros do mesmo estilo – enchem as prateleiras das livrarias, as páginas de opinião dos jornais do mundo inteiro e, é claro, em tom mais estridente, as telas de nossas televisões e as redes sociais. E nenhum deles está errado. Ou melhor, os defensores de cada um deles contam com uma série de dados e evidências para apoiar suas razões verossímeis e sugestivas.

Na realidade, é impressionante o pouco consenso que existe a respeito da direção das mudanças no nosso mundo e de quais são as ameaças que precisam ser previstas em razão delas – sem falar na escassez de ideias realistas sobre como lidar com elas. Apesar do dilúvio de dados e opiniões disponíveis hoje, não temos uma bússola confiável, ou seja, um quadro de referência claro para ajudar a dar sentido às transformações que estão ocorrendo em todos esses domínios, cada vez mais interconectados. Qualquer carta de navegação do futuro irá desapontar, se não incluir uma melhor compreensão das maneiras pelas quais o poder está mudando e das consequências disso.

As implicações da degradação do poder são muitas e muito importantes. Mas não será possível destilá-las e integrá-las na visão de mundo e na mentalidade daqueles que tomam as decisões – seja na casa das pessoas, nos palácios presidenciais, nos conselhos de administração, nas convenções políticas, nas cúpulas militares ou nos conclaves religiosos – se não criarmos uma narrativa diferente, que leve em conta o que está acontecendo com o poder.

E o primeiro passo para mudar a narrativa sobre o poder é sair do elevador.

É preciso sair do elevador

Muito do que se diz hoje sobre o poder ainda é fundamentalmente tradicional – e, portanto, com frequência, perigosamente antiquado. A evidência primeira é a predominância ainda hoje da chamada filosofia de elevador, ou seja, a obsessão em determinar quem está subindo e quem está descendo – que país, cidade, setor, empresa, líder político, grande empresário, patriarca religioso ou especialista está ganhando poder e qual ou quem está perdendo. A filosofia de elevador está profundamente arraigada no impulso de classificar e de proclamar o *Número Um*. É a atitude da tabela de classificação do campeonato esportivo, ou das corridas de cavalos.

É claro que podemos classificar os rivais por seus ativos, poder e realizações. Afinal, no nível global, os Estados competem entre si, e fatores como a produção econômica de um país, o tamanho de seu território ou da sua população, sua rede de instalações e recursos militares, sua capacidade tecnológica e outros indicadores permitem medi-los e classificá-los por ordem de importância. Mas a imagem que se obtém desse exercício é efêmera – apenas um instantâneo com exposição cada vez mais curta – e, pior ainda, uma imagem enganosa. Quanto mais nos fixamos em classificações, mais corremos o risco de ignorar ou subestimar o quanto a degradação do poder está enfraquecendo não só os que estão em evidente declínio, mas também aqueles que estão em ascensão.

Muitos escritores e pesquisadores chineses estão otimistas com a ascensão de seu país; o mesmo ocorre com os indianos, os russos e os brasileiros. Os europeus estão consumidos pela crescente marginalização de seu continente no xadrez geopolítico do mundo. Mas onde o discurso de elevador tem maior peso é nos Estados Unidos, onde os analistas não se cansam de debater se a degradação do país é terminal, se tem cura ou não, se é transitória ou se na realidade não passa de uma ilusão.

Há também argumentos mais matizados sobre a "ascensão do resto" e a passagem a um mundo onde a geopolítica é "multipolar".*

Outros livros que analisam os efeitos da diluição do poder causados pela entrada em cena de novos países com influência mundial também fazem isso sem sair do elevador ou transcender a perspectiva que faz do Estado-nação o protagonista e a principal unidade de análise. Charles Kupchan, um respeitado teórico das relações internacionais, argumenta que "a ordem ocidental não será desbancada por uma nova grande potência ou modelo político dominante. O século XXI não irá pertencer a Estados Unidos, China, Ásia ou alguém mais. Será um mundo de ninguém. Pela primeira vez na história, o mundo será interdependente – mas sem um centro de gravidade ou guardião global".[1] Essa visão é compartilhada pelo escritor e consultor de negócios Ian Bremmer, que a chamou de "G-Zero: uma ordem mundial na qual nenhum país ou aliança duradoura de países pode estar à altura dos desafios da liderança global".[2] E ambos os autores endossam a afirmação de Zbigniew Brzezinski de que "entramos numa era pós-hegemônica", o que significa que nos próximos anos nenhum país terá tanto poder na política mundial como tinham algumas das grandes potências do passado.[3]

É difícil não concordar com tudo isso, e no Capítulo 5 examinamos as diversas forças que conspiram contra o domínio permanente de qualquer Estado-nação. Mas continuar obcecados com o Estado-nação – mesmo argumentando que nenhum deles irá dominar a política mundial – pode nos impedir de ver com clareza as outras forças que estão transformando os as-

* Vários autores influentes defendem que, apesar da proliferação de outros poderes na cena internacional, os Estados Unidos irão continuar a desempenhar o papel de liderança devido a vários de seus atributos: o poderio militar, aliado a uma falta de ambição territorial (*Monsoon*, de Robert D. Kaplan), sua combinação de poder "suave" e "inteligente" (*The future of power*, de Joseph Nye); e sua dinâmica interna vibrante e seu desenvolvimento por meio de empreendedorismo, imigração e livre expressão (conforme um Robert Kaplan diferente argumenta em *The world America made*). Ao contrário, Fareed Zakaria, autor de *The post-American world*, sustenta que os Estados Unidos não são mais o poder supremo, embora ainda detenham a liderança num mundo multipolar, graças à sua posição destacada como detentor das economias mais competitivas, do maior número de grandes universidades e de outros ativos exclusivos. Por quê? Em parte porque sua atual safra de políticos talvez não esteja à altura de cumprir suas promessas. (Ver também Fareed Zakaria, "The rise of the rest", *Newsweek*, 12 de maio de 2008.)

suntos internacionais: a degradação do poder na política nacional, nos negócios e no resto.

Se os Estados Unidos são uma potência hegemônica, um poder indispensável ou um império no seu crepúsculo, e se a China ou algum outro rival estão preparados para tomar seu lugar, pode ser um debate que monopoliza a atenção nas relações internacionais. Mas seus termos não são adaptados a um mundo onde o poder está se deteriorando, no qual ocorrem fragmentações sem precedentes em cada um desses países e nas estruturas de comércio, investimento, migração e cultura. Identificar quem está subindo e quem está descendo é menos importante do que compreender o que está acontecendo *dentro* dos países, dos movimentos políticos, empresas e religiões que estão no elevador. Quem está em cima e quem está embaixo irá importar cada vez menos num mundo onde aqueles que alcançam o topo não ficam lá por muito tempo e são cada vez menos capazes de fazer algo com o poder que detêm.

É preciso tornar a vida mais difícil aos "terríveis simplificadores"

Uma segunda e importante conclusão desta análise é que somos mais vulneráveis às más ideias e maus líderes. Ou seja, depois que tivermos saído do elevador, precisaremos ser mais céticos, especialmente em relação à versão moderna dos "terríveis simplificadores" de Burckhardt.

A degradação do poder cria solo fértil para os demagogos recém-chegados, que exploram os sentimentos de desapontamento em relação aos poderosos, prometem mudanças e tiram partido do desconcertante ruído criado pela profusão de atores, vozes e propostas. A confusão criada por mudanças rápidas demais, que são perturbadoras demais e minam as velhas certezas e maneiras de fazer as coisas – efeitos secundários das revoluções do Mais, da Mobilidade e da Mentalidade –, oferece grandes oportunidades para líderes cheios de más ideias. Os grandes banqueiros que defenderam os instrumentos financeiros tóxicos como soluções criativas, os políticos americanos que prometeram eliminar o déficit fiscal sem aumentar impostos e, no outro extremo, a decisão do presidente francês François Hollande de aplicar um imposto extraordinário de 75% sobre a renda dos ricos são apenas alguns exemplos. Os evangelistas das tecnologias da informação, aqueles que acreditam que os "paliativos" tecnológicos sozinhos podem resolver por si sós diversos problemas humanos até agora insolúveis, também tendem a exagerar e acabam sendo "terríveis simplificadores".

Esses demagogos perigosos podem ser encontrados em todas as áreas discutidas nestas páginas: são, por exemplo, os empresários e teóricos que afirmaram que algumas companhias de internet, com ativos mínimos e receitas pequenas ou nulas, mereciam valorações mais altas que as empresas da "velha economia" com fluxos de caixa estáveis e imensos ativos; são os estrategistas que prometeram que a invasão do Iraque seria mais parecida com um desfile militar do que com uma guerra de verdade e que os invasores seriam recebidos como libertadores ou que os custos da guerra seriam cobertos pelas vendas do petróleo iraquiano. Osama bin Laden e a Al Qaeda, o Talibã e outros movimentos assassinos também se apoiam nas terríveis simplificações que conseguem popularizar. As promessas e pressupostos da "Revolução Bolivariana" inspirada por Hugo Chávez ou, no extremo oposto, as do Tea Party americano igualmente se baseiam em terríveis simplificações, imunes às lições da experiência e inclusive aos dados e às evidências científicas.

É claro que demagogos, charlatães e vendedores de poções mágicas não são novidade; a história está repleta de exemplos de pessoas que conquistaram e se mantiveram no poder, com consequências desastrosas. O que é novo é um ambiente onde alcançar o poder ficou muito mais fácil para os recém-chegados – incluindo os que trazem ideias nocivas.

Sempre foi necessário ficar atento ao surgimento desses simplificadores para negar-lhes a influência que procuram. E, num mundo que passa por uma mudança rápida e desconcertante, é mais importante do que nunca fortalecer nossa capacidade – individual e coletiva, intelectual e política – de detectar sua presença entre nós. Para isso, o primeiro passo é assumir a realidade da degradação do poder e, nunca é demais repetir, abrir-lhe espaço em nossa conversação. Não só nos corredores dos palácios presidenciais, nas sedes corporativas e nos conselhos das universidades, mas ainda mais nas conversas com nossos colegas de trabalho, no bate-papo informal com amigos e na mesa de jantar em casa.

Essas conversas são o ingrediente indispensável para criar um clima político que seja menos receptivo aos terríveis simplificadores. Francis Fukuyama defende corretamente que, para erradicar a vetocracia que está paralisando o sistema, "a reforma política deve primeiro e acima de tudo contar com o impulso de uma mobilização popular de base".[4] Isso, por sua vez, requer focar o diálogo em como conter os aspectos negativos da degradação do poder e avançar para o lado positivo da curva U invertida – o espaço em que o poder ou está sufocantemente concentrado ou caoticamente disperso. Para que isso aconteça, precisamos de uma coisa muito difícil de conseguir: uma maior disposição das sociedades democráticas de dar mais poder àqueles que nos governam. E isso é impossível, a não ser que confiemos mais neles. O que, sem dúvida, é ainda mais difícil. Mas também indispensável.

Recuperar a confiança

Embora a degradação do poder afete toda a atividade humana organizada, em alguns domínios as consequências são mais nocivas do que em outros. Que um diretor de empresa tenha menor capacidade de impor sua vontade ou conservar seu cargo é menos problemático do que quando isso se dá com um governante eleito, paralisado pela vetocracia.

E, no plano internacional, o nível de paralisia é ainda mais nefasto. Como vimos, os problemas globais estão se multiplicando, ao passo que a capacidade da comunidade internacional de lidar com eles está estagnada. Em outras palavras, a incapacidade de alguns executivos de negócios de obter resultados é uma ameaça menor do que a atual condição dos líderes nacionais e internacionais, imobilizados, como Gulliver, por milhares de pequenos "micropoderes" que os mantêm com pés e mãos amarrados.

Quando foi a última vez que ouvimos falar que um grande número de países concordou com um importante acordo internacional sobre uma questão premente? Faz mais de uma década e, para algumas questões de peso, o período de inação estende-se a até duas ou três décadas. A incapacidade dos países europeus – que ironicamente já haviam avançado em adotar certas modalidades de governo coletivo – de agir em conjunto diante de uma crise econômica colossal é tão reveladora dessa paralisia quanto a incapacidade do mundo inteiro de fazer algo para deter as emissões dos gases de efeito estufa que estão superaquecendo o planeta. Ou como a incapacidade de deter massacres como os que irromperam na Síria em 2012.

A tendência e a emergência estão claras: desde o início da década de 1990, a expansão da globalização e das revoluções do Mais, da Mobilidade e da Mentalidade reforçaram a necessidade de uma verdadeira colaboração entre países. Mas a resposta do mundo a essas novas exigências não se manteve à altura. Conversações multilaterais cruciais têm fracassado, os prazos não são cumpridos, os compromissos de financiamento e as promessas não foram honrados e os planos empacaram. A ação coletiva internacional não concretizou o que prometeu e, mais grave ainda, não conseguiu o que era necessário.* Esses fracassos indicam não apenas a falta de consenso internacional que já é quase crônica: são também outra manifestação importante da degradação do poder.

E o que tudo isso tem a ver com a necessidade de recuperar a confiança?

* A mais recente iniciativa multilateral endossada com sucesso por um grande número de países data de 2000, quando 192 nações assinaram a Declaração do Milênio, das Nações Unidas, um ambicioso conjunto de oito metas que iam desde reduzir à metade a extrema pobreza no mundo até deter o avanço do vírus da AIDS e oferecer ensino básico universal – tudo até 2015. O último acordo comercial que incluiu várias nações é de 1994, quando 123 países se reuniram para negociar a criação da Organização Mundial do Comércio e concordaram com um novo conjunto de normas para o comércio internacional. Desde então, todas as demais tentativas de alcançar um consenso global de comércio fracassaram. O mesmo ocorreu com os esforços multilaterais para deter a proliferação nuclear: o último acordo internacional importante sobre não proliferação data de 1995, quando 185 países concordaram em adotar em regime permanente um tratado já existente sobre não proliferação. Nessa década e meia depois disso, as iniciativas multilaterais não só fracassaram, como a Índia, o Paquistão e a Coreia do Norte têm demonstrado *status* relativamente importante como potências nucleares. Quanto ao meio ambiente, o Protocolo de Quioto, um acordo global para a redução das emissões de gases de efeito estufa, foi ratificado por 184 países desde sua adoção em 1997, mas os Estados Unidos, segundo maior poluidor mundial depois da China, não aderiram, e muitos dos signatários deixaram de cumprir suas metas. Para uma discussão adicional desses assuntos, ver meu artigo "Minilateralism: the magic number to get real international action", *Foreign Policy*, julho-agosto de 2009.

O fracasso dos líderes políticos na hora de colaborar eficazmente com outros países está relacionado com sua fragilidade doméstica. Governos com uma capacidade de comando fraca ou inexistente não podem fechar acordos internacionais, já que estes muitas vezes exigem compromissos, pactos, concessões e até sacrifícios que seus cidadãos não lhes permitem fazer. A conclusão não é que tenhamos de dar um cheque em branco e poder irrestrito àqueles que nos governam: sabemos que um poder que não está controlado, que não presta contas e carece de contrapesos é perigoso e inaceitável. Mas também temos de reconhecer que, quando nossa sociedade opera no lado negativo da curva U invertida, as excessivas limitações ao poder do governo, que reduzem ao mínimo sua capacidade de atuar, acabam prejudicando a todos. Restaurar a confiança é essencial para poder reduzir esses controles e trazê-los para o lado da curva U no qual a sociedade se beneficia. O imenso número e a complexidade dos pesos e contrapesos que restringem o poder dos governos democráticos são resultado direto da deterioração da confiança. Em alguns países, essa deterioração tornou-se uma tendência permanente. Vale lembrar a observação da presidente da Carnegie, Jessica Mathews, citada no Capítulo 4 no contexto da revolução da Mentalidade: "[Nos Estados Unidos] qualquer pessoa com menos de quarenta anos de idade passou a vida inteira num país onde a maioria dos cidadãos não confia que seu governo nacional esteja fazendo o que elas acham certo".[5]

Existem, é claro, muitas boas razões para não confiar nos políticos e, de modo geral, naqueles que estão no poder: e não só por suas mentiras e corrupção, mas também porque é frequente que os governos façam muito menos do que esperamos como eleitores. Além disso, estamos todos mais bem informados, e o maior escrutínio da mídia tende a destacar os delitos, os erros e a incompetência dos governantes. Como resultado, o escasso nível de confiança nos governos tornou-se crônico.

Isso precisa mudar. Precisamos recuperar a confiança no governo e em nossos líderes políticos. Mas, para isso, serão necessárias mudanças profundas na organização e no funcionamento dos partidos políticos e em seus métodos de selecionar, monitorar, pedir contas e promover – ou rebaixar – seus líderes. A adaptação dos partidos políticos ao século XXI é uma prioridade.

Fortalecer os partidos políticos: as lições do Occupy Wall Street e da Al Qaeda

Na maioria das democracias, os partidos continuam sendo as principais organizações políticas e ainda conservam bastante poder. Mas, apesar das aparências, estão fragmentados, enfraquecidos e polarizados tanto quanto o sistema político a que pertencem. Na realidade, hoje a maioria dos partidos políticos tradicionais são incapazes de exercer o poder que tinham antes. Um exemplo ilustrativo foi a aquisição hostil do Partido Republicano pelo Tea Party e as divisões internas que este último desencadeou naquele que já foi uma das mais poderosas máquinas políticas do mundo. E podemos ver conflitos similares de facções nas formações políticas do mundo inteiro.

Sob todos os aspectos, desde a década de 1990 os partidos políticos vêm passando por maus momentos. Na maioria dos países, as pesquisas de opinião mostram que seu prestígio e valor aos olhos dos eleitores a quem eles supostamente servem estão declinando e, em alguns casos, despencaram ao nível mais baixo já registrado.[6]

O fim da Guerra Fria e, mais especificamente, o colapso do comunismo como ideia e inspiração apagaram as linhas ideológicas que davam a muitos partidos sua identidade particular. À medida que as plataformas eleitorais se tornaram indistinguíveis, as personalidades dos candidatos viraram o principal fator de diferenciação, e muitas vezes o único. Para vencer eleições, os partidos políticos passaram a depender cada vez menos do apelo popular de seus ideais e mais das técnicas de *marketing*, do desempenho dos candidatos na mídia e, é claro, do dinheiro que eram capazes de levantar. Para ganhar também se tornou indispensável saber atacar impunemente a ética do candidato rival, de preferência com insinuações – ou até acusações diretas – de corrupção ou de estar a serviço de interesses particulares, acusações que são imediatamente respondidas pela outra parte com agressões similares, redundando assim no desprestígio de ambos os candidatos. Naturalmente, os mesmos escândalos que mancham a imagem dos políticos também afetam as organizações às quais pertencem. Além disso, meios de comunicação mais livres, assim como parlamentos e juízes mais ativos e independentes, têm garantido que as práticas corruptas que antes eram ocultadas ou toleradas em silêncio se tornem dolorosamente visíveis e ostensivamente criminosas, o que degradou ainda mais a "imagem de marca" do partido político. É impossível saber com precisão se a corrupção política de fato aumentou nas últimas décadas, mas com certeza recebeu maior publicidade do que nunca.

E, enquanto os partidos políticos enfrentaram dificuldades, os movimentos sociais e as organizações não governamentais (ONGs) floresceram. Até organizações terroristas criminosas como a Al Qaeda (que sob aspectos muito importantes são também ONGs) tornaram-se globais e tiveram uma próspera trajetória na década de 1990. À medida que os vínculos entre os partidos políticos e seus eleitorados se enfraqueciam, fortaleciam-se os vínculos entre as ONGs e seus seguidores. E enquanto o crédito dos políticos e dos partidos afundava, cresciam o reconhecimento e a influência das ONGs. A confiança nas ONGs aumentou com a mesma rapidez com que essa confiança declinou em relação aos partidos. A capacidade das ONGs de recrutar ativistas jovens e altamente motivados, dispostos a fazer algum sacrifício pela organização e sua causa, denota uma capacidade organizacional que se tornou escassa nas formações políticas.

Enquanto as ONGs se dedicam a seus objetivos específicos e com frequência monotemáticos com um zelo obstinado, os partidos políticos perseguem uma multiplicidade de metas diferentes, até mesmo contraditórias, e parecem obstinados apenas em captar fundos de campanha.

Em países onde os partidos políticos continuaram proibidos ou reprimidos, as ONGs tornaram-se o único canal de ativismo político e social. Em quase todos os demais países, as ONGs cresceram rapidamente porque estavam menos contaminadas por corrupção, pertenciam quase sempre a uma rede internacional mais ampla e geralmente tinham ideais mais claros, uma estrutura menos hierarquizada e uma relação mais próxima com seus membros. Além disso, as ONGs tinham a vantagem de possuir uma missão clara. Quer se dedicassem à defesa dos direitos humanos, à proteção do ambiente, à diminuição da pobreza, ao controle do crescimento populacional ou a ajudar os órfãos, para seus membros era fácil lembrar por que valia a pena apoiar essas organizações. Todos esses fatores atraíram para as ONGs novos grupos de ativistas políticos, que no passado teriam naturalmente gravitado em torno de partidos políticos.

O crescimento das ONGs é, em conjunto, uma tendência positiva. O que é muito menos bem-vindo, e na realidade deveria ser revertido, é a erosão no apoio aos partidos políticos, que em muitos países – Itália, Rússia, Venezuela, entre outros – produziu seu virtual desaparecimento e substituição por máquinas eleitorais *ad hoc*.

Para que os partidos vivam um renascimento e melhorem sua eficácia, eles têm de recuperar a capacidade de inspirar, estimular e mobilizar pessoas – especialmente os jovens. Caso contrário, eles passarão a desprezar de vez a política, ou a canalizar sua energia política por meio de organizações de propósitos específicos ou mesmo de grupos radicais e anárquicos que pouco contribuem com as soluções práticas que se fazem necessárias.

Os partidos políticos devem, portanto, mostrar disposição para adaptar suas estruturas e métodos ao mundo do século XXI. O mesmo organograma relativamente horizontal e menos hierarquizado que permite às ONGs maior flexibilidade e sintonia com as necessidades e expectativas de seus membros poderia ajudar também os partidos políticos a atrair novos militantes, ganhar agilidade, desenvolver programas mais inovadores, propor ideias mais inspiradoras e, com um pouco de sorte, impedir que os terríveis simplificadores que medram dentro e fora de suas estruturas cheguem a ter influência.

As ONGs conquistam a confiança de seus seguidores fazendo-os sentir que suas ações têm impacto, que seus esforços são indispensáveis, que seus líderes respondem por eles e são transparentes, em vez de estarem nas mãos de interesses obscuros ou desconhecidos. Os partidos políticos precisam despertar esses mesmos sentimentos de segmentos da sociedade mais amplos e ser capazes de recrutar membros além de sua base estreita e tradicional de ativistas leais.

Só então serão capazes de recuperar o poder que precisam ter para governar-nos bem.

Aumentar a participação política

Falar é fácil; o difícil é fazer. Quem tem tempo para isso? E paciência para assistir a todas as reuniões e atividades em grupo exigidas pela participação em qualquer empenho coletivo – especialmente ao militar num partido político? Essas são outras boas razões para explicar por que a maioria das pessoas se dedica tão pouco aos partidos políticos ou às causas sociais, além de fazer uma contribuição ocasional ou participar de uma manifestação muito de vez em quando. Sob circunstâncias normais, a participação política e o ativismo social são coisa de minorias.

Mas nos últimos anos temos sido surpreendidos por repentinos surtos de interesse em assuntos públicos, pela mobilização de grande número de cidadãos usualmente desinteressados, até mesmo apáticos, e pelo envolvimento de dezenas de milhares de pessoas em atividades políticas que exigem muito mais (e em alguns países são mais perigosas) do que simplesmente participar de uma reunião de partido político.

Nos Estados Unidos, por exemplo, Barack Obama e sua campanha presidencial em 2008 foram capazes de motivar grande número de novatos políticos e jovens que normalmente não teriam mostrado interesse nem teriam se dedicado às atividades eleitorais de nenhum dos dois partidos. Além da origem e da raça do candidato, na campanha de 2008 houve inovações no uso das redes sociais para dirigir a propaganda política a eleitores específicos, o uso e recrutamento de voluntários e emprego de novas estratégias para arrecadar fundos. Os novatos políticos na campanha de Obama não foram a única surpresa do repentino surto de ativismo político por parte de grupos normalmente apáticos. Estimulados, ou melhor, enfurecidos com a crise financeira e com a percepção da iniquidade na distribuição dos fardos da crise, o movimento Occupy Wall Street e seus milhares de equivalentes em cidades ao redor do mundo surpreenderam os governos e partidos políticos, que se apressaram em tentar compreender seu caráter e seu modo de funcionamento, ao mesmo tempo que procuravam formas de aproveitar a energia política desses movimentos espontâneos. O mesmo aconteceu com os protestos de cidadãos no Brasil, Turquia, Chile, Colômbia e México em 2013.

A manifestação mais surpreendente e de maiores consequências dessa tendência ativista geral começou com um levante numa pequena cidade da Tunísia em dezembro de 2010. Ele levou à derrubada do governo desse país e, em última instância, a uma contagiante onda de protestos e manifestações por todo o Oriente Médio, que se tornou conhecida como Primavera Árabe. Milhões de cidadãos antes passivos – e oprimidos – transformaram-se em atores políticos dispostos a extremos sacrifícios, arriscando suas vidas e até pondo suas famílias em perigo. Em contraste com os movimentos "Occupy", que até agora têm sido incapazes de converter a energia política em poder político, na Primavera Árabe o despertar político produziu de fato importantes mudanças no poder.

Em circunstâncias normais, a participação política é coisa de pequenos grupos de ativistas engajados, mas em outras situações, como nas revoluções, toda a sociedade se volta com fervor para o ativismo político. Mas as revoluções são muito custosas, e seu resultado é incerto demais. Nada garante um desenlace positivo. Portanto, é preciso tentar evitar revoluções caras e de resultados imprevisíveis e, ao mesmo tempo, despertar e canalizar a energia política latente em todas essas sociedades para conseguir as mudanças necessárias. A melhor maneira de fazer isso é, obviamente, por meio de uma democracia que funcione e com partidos políticos capazes de atrair e reter os militantes idealistas e comprometidos que agora canalizam sua vontade de mudar o mundo por meio de ONGs, com objetivos louváveis, mas muito específicos.

Repensar os partidos políticos, modernizar seus métodos de recrutamento e transformar sua organização e suas atividades pode torná-los mais atraentes e mais dignos das sociedades que desejam governar. No melhor dos casos, os partidos poderiam inclusive converter-se em laboratórios mais eficazes da inovação política.

Só quando restabelecermos a confiança no nosso sistema político e, portanto, dotarmos nossos líderes da capacidade de deter a degradação do poder, habilitando-os a tomar decisões difíceis e evitar a paralisação, poderemos abordar os desafios mais prementes. E para isso precisamos de partidos políticos mais fortes, mais modernos e mais democráticos, que estimulem e facilitem a participação.

A onda de inovações políticas que se avizinha

Resgatar a confiança, reinventar os partidos políticos, encontrar novas vias para que o cidadão comum possa participar de verdade do processo político, criar novos mecanismos de governança real, limitar as piores consequências dos pesos e contrapesos e, ao mesmo tempo, evitar a excessiva concentração de poder e aumentar a capacidade dos países de atacar conjuntamente os problemas globais: esses devem ser os objetivos políticos fundamentais da nossa época. Sem essas mudanças, será impossível um progresso sustentado na luta contra as ameaças nacionais e internacionais que conspiram contra nossa segurança e prosperidade.

Nessa época de constante inovação, na qual quase nada do que fazemos ou experimentamos no cotidiano deixou de ser afetado por novas tecnologias, existe uma área crucial que surpreendentemente mudou muito pouco: a maneira como governamos a nós mesmos. Ou as nossas formas de intervir como indivíduos no processo político. Algumas ideologias têm perdido apoio e outras o ganharam, os partidos tiveram seu auge e seu declínio, e algumas práticas de governo foram aprimoradas por reformas econômicas e políticas e também graças à tecnologia da informação. Hoje, as campanhas eleitorais utilizam métodos mais sofisticados de persuasão – e, é claro, mais pessoas do que nunca são governadas por um líder que elas elegeram e não por um ditador. Embora bem-vindas, essas mudanças não são nada em comparação com as extraordinárias transformações nas comunicações, medicina, negócios, filantropia, ciência ou na guerra.

Em resumo, a inovação disruptiva não chegou ainda à política, ao governo e à participação cidadã.

Mas vai chegar. Estamos à beira de uma revolucionária onda de positivas inovações políticas e institucionais. Como este livro tem mostrado, o poder está mudando tanto e em tantos âmbitos que seria surpreendente que não aparecessem novas formas de usar o poder para responder melhor às necessidades e exigências das pessoas. Por isso é que não é irrealista prognosticar que veremos inevitáveis transformações na forma pela qual a humanidade se organiza para sobreviver e progredir.

Não seria a primeira vez que isso se daria. Em outras épocas também houve eclosões de inovações radicais e positivas na arte de governar. A democracia grega e a torrente de mudanças políticas desencadeada pela Revolução Francesa são apenas dois dos exemplos mais conhecidos. Já está mais do que na hora de termos outra. Como o historiador Henry Steele Commager afirmou em relação ao século XVIII:

> Inventamos praticamente todas as grandes instituições políticas importantes que temos, mas desde então não inventamos mais nenhuma. Inventamos o partido político e a democracia e o governo representativo. Inventamos o primeiro sistema judiciário independente da história. [...] Inventamos o procedimento de revisão judicial. Inventamos a superioridade do poder civil sobre o militar. Inventamos a liberdade religiosa, a liberdade de expressão e a Declaração de Direitos – bem, poderíamos seguir adiante indefinidamente. [...] É uma herança considerável. Mas o que inventamos desde então que tenha uma importância comparável?[7]

Após a Segunda Guerra Mundial, sem dúvida experimentamos outro surto de inovações políticas destinadas a impedir outro conflito global dessa magnitude. Isso levou à criação das Nações Unidas e de toda uma série de organismos especializados, como o Banco Mundial e o Fundo Monetário Internacional, que mudaram o cenário institucional do mundo.

Agora está em curso outra onda de inovações, de maior envergadura ainda, que promete mudar o mundo tanto quanto as revoluções tecnológicas das duas últimas décadas. Ela não será de cima para baixo, não será ordenada nem rápida, fruto de cúpulas ou reuniões, mas caótica, dispersa e irregular. No entanto, é inevitável.

Impulsionada pelas mudanças na maneira de adquirir, usar e manter o poder, a humanidade deve e vai encontrar novas fórmulas de governar a si mesma.

Agradecimentos

Comecei a escrever este livro pouco depois de 7 de junho de 2006. Nesse dia, publiquei na revista *Foreign Policy* um artigo intitulado "Megaplayers vs. Micropowers". A mensagem central do artigo era que a tendência de que "novos protagonistas adquiram rapidamente mais poder, que esses novos participantes consigam desafiar o poder dos mega-atores tradicionais e que o poder esteja se tornando mais efêmero e mais difícil de exercer é observada em todos os aspectos da vida humana. De fato, é uma das características definidoras e ainda pouco conhecidas da nossa época". O artigo foi bem recebido e, por conseguinte, vários amigos me animaram a convertê-lo em livro. Passar da intenção a este livro foi algo que levou sete anos... Sim, a verdade é que sou um escritor lento.

Mas essa não é a única razão de eu ter demorado tanto. Várias outras coisas também me dispersaram. Até 2010, fui diretor da *Foreign Policy*, um trabalho que me exigia muito e que me deixava pouco tempo para escrever, mas que também me deu muitas oportunidades de testar, ampliar e aperfeiçoar minhas ideias sobre as mudanças que o poder está experimentando. A relação com os autores que escreviam para a revista e as conversas com os brilhantes colegas que me acompanhavam na redação foram uma fonte constante de inspiração, informação e desafios intelectuais. Levaram-me a lugares aos quais não poderia ter chegado sozinho e por isso estou muito agradecido a eles.

A pessoa que merece o maior reconhecimento por ter me ajudado a desenvolver as ideias contidas neste livro é Siddhartha Mitter. Seu apoio, suas sugestões e suas contribuições gerais ao livro são impossíveis de mensurar. O talento de Siddhartha só é superado por sua generosidade. James Gibney, o primeiro chefe de redação que contratei para a *Foreign Policy* há muitos anos – e um dos melhores editores que conheço –, foi também fundamental, pois me obrigou a explicar melhor minhas ideias e a expressá-las na linguagem mais clara possível. Sou muito afortunado por ter contado com a ajuda desses dois extraordinários colegas e queridos amigos.

Jessica Mathews, presidenta do Carnegie Endowment for International Peace, leu e comentou em grande detalhe os diversos rascunhos do manuscrito e foi uma fonte constante de ideias, críticas e sugestões. Seu artigo de 1997, "Power shift", continua sendo o trabalho crucial que influenciou todos aqueles que escrevemos sobre o poder e suas transformações contemporâneas. Jessica, além disso, deu-me tempo para terminar meu livro na Carnegie, meu lar profissional desde o início dos anos 1990. Tenho uma enorme dívida com ela e com o Carnegie Endowment.

Também agradeço a Phil Bennett, José Manuel Calvo, Matt Burrows, Uri Dadush, Frank Fukuyama, Paul Laudicina, Soli Ozel e Stephen Walt, que leram todo o manuscrito e fizeram comentários detalhados que contribuíram para que o livro ficasse muito melhor. E a Strobe Talbott, velho e generoso amigo que hoje é presidente da Brookings Institution, e que não só encontrou tempo para ler vários rascunhos do livro como dedicou horas a ajudar-me a refinar as consequências da degradação do poder.

Devo agradecer àqueles que, durante o longo tempo de gestação deste livro, transmitiram-me suas análises, opinaram sobre minhas ideias e, em alguns casos, leram e comentaram os primeiros rascunhos de vários capítulos específicos: Mort Abramowitz, Jacques Attali, Ricardo Avila, Carlo de Benedetti, Paul Balaran, Andrew Burt, Fernando Henrique Cardoso, Tom Carver, Elkyn Chaparro, Lourdes Cue, Wesley Clark, Tom Friedman, Lou Goodman, Victor Halberstadt, Ivan Krastev, Steven Kull, Ricardo Lagos, Sebastian Mallaby, Luis Alberto Moreno, Evgeny Morozov, Dick O'Neill, Minxin Pei, Gianni Riotta, Klaus Schwab, Javier Solana, George Soros, Larry Summers, Gerver Torres, Martin Wolf, Robert Wright, Ernesto Zedillo e Bob Zoellick.

O professor Mario Chacón, da Universidade de Nova York, elaborou o apêndice, uma análise detalhada de dados empíricos que mostram as manifestações da degradação do poder na política nacional em todo o mundo. Sou-lhe grato por isso.

Durante todo o tempo em que trabalhei neste livro contei com magníficos ajudantes de pesquisa. Quero agradecer a Josh Keating, Bennett Stancil e Shimelse Ali por sua ajuda para produzir um livro com a máxima solidez possível.

Aqueles que acreditam que a internet e os motores de busca tornaram obsoletas as bibliotecas não tiveram a experiência de trabalhar com o pessoal da biblioteca do Carnegie Endowment. Kathleen Higgs, Christopher Scott e Keigh Hammond não só me ajudaram a encontrar as fontes e os dados de que eu precisava como, muitas vezes, me me avisaram que havia material cuja existência eu não conhecia e que em alguns casos foi fundamental para fazer-me mudar de perspectiva ou para ampliar aquela que adotara. Muito obrigado!

Tenho uma dívida especial de gratidão com Melissa Betheil, que realizou um trabalho duplo como minha assistente e como ajudante de pesquisa, e que conseguiu manter o quase impossível equilíbrio entre as duas tarefas, com elegância e inteligência. Lara Ballou também me ajudou a administrar minhas várias atividades com amabilidade e eficácia. Há uns dois anos, Lara uniu-se a Marina Spindler para a gestão do Grupo dos Cinquenta, uma organização que presido e que teria me consumido muito mais tempo, se não fosse pelos esforços de Lara e Marina. Muito obrigado a essas três indispensáveis colegas.

Tenho a sorte de que meu agente e meus editores façam parte dos melhores profissionais do setor. Rafe Sagalyn, meu agente literário há muitos anos, ajudou-me de maneira gentil mas firme a definir com maior precisão o livro que eu queria escrever, e encontrou o editor adequado para ele. Tim Bartlett, da Basic Books, que tem editado grande parte das principais obras recentes sobre o poder e suas mutações, demonstrou enorme interesse por este projeto e dedicou uma quantidade incrível de tempo lendo, comentando e editando meus rascunhos. Pascoal Soto, o diretor editorial da Leya, e Tainã Bispo, a editora executiva, são os responsáveis pelo aparecimento deste livro no Brasil, e a eles envio meu imenso agradecimento.

Também quero reconhecer e agradecer a Luis Alberto Moreno, Nelson Ortiz, Roberto Rimeris e Alberto Slezynger. Eles sabem por quê.

Meu maior agradecimento, não obstante, é para a minha esposa, Susana, e nossos filhos, Adriana, Claudia e Andrés, um grupo ao qual agora se juntaram Jonathan, Andrew e mais recentemente Emma. Eles me dão o amor, a força e o apoio incondicional que fazem que tudo valha a pena. Por isso este livro é dedicado a eles.

Moisés Naím
Washington, D.C.
Outubro de 2013

APÊNDICE

Democracia e poder político: principais tendências do período pós-guerra

Nota aos leitores: este apêndice – elaborado por Mario Chacón, doutor em ciência política pela Universidade de Yale – refere-se particularmente ao Capítulo 5.

Como medir a evolução da democracia e das ditaduras

Comecei examinando como o número de regimes democráticos mudou ao longo das últimas quatro décadas. Para determinar que países são democracias e que países não são, usei duas classificações empregadas na literatura acadêmica.

A primeira classificação de regimes é a que aparece na pesquisa *Freedom in the world*, realizada pela Freedom House (2008). Nesse trabalho, os regimes são classificados como "não livres", "parcialmente livres" e "livres". Cada país é classificado segundo uma escala que mede direitos políticos e liberdades civis. As subcategorias consideradas na escala são a liberdade dos processos eleitorais, o pluralismo político, o funcionamento do governo, a liberdade de expressão e de crença, a liberdade de associação e organização, o estado de direito e os direitos individuais. Para os propósitos desta análise, categorizei os países "livres" como democracias de pleno direito, e os países "não livres" e "parcialmente livres" como não democráticos.

A segunda fonte que usei é a classificação de regimes de Przeworski *et al.* (2000), que se baseia numa definição minimalista de democracia, similar à proposta por Schumpeter (1964). Nessa classificação, uma "democracia" é um regime no qual o governo é escolhido por meio de eleições entre candidatos rivais. Assim, nessa classificação, uma competição livre e em condições justas é o aspecto fundamental de qualquer regime democrático (ver Dahl, 1971, para uma abordagem similar). Usando essas duas classificações, calculei a porcentagem de todos os regimes independentes do mundo que são considerados "democráticos" (por oposição a "não democráticos") em um ano qualquer.

A figura A.1 mostra a evolução dos regimes democráticos em todo o mundo a partir de 1972.

Figura A.1 Porcentagem de regimes democráticos 1972-2008

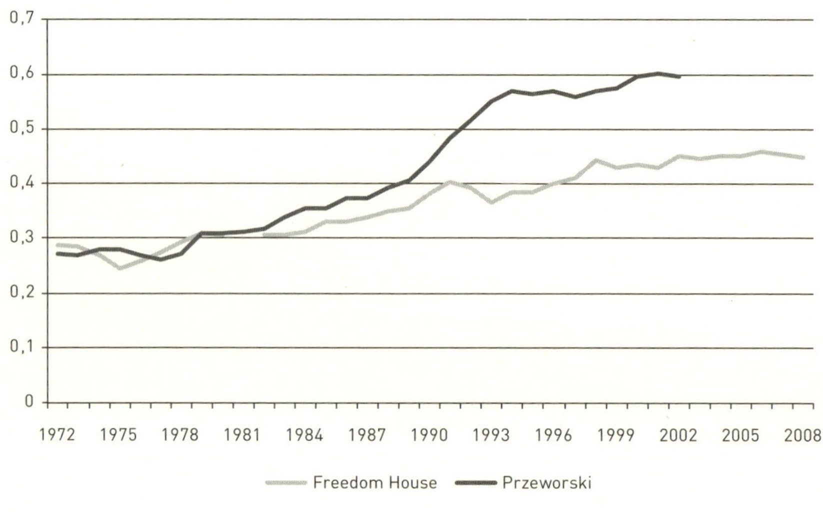

Fonte: Freedom House Index

Como mostra essa figura, a porcentagem de democracias no mundo aumentou significativamente nas últimas quatro décadas. Segundo a Freedom House (2008), em 1972 pouco mais de 28% dos 140 regimes independentes no mundo eram democráticos. Trinta anos depois, em 2002, tal número era de 45%. Esse aumento global no número de democracias é confirmado pelos dados de Przeworski. Em sua classificação, a porcentagem de democracias aumentou de 27% em 1972 para 59% em 2002. A diferença entre as duas medições era esperada, já que as condições da Freedom House para considerar um país como democrático são um pouco mais rigorosas que as usadas por Przeworski e coautores. Mesmo assim, podemos concluir, com base nessa primeira aproximação, que nas últimas três décadas tem havido uma tendência geral positiva no número de regimes democráticos ao redor do mundo.

Existem diferenças regionais na evolução dos regimes democráticos? Se os fatores que causam mudanças drásticas de regime são agrupados segundo um critério espacial, deveríamos observar certos padrões regionais nessa evolução. Esses padrões regionais estão intimamente relacionados à ideia de "ondas de democratização", descrita originalmente por Huntington (1991). Para explorar essa possibilidade, nas figuras A.2 e A.3 mostro a evolução dos regimes democráticos (como porcentagem do total de regimes) na América Latina, África Subsaariana, antigo bloco da União Soviética, norte da África e Oriente Médio.*

Figura A.2 Tendências regionais para a democracia

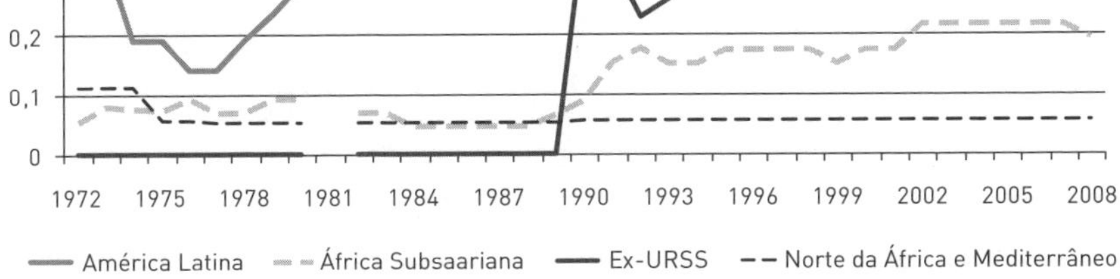

Fonte: Freedom House. *Freedom in the world: political rights and civil liberties 1970-2008*. Nova York: Freedom House, 2010.

* A classificação regional é a única usada pelo Banco Mundial.

Figura A.3 Tendências regionais para a democracia

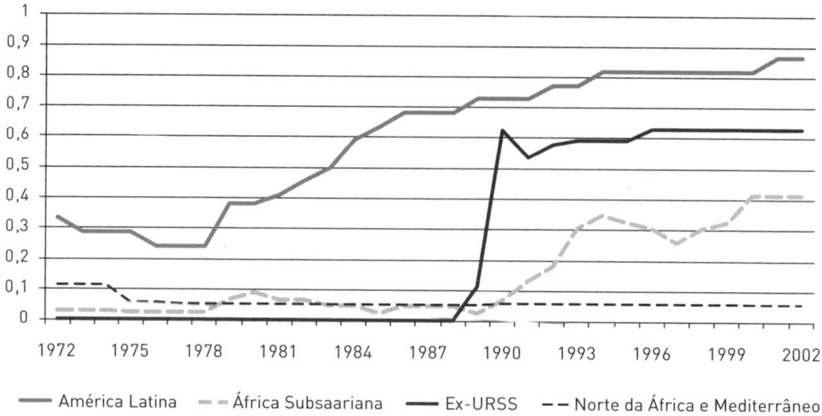

Fonte: Przeworski, A.; Alvarez, M.; Cheibub, J. A.; Limongi, F. *Democracy and development: political institutions and well-being in the world, 1950-1990*. Nova York: Cambridge University Press, 2000.

Como mostram essas duas figuras, muitos países latino-americanos e da antiga União Soviética experimentaram uma transição democrática no período de 1975 a 1995. Essas transições ocorreram principalmente no fim da década de 1970 para a América Latina e no início da década de 1990 para o antigo bloco soviético (após a queda do Muro de Berlim em 1989). Em 2008, a Freedom House considera livres (democráticos) 54% e 48% dos países latino-americanos e da ex-União Soviética, respectivamente. Também se observa uma tendência positiva na África Subsaariana, embora menos pronunciada que no caso da América Latina. Os países árabes do norte da África e do Oriente Médio são extraordinariamente estáveis, e menos de 10% aparecem na classificação como democracias durante esses anos. Esses padrões são confirmados pelos dados de Przeworski, representados graficamente na figura A.3.

Essas tendências ainda não registram, é claro, o efeito da Primavera Árabe nos regimes políticos do norte da África e do Oriente Médio.

Os países da OCDE não são mostrados porque não experimentaram quaisquer mudanças radicais de regime no período em questão. Como todos esses países eram democráticos no início do período estudado, sua evolução é caracterizada por uma democracia estável e consolidada.

Pequenas reformas e liberalizações

As figuras e estatísticas apresentadas até aqui focalizam as transformações políticas radicais, quando um regime político se torna (ou deixa de ser) uma democracia. Esses números podem esconder avanços menores em direção à democracia em muitos países que não experimentaram uma transição completa. Pequenas reformas podem levar a importantes mudanças na distribuição do poder político e nos direitos humanos. Por exemplo, muitos regimes não democráticos introduziram e permitiram a competição eleitoral para escolher deputados e altos cargos executivos. Embora a maioria das eleições em regimes considerados totalmente democráticos não seja completamente imparcial, pequenas medidas liberalizadoras podem inspirar importantes mudanças na distribuição do poder. Além disso, muitas transições ocorrem de forma gradual, portanto o início da competição eleitoral pode ser um indício de futuras democratizações.

Para examinar as pequenas reformas, empreguei o sistema *Polity Score* ("Pontuação de sistemas de governo"), desenvolvido pelo *Polity Project* de Marshall e Jaggers (2004). Essa medição é uma aproximação contínua que permite captar pequenas mudanças de regime, que terminem ou não em democratização. Concretamente, o *Polity Score* é uma escala de vinte pontos (de –20, para os regimes mais autocráticos, a 20, para os mais democráticos), usada para medir vários aspectos da democracia e da autocracia. Os fatores dessa escala incluem competitividade e abertura na seleção de pessoas para o executivo, restrições ao executivo e competitividade na participação política. A figura A.4 apresenta a evolução do índice *Polity Score* no mundo.

A figura A.4 é totalmente coerente com a figura A.1. Em 1972, a média mundial era de –1,76 para 130 países; em 2007, era de 3,69 para 150 países.* Certamente, um exercício ainda mais interessante consiste em examinar as tendências regionais específicas usando o *Polity Score*. A figura A.5 apresenta a mesma média mundial separada por região. (Note que aqui os países do Leste Asiático e do Pacífico também foram incluídos.) A figura A.5

* O projeto *Polity* exclui países com menos de 100 mil habitantes.

Figura A.4 Evolução da democracia: 1972-2008

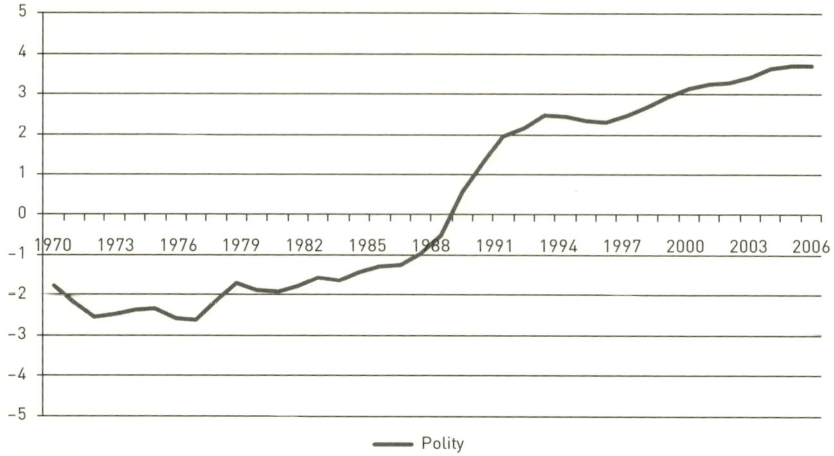

Fonte: Marshall, M.; Jaggers, K.; Gurr, T. R. *Polity IV Project: political regime characteristics and transition, 1800-2010*. Disponível em: www.systemicpeace.org/polity4.htm

Figura A.5. Tendências regionais para a democracia: *Polity Score*

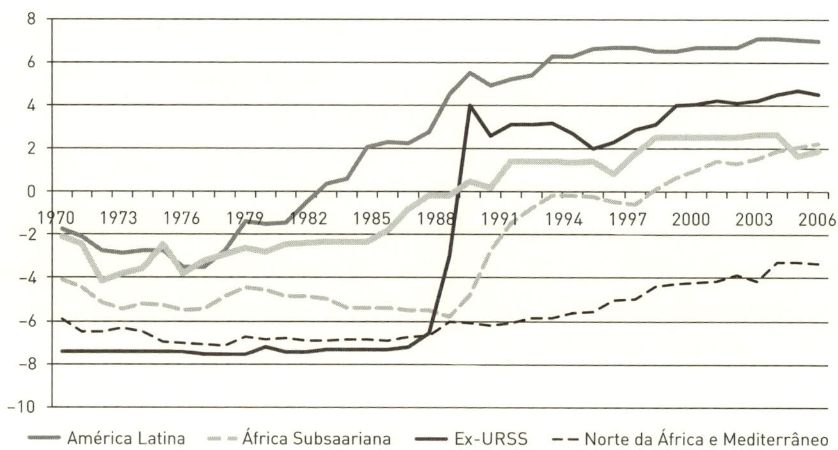

Fonte: Marshall, M.; Jaggers, K.; Gurr, T. R. *Polity IV Project: political regime characteristics and transition, 1800-2010*. Disponível em: www.systemicpeace.org/polity4.htm

é análoga às figuras A.2 e A.3, mas, em vez de reformas radicais, mostra avanços médios na pontuação democrática por região, independentemente de esses países terem se tornado (ou deixado de ser) democráticos. Conforme ilustrado na figura A.5, as tendências positivas no *Polity Score* nas quatro últimas décadas, que indicam que os países estão se tornando mais democráticos ao longo do tempo, são um fenômeno global. Essa figura também indica que o ritmo de aprimoramento democrático difere de uma região para outra. Os países latino-americanos e os do antigo bloco soviético mostram os maiores aumentos em suas pontuações de democracia, os países do Leste Asiático e do Pacífico e os da África Subsaariana ostentam melhoras significativas, e os países do norte da África e do Oriente Médio mostram as melhoras mais discretas. Todas as três tendências foram mais acentuadas durante o período pós-1990 do que nos anos anteriores.

Dados indicativos de liberalização e democratização

Enquanto os indicadores anteriores baseiam-se em características qualitativas dos regimes observados, nesta seção passei a me concentrar nas características diretamente relacionadas com a liberalização política (ou a democratização). Primeiro, examino o nível de competição política. Para muitos teóricos políticos, o grau e o tipo da competição política são aspectos fundamentais de qualquer regime democrático (ver Dahl, 1971). Uma aproximação simples ao grau de competição consiste em examinar a composição partidária dos legislativos de diferentes regimes. Em regimes de partido único, como China ou Cuba, o partido no poder monopoliza todas as cadeiras do legislativo e os candidatos da oposição não têm permissão de concorrer em eleições de âmbito nacional. O número de cadeiras dos partidos de oposição poderia ser um bom indicador do quanto o processo eleitoral é competitivo e democrático. Além disso, a introdução de diversos partidos para concorrer ao legislativo (e não ao executivo) geralmente é o primeiro passo numa democratização em grande escala. Por exemplo, a transição mexicana de 2000 começou no início da década de 1980, quando o partido governante, o Partido Revolucionario Institucional (PRI), permitiu eleições reais para o congresso e reservou certo número de cadeiras para partidos de oposição no parlamento.

A seguir, como indicador de competitividade, calculei a porcentagem de cadeiras ocupadas por todos os partidos minoritários e independentes, como em Vanhanen (2002). Nos casos em que a composição do legislativo não estava disponível, usei a parcela de votos obtidos por todos os partidos pequenos, também como em Vanhanen (2002). Do ponto de vista formal, a medida da competitividade política (CP) é dada pela seguinte equação:

$$CP = (100 - \%\ \text{cadeiras do partido majoritário}) \ /\ 100$$

Nessa operação, a competição política varia de zero, quando o partido do governo controla todas as cadeiras do legislativo, a valores próximos de 1, quando o partido dominante é muito pequeno. Assim, valores baixos (ou altos) de CP estão associados a menos (ou mais) competição. Para simplificar, os países onde não há legislativo eleito em um ano considerado recebem um zero. Note que esses números estão disponíveis para todo o período pós-guerra, para que possamos ver tanto as tendências de médio como de longo prazo. A figura A.6 mostra a média mundial, e a figura A.7, as médias regionais.

Figura A.6 Competição política, média mundial: período pós-guerra

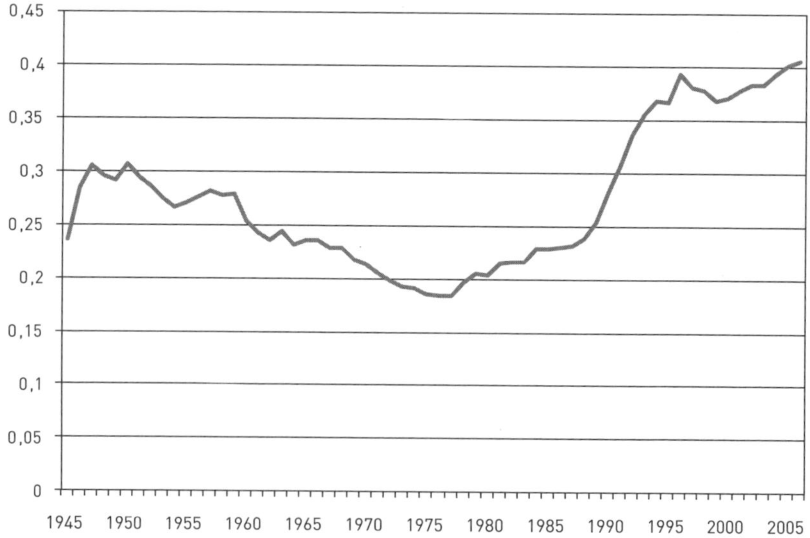

Fonte: Vanhanen, T. *"Measures of democratization 1999-2000"*. 2002. Manuscrito não publicado.

Figura A.7 Competição política, médias regionais: período pós-guerra

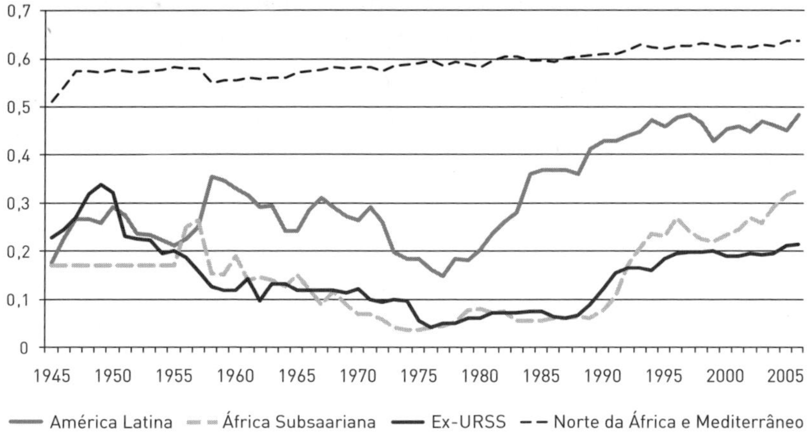

Fonte: Marshall, M.; Jaggers, K.; Gurr, T. R. *Polity IV Project: political regime characteristics and transition, 1800-2010*. Disponível em: www.systemicpeace.org/polity4.htm

Como podemos ver nessas figuras, os anos imediatamente posteriores à guerra e todo o período da Guerra Fria estão associados a um declínio geral da competição política. Essa tendência continua até o fim da década de 1970. Depois, na década de 1980, ela se inverte e observamos um aumento na média global da nossa variável: a competição política. Essa tendência positiva pós-1970 é coerente com as figuras A.1 a A.4. É evidente que a democratização tende a fomentar a competição entre partidos e as divisões políticas (geradas pelos grupos de oposição) no legislativo.

A figura A.7 nos dá uma compreensão ainda mais clara do declínio geral na competição política durante o período de 1945 a 1975. Aqui, mostro as médias para as mesmas regiões destacadas nas figuras A.2 e A.3: América Latina, África Subsaariana, o norte da África e o Oriente Médio, assim como a média para os países da Organização para Cooperação e Desenvolvimento Econômico (OCDE).* Esse gráfico mostra que o declínio global na competição política foi causado por um acentuado

* Para os propósitos desta análise, incluí apenas os países originais da OCDE. México, Chile, Turquia, Coreia do Sul, República Tcheca e Polônia não estão incluídos no grupo da OCDE.

declínio nos países em vias de desenvolvimento. Enquanto a competição na OCDE permaneceu estável, a América Latina e a África experimentaram uma onda de autoritarismo no período entre 1945 e 1975. No entanto, a tendência positiva na competição política nesses países durante o período pós-1970 é coerente com as tendências positivas em democracia mostradas na seção anterior.

Referências

Dahl, R. A. 1971. *Polyarchy: participation and opposition*. New Haven: Yale University Press.

Freedom House. *Freedom in the world: political rights and civil liberties 2008*. Nova York: Freedom House, 2008.

Huntington, S. P. *The third wave: democratization in the late twentieth century*. Normal: University of Oklahoma Press, 1991.

Marshall, M. G.; Jaggers, K.; Gurr, T. R. "Political regime characteristics and transitions, 1800-2010." *Polity IV Project*, 2010. Disponível em: *www.systemicpeace.org/polity4.htm*.

Przeworski, A.; Alvarez, M.; Cheibub, J. A.; Limongi, F. *Democracy and development: political institutions and well-being in the world, 1950-1990*. Nova York: Cambridge University Press, 2000.

Schumpeter, J. *Capitalism, socialism, and democracy*. Nova York: Harper & Brothers, 1964.

Vanhanen, T. "Measures of democratization 1999-2000." Manuscrito não publicado, Universidade de Tampere, Finlândia, 2002.

Notas

CAPÍTULO UM

1 Dylan Loeb McClain, "Masters of the game and leaders by example", *New York Times*, 12 de novembro de 2011.

2 Robson, *Chess child: the story of Ray Robson, America's youngest Grandmaster.*

3 James Black, *apud* Michael Preston, "12-year-old Brooklyn chess champ eyes bold move: becoming youngest grandmaster ever", *Daily News*, 2 de junho de 2011.

4 D. T. Max, "The Prince's Gambit", *The New Yorker*, 21 de março de 2011. Disponível em: *www.newyorker.com/reporting/2011/03/21/110321fa_fact_max.*

5 Mig Greengard, *apud ibid.*

6 Edward Tenner, "Rook dreams", *The Atlantic*, dezembro de 2008.

7 Max, "The Prince's Gambit".

8 Ivan Arreguín-Toft, "How the weak win wars: a theory of asymmetric conflict", *International Security* 26, nº 1 (2001): 93-128; Ivan Arreguín-Toft, "How a superpower can end up losing to the little guys", *Nieman Watchdog*, 23 de março de 2007. Disponível em: *www.niemanwatchdog.org*. Sobre o impacto dos IEDs, ver Tom Vanden Brook, "IED attacks in Afghanistan set record", *USA Today*, 25 de janeiro de 2012.

9 Martin Wolf, "Egypt has history on its side", *Financial Times*, 15 de fevereiro de 2011. O valor atualizado para 2011 é do *Polity IV Project's Global Report 2011*, que foi compilado na George Mason University (fonte original de Wolf).

10 Emmanuel Saez, "Striking it richer: the evolution of top incomes in the United States (updated with 2009 and 2010 estimates)", 2 de março de 2012. Disponível em: *http://elsa.berkeley.edu/~saez/saez-UStopincomes-2010.pdf.*

11 Robert Frank, "The wild ride of the 1%", *Wall Street Journal*, 22 de outubro de 2011.
12 As fontes dos fatos e estatísticas aqui citados sobre rotatividade nos negócios e na administração podem ser encontradas nas notas ao Capítulo 8.
13 O *site* da ArcelorMittal na internet é *www.arcelormittal.com*.
14 Ver meu livro *Illicit: how smugglers, traffickers and copycats are hijacking the global economy*.
15 Todd Gitlin, *Occupy nation: the roots, the spirit, and the promise of occupy Wall Street*. Nova York: HarperCollins, 2012.
16 Joseph Marks, "TechRoundup", *Government Executive*, novembro de 2011, p. 43.
17 Aday *et al.*, "New media and conflict after the Arab Spring", p. 21.
18 Maquiavel, *O príncipe*, capítulo 3, *www.constitution.org/mac/prince03.htm*.
19 Hobbes, *Leviatã*, capítulo 11, *www.bartleby.com/34/5/11.html*.
20 Nietzsche, *Assim falou Zaratustra*, capítulo 34, *http://nietzsche.thefreelibrary.com/Thus-Spake-Zarathustra/36–1*; ver também Meacham, "The story of power", *Newsweek*, 20 de dezembro de 2008.
21 Hobbes, *Leviatã*, capítulo 13, *www.bartleby.com/34/5/13.html*.

CAPÍTULO DOIS

1 Para uma discussão detalhada, ver MacMillan, *Strategy formulation: political concepts*, particularmente o capítulo 2.
2 Sobre barreiras de acesso em política, ver Kaza, "The economics of political competition".

CAPÍTULO TRÊS

1 LaFeber, *The Cambridge history of American foreign relations, volume 2: the American search for opportunity, 1865-1913*, p. 186.
2 Adams, *The education of Henry Adams: an autobiography*.
3 Chandler, *The visible hand: the managerial revolution in American business*; ver também Chandler, *Scale and scope: the dynamics of industrial capitalism*.
4 Lewis *et al.*, *Personal capitalism and corporate governance: British manufacturing in the first half of the twentieth century*. Ver também Micklethwait e Wooldridge, *The company: a short history of a revolutionary idea*.
5 Alan Wolfe, "The visitor", *The New Republic*, 21 de abril de 2011.
6 Ver o verbete "Max Weber" no *Concise Oxford dictionary of politics*.
7 Ver o verbete "Max Weber" na *Encyclopaedia Britannica*, vol. 12, p. 546.
8 Wolfgang Mommsen, "Max Weber in America", *American Scholar*, 22 de junho de 2000.

9 Marianne Weber, *Max Weber: a biography*. Nova York: Transaction Books, 1988.
10 Scaff, *Max Weber in America*, p. 41-42.
11 Mommsen, "Max Weber in America".
12 Weber, *Economy and society: an outline of interpretive sociology* (editado em português com o título: *Economia e sociedade: fundamentos de uma sociologia ompreensiva*).
13 Scaff, *Max Weber in America*, p. 45.
14 *Ibid*.
15 Weber, *Economy and society: an outline of interpretive sociology*, p. 973.
16 Weber, "Unequalled models". *In*: *Essays on sociology*, p. 215.
17 Weber, "Politics as a vocation". *In*: *Economy and Society*.
18 McNeill, *The pursuit of power*.
19 A informação desse parágrafo foi extraída de Zunz, *Philanthropy in America: a history*.
20 Sloan, *My years with General Motors*.
21 Howe, "This age of conformity"; Riesman, Glazer e Denney, *The lonely crowd: a study of the changing American character*.
22 Marx e Engels, *O manifesto comunista*.
23 Mills, *White collar: the American middle classes* (publicado no Brasil como *A nova classe média: white collar*. Rio de Janeiro: Zahar, 1969).
24 Mills, *The power elite* (publicado no Brasil como *A elite no poder*. Rio de Janeiro: Zahar, 1962).
25 O discurso de Eisenhower está disponível na internet em *www.h-net.org/~hst306/documents/indust.html*.
26 Domhoff, *Who rules America? Challenges to corporate and class dominance*.
27 Christopher Lasch, "The revolt of the elites: have they canceled their allegiance to America?", *Harper's*, novembro de 1994.
28 A palestra de Klein está disponível na internet em *http://fora.tv/2008/10/20/Naomi_Klein _and_Joseph_Stiglitz_on_Economic_Power#fullprogram*.
29 Simon Johnson, "The quiet coup", *Atlantic*, maio de 2009, *www.theatlantic.com/magazine/archive/2009/05/the-quiet-coup/7364/*; ver também Simon Johnson e James Kwak, *13 bankers: the Wall Street takeover and the next financial meltdown*. Nova York: Pantheon, 2010.

CAPÍTULO QUATRO

1 Entrevista com Javier Solana, Washington, DC, maio de 2012.
2 William Odom, "OTAN's expansion: why the critics are wrong", *National Interest*, Spring 1995, p. 44.

3 Charles Kenny, "Best. Decade. Ever", *Foreign Policy*, setembro-outubro de 2010, *www.foreignpolicy.com/articles/2010/08/16/best_decade_ever.*

4 Xavier Sala-i-Martin e Maxim Pinkovskiy, "African poverty is falling... much faster than you think!", NBER Working Paper nº 15775, fevereiro de 2010.

5 Entrevista com Homi Kharas, Washington, DC, fevereiro de 2012.

6 Os resultados dessa pesquisa da OCDE e outros relatórios importantes podem ser encontrados em *www.globalworksfoundation.org/Documents/fact465.science_000.pdf.*

7 Brzezinski, *Strategic vision: America and the crisis of global power.*

8 Jason DeParle, "Global migration: a world ever more on the move", *The New York Times*, 26 de junho de 2010.

9 Jorge G. Castañeda e Douglas S. Massey, "Do-it-yourself immigration reform", *The New York Times*, 1º de junho de 2012.

10 Os valores das transferências foram extraídos do World Bank Development Indicators Database (edição de 2011).

11 Dean Yang, "Migrant remittances", *Journal of Economic Perspectives 25*, nº 3 (verão de 2011), p. 129-152 na p. 130.

12 Richard Dobbs, "Megacities", *Foreign Policy*, setembro-outubro de 2010, *www.foreignpolicy.com/articles/2010/08/16/prime_numbers_megacities.*

13 The National Intelligence Council, Office of the Director of National Intelligence, "Global trends 2030: alternative worlds", Washington, DC, 2012.

14 Saxenian, *The new argonauts: regional advantage in a global economy.*

15 Os dados sobre as entradas de turistas constam do World Bank's World Development Indicators Database (edição de 2011).

16 World Bank (Banco Mundial), "World development report 2009: reshaping economic geography", 2009.

17 Os dados sobre moedas estrangeiras constam do Bank for International Settlements: statistical report (2011), *www.bis.org/publ/rpfxf10t.htm.*

18 "Somali mobile phone firms thrive despite chaos", *Reuters*, 3 de novembro de 2009.

19 Esses dados foram extraídos do World Development Indicators Database (vários anos) do Banco Mundial e do banco de dados de indicadores da International Telecommunications Union.

20 *Ibid.*

21 *Ibid.*

22 Dados fornecidos por Facebook, Twitter e Skype.

23 Long Distance Post, "The history of prepaid phone cards", *www.ldpost.com/telecom-articles/.*

24 Ericcson (companhia de telecomunicações), *Traffic and market report*, junho de 2012.

25 Huntington, *Political order in changing societies.*

26 Al-Munajjed *et al.*, "Divorce in Gulf cooperation council countries: risks and implications", Booz and Co., 2010.
27 National Intelligence Council, Office of the Director of Central Intelligence, "Global trends 2030: alternative worlds", Washington, DC, 2012, p. 12.
28 Frey, *Diversity explosion: how new racial demographics are remaking America.*
29 William Frey, "A boomlet of change", *Washington Post*, 10 de junho de 2012.
30 Inglehart e Welzel, *Modernization, cultural change and democracy.*
31 Pharr e Putnam, *Disaffected democracies: what's troubling the trilateral countries*. Para uma discussão sobre esse assunto no que diz respeito aos Estados Unidos, ver também Mann e Ornstein, *It's even worse than it looks: how the American constitutional system collided with the new politics of extremism.*
32 Mathews, "Saving America".
33 Para dados de pesquisa da Gallup sobre a confiança do público em dezesseis instituições entre 1936 e 2012, ver *www.gallup.com/poll/1597/Confidence-Institutions.aspx?utm_source=email-a-friend&utm_medium=email&utm_campaign=sharing&utm_content=morelink*. Para dados de pesquisa da Gallup sobre sindicatos, ver *www.gallup.com/poll/12751/Labor-Unions.aspx?utm_source=email-a-friend&utm_medium=email&utm_campaign=sharing&utm_content=morelink*. Para dados de pesquisa da Gallup sobre o Congresso, ver *www.gallup.com/poll/1600/Congress-Public.aspx?utm_source=email-a-friend&utm_medium=email&utm_campaign=sharing&utm_content=morelink*. E para dados de pesquisa da Gallup sobre o governo, ver *www.gallup.com/poll/27286/Government.aspx?utm_source=email-a-friend&utm_medium=email&utm_campaign=sharing&utm_content=morelink.*
34 "Americans approval of the supreme court is down in a new poll", *The New York Times*, 8 de junho de 2012.
35 O *site* da Pew Global é *www.pewglobal.org.*
36 Norris, *Critical citizens: global support for democratic government.*
37 "European commission", *Eurobarometer*, *http://ec.europa.eu/public_opinion/archives/eb/eb76/eb76_first_en.pdf.*
38 Shelley Singh, "India accounts for 51% of global IT-BPO outsourcing: survey", *Times of India*, 28 de abril de 2012, *http://timesofindia.indiatimes.com/tech/news/outsourcing/India-accounts-for-51-of-global-IT-BPO-outsourcing-Survey /articleshow/12909972.cms.*
39 Nadeem, *Dead ringers: how outsourcing is changing the way Indians understand Themselves.*
40 Dhar, "More Indian women postponing motherhood".
41 Schumpeter, "The historical approach to the analysis of business cycles". *In*: *Essays: on entrepreneurs, innovations, business cycles, and the evolution of capitalism*, p. 349.

CAPÍTULO CINCO

1 Ronald Brownstein, "The age of volatility", *The National Journal*, 29 de outubro de 2011.
2 Entrevista com Minxin Pei, Washington, DC, junho de 2012.
3 Entrevista com Lena Hjelm-Wallén, Bruxelas, maio de 2011.
4 Tiririca, citado em "Ex-clown elected to Brazil Congress must prove he can read and write", 11 de novembro de 2010, *www.abc.net.au/news/2010–10–05/brazilian-clown-elected-to-congress/2285224*.
5 Beppe Severgnini, "The chirruping allure of Italy's Jiminy Cricket", *Financial Times*, 4 de junho de 2012.
6 Greg Sargent, "Sharron Angle floated possibility of armed insurrection", *Washington Post*, 15 de junho de 2010, *http://voices.washingtonpost.com/plum-line/2010/06/sharron_angle_floated_possibil.html*.
7 Essa cifra é citada em Matt Golder, "Democratic electoral systems around the world, 1946-2000", *Electoral studies* (2004), *https://files.nyu.edu/mrg217/public/es_long.pdf*. Na mesma publicação, ver também figuras 5.1 e 5.2, que mostram a proliferação de estados soberanos, o declínio de ditaduras e o surgimento de democracias.
8 Ver Marshall e Jaggers, *Polity IV Project: political regime characteristics and transitions, 1800-2010* (2010), disponível em *www.systemicpeace.org/polity/polity4.htm*.
9 Larry Diamond, "Democracy in retreat", *Real clear politics*, 17 de março de 2008; ver também Larry Diamond, "Can the whole world become democratic? Democracy, development and international politics", tese de doutorado, Universidade da Califórnia em Irvine, 17 de abril de 2003.
10 Dalton e Gray, "Expanding the electoral marketplace".
11 Golder, "Democratic electoral systems around the world, 1946-2000".
12 Entrevista com Bill Sweeney, Washington, DC, junho de 2012.
13 Informação atualizada disponível em BBC News, "Belgium swears in new government headed by Elio di Rupo", 6 de dezembro de 2011, *www.bbc.co.uk/news/world-europe-16042750*.
14 Narud e Valen, "Coalition membership and electoral performance".
15 Damgaard, "Cabinet termination".
16 Wil Longbottom, "Shiver me timbers! Pirate Party wins 15 seats in Berlin parliamentary elections", *Daily Mail*, 19 de setembro de 2011, *www.dailymail.co.uk/news/article-2039073/Pirate-Party-wins-15-seats-Berlin-parliamentary-elections.html*.
17 Richard Chirgwin, "Pirate Party takes mayor's chair in Swiss city: welcome to Eichberg, pirate politics capital of the world", *The Register* (Reino Unido), 23 de setembro de 2012, *www.theregister.co.uk/2012/09/23/pirate_wins_eichberg_election/*.

18 Kenig, "The democratization of party leaders' selection methods: Canada in comparative perspective".
19 Carey e Polga-Hecimovich, "Primary elections and candidate strength in Latin America".
20 Joel M. Gora, *apud* Eggen, "Financing comes full circle after Watergate".
21 Kane, "Super PAC targets incumbents of any stripe".
22 Blake, "Anti-incumbent Super PAC's funds dry up".
23 Ver Ansell e Gingrich, "Trends in decentralization".
24 Stein, "Fiscal decentralization and government size in Latin America".
25 Aristovnik, "Fiscal decentralization in Eastern Europe: a twenty year perspective".
26 Stephen J. Kobrin, "Back to the future: neo-medievalism and the postmodern digital world economy", *Journal of International Affairs*, vol. 51, nº 2 (primavera de 1998), p. 361-386.
27 Pilling, "India's Bumble Bee defies gravity".
28 Goldstein e Rotich, "Digitally networked technology in Kenya's 2007-2008 post--election crisis".
29 Niknejad, "How to cover a paranoid regime from your laptop".
30 Friedman, *The Lexus and the olive tree*, p. 101-111; foi acrescentada ênfase.
31 Elinor Mills, "Old-time hacktivists: anonymous, you've crossed the line", *CNet*, 30 de março de 2012, *http://news.cnet.com/8301–27080_3–57406793–245/old-time-hacktivists-anonymous-youve-crossed-the-line*.
32 Diamond e Plattner, *Liberation technology: social media and the struggle for democracy*, p. xi.
33 Entrevista com Lena Hjelm-Wallén, Bruxelas, maio de 2011.
34 Entrevista com Ricardo Lagos, Santiago, novembro de 2012.

CAPÍTULO SEIS

1 Shan Carter e Amanda Cox, "One 9/11 tally: $3.3 trillion", *The New York Times*, 8 de setembro de 2011; Tim Fernholtz e Jim Tankersley, "The cost of Bin Laden: $3 trillion over 15 years", *National Journal*, 6 de maio de 2011.
2 "Soldier Killed, 3 missing after Navy vessel hit off Beirut coast", *Haaretz*, 15 de junho de 2006.
3 One Earth Future Foundation, *The economic cost of Somali piracy, 2011*. Boulder, CO: 2012.
4 John Arquilla, *Insurgents, raiders and bandits: how masters of irregular warfare have shaped our world*. Lanhan, MD: Ivan R. Dee, 2010, p. xv-xvi.
5 Como citado por Winston Churchill em *The Second World War*, p. 105.

6 "United States Department of Defense fiscal year 2012 budget request", fevereiro de 2012, *http://comptroller.defense.gov/defbudget/fy2012/FY2012_Budget_Request_Overview_Book.pdf.*

7 Edward Luce, "The mirage of Obama's defense cuts". *Financial Times*, 30 de janeiro de 2012.

8 Human Security Report Project (HSRP), *Human security report 2009/2010: the causes of peace and the shrinking costs of war*, 2 de dezembro de 2010, *www.hsrgroup.org/human-security-reports/20092010/overview.aspx.*

9 *Ibid.*

10 *Ibid.*

11 O evento descrito no texto (baseado em "Amputations soared among US troops in 2011", *http://news.antiwar.com/2012/02/09/amputations-soared-among-us-troops-in-2011/*) é sustentado por esse documento particular do Pentágono: *http://time-military.files.wordpress.com/2012/01/amp-chart.png*. A cifra sobre baixas por IEDs foi extraída do índice Brookings Afghanistan.

12 ICC International Maritime Bureau (IMB), Piracy & armed robbery news & figures, *www.icc-ccs.org/piracy-reporting-centre/piracynewsafigures.*

13 Damon Poeter, "Report: massive chamber of commerce hack originated in China", *PC Magazine*, 21 de dezembro de 2011, *www.pcmag.com/article2/0,2817,2397920,00.asp.*

14 Ann Scott Tyson, "US to raise 'irregular war' capabilities", *Washington Post*, 4 de dezembro de 2008; US Department of Defense, *Quadriennial Defense Review*, fevereiro de 2010, *www.defense.gov/qdr/.*

15 Thomas Mahnken, citado em Andrew Burt, "America's waning military edge", *Yale Journal of International Affairs*, março de 2012, *http://yalejournal.org/wp-content/uploads/2012/04/Op-ed-Andrew-Burt.pdf.*

16 Mao Zedong, "The relation of guerrilla hostilities to regular operations", *www.marxists.org/reference/archive/mao/works/1937/guerrilla-warfare/ch01.htm.*

17 Global security, "Second Chechnya War – 1999-2006", *www.globalsecurity.org/military/world/war/chechnya2.htm.*

18 William Lynn, *apud* Burt, "America's waning military edge".

19 Ivan Arreguín-Toft, "How the weak win wars: a theory of asymmetric conflict", *International Security 26*, nº 1 (2001): 93-128; Ivan Arreguín-Toft, "How a superpower can end up losing to the little guys", *Nieman Watchdog*, 23 de março de 2007, *www.niemanwatchdog.org.*

20 Marc Hecker e Thomas Rid, "Jihadistes de tous les pays, dispersez-vous", *Politique Internationale 123* (2009), fn 1.

21 John Arquilla, "The new rules of engagement", *Foreign Policy*, fevereiro-março de 2010.

22 Rod Nordland, "War's risks shift to contractors", *The New York Times*, 12 de fevereiro de 2012.
23 Singer, *Wired for war: the robotics revolution and conflict in the twenty-first century*, p. TK.
24 Lind *et al.*, "The changing face of war".
25 Amos Harel e Avi Issacharoff, "A new kind of war", *Foreign Policy*, 20 de janeiro de 2010.
26 Singer, *Wired for war: the robotics revolution and conflict in the twenty first century*.
27 Sutherland, *Modern warfare, intelligence and deterrence*, p. 101.
28 Scott Wilson, "Drones cast a pall of fear", *Washington Post*, 4 de dezembro de 2011.
29 Francis Fukuyama, "The end of mystery: why we all need a drone of our own", *Financial Times*, 25 de fevereiro de 2012.
30 Christian Caryl, "America's IED nightmare", *Foreign Policy*, 4 de dezembro de 2009; Thom Shanker, "Makeshift bombs spread beyond Afghanistan, Iraq", *The New York Times*, 29 de outubro de 2009.
31 Tom Vanden Brook, "IED attacks in Afghanistan set record", *USA Today*, 25 de janeiro de 2012, *www.usatoday.com/news/world/story/2012–01–25/ieds-afghanistan/52795302/1*.
32 Jarret Brachman, "Al Qaeda's armies of one", *Foreign Policy*, 22 de janeiro de 2010; Reuel Marc Gerecht, "The meaning of Al Qaeda's double agent", *The Wall Street Journal*, 7 de janeiro de 2010.
33 Amos Yadlin, *apud* Amir Oren, "IDF dependence on technology spawns whole new battlefield", *Haaretz*, 3 de janeiro de 2010.
34 Kaplan, *The coming anarchy: shattering the dreams of the post Cold War*.
35 Chua, *World on fire: how exporting free market democracy breeds ethnic hatred and global instability*.
36 Hecker e Rid, *War 2.0: irregular warfare in the information age*.
37 Ann Scott Tyson, "New Pentagon policy says 'irregular warfare' will get same attention as traditional combat", *Washington Post*, 4 de dezembro de 2008.
38 Tony Capaccio, "Pentagon bolstering commandos after success in killing Bin Laden", *Bloomberg News*, 9 de fevereiro de 2012.
39 "The changing character of war", capítulo 7. *In*: Institute for National Strategic Studies, *Global Strategic Assessment 2009*, p. 148.
40 David E. Johnson *et al.*, "Preparing and training for the full spectrum of military challenges: insights from the experience of China, France, the United Kingdom, India and Israel", National Defense Research Institute, 2009.
41 Entrevista de John Arquilla em "Cyber war!", *Frontline*, 24 de abril de 2003, *www.pbs.org*.
42 Amir Oren, "IDF dependence on technology spawns whole new battlefield", *Haaretz*, 3 de janeiro de 2010.

43 John Arquilla, "The new rules of engagement", *Foreign Policy*, fevereiro-março de 2010.

44 Joseph S. Nye Jr., "Is military power becoming obsolete?", *Project Syndicate*, 13 de janeiro de 2010.

45 "Q and A: Mexico drug related violence", *BBC News*, 30 de março de 2012, *www.bbc.co.uk/news/world-latin-america-10681249*.

46 Thomas Rid, "Cracks in the Jihad", *The Wilson Quarterly*, inverno de 2010.

47 Hecker e Rid, "Jihadistes de tous les pays, dispersez-vous!".

CAPÍTULO SETE

1 Peter Hartcher, "Tipping point from west to rest just passed", *Sidney Morning Herald*, 17 de abril de 2012.

2 Comentários à coluna de Hartcher datados de 17 de abril de 2012.

3 "Secret US Embassy cables revealed", *Al Jazeera*, 29 de novembro de 2010.

4 Entrevista com Jessica Mathews, Washington, setembro de 2012.

5 Entrevista com Zbigniew Brzezinski, Washington, maio de 2012.

6 Murphy, *Are we Rome? The fall of an empire and the fate of America*.

7 "Bin Laden's death one of top news stories of 21th century", *Global Language Monitor*, 6 de maio de 2011, *www.languagemonitor.com/top-news/bin-ladens-death-one-of-top-news-stories-of-21th-century/*.

8 Robert Fogel, "123,000,000,000,000", *Foreign Policy*, janeiro-fevereiro de 2010; ver também Dadush, *Juggernaut*.

9 Joe Leahy e Wagstyl, "Brazil becomes sixth biggest economy", *Financial Times*, 7 de março de 2012, p. 4.

10 Kindleberger, *The world in depression, 1929-1939*; ver também Milner, "International political economy: beyond hegemonic stability", *Foreign Policy*, primavera de 1998.

11 William C. Wohlforth, "The stability of an unipolar world", *International Security* 24, nº 1, 1999, p. 5-41.

12 Ver Nye, *Bound to lead: the changing nature of American power*, e Nye, *Soft power: the means to success in world politics*. Em 2011, Nye publicou outro livro sobre o assunto, intitulado *The future of power*.

13 Patrick, "Multilateralism and its discontents: the causes and consequences of U.S. ambivalence".

14 US Department of State, "Treaties in force: a list of treaties and other international agreements of the United States", *Force*, 1º de janeiro de 2012.

15 Peter Liberman, "What to read on American primacy", *Foreign Affairs*, 12 de março de 2009; ver também Stephen Brooks e William Wohlforth, "Hard times for soft balancing", *International Security* 30, nº 1 (verão de 2005), p. 72-108.

16 Ferguson, *Colossus*.

17 Robert Kagan, "The end of the end of history", *New Republic*, 23 de abril de 2008.

18 Robert A. Pape, "Soft balancing against the United States", *International Security* 30, nº 1, verão de 2005, p. 7-45; sobre *soft balancing*, ver também Stephen Brooks e William Wohlforth, "Hard times for soft balancing", *International Security* 30, nº 1, verão de 2005, p. 72-108.
19 Zakaria, *The post-American world*.
20 Randall L. Schweller, "Ennui becomes us".
21 Douglas M. Gibler, *International military alliances from 1648 to 2008*.
22 Sobre o ISAF, ver Anna Mulrine, "In Afghanistan, the OTAN-led force is 'under-resourced' for the fight against the Taliban: when it comes to combat, it is a coalition of the willing and not-so-willing", *U.S. News*, 5 de junho de 2008.
23 "Spanish Court says Venezuela helped ETA, FARC", *Reuters*, 1º de março de 2010.
24 "Small arms report by the UN secretary general, 2011", *www.iansa.org/resource/2011/04/small-arms-report-by-the-un-secretary-general-2011*.
25 Para dados sobre Índia e Brasil, ver "Aid architecture: an overview of the main trends in official development assistance flows", World Bank, maio de 2008.
26 Homi Kharas, "Development assistance in the 21st century"; ver também Waltz e Ramachandran, "Brave new world: a literature review of emerging donors and the changing nature of foreign assistance".
27 Kharas, "Development assistance in the 21st century".
28 *Ibid*.
29 "Aid architecture: an overview of the main trends in official development assistance flows"; ver também Homi Kharas, "Trends and issues in development aid".
30 Para mais informações sobre o Pew Global Attitudes Project, ver *www.pewglobal.org*.
31 Kathrin Hille, "Beijing makes voice heard in US", *Financial Times*, 14 de fevereiro de 2012.
32 Joshua Kurlantzick, "China's charm: implications of Chinese soft power", *CEIP Policy Brief nº 47*, junho de 2006; Kurlantzick, "Chinese soft power in Southeast Asia", *The Globalist*, 7 de julho de 2007; Loro Horta, "China in Africa: soft power, hard results", *Yale Global Online*, 13 de novembro de 2009; Joshua Eisenman e Joshua Kurlantzick, "China's Africa strategy", *Current History*, maio de 2006.
33 Tharoor, "India's Bollywood power"; ver também Tharoor, "Indian strategic power: 'Soft'".
34 "India projecting its soft power globally: ICCR chief", *Deccan Herald*, Nova Délhi, 7 de outubro de 2011.
35 Ibsen Martinez, "Romancing the globe", *Foreign Policy*, 10 de novembro de 2005; sobre o exemplo da Coreia, ver Akshita Nanda, "Korean wave now a tsunami", *Straits Times*, 13 dezembro de 2009.
36 Anholt-GfK Roper Nation Brands Index (2012), *www.gfkamerica.com/newsroom/press_releases/single_sites/008787/index.en.html*.

37 Sam Dagher, Charles Levinson e Margaret Coker, "Tiny kingdom's huge role in Libya draws concern", *Wall Street Journal*, 17 de outubro de 2011.
38 Georgina Adam, "Energy – and ambition to match", *Financial Times*, 10 de março de 2012.
39 Global Security Forum, "Changing patterns in the use of the veto in the Security Council", junho de 2012, *www.globalpolicy.org/images/pdfs/Tables_and_Charts/Changing_Patterns_in_the_Use_of_the_Veto_as_of_March_16_2012.pdf.*
40 "Copenhagen summit ends in blood, sweat and recrimination", *The Telegraph*, 20 de dezembro de 2009.
41 Joshua Chaffin e Pilita Clark, "Poland vetoes EU's emissions plan", *Financial Times*, 10-11 de março de 2012.
42 Elmer Plischke, "American ambassadors – an obsolete species? Some alternatives to traditional diplomatic representation", *World Affairs 147*, nº 1, verão de 1984, p. 2-23.
43 Josef Korbel, "The decline of diplomacy: have traditional methods proved unworkable in the Modern Era?", *Worldview*, abril de 1962.
44 Moísés Naím, "Democracy's dangerous impostors", *Washington Post*, 21 de abril de 2007; Naím, "What is a GONGO?", *Foreign Policy*, 18 de abril de 2007.
45 Citado por Naím, "Democracy's dangerous impostors".
46 Sobre a Alba, ver Joel Hirst, "The Bolivarian alliance of the Americas", *Council on Foreign Relations*, dezembro de 2010.
47 Joe Leahy e James Lamont, "BRICS to debate creation of common bank", *Financial Times*, março de 2012.
48 Sobre minilateralismo, ver Moísés Naím, "Minilateralism: the magic number to get real international action", *Foreign Policy*, julho-agosto de 2009. Para a resposta de Stephen Walt, ver "On minilateralism", *Foreignpolicy.com*, terça-feira, 23 de junho de 2009, *http://walt.foreignpolicy.com/posts/2009/06/23/on_minilateralism*.

CAPÍTULO OITO

1 Entrevista com Paolo Scaroni, Barcelona, junho de 2010.
2 Os dados sobre concentração de bancos foram extraídos do *Bloomberg's Financial Database* (acesso em agosto de 2012).
3 Jeremy Kahn, "Virgin banker", *Bloomberg Markets*, maio de 2012.
4 James Mackintosh, "Top 10 hedge funds eclipse banks with profits of 28bn for clients", *Financial Times*, 2 de março de 2011.
5 Mark Gongloff, "Jamie Dimon complains more, as JPMorgan Chase losses eclipse $30 billion", *The Huffington Post*, 21 de maio de 2012.
6 Bob Moon, "Kodak files for bankruptcy", *Marketplace (NPR)*, 19 de janeiro de 2012, *www.marketplace.org/topics/business/kodak-files-bankruptcy*; Lilla Zuil, "AIG's title as world's largest insurer gone forever", *Insurance Journal*, 29 de abril de 2009.

7 Carola Frydman e Raven E. Saks, "Executive compensation: a new view from a long-term perspective, 1936-2005", FEDS working paper nº 2007-35, 6 de julho de 2007.

8 Os comentários de John Challenger foram relatados por Gary Strauss e Laura Petrecca em "CEOs stumble over ethics violations, mismanagement", *USA Today*, 15 de maio de 2012, e a porcentagem de CEOs demitidos antes da aposentadoria é de uma pesquisa da Conference Board citada por David Weidner em "Why your CEO could be in trouble", *The Wall Street Journal*, 15 de setembro de 2011.

9 Nat Stoddard, "Expect heavy CEO turnover very soon", *Forbes*, 16 de dezembro de 2009.

10 Per-Ola Karlsson e Gary L. Neilson, "CEO succession 2011: the new CEO's first year", relatório especial da Booz and Company em *Strategy + business*, nº 67, verão de 2012; ver também Booz, Allen e Hamilton, "CEO succession 2005: the crest of the wave", *Strategy + business*, nº 43, verão de 2005.

11 Robert Samuelson, "The fears under our prosperity", *Washington Post*, 16 de fevereiro de 2006, citando a obra de Diego Comin e Thomas Philippon, "The rise in firm-level volatility: causes and consequences", *NBER Macroeconomics Annual* 20, 2005, p. 167-201 (publicado pela University of Chicago Press), *www.jstor.org/stable/3585419*.

12 "The world's biggest companies", *Forbes*, 18 de abril de 2012, *www.forbes.com/sites/scottdecarlo/2012/04/18/the-worlds-biggest-companies/* e *www.forbes.com/global2000/*.

13 Lynn, *Cornered: the new monopoly capitalism and the economics of destruction*; Lynn e Longman, "Who broke America's jobs machine?".

14 Ghemawat, *World 3.0: global prosperity and how to achieve it*, p. 91.

15 Peter Wells, "Whatever happened to industrial concentration?", *AutomotiveWorld.com*, 19 de abril de 2010; John Kay, "Survival of the fittest, not the fattest", *Financial Times*, 27 de março de 2003; John Kay, "Where size is not everything", *Financial Times*, 3 de março de 1999.

16 John Lippert, Alan Ohnsman e Rose Kim, "How Hyundai scares the competition", *Bloomberg Markets*, abril de 2012, p. 28.

17 Ghemawat, *World 3.0: global prosperity and how to achieve it*, p. 95.

18 "Brand rehab", *Economist*, 8 de abril de 2010; Oxford Metrica, *Reputation Review*, 2010.

19 Luisa Kroll, "Forbes world's billionaires 2012", *Forbes*, 7 de março de 2012, *www.forbes.com/sites/luisakroll/2012/03/07/forbes-worlds-billionaires-2012/*.

20 *Ibid.*

21 Rajeshni Naidu-Ghelani, "Chinese billionaires lost a third of wealth in past year, study shows", *CNBC.com*, 17 de setembro de 2012, *www.cnbc.com/id/49057268/Chinese_Billionaires_Lost_a_Third_of_Wealth_in_Past_Year_Study_Shows*.

22 Coase, "The nature of the firm".

23 Scott L. Baier e Jeffrey H. Bergstrand, "The growth of world trade: tariffs, transport costs, and income similarity", *Journal of International Economics 53*, nº 1, fevereiro de 2001, p. 1-27.

24 "Economic and social commission for Asia and the Pacific monograph series on managing globalization regional shipping and port development strategies (Container traffic forecast)", 2011.

25 David Goldman, "Microsoft's $6 billion whoopsie", *CNNMoney*, 12 de julho de 2012, *http://money.cnn.com/2012/07/02/technology/microsoft-aquantive/index.htm*.

26 Thom e Greif, "Intangible assets in the valuation process: a small business acquisition study"; Galbreath, "Twenty-first century management rules: the management of relationships as intangible assets".

27 Entrevista com Lorenzo Zambrano, Monterrey, México, 2011.

28 Ver os relatórios anuais de The Gap Inc. e da Inditex de 2007 a 2011.

29 Dados obtidos no *site* corporativo da Zara: *www.inditex.com/en/who_we_are/timeline*.

30 "Zara: Taking the lead in fast-fashion", *Business Week*, 4 de abril de 2006.

31 "Retail: Zara bridges Gap to become world's biggest fashion retailer", *Guardian*, 11 de agosto de 2008.

32 John Helyar e Mehul Srivastava, "Outsourcing: a passage out of India", *Bloomberg Businessweek*, 19-25 de março de 2012, p. 36-37.

33 Ben Sills, Natalie Obiko Pearson e Stefan Nicola, "Power to the people", *Bloomberg Markets*, maio de 2012, p. 51.

34 Koeppel, *Banana: the fate of the fruit that changed the world*; ver também o *site* da empresa (*http://chiquita.com/Our-Company/The-Chiquita-Story.aspx*), além do item *Chiquita Brands* no *site* Funding Universe (*www.fundinguniverse.com/company-histories/Chiquita-Brands-International-Inc-Company-History.html*).

35 Interbrand, "Brand valuation: the financial value of brands", *Brand papers*, *www.brandchannel.com/papers_review.asp?sp_id=357*; ver também John Gapper, "Companies feel benefit of intangibles", *Financial Times*, 23 de abril de 2007.

36 Interbrand, "Best global brands 2011", *Brand papers*, *www.interbrand.com/en/best-global-brands/best-global-brands-2008/best-global-brands-2011.aspx*.

37 Saxenian, "Venture capital in the 'periphery': the new argonauts, global search and local institution building"; Saxenian, "The age of the agile"; Saxenian, "The international mobility of entrepreneurs and regional upgrading in India and China".

38 John Marangore, *apud* Glen Harris, "Bio-Europe 2007: as big pharma model falters, biotech rides to the rescue", *Bioworld Today*, 13 de novembro de 2007.

39 Kerry A. Dolan, "The drug research war", *Forbes*, 28 de maio de 2004; "Big pharma isn't dead, but long live small pharma", *Pharmaceutical Executive Europe*, 8 de

julho de 2009; Patricia M. Danzon, "Economics of the pharmaceutical industry", *NBER Reporter*, outono de 2006.

40 Quinn Norton, "The rise of backyard biotech", *The Atlantic*, junho de 2011, p. 32.

41 Henry W. Chesbrough, "The era of open innovation", *MIT Sloan Management Review*, 15 de abril de 2003.

42 Michael Stanko *et al.*, "Outsourcing innovation", *MIT Sloan Management Review*, 30 de novembro de 2009; James Brian Quinn, "Outsourcing innovation: the new engine of growth", *MIT Sloan Management Review*, 15 de julho de 2000.

43 "Outsourcing innovation", *Business Week*, 21 de março de 2005.

44 "Outsourcing drug discovery market experiencing continued growth, says new report", *M2 Presswire*, 4 de julho de 2008.

45 Esses dados foram extraídos de "Data on trade and import barriers", *www.worldbank.org*.

46 The World Bank, "Doing business 2011"; ver também *www.doingbusiness.org*.

47 Priyanka Akhouri, "Mexico's Cinepolis targets 40 screens in India this year", *Financial Express* (Índia), 1° de janeiro de 2010.

48 Entrevista com Alejandro Ramírez, Cartagena, Colômbia, janeiro de 2012.

49 World Bank Group, "'South-south' FDI and political risk insurance: challenges and opportunities", *MIGA Perspectives*, janeiro de 2008.

50 Aykut e Goldstein, "Developing country multinationals: south-south investment comes of age"; "south-south investment", *www.unctad.org*; Peter Gammeltoft, "Emerging multinationals: outward FDI from the BRICS countries", *International Journal of Technology and Globalization 4*, nº 1, 2008, p. 5-22.

51 Entrevista com Antoine van Agtmael, Washington, DC, maio de 2012.

52 "Mexico's Cemex to take over rinker", *Associated Press*, 8 de junho de 2007.

53 Clifford Kraus, "Latin American companies make big US gains", *The New York Times*, 2 de maio de 2007; Frank Ahrens e Baribeau, "Bud's Belgian buyout"; 15 de julho de 2008; Peter Marsh, "Mittal fatigue", *Financial Times*, 30 de outubro de 2008.

54 Graham Bowley, "Rivals pose threat to New York stock exchange", *The New York Times*, 14 de outubro de 2009; Jacob Bunge, "BATS exchange overtakes direct edge in february US stock trade", *Dow Jones Newswires*, 2 de março de 2010.

55 "Shining a light on dark pools", *The Independent*, 22 de maio de 2010.

56 Mehta, "Dark pools win record stock volume as NYSE trading slows to 1990 levels", *Bloomberg News*, 29 de fevereiro de 2012.

57 Venkatachalam Shunmugam, "Financial markets regulation: the tipping point", 18 de maio de 2010, *www.voxeu.org*.

58 Institutional Investor, *Hedge fund 100*, 2012.

59 *Bloomberg Markets*, fevereiro de 2012, p. 36.

60 Gary Weiss, "The man who made too much", *Portfolio.com*, 7 de janeiro de 2009.
61 Mallaby, *More money than God*, p. 377-378.
62 James Mackintosh, "Dalio takes hedge crown from Soros", *Financial Times*, 28 de fevereiro de 2012.
63 *Ibid.*

CAPÍTULO NOVE

1 "Latin America evangelism is 'stealing' catholic flock", *Hispanic News*, 16 de abril de 2005.
2 Diego Cevallos, "Catholic Church losing followers in droves", *IPS news agency*, 21 de outubro de 2004.
3 Indira Lakshmanan, "Evangelism is luring Latin America's catholics", *Boston Globe*, 8 de maio de 2008; "Hola, Luther", *Economist*, 6 de novembro de 2008; Carlos G. Cano, "Lutero avanza en América Latina", *El País*, 30 de julho de 2010.
4 Hanna Rosin, "Did christianity cause the crash?" *The Atlantic*, dezembro de 2009.
5 Pew Forum on religion and public life, "Spirit and power: a 10-country survey of pentecostals", outubro de 2006.
6 Edir Macedo, *apud* Tom Phillips, "Solomon's Temple in Brazil would put Christ the Redeemer in the shade", *Guardian*, 21 de julho de 2010.
7 Alexei Barrionuevo, "Fight nights and reggae pack Brazilian churches", *The New York Times*, 15 de setembro de 2009.
8 Richard Cimino, "Nigeria: pentecostal boom – healing or reflecting a failing state?", *Religion Watch*, 1º de março de 2010.
9 Pew Forum on religion and public life, "Global christianity: a report on the size and distribution of the world's christian population", dezembro de 2011.
10 *Ibid.*
11 Pew Forum on religion and public life, "Faith on the move: the religious affiliation of international migrants", março de 2012.
12 Larry Rohter, "As pope heads to Brazil, a rival theology persists", *The New York Times*, 7 de maio de 2007.
13 "Diego Cevallos catholic church losing followers in droves", *IPS news agency*, 21 de outubro de 2004; ver também "In Latin America, catholics down, church's credibility up", *Catholic News Service*, 23 de junho de 2005.
14 "The battle for Latin America's soul", *Time*, 24 de junho de 2001.
15 Allen, *The future church*, p. 397.
16 "Pentecostals find fertile ground in Latin America", BBC Radio 4 Crossing Continents, *bbc.co.uk*.
17 Indira Lakshmanan, "Evangelism is luring Latin America's catholics", *Boston Globe*, 8 de maio de 2005.

18 Sobre a ascensão e a vantagem dos evangélicos, ver André Corten, "Explosion des pentecotismes africains et latino-americains", *Le Monde Diplomatique*, dezembro de 2001; e Peter Berger, "Pentecostalism: protestant ethic or cargo cult?", *The American Interest*, 29 de julho de 2010.

19 Alexander Smoltczyk, "The voice of Egypt's Muslim Brotherhood", *Spiegel*, 15 de fevereiro de 2011; ver também John Esposito e Ibrahim Kalin, "The 500 most influential muslims in the world in 2009." Edmund A. Walsh School of Foreign Service, Georgetown University. (Sheikh Dr. Yusuf al Qaradawi, chefe da International Union of Muslim Scholars, é o nono da lista.)

20 Harold Meyerson, "When unions disappear", *Washington Post*, 13 de junho de 2012.

21 Para dados sobre tendências de filiação aos sindicatos na Europa, ver Sonia McKay, "Union membership and density levels in decline", EIROnline, EuroFund Document ID nº EU0603029I, 1º de setembro de 2006 (disponível em: *www.eurofound.europa.eu/eiro/2006/03/articles/eu0603029i.htm*), e J. Visser, "Union membership statistics in 24 countries", *Monthly Labor Review 129*, nº 1, janeiro de 2006, disponível em: *www.bls.gov/opub/mlr/2006/01/art3abs.htm.*

22 Alasdair Roberts, "Can Occupy Wall Street replace the labor movement?", *Bloomberg*, 1º de maio de 2012.

23 Para mais informações sobre Stern, ver Harold Meyerson, "Andy Stern: a union Maverick clocks out", *Washington Post*, 14 de abril de 2010.

24 Steven Greenhouse, "Janitors' union, recently organized, strikes in Houston", *The New York Times*, 3 de novembro de 2006.

25 Sobre o movimento trabalhista na China, ver David Barboza e Keith Bradsher, "In China, labor movement enabled by technology", *The New York Times*, 16 de junho de 2010, e Edward Wong, "As China aids labor, unrest is still rising", *The New York Times*, 20 de junho de 2010.

26 Richard Sullivan, "Organizing workers in the space between unions", comunicado da American Sociological Association, 17 de janeiro de 2008.

27 OECD, "Development aid: total official and private flows net disbursements at current prices and exchange rates" (tabela 5), Paris, 4 de abril de 2012, *www.oecd-ilibrary.org/development/development-aid-total-official-and-private -flows_20743866-table5.*

28 Giving USA Foundation, *Giving USA 2011: the annual report on philanthropy for the year 2010*, *www.givingusareports.org.*

29 Esses números foram extraídos de relatórios anuais da Foundation Center, disponíveis em *www.foundationcenter.org/findfunders/.*

30 James M. Ferris e Hilary J. Harmssen, *California foundations: 1999-2009: growth amid adversity, the center on philanthropy and public policy*, University of Southern California.

31 De novo, ver Foundation Center em *http://foundationcenter.org/findfunders/.*

32 Raj M. Desai e Homi Kharas, "Do philanthropic citizens behave like governments? Internet-based platforms and the diffusion of international private aid", Wolfensohn Center for Development at Brookings, Working Paper 12, outubro de 2009.
33 Moyo, *Dead aid*.
34 Jacqueline Novogratz, citada in Richard C. Morais, "The new activist givers", *Forbes*, 1° de junho de 2007, *www.forbes.com/2007/06/01/philanthropy-wealth-foundation-pf-philo-in_rm_0601philanthropy_inl.html*.
35 Pew Research Center, "State of the news media 2012", 19 de março de 2012.
36 Bagdikian, *The New Media Monopoly*.
37 Amelia H. Arsenault e Manuel Castells, "The structure and dynamics of global multi-media business networks", *International Journal of Communication 2*, 2008, p. 707-748.
38 Bruce C. Greenwald, Jonathan A. Knee e Ava Seave, "The Moguls' new clothes", *The Atlantic*, outubro de 2009.
39 Pew Research Center, "State of the news media 2012", 19 de março de 2012.
40 Arsenault e Castells, "The structure and dynamics of global Multi-media business networks".
41 Michael Kinsley, "All the news that's fit to pay for", *The Economist: The world in 2010*, dezembro de 2010, p. 50.
42 Christine Haughney, "Huffington post introduces its on-line magazine", *The New York Times*, 12 de junho de 2012.
43 "The Trafigura fiasco tears up the textbook", *The Guardian*, 14 de outubro de 2009; "Twitterers thwart effort to gag newspaper", *Time*, 13 de outubro de 2009.
44 Pew Research Center, "State of the news media 2012", 19 de março de 2012.

CAPÍTULO DEZ

1 Yu Liu e Dingding Chen, "Why China will democratize", *The Washington Quarterly*, inverno de 2012, p. 41-62; entrevista com o professor Minxin Pei, Washington, DC, 15 de junho de 2012.
2 Fareed Zakaria ofereceu a melhor síntese sobre esse assunto em seu livro de 2003, *The future of freedom: illiberal democracy at home and abroad*.
3 Huntington, *Political order in changing societies*, p. 8.
4 Francis Fukuyama, "Oh for a democratic dictatorship and not a vetocracy", *Financial Times*, 22 de novembro de 2011.
5 Peter Orszag, "Too much of a good thing: why we need less democracy", *The New Republic*, 6 de outubro de 2011, p. 11-12.
6 Olson, *The logic of collective action: public goods and the theory of groups*.
7 Burckhardt, *The Greeks and Greek civilization*.

8 Morozov, "The brave new world of slacktivism", *Foreign Policy*, 19 de maio de 2009, *http://neteffect.foreignpolicy.com/posts/2009/05/19/the_brave_new_world_of_slacktivism*; ver também de Morozov: *The net delusion: the dark side of internet freedom*.

9 Malcolm Gladwell, "Small change: why the revolution will not be tweeted", *The New Yorker*, 4 de outubro de 2010, *www.newyorker.com/reporting/2010/10/04/101004fa_fact_gladwell*.

10 Émile Durkheim, *Suicide*. Nova York: Free Press, 1951. Publicado pela primeira vez em 1897.

11 Stephen Marche, "Is Facebook making us lonely?", *The Atlantic*, maio de 2012.

CAPÍTULO ONZE

1 Kupchan, *No one's world: the west, the rising rest, and the coming global turn*.

2 Bremmer, *Every nation for itself: winners and losers in a g-zero world*, p. 1.

3 Brzezinski, *Strategic vision: America and the crisis of global power*.

4 Francis Fukuyama, "Oh for a democratic dictatorship and not a vetocracy", *Financial Times*, 22 de novembro de 2011.

5 Mathews, "Saving America".

6 Gallup Inc., *The world poll* (vários anos); Pew Research Center, *http://pewresearch.org/topics/publicopinion/*; Program on International Policy attitudes, University of Maryland; Eurobarometer, *http://ec.europa.eu/public_opinion/index_en.htm*; LatinoBarometro, *www.latinobarometro.org/latino/latinobarometro.jsp*.

7 Henry Steele Commager, *apud* Moyers, *A world of ideas: conversations with thoughtful men and women about American life today and the ideas shaping our future*, p. 232.

Bibliografia

Nota aos leitores: as citações integrais de jornais e outros artigos que não aparecem na lista a seguir constam das notas aos capítulos.

Adams, H. *The education of Henry Adams: an autobiography*. Boston: Houghton Mifflin, 1918.

Aday, S.; Farrell, H.; Lynch, M.; Sides, J.; Freelon, D. "New media and conflict after the Arab Spring". *Peaceworks*, nº 80, 2012.

Allen Jr., J. L. *The future church*. Nova York: Doubleday, 2009.

Al Munajjed, M. *et al.* "Divorce in Gulf cooperation council countries: risks and implications". *Strategy + business*. Booz and Co., novembro de 2010.

Ansell, C.; Gingrich, J. "Trends in decentralization". *In*: Cain, B. *et al.* (eds.). *Democracy transformed? Expanding political opportunities in advanced industrial democracies*. Nova York: Oxford University Press, 2003.

Aristovnik, A. "Fiscal decentralization in Eastern Europe: a twenty-year perspective". MRPA Paper 39316, University Library of Munich, 2012.

Arquilla, J. *Insurgents, raiders and bandits: how masters of irregular warfare have shaped our world*. Chicago: Ivan R. Dee, 2011.

Arreguín-Toft, I. "How a superpower can end up losing to the little guys". *Nieman Watchdog*, março de 2007.

________. "How the weak win wars: a theory of asymmetric conflict". *International Security 26*, nº 1, 2001.

Arsenault, A. H.; Castells, M. "The structure and dynamics of global multimedia business networks". *International Journal of Communication 2*, 2008.

Aykut, D.; Goldstein, A. "Developing country multinationals: south-south investment comes of age". *In*: O'Connor, D; Kjöllerström, M. (eds.). *Industrial development for the 21st century*. Nova York: Zed Books, 2008.

Bagdikian, B. H. *The new media monopoly*. Boston, MA: Beacon Press, 2004.

Baier, S. L.; Bergstrand, J. H. "The growth of world trade: tariffs, transport costs, and income similarity". *Journal of International Economics 53*, nº 1, 2001.

Barnett, M.; Duvall, R. "Power in international politics". *International Organization 59*, inverno de 2005.

Bremmer, I. *Every nation for itself: winners and losers in a g-zero world*. Nova York: Portfolio Penguin, 2012.

Brzezinski, Z. *Strategic vision: America and the crisis of global power*. Nova York: Basic Books, 2012.

Bueno de Mesquita, B.; Smith, A.; Siverson, R. M.; Morrow, J. D. *The logic of political survival*. Cambridge, MA: MIT Press, 2003.

Burckhardt, J. *The Greeks and Greek civilization*. Nova York: St. Martin's Griffin, 1999.

Burr, B. "Rise in CEO turnover". *Pensions and investments*, 15 de outubro de 2007.

Burt, A. "America's waning military edge". *Yale Journal of International Affairs*, março de 2012.

Carey, J. M.; Polga-Hecimovich, J. "Primary elections and candidate strength in Latin America." *The Journal of Politics 68*, nº 3, 2006.

Chandler, A. P. *Scale and scope: the dynamics of industrial capitalism*. Cambridge, MA: Harvard University Press, 1990.

_________. *The visible hand: the managerial revolution in American business*. Cambridge, MA: Harvard University Press, 1977.

Chesbrough, H. W. "The era of open innovation". *MIT Sloan Management Review*, abril de 2003.

Christensen, C. *The innovator's dilemma: when new technologies cause great firms to fail*. Cambridge, MA: Harvard Business Review Press, 1997.

Chua, A. *World on fire: how exporting free market democracy breeds ethnic hatred and global instability*. Nova York: Anchor, 2004.

Churchill, W. *The Second World War*. Londres: Mariner Books, 1948.

Coase, R. H. "The nature of the firm". *Economica 4*, nº 16, 1937.

Comin, D.; Philippon, T. "The rise in firm-level volatility: causes and consequences". *NBER Macroeconomics Annual* 20, 2005.

Cronin, P. M. *Global strategic assessment 2009: America's security role in a changing world*. Washington, DC: publicado para o Institute for National Strategic Studies pela National Defense University Press, 2009.

Dadush, U. *Juggernaut*. Washington, DC: Carnegie Endowment, 2011.

Dahl, R. A. "The concept of power". *Behaviorial Science 2*, nº 3, 1957.

Dalton, R.; Gray, M. "Expanding the electoral marketplace". *In*: Cain, B. *et al*. (eds.). *Democracy transformed? Expanding political opportunities in advanced industrial democracies*. Nova York: Oxford University Press, 2003.

Damgaard, E. "Cabinet termination". *In*: Strom, K.; Muller, W. C.; Bergman, T. (eds.). *Cabinets and coalition bargaining: the democratic life cycle in Western Europe*. Nova York: Oxford University Press, 2010.

De Lorenzo, M.; Shah, A. "Entrepreneurial philanthropy in the developing world". *American Enterprise Institute*, 2007.

Demsetz, H. "Barriers to entry". *UCLA Department of Economics Discussion*, paper nº 192, janeiro de 1981.

Desai, R. M.; Kharas, H. "Do philanthropic citizens behave like governments? Internet-based platforms and the diffusion of international private aid". Washington, DC: *Wolfensohn Center for Development Working Papers*, outubro de 2009.

Dhar, S. "More Indian women postponing motherhood". *InterPress Service*, 28 de maio de 2012.

Diamond, L. "Can the whole world become democratic? Democracy, development and international politics". UC Irvine: *Center for the Study of Democracy*, abril de 2003.

Diamond, L.; Plattner, M. F. *Liberation technology: social media and the struggle for democracy*. Baltimore: Johns Hopkins University Press, 2012.

Domhoff, G. W. *Who rules America? Challenges to corporate and class dominance*. Nova York: McGraw-Hill, 2009.

Economic and Social Commission for Asia and the Pacific Monograph Series on Managing Globalization Regional Shipping and Port Development Strategies (Container Traffic Forecast), 2011.

Eisenman, J.; Kurlantzick, J. "China's Africa strategy". *Current History*, maio de 2006.

Ferguson, N. *Colossus*. Nova York: Penguin Books, 2004.

Ferris, J. M.; Harmssen, H. J. "California foundations: 1999-2009 – Growth amid adversity". *The Center on Philanthropy and Public Policy*, University of Southern California, 2012.

Frey, W. H. *Diversity explosion: how new racial demographics are remaking America*. Washington, DC: Brookings Institution Press, 2013.

Friedman, T. *The Lexus and the olive tree*. Nova York: Anchor Books, 2000.

________. *The world is flat: a brief history of the twenty-first century*. Nova York: Farrar, Straus & Giroux, 2005.

Frydman, C.; Saks, R. E. "Executive compensation: a new view from a long-term perspective, 1936-2005". *FEDS Working Paper nº 2007-35*, julho de 2007.

Galbreath, J. "Twenty-first century management rules: the management of relationships as intangible assets". *Management Decision 40*, nº 2, 2002.

Gammeltoft, P. "Emerging multinationals: outward FDI from the BRICS countries". *International Journal of Technology and Globalization 4*, nº 1, 2008.

Ghemawat, P. *World 3.0: global prosperity and how to achieve it*. Boston, MA: Harvard Business Review Press, 2011.

Gibler, D. M. *International military alliances from 1648 to 2008*. Washington, DC: Congressional Quarterly Press, 2010.

Gitlin, T. *Occupy nation: the roots, the spirit, and the promise of Occupy Wall Street*. Nova York: HarperCollins, 2012.

Golder, M. "Democratic electoral systems around the world". *Electoral Studies*, 2004.

Goldstein, J.; Rotich, J. "Digitally networked technology in Kenya's 2007-2008 post--election crisis". *Berkman Center Research Publication*, setembro de 2008.

Habbel, R.; Kocourek, P.; Lucier, C. "CEO succession 2005: the crest of the wave". *Strategy + business*, Booz and Co., maio de 2006.

Hecker, M.; Rid, T. "Jihadistes de tous les pays, dispersez-vous". *Politique internationale 123*, 2009.

_________. *War 2.0: irregular warfare in the information age*. Nova York: Praeger Security International, 1999.

Hirschman, A. O. "The paternity of an index". *American Economic Review 54*, nº 5, 1964.

Hobbes, T. *Leviathan*. Londres: Penguin, 1988.

Hooper, D.; Whyld, K. *Oxford Companion to Chess*. Nova York e Oxford: Oxford University Press, 1992.

Horta, L. "China in Africa: soft power, hard results". *Yale Global Online*, 13 de novembro de 2009.

Howe, I. "This age of conformity." *Partisan Review 21*, nº 1, 1954.

Huntington, S. *Political order in changing societies*. New Haven: Yale University Press, 1968.

Inglehart, R.; Welzel, C. *Christian: modernization, cultural change and democracy*. Nova York e Cambridge: Cambridge University Press, 2005.

Interbrand. "Best global brands 2011". *Brand Papers*, 2011.

_________. "Brand valuation: the financial value of brands". *Brand Papers*, 2011.

Jarvis, M.; Goldberg, J. M. "Business and philanthropy: the blurring of boundaries". *Business and Development Discussion Paper nº 9*, 2008.

Johnson, D. E. *et al.* "Preparing and training for the full spectrum of military challenges: insights from the experience of China, France, the United Kingdom, India and Israel". *National Defense Research Institute*, 2009.

Kaplan, R. D. *Monsoon: the Indian ocean and the future of American power*. Nova York: Random House, 2011.

_________. *The coming anarchy: shattering the dreams of the post-Cold War*. Nova York: Vintage, 2001.

Kaplan, R. *The world America made*. Nova York: Knopf, 2012.

Kaplan, S. N.; Minton, B. A. "How has CEO turnover changed? Increasingly performance sensitive boards and increasingly uneasy CEOS". *NBER Working Paper 12465*, agosto de 2006.

Karlsson, P.; Neilson, G. L. "CEO Succession 2011: the new CEO's first year". *Strategy + business*, Booz and Co., verão de 2012.

Kaza, G. "The economics of political competition". *NRO Financial*, 17 de dezembro de 2004.

Kenig, O. "The democratization of party leaders' selection methods: Canada in comparative perspective". *Relatório da Canadian Political Science Association*, maio de 2009.

Kharas, H. *Trends and issues in development aid*. Washington, DC: Brookings Institution, novembro de 2007.

________. "Development assistance in the 21st century". Contribuição ao VIII Fórum de Salamanca: *The fight against hunger and poverty*, 2-4 de julho de 2009.

Kindleberger, C. P. *The world in depression, 1929-1939*. Berkeley: University of California Press, 1973.

Klein, N.; Kwak, J. *13 bankers: the Wall Street takeover and the next financial meltdown*. Nova York: Pantheon, 2010.

Koeppel, D. *Banana: the fate of the fruit that changed the world*. Nova York: Plume Publishing, 2008.

Korbel, J. "The decline of democracy". *Worldview*, abril de 1962.

Kupchan, C. A. *No one's world: the West, the rising rest, and the coming global turn*. Nova York: Oxford University Press, 2012.

Kurlantzick, J. "China's charm: implications of Chinese soft power". *Carnegie Endowment for International Peace Policy Brief 47*, junho de 2006.

________. "Chinese soft power in Southeast Asia". *The Globalist*, julho de 2007.

LaFeber, W. *The Cambridge history of American foreign relations, vol. 2: the American search for opportunity, 1865-1913*. Cambridge, MA: Cambridge University Press, 1995.

Larkin, P. "Annis Mirabilis". *Collected poems*. Nova York: Farrar, Straus & Giroux, 1988.

Leebaert, D. *The fifty-year wound: the true price of America's Cold War victory*. Boston: Little, Brown and Company, 2002.

Lewis, M. J.; Lloyd-Jones, R.; Maltby, J.; Matthews, M. *Personal capitalism and corporate governance: British manufacturing in the first half of the twentieth century*. Surrey, Reino Unido: Ashgate Farnham, 2011.

Lind, W. S.; Nightengale, K.; Schmitt, J. F.; Sutton, J. W.; Wilson, G. I. "The changing face of war: into the fourth generation". *Marine Corps Gazette*, 1989.

Lynn, B. *Cornered: the new monopoly capitalism and the economics of destruction*. Nova York: Wiley, 2010.

Lynn, B.; Longman, P. "Who broke America's jobs machine?" *Washington Monthly*, março-abril de 2010.

Machiavelli, N. *The prince*. Nova York: Bantam Books, 1984.

MacMillan, I. *Strategy formulation: political concepts*. St. Paul, MN: West Publishing, 1978.

Mallaby, S. *More money than God*. Nova York: Penguin, 2010.

Mann, T.; Ornstein, N. *It's even worse than it looks: how the American constitutional system collided with the new politics of extremism*. Nova York: Basic Books, 2012.

Marshall, M. G.; Jaggers, K.; Gurr, T. R. *Polity IV Project: political regime characteristics and transitions, 1800-2010* (2010). Disponível em: *www.systemicpeace.org/polity/polity4.htm*.

Marx, K.; Engels, F. *The communist manifesto*. Nova York: Verso, reimpresso em 1998.

Mathews, J. "Saving America". Palestra sobre liderança cidadã, para a cerimônia de concessão de medalhas da Thomas Jefferson Foundation, University of Virginia, 13 de abril de 2012.

McLean, I.; McMillan, A. *The concise Oxford dictionary of politics*. Oxford: Oxford University Press, 2009.

McNeill, W. H. *The pursuit of power*. Chicago: University of Chicago Press, 1982.

Micklethwait, J.; Wooldridge, A. *The company: a short history of a revolutionary idea*. Nova York: Random House, 2003.

Mills, C. W. *The power elite*. Oxford e Nova York: Oxford University Press, 2000.

________. *White collar: the American middle classes*. Nova York: Oxford University Press, 2002.

Mommsen, W. "Max Weber in America". *American Scholar*, 22 de junho de 2000.

Morozov, E. *The net delusion: the dark side of internet freedom*. Nova York: PublicAffairs, 2011.

Moyers, B. *A world of ideas: conversations with thoughtful men and women about American life today and the ideas shaping our future*. Nova York: Doubleday, 1989.

Moyo, D. *Dead aid: why aid is not working and how there is a better way for Africa*. Nova York: Farrar, Straus & Giroux, 2009.

Murphy, C. *Are we Rome? The fall of an empire and the fate of America*. Boston: Mariner Books, 2007.

Nadeem, S. *Dead ringers: how outsourcing is changing the way Indians understand themselves*. Princeton: Princeton University Press, 2011.

Naím, M. *Illicit: how smugglers, traffickers and copycats are hijacking the global economy*. Nova York: Doubleday, 2005.

Narud, H. M.; Valen, H. "Coalition membership and electoral performance". *In*: Strom, K.; Muller, W. C.; Bergman, T. (eds.). *Cabinets and coalition bargaining: the democratic life cycle in Western Europe*. Nova York: Oxford University Press, 2010.

National Intelligence Council, Office of the Director of Central Intelligence, *Global trends 2030: alternative worlds*. Washington, DC, 2012.

Nietzsche, F. *Thus spake Zarathustra*. Mineola: Dover Publications, 1999.

Norris, P. (ed). *Critical citizens: global support for democratic government*. Oxford: Oxford University Press, 1999.

Nye Jr., J. S. *Bound to lead: the changing nature of American power*. Nova York: Basic Books, 1991.

_________. *Soft power: the means to success in world politics*. Nova York: Public Affairs, 2005.

_________. *The future of power*. Nova York: Public Affairs, 2011.

Olson, M. *The logic of collective action: public goods and the theory of groups*. Cambridge, MA: Harvard University Press, 1971.

Pape, R. A. "Soft balancing against the United States". *International Security 30*, nº 1, 2005.

Patrick, S. "Multilateralism and its discontents: the causes and consequences of U.S. ambivalence". *In*: Patrick, S.; Forman, S. (eds.). *Multilateralism and U.S. foreign policy*. Boulder, CO: Lynne Reiner, 2001.

Pew Research Center. *State of the news media 2012*. 19 de março de 2012.

Pharr, S.; Putnam, R. *Disaffected democracies: what's troubling the trilateral countries*. Princeton: Princeton University Press, 2000.

Quinn, J. B. "Outsourcing innovation: the new engine of growth". *MIT Sloan Management Review*, 15 de julho de 2000.

Reynolds, G. *An army of Davids: how markets and technology empower ordinary people to beat big media, big government, and other Goliaths*. Nova York: Thomas Nelson, 2006.

Rid, T. "Cracks in the Jihad". *The Wilson Quarterly*, inverno de 2010.

Riesman, D.; Glazer, N.; Denney, R. *The lonely crowd: a study of the changing American character*. New Haven: Yale University Press, 1950.

Robson, G. *Chess child: the story of Ray Robson, America's youngest Grandmaster*. Seminole, FL: Nipa Hut Press, 2010.

Runyon, D. *On Broadway*. Nova York: Picador, 1975.

Saez, E. *Striking it richer: the evolution of top incomes in the United States*. Berkeley: University of California Press, março de 2012.

Sala-i-Martín, X.; Pinkovskiy, M. "African poverty is falling… much faster than you think!". *NBER Working Paper nº 15775*, fevereiro de 2010.

Saxenian, A. "The international mobility of entrepreneurs and regional upgrading in India and China". *In*: Andrés Solimano (ed.). *The international mobility of talent: types, causes, and development impact*. Oxford: Oxford University Press, 2008.

_________. "Venture capital in the 'periphery': the new argonauts, global search and local institution building". *Economic Geography 84*, nº 4, 2008.

________. "The age of the agile". *In*: Passow, S.; Runnbeck, M. (eds.); *What's next? Strategic views on foreign direct investment*. Jönköping, Suécia: ISA e UNCTAD, 2005.

________. *The new argonauts: regional advantage in a global economy*. Cambridge, MA: Harvard University Press, 2006.

Scaff, L. A. *Max Weber in America*. Princeton: Princeton University Press, 2011.

Schumpeter, J. A. *Essays: on entrepreneurs, innovations, business cycles, and the evolution of capitalism*. New Brunswick e Londres: Transaction Books, 1949.

Shirky, C. *Here comes everybody: the power of organizing without organization*. Nova York: Penguin Books, 2009.

Singer, P. W. *Wired for war: the robotics revolution and conflict in the twenty-first century*. Londres e Nova York: Penguin, 2011.

Sloan, A. *My years with General Motors*. Nova York: Doubleday, 1963.

Stanko, M. *et al.* "Outsourcing innovation". *MIT Sloan Management Review*, 30 de novembro de 2009.

Stein, E. *Fiscal decentralization and government size in Latin America*. Banco Interamericano de Desenvolvimento, janeiro de 1998.

Sullivan, R. "Organizing workers in the space between unions". *American Sociological Association*, 17 de janeiro de 2008.

Sutherland, B. (ed.). *Modern warfare, intelligence and deterrence*. Londres: Profile Books, 2011.

Tharoor, S. "India's Bollywood power". *Project Syndicate*, 16 de janeiro de 2008.

________. "Indian strategic power: 'soft'". *Global Brief*, 13 de maio de 2009.

Thom, R.; Greif, T. "Intangible assets in the valuation process: a small business acquisition study". *Journal of Academy of Business and Economics*, 1° de abril de 2008.

United Nations Conference on Trade and Development (UNCTAD). *World Investment Report 2012*.

United Nations Secretary General. *Small Arms Report*, 2011.

US Department of Defense. *Fiscal year 2012 budget request*, fevereiro de 2012.

US Department of State. *Treaties in force: a list of treaties and other international agreements of the United States in force*, 1° de janeiro de 2012.

Waltz, J.; Ramachandran, V. "Brave new world: a literature review of emerging donors and the changing nature of foreign assistance". *Center for Global Development*, Working Paper n° 273, novembro de 2011.

Weber, M. *Max Weber: a biography*. Nova York: Transaction Books, 1988.

________. *Essays on sociology*. 5ª ed. Oxon, Reino Unido: Routledge, 1970.

________. *Economy and society: an outline of interpretive sociology*. Berkeley: University of California Press, 1978.

Weber, M. *The vocation lectures: science as a vocation, politics as a vocation*. Indianapolis: Hackett Publishing Company, 2004.

Williamson, O. *Markets and hierarchies: analysis and antitrust implications*. Nova York: The Free Press, 1975.

Wohlforth, W. C. "The stability of a unipolar world". *International Security 24*, nº 1, 1999.

World Bank. "Aid architecture: an overview of the main trends in official development assistance flows". *International Development Association, Resource Mobilization*, fevereiro de 2007.

_________. *Doing Business*, 2011.

_________. "South-south FDI and political risk insurance: challenges and opportunities". *MIGA Perspectives*, janeiro de 2008.

_________. *World development report 2009: reshaping economic geography*.

_________. *World development indicators database*, 2011.

"World Championship" *Oxford Companion to Chess*. Nova York e Oxford: Oxford University Press, 1992.

Yang, D. "Migrant remittances". *Journal of Economic Perspectives 25*, nº 3, verão de 2011.

Zakaria, F. *The future of freedom: illiberal democracy at home and abroad*. Nova York: W. W. Norton, 2003.

_________. *The post-American world: release 2.0*. Nova York: W. W. Norton, 2012.

Zedong, M. "The relation of guerilla hostilities to regular operations". *On guerilla warfare*. Champaign: First Illinois Paperback, 2000.

Zimmerling, R. *Influence and power: variations on a messy theme*. Nova York: Springer Verlag, 2005.

Zuil, L. "AIG's title as world's largest insurer gone forever". *Insurance Journal*, 29 de abril de 2009.

Zunz, O. *Philanthropy in America: a history*. Princeton: Princeton University Press, 2012.

Este livro foi composto em Dante MT Std
para a LeYa em maio de 2014.